中國古典文學研究會主編

古典文學

第十二集

臺灣學生書局印行

序

吳福助

中國古典文學研究會是個具有蓬勃朝氣的民間團體，自一九七七年成立迄今，十四年來舉辦過二十餘場各種大小類型的文學研討會，對促進國內外中國古典文學的學術研究，已有可觀的貢獻，普獲社會肯定。

東海大學中國文學系此次與中國古典文學研究會合辦第十二屆中國古典文學會議，雙方的共同意願，最主要是想藉此機會帶動臺灣中部地區的學術研究風氣，並加強中部地區各大學中國古典文學課程相關學系的教師學生，與海內外共同研究領域學者的聯繫。因爲長久以來，學術會議多半集中在臺北舉行，而中部地區目前已有東海、中興、靜宜、逢甲、中師、彰師六個設有中國文學系的大學，彼此的研究成果，急待交換觀摩。此次論文有近半數是由中部地區各大學中國文學系教師所寫，各場主持人，特約討論人也盡量利用中部地區的人力，卽是根據上述目的安排。這也是中國古典文學研究會多位理、監事們長年來一直想要努力實現的心願。

東海大學中國文學系成立迄今已有三十八年（一九五五年創系）。爲追隨時代潮流，接收最近研究資訊，本系同仁、同學全力合作，首次承辦本次學術會議。本次研討會到會各方專家學者及中部地區學生，總計有兩百二十餘人（以簽名簿爲憑），會場中對於各種不同意見，都能反覆展開辯論，自由討論，氣氛十分熱絡，盛況可謂空前。顯見中部地區中國古典文學的學術研究具有相當充沛的潛力，前程可觀，諒可預卜。

欣聞本次會議論文即將結集出版，謹記述會議緣起經過情形，以供參考。

＊本次會議原發表論文共十七篇，其中鄭邦鎮教授〈桐城派的八股文論〉，本集未及刊登，敬請諒察。

作者簡介

（依論文先後為序）

龔鵬程　文學博士。曾任淡江大學中文系主任、文學院院長，現任行政院大陸委員會文教處處長。研究領域遍及中國文學、史學、哲學，著有文化文學與美學、江西詩派宗社圖研究、文學散步等。

鄭　琳　中文博士班肄業，現任中央大學中文系副教授。研究方向以唐宋文學家、儒釋道家哲學爲主。著有莊子內篇通義、中庸翼、老子微等。

沈志方　文學碩士，現任東海大學、僑光商專講師。研究方向以曹魏文學、樂府、現代詩爲主。著有漢魏文人樂府研究、書房夜戲等。

李建崑　文學博士，現任中興大學中文系副教授。研究方向以中晚唐詩、文學批評爲主。著有元次山之生平及其文學、韓愈詩探析等。

李德超　文學博士。曾任香港浸會、珠海等院校講師、副教授，現任中國文化大學中文系副教授。研究方向以方志學、粵東文獻、澳門史、詩古文辭爲主。著有風木樓詩稿等。

連文萍　中文博士班肄業，現任國文天地雜誌副總編輯、空中大學講師。研究方向以文學理論、文學批評、詩學、海峽兩岸出版事業爲主。著有明代茶陵派詩論研究等。

邵曼珣　文學碩士，現任東吳大學、中原大學講師。研究方向以明代文學理論、文學批評爲主。著有論眞——以明代詩論爲考察中心等。

魏仲佑　文學博士，現任東海大學中文系副教授。研究方向以清末文學運動、中外文學交流爲主。著有于省吾殷契駢枝校議、黃景仁研究、黃遵憲與清末詩界革命等。

廖一瑾　文學博士。曾任中華學術院主任秘書，現任中國文化大學中文系副教授。研究方向以詩詞史、詩詞分析爲主。著有臺灣詩史、評述花間集暨其十八作家等。

施懿琳　文學博士，現任逢甲大學中文系副教授。研究方向以臺灣文學爲主。著有日據時期鹿港民族正氣詩研究、清代臺灣詩所反映的漢人社會等。

陳啓佑　文學博士，現任彰化師範大學國文系副教授。研究方向以唐代山水小品文、修辭學、新詩理論、寫作原理爲主。著有唐代山水小品文研究、普遍的象徵、渡也論新詩等。

臧汀生　文學博士，現任彰化師範大學國文系副教授。研究方向以俗文學、臺灣民間文學爲主。著有儒家倫理與法律思想、試論臺灣閩南語民間歌謠的文字紀錄、臺語文字化的管見等。

周慶華　文學碩士，現任小學教師。研究方向以文學理論爲主。著有詩話摘句批評研究、文學理論的任務及其範圍問題、文學創作中的情性問題等。

薛順雄　文學學士，現任東海大學中文系副教授。研究方向以古典詩詞、文學史、俗文學、左傳爲主。著有中國古典文學論叢等。

黃敬欽　文學碩士，現任逢甲大學中文系教授兼系主任。研究方向以古典戲劇爲主。著有元劇評論、梧桐雨與長生殿比較研究、張養浩學行考述、元曲社會觀初探等。

周純一　文學學士。曾任學生書局編輯部經理、中央研究院中國文哲研究所助理，現任行政院大陸委員會文教處副研究員。研究方向以中國戲曲、說唱藝術、詩詞聲律及其吟唱法則、崑劇表演藝術爲主。著有劉寶全及其京韻大鼓、濟公形象之完成及其社會意義、敦煌古劇質疑等。

古典文學　第十二集

目　次

區域特性與文學傳統

龔鵬程

一、不以地域論文學的時代

以區域爲文學分類之指標，原本並不是非常流行的辦法。以《文心雕龍》爲例：該書討論了詩、樂府、賦、頌、贊、祝、盟、銘、箴、誄、碑、哀、弔、雜文、諧、讔、史傳、諸子、論、說、詔、策、檄、移、封禪、章、表、奏、啓、議、對、書、記等三十四種文體。其中「雜文」一類，又分爲對問、七發、連珠三小類；並提到典、誥、誓、覽、略、篇、章、曲、操、弄、引、吟、諷、謠、咏十六種。書、記兩類中也簡述了譜、籍、簿、錄、方、術、占、式、律、令、法、制、符、契等。這些文類區分，或據其文句格式、或據其功能作用、或據其主題意旨、或據其音樂，並不一致。但均無以地域爲文學分類指標者。

《文心》以前的《文章流別》，或時代相近的《昭明文選》，情況也差不多。《文選》於賦中又分京都、郊祀、耕籍、畋獵、紀行、遊覽、宮殿、江海、物色、鳥獸、志、哀傷、論文、音樂、情。都不曾以地域做爲文學分類的指標。連「騷」也不標名爲「楚辭」。

以文體來區分文學，當然不是進行文學分類時唯一的辦法，例如以時代來分類文學，便非上述分類法所能涵蓋。但《文選》在分類中實已隱含了對同一文類間歷史發展關係的標示，《文心》也有〈時序篇〉及〈通變篇〉申論時代特性與文學傳統的關係。唯獨地域與文學分類的關聯性，在這些文論中，少見踪迹。唯一可能稱得上的例證，大概只是劉勰那一句：「豈去聖之未遠，而楚人之多才乎！」（〈辨騷〉）但劉勰固然曾以屈原之賦係得江山之助，却也指出屈宋彩藻不一定來自地域特性，因爲〈時序〉明白說了：「屈平聯藻於日月、宋玉交彩於風雲。觀其艷說，則籠罩雅頌。故知暐燁之奇意，出乎縱橫之詭俗也」。「楚」騷的風格特徵，他仍然是從戰國縱橫遊說之時代風氣這一面去把握的。

換言之，以區域爲文學分類之指標，或辨別某一地域文人及文學作品之風格特徵與文學傳統，在劉勰蕭統時代，尚非大宗，其批評論述亦未成型。當時之《詩品》論詩，亦不以地域爲線索。降至李唐，今存唐人選唐詩九種，也都看不出有以地域特性來討論文學風格的狀況。而且，從六朝時出現的一些風格指稱詞，如永明體、齊梁體，是以時代爲標界的；宮體，則用以指稱作品內容特徵。唐人所謂上官體、元和體、卅六體，情況亦復類似。一直到宋人所講的西崑體等，或嚴羽《滄浪詩話・詩體》所述，或以人、或以事、或以時代、或以特殊寫作手法、或直指風格，竟都很少以地域來標示文學風格、類秩作家間或作品間的關係。

這個現象，讓我們重新認識到一樁事實：地域特性與文學傳統的關係，在南北朝甚至隋唐時期，都仍很疎淡。地域特性與文學傳統的關係，尚不爲文學觀察所者注意，創作者也很少自覺地要繼承某一地域特性的文學傳統。

了解這個事實之後，讓我們回頭來檢查一下文學史。講區域特性與文學傳統，恐怕很多人會立刻想起《詩經》與《楚辭》。《詩經》的十五國風，當然與《國語》一樣，是分方國歸類的。但是，從整個《詩經》的結構看，國風可能主要還是從歌謠功能與音樂性質上進行的區分，故「風」與「雅」「頌」並列。雅是朝廷樂章，頌是宗廟之樂，風則指它是可以表現各地風俗的歌謠，所以稱為風❶。其中周南與召南，更有若干學者認為那是因為「南」屬另一種樂器樂曲，故在風、雅、頌之外，予以特殊處理。凡此，皆可見《詩經》之編排，殊不如一般人所想像的，可視為區域文學之表徵。採詩或編集的人，根本未從文學傳統來考慮，也無意藉由國別的區分，來彰顯各地域之文學風格與傳統。

縱使我們退一步，仍把「國風」看成是依國別來區分的，它能否視為地域文學傳統之建構呢？

當然不行。地域特性與文學傳統，非指自然地理區域中之一羣人與一堆作品。這羣人與這一堆作品，若未顯示出一種共同創作趣向及風格特徵，便無法稱得上是文學傳統。《詩經》各國之詩，除了所謂「鄭衞之音」「鄭聲淫」，略見一些風格概括描述之意外，實在很難具體指實某國風詩有某傳統。而所謂「鄭聲淫」者，亦係由音樂方面進行之評述，單從文字上也未必便能蹤迹追躡它到底如何淫法❷。

楚辭的問題也很複雜。顧名思義，楚辭乃楚人以楚聲言楚事。但是這勉強能說是一種方言文學罷了，猶如今之閩南語歌曲，是以閩南語唱「港都夜雨」「丢丢銅仔」「蚱蜢弄鷄公」等等。它是否爲「文學」尚可爭論，「白牡丹」與「天黑黑」之間又具有什麼文學傳統關係，亦復難言。只不過亡秦者楚，漢朝軍將多爲楚人，四面楚歌的故事，暗示了這個方言歌曲在漢朝也必具有特殊之地位。「楚辭」一名，即是在這種文化結構中出現的，意謂秦漢一統文化形成之後，因歷史的原因，楚地的歌辭仍能以此一特殊身份而存在。可是時間逐漸推移，老人逝去，新的大一統時代氣息日益茁壯，中央化成了主要的文化走向，區域文化特性即不可能獲得發展的空間❸。楚地的作家，並未式武繩繼，眞正發展出一個有地域特性的文學傳統。楚騷也逐步脫離了它與地域的關係，僅成爲一種獨立的文體套式。其他地區更不曾發展出文學傳統。整個漢代，文體的制約效果，均遠大於地域關係，如蜀人司馬相如，其賦固與蜀地無關；同一文體，亦看不出作者地籍不同會出現什麼不同的處理。如設論一體，東方朔〈答客難〉、揚雄〈解嘲〉、班固〈答賓戲〉，皆呈現相同的文體特徵，而難以考見作者之地籍特點。其他文類，大抵相同。當時各地方言雖多不同，然方言文學並無發展，土語方俗出現於作品中者亦極有限。

這種現象，與當時士族之中央化趨勢，實相脗合。地方性的豪族，在思想上逐漸從區域性進而爲全國性，不再自視爲某地之士，反而在精神上出現了天下同體、士族同類的感情。故至漢末，士族雖或出身某一地望，但稱揚人物，必曰海內、必曰天下。如天下忠誠竇游平、天下義府陳仲舉、天下楷模李元禮、天下英秀王茂叔、海內貴珍陳子鱗、海內彬彬范仲眞、海內賢智王伯義、海內貞良秦平王……之類，地方豪族在凝結爲士族的過程中，從區域性的小社會，眼界擴大到全國性的大社會。這是秦漢大一統王朝對文化的摶塑力使然，文學無法表現其區域特性，殆亦時勢爲之❹。

這種中央化或全國一體化的文化格局，即使在漢末天下瓦裂分崩的情況下，亦未曾改變漢末諸侯割據，天下三分。但這其中只有曹魏政治集團鳩合了一批文人，號爲鄴中七子。其他地方勢力則與文學發展無甚關係。然而，曹魏父子與這批文人所開創的建安文風，仍與地方色彩無關。其後如竹林七賢、三張、二陸、兩潘、一左等等，無論爲太康之雄抑或元嘉之英，文人集合及用以標示時代文風之意義，均大於區域特性。當時固然由於南朝官制的特殊性，造成了文人隨府主轉任各地的情況；且北人南渡，對於江南，重新經歷了一場地理大發現的歷程，地方志開始興起；地方性文人集團，如荊雍集團、金陵集團之類，亦已出現❺。可是，這些畢竟都仍是中央意識浸潤下的遊賞觀玩，仍是高門第士冑間的組合，非地方性自生的傳統。文人事實上與地方是有距離的。不僅南朝如此，唐人之竹枝詞、風土詩、流寓詩等，也都是如此。君不見白居易〈琵琶行〉乎？白氏自傷「我自去年辭帝京，謫居臥病潯陽城。潯陽地僻無音樂，終歲不聞絲竹聲」。然潯陽豈眞無音樂可聽？不，是這位大詩人瞧不起地方音樂，謂：「豈無山歌與村笛，嘔啞嘲哳難爲聽」。所以遇到「本是京城女」的琵琶女，大興感慨。此中原一統文化意識之表徵也。

因此，我們可以說，從秦漢到唐朝，大體上是中原文化形成、穩定並逐步擴散的時期。也是文學逐漸獨立成形並建立自己的法度與傳統之時期，各種文體，滙歸爲一大文學傳統。猶如各民族與各地域人士，共同形塑了一個大的統一的社會文化意識❻。在這樣的時期中，文化意識在中央一統結構下的分化現象，尚未發展。文學也同樣還沒有在建構法律系統、文體規範及評論標準之餘，形成區域性次級傳統的分類。《昭明文選》《文心雕龍》《詩品》等書，其所以未嘗以地域爲文學分類之指標，正足以顯示這個事實❼。

二、地域的文學傳統

從唐代後期開始，版圖擴張及中原文化的推拓活動均已遲緩了。版圖內各地漸次開發，文教聲華逐漸平均地在各個區域發展起來，中央的文化領導地位，有時便未必仍能保持。且因政治上形成分裂的五代十國，某些國君倡勵文藝，其政治中心卽可能同時成爲文學重鎭。如西蜀的文教發展甚爲迅速，孟昶周圍之文士也形成西蜀文人集團，編出了《花間集》。代表西蜀詞風的《花間集》及南唐君臣的詞作，事實上只是一種地域文風，但在詞史上却有正統地位。並不曾因西蜀南唐在政治上失敗了而動搖這種地位。換言之，原本各政治中心亦卽文學中心，後來政治中心轉移了，文學却仍在發展中。整個宋代，文化之重心就仍在西蜀、南唐、吳、閩這些十國舊地。例如書籍刊刻，著名者有所謂蜀本、閩本、建安書棚本等。晁以道云：「本朝文物之盛，自國初至昭陵（仁宗）時，並從江南來。二徐兄弟以儒學、二楊叔侄以詞章、刁衎杜鎬以明習典故，而晏丞相、歐陽少師，巍然爲一世龍門。紀綱法度，號令文章，燦然有備。慶曆間人材彬彬，皆出於大江之南。」確非虛語。依《宋史》道學、儒林、文苑各傳統計，南北宋文人學者之地理分布如下表：（請見下頁）

由本表，我們可以看出：京西北路二〇人（現今河南地），京東西路一五人（現今山東、河南地），成都府路一三人（現今四川地），江南東路一六人（現今安徽、江西地），江南西路二三人（現今江西地），兩浙路二七人（浙江），福建路（現今福建）二七人，在各地分佈中佔額最多。案，北宋時河南山東乃京城所在，政治重心，固然文人學者輩出；江西浙江福建

時＼地	京畿路	河北路	河東路	京西北路	京西南路	永興軍路	秦鳳路	京東東路	京東西路	淮南東路	淮南西路	利州路	夔州路	成都府路	潼川府路	荊湖北路	荊湖南路	江南東路	江南西路	兩浙路	福建路	廣南東路	廣南西路	黔南路	合計
太祖	1			4				2																	7
太宗	5			2		2			1							1				3					14
真宗	2	3		1		1		1	5		1			2			1	2	1	2	2				24
仁宗	1		1	1				3	6	1				2			1	6	3	1	1				27
英宗																					2				2
神宗				1			1				1						1	1	3						8
哲宗		2		4		1		1	2		1			3			1	1		2	2				20
徽宗				3	1					2				1	1			1	1	3	2				15
欽宗																		1			2				3
高宗				4										1		1				4	8				18
孝宗									1					1					6	2	5				15
光宗																		1	2	1					4
寧宗														2					4	7	2				15
理宗														1				3	3		1				8
度宗																				2					2
恭宗																									
瑞宗																									
帝昺																									
合計	9	5	1	20	1	4	1	7	15	3	3			13	1	2	4	16	23	27	27				182

却也不遜色。當時北方征服者對南方人其實是心存歧視的，如眞宗欲相王欽若，王旦云：「臣見祖宗朝未嘗有南人當國者。雖稱立賢無方，物須賢乃可。臣爲宰相，不敢沮抑人，然此亦公論也」。又景德初，晏殊以神童薦，與進士並試，賜同進士出身，寇準便說：「惜殊乃江南人」。眞宗還替晏殊辯護道：「張九齡非江外人耶？」到了神宗朝，神宗相陳旭，問司馬光外議云何。司馬光便謂：「閩人狡險，楚人輕易。今二相皆閩人，二參政皆楚人，必援引鄉黨之士充塞朝廷，風俗何以更得淳厚？」此皆北人瞧不起南方人之例證。然而，南方文教聲華日益彬龢，北方則漸殘破，連原先壟斷的政治勢力也越來越難保持了。這種形勢，形成了地域間的競爭關係，南北之爭以及南方各地域間互爭，遂爲宋代常見之景象。如新舊黨爭之中便含有司馬光邵雍反對南人王安石爲相的因素[8]。舊黨中洛、蜀、朔亦自分派。這就是地域性的黨派主張與利益組合了。學術上，如理學分爲濂、洛、關、閩幾大派。詩亦有江西詩社宗派、睦州詩派[9]。吳坰《五總志》說：「南北宋間，師坡者萃於浙右，師谷者萃於江右，大是雲門盛於吳、臨濟盛於楚」，講的就是這樣一個文學上也已分區畫域的時代。

地域，做爲政見、學術、文學上分類的一種指標，是由這個時候才開始的。各個地區的地方性知識份子出現了，他們成長並逐漸類聚。類聚的形式，往往是結社。文人結社，起於唐代末期，但先是文人雅集，後來則普及於鄉里間，吳可《藏海詩話》說：

> 幼時聞北方有詩社，一切人皆預焉。屠兒爲蜘蛛詩，流傳海內。……元祐間，榮天和先生客金陵，僦居清化市爲學館，質庫王四十郎、酒肆王廿四郎、貨角梳陳二叔，皆在席下，餘人不復能記。諸公多爲平仄之學，似乎北方詩社。

這是唐末世族淩夷、平民文化興起的結果，文學被一般人所普遍享用、參與。詩社原先可能在北方較盛，後來在南方亦得到長足的發展。全祖望《鮚埼亭集外編・卷廿五・句餘土音序》云：「吾鄉詩社，其可考者，自宋元祐、紹聖之間，……以孝友倡鄉里敦龐之俗，而唱酬亦日出」，即指此言。南宋時杭州的西湖詩社，盛爲吳自牧《夢粱錄・卷十九・社會條》所稱。可是據《月泉吟社》的記載，當時杭州尚有杭清吟社、古杭白雲社、孤山社、武林九友會、武林社等，足見其普及盛況。其他如宗偉、溫伯有詩酒之社；周必大、史彌遠各有詩社；樂備、范成大、馬先覺結詩社；王齊輿致仕後營雲壑園，與諸公唱酬，社中目爲詩虎；晉江廣福院僧法輝，禪餘以詩自娛，與呂縉叔等爲同社；趙葦江有東嘉詩社……等等。載籍所錄，不勝枚舉[10]。這些都是地方性的文人集團。屠戶、貨郎、僧道、退休巨僚、書商、地主及無聊文人可能同在一社，月集日吟，既有社課，復有約盟揭賞，久而久之，便可能出現一種文學風氣，影響該鄉里後輩，形成文學傳統。以江西爲例，陸放翁〈曾文清墓志〉載曾茶山「未冠時補試州學，教授孫勰亦贛人。異時讀生程試，意不滿，輒曰：『吾江西人屬文不爾』。諸生初未諭。及是，持公所試文，矜語諸生曰：『吾江西人之文也』，乃皆大服」（文集卷卅二）。這個故事即明確顯示了宋朝確實存在著地域文學傳統，某些地方的文士，也頗以其文學傳統自矜。另外，程文海《雪樓集》卷十五〈嚴元德詩序〉說：「自劉會孟盡發古今詩人之秘，江西詩爲之一變。今三十年矣，而師昌谷簡齋最盛，餘習時有存者」，對於地域文學傳統的發展，也可說是舉了個具體的例子。

文學現象的變遷，必然影響到文學觀察者的觀念。故元朝袁桷〈書湯西樓詩後〉分崑體之後的宋詩爲三宗：臨川之宗、眉山之宗、江西之宗。這時，地域便已成爲文學風格分類的指標了。明朝此風更盛，論者謂明初吳中詩派昉於高啓、越中詩派昉於劉基、閩中詩派昉於林鴻、嶺南詩派昉於孫蕡、江右詩派昉於劉崧。詩之分派，即皆以地域爲畫界標準。後來的茶陵派、公安派、竟陵派，或閩中十子、吳下四傑之類稱呼，也都顯示了當時批評意識中地域特性與文學傳統之關聯，已充分爲評述者所覺察。故除了詩歌之外，如曲亦以地分。徐渭《南詞敍錄》云：「今唱家稱弋陽腔，則出於江西；兩京、湖南、閩、廣用之。稱餘姚腔者，出於會稽；常、潤、池、太、揚、徐用之。稱海鹽腔，嘉、湖、溫、臺用之。惟崑山腔只行於吳中」，這些唱腔，雖出於某地，然非只方言歌曲，並指唱法，故一腔或不限於本鄉本貫，各腔之間，改調即可互歌(故朱竹垞《靜志居詩話》云：「傳奇家曲，別本，弋陽子弟可以改調歌之，惟〈浣紗〉不能」)。徐渭嘗言：崑腔「流麗悠遠，出乎三腔之上，聽之最足蕩人」，流麗悠遠，亦明指風格而言。此外，王驥德論沈璟與湯顯祖，也以「吳江」「臨川」爲說，謂：「臨川之於吳江，故自冰炭」。斯與清初詩壇以吳梅村爲婁東派、錢謙益爲虞山派者何異？詩歌與戲曲如此。詞則陳維崧爲陽羨派、朱竹垞爲浙西派；二派之後，乃有張惠言之常州派。以地域論風格，情況正與古文之有桐城、湘鄉、陽湖各派相似。一方面，各地文人蠭起，創造了新體制新風格，各領風騷，由地方影響到全國。一方面，評論者也習慣從地域的角度來評述文體風格之變遷。情勢與宋代以前大不相同了。

三、以地域論文學傳統

要說明清朝人是如何以地方區域爲線索來解釋文學史，張泰來《江西詩社宗派圖錄》是個好例子。此係因對呂本中〈江西詩社宗派圖〉有所不滿，故重新編輯之書。不滿之處有三：一是呂氏所列江西詩社宗派中人，籍貫不盡屬於江西；二是所述二十五人之詩學風格、淵源不盡相同；三是還有不少江西人，如晁仲石、范元實、蘇養直、秦少章等，均未列入宗派圖裏。因此，他一方面廣爲搜集與黃山谷等人有淵源有關係的江西詩人史料，編入這册圖錄中。一方面替江西這個地域建立文學傳統，他說：

《三百五篇》之後，作詩者原有江西一派，自淵明已然，至山谷而衣鉢始傳。

上推江西之詩風至陶淵明。於是江西詩風乃有一鮮明之傳統：它不是學自杜甫或什麼人，而是江西人陶淵明以來自成一格的。這個論點，宋元明皆不曾出現，而是張泰來他在強烈地域意識驅使下，進行的文學史重新解釋工作。不只如此，他更認爲：

矧江西宗派不只於詩，即古文亦有之，不獨歐陽、曾、王也。時文亦有之，不獨陳、羅、章、艾也。推之道德節義，莫不皆然。

運用這種地域區分，不僅可以重論詩歌、重論宋代的江西詩社，也可以論古文、論明代的八股文文學傳統。甚至可以論道德節義等行爲表現。這裏便隱隱然有一點地理決定論的味道了。

張泰來這樣的工作，同道頗多。像裘君弘的《西江詩話》就是純從地域文學史的角度編集的，其序云：「編詩話而繫西江，意者竊取夫子十五國風之旨，而吳楚二風之補乎？」「因思呂舍人江西宗派之說，爲《西江詩話》十二卷，此是書之所由起也」。評述江西人的詩作，編爲此書，自附於十五國風及呂氏宗派圖之後。其實國風與呂氏之圖，都不採地域觀點之批評意識，但却被這批新的評述者拉來做了祖先。所以它事實上與張泰來編的《江西詩社宗派圖錄》一樣，都是以地域觀點對呂氏原作的修正、改造或轉化。

更大規模的文學史著作，是江西人汪辟疆的《近代詩派與地域》。汪氏不僅著眼於江西一地之詩史，更要綜論一整個時代的詩風。他曾分別採用《水滸傳》式的人物排秩法與地域分布描述法，撰寫了《光宣詩壇點將錄》和《近代詩派與地域》。對於後者，他尤爲重視，曰：「《點將錄》爲譜錄之體，非綜論之文。今日重拈此題，將近百年內詩壇掌故，爲一綜合與分析之說明」。在他之前，陳衍《石遺室詩話》雖曾提到當時詩壇上有浙派、閩派、嶺南派等等，却還沒有如此系統的綜合處理。「隨地以繫人、因人而繫派，溯源流於既往，昭軌轍於方來」，把當時詩壇分爲湖湘、閩贛、河北、江左、嶺南、西蜀六派。每派均指某一地域詩人形成之風格類型，並依地域風土及該地文學傳統，說明此派之風格淵源。例如論湖湘派，曰：

> 荊楚地勢，在古為南服，在今為中樞。其地襟江帶湖，五溪盤互，洞庭雲夢瀛漾其間。俗尚鬼神，沙岸叢祠遍於州郡。居是邦者，蔚為高文。卽異地僑居，亦多與其山川相發。
>
> 荊楚文學，遠肇二南。屈宋承流，光照寰宇，楚聲流播，至炎漢而弗衰。下逮宋齊

西聲歌曲，譜入清商，極少年行樂之情，寫水鄉離別之苦，遠紹風騷，近開唐體。向來湖湘詩人卽以善敍歡情、精曉音律見長。卓然復古，不肯與世推移，有一唱三嘆之音，具竟體芳馨之致。

前者言其山川風物土俗，後者言其文學傳統，然後在這個架構下敍論湖湘詩人在同治光緒朝的表現。六派統觀，彷佛如見一光宣朝詩歌史的地圖⑪。

這類文學批評手法，取資於明淸日益昌盛進步的地理學及地方志修纂事業，應該不少。我國地理學在明末淸初大有進展，不僅傳教士帶來世界地理新知，儒者亦以硏究地理爲讀史之津梁，顧炎武《天下郡國利病書》、顧祖禹《讀史方輿紀要》導其先路，《海國圖誌》繼起，洎及淸末，硏究西北史地亦成學人之常業。地學發展，迥非曩昔可及。方志之修纂，亦復如此。大師如章實齋，便主張編方志時應把該地詩文獨立編爲「文徵」，如〈方志立三書議〉曰：「凡欲經紀一方之文獻，必……倣《文選》《文苑》之體而作文徵」。其〈和州文徵敍錄〉又說：「方州選文，《國語》《國風》之說遠矣。若近代中州河汾諸集、梁園金陵諸編，皆能畫界論文，略寓徵獻之意，是亦可矣」。可見他也是主張畫界論文的。這樣編纂出來的方志文徵，與《睦州詩派》一類書，又有什麼差別呢？

而實齋本身就是喜歡以地域論學術傳統的人，著名的「浙東學派」說，卽爲此公傑作⑫。這種以地理區畫來討論文化發展的論述方法，在實齋到汪辟疆這一段時間，頗爲流行。汪氏同時而稍前，如梁啓超劉師培，都是主要論者。梁啓超有〈地理與文明關係〉〈亞洲地理大勢〉〈中國地理大勢〉〈歐洲地理大勢〉〈近代學風之地理分布〉等文，論證地理與文化發展有密切關係，上承林春溥〈水土與人民氣質〉（《開卷偶得》卷十）之說，並謂南北地理民俗之分殊，在哲學、經學、佛學、詞章、美術、音樂各方面都會形成南北風格的差異。劉師培也有類似的講法，其〈南北學派不同論〉〈南北文學不同論〉，具體分析了南北文學與學術之不同。這些論述，顯示了汪辟疆那樣的批評方式，乃是整個大學術環境普遍風氣中的一個部份。同時代人，有些以理論來說明地理對文化有密切乃至決定性的關係，有些持此觀念具體處理文學史學術史文化史，有些則替鄉里做點建立文化傳統的工作。例如胡適論漢初學術，喜言「齊學」；柳詒徵《中國文化史》論文化發展、錢穆《中國文化史導論》辨中西文化之不同，均從地理的觀點進入。錢穆本身更有《史記地名考》等地理學著作，其弟子何佑森撰〈兩宋學風的地理分布〉〈元代學術之地理分布〉、嚴耕望撰〈戰國學術地理與人才分布〉皆承其學風者，嚴耕望治歷史地理學及人文地理尤見成績。魯迅則不太運用地理觀點來解說歷史，但他從事鄉土文獻之輯校，編有《會稽郡故書雜集》等，不僅系統重建了地方文化傳統，對故鄉紹興的歷史感情，也深深影響到他「魏晉文章」的風格與人格取向。這些事例，說明了什麼呢？難道以地域特性來論述文化傳統，在近代不是一種主要的學術方法嗎⑬？

四、地域與文學傳統

以地域特性論述文學之方法，雖然已廣爲人所採用，但如何說明一個區域的地理範圍同時也即是一個文化或文學範圍，並不容易。理論的說明者往往從以下幾個角度立論。一是由人與自然的結合關係上說。即一羣生長在自然地理區域中的人，與該地自然景觀的關係。如說「北方之地，土厚水深，民生其間，多尚實際；南方之地，水勢浩洋，民生其際，多尚虛無」。地理景觀直接影響人的性格，當然也就影響了該地居民的文化創造，「民崇實際，故所著之文，不外記事析理二端。民尚虛無，故所作之文，咸爲言志抒情之體」。此外，各地自有方言土語，語言的隔閡，也自然形成一個個不同的文化區域，「聲音既殊，故南方之文亦與北方迥別」（劉師培・南北學派不同論）。

以上這種論證，早見於《漢書・地理志》，是最常見的論證方式。但地理自然景觀只能大略示指它與人的關係，事實上同一個地域中的人，性格差異也很大，南方自有尚實際者，北方亦有好玄虛者。而且文化是否直接關係於地理，也不無疑問，因爲文化會傳播、能流動，是衆所周知之事。發生於海濱的文化，傳播入沙漠高山平原地區，一點也不稀奇。文化之生存假若並不仰賴地理條件，何以其發生就一定與地理有關？而且以地理自然景觀及物質條件來論述文學之風格與傳統，必須強調地理的偏殊性，並藉此說明其地文學之偏殊性。但這種論述非常危險，因爲它必須技術性地忽略人性共相及其在文學中之表現。同時，我們也常忘了：正是基於共通的人性及文學審美之類似，我們才能了解並欣賞不同地域的人所寫出來帶有特殊地域風味的文學作品。所以，所謂地理之偏殊，可能反而是吸引我們，而非區隔我們的質素。而強調某地如何偏殊不同，反倒可能只是代表了希望爲他人所注意、接納之行動。未必在事實上存在這樣的偏殊差異。

人與自然的結合關係，倘不足以證成區域文化傳統之義，則論者或由人與人的自然關係上立論。同一地域中人的同鄉關係及異代同鄉關係，可能是構成一地文化傳統的重要因素。鄉黨之間，親戚族屬彼此影響；或壤地相接，聞風興起；鄉賢對同鄉後輩的啓廸示範，都可以形成文化傳統，出現一個特殊的類屬狀態。這個道理不難明白，例證也隨處可見。汪辟疆推江西之詩風，淵源於陶潛，即基於這一理論。但是蘇軾蜀人，其詩文皆與蜀地文學先輩無甚關係。蜀地雖出現他這樣的大文豪，蜀地卻沒有聞風繼起、紹述其風格，如江西人之學黃山谷者。因此這種人與人的關聯，未必便能構成地域文學傳統。而且本鄉先賢對鄉後輩沒什麼影響，卻影響了其他地區的情況亦甚普遍。像前文所舉程文海〈嚴元德詩序〉語，謂江西之詩，在劉辰翁之後，頗學李賀與陳簡齋。李賀家昌谷，簡齋則爲洛陽人，他們的詩風竟影響了江西。這種影響，顯示了文學上風格的選擇與形成，主要是一種文化價值的認定與追求，與地域並無絕對關係。本鄉先輩及大師，固然最可能直接影響一地之文風，然文化價值的追尋，實難以地域封限之。

還有一種討論地域特性與文學傳統的辦法，是從該地之歷史文化條件立論。一個地區經濟、工藝、政治、歷史以及文教發展狀況，可能會影響該地人的生活態度、價值觀人生觀，也會影響到文學表現。例如北平爲帝都甚久、上海與外商交通較有經驗、臺灣曾遭日本統治之類歷史文化條件，形成了京派、海派不同的文學藝術表現、以及臺灣「亞細亞孤兒」的臺灣人意識之文學。這樣的區別，乃是由一地之文化傳統論其文學傳統，所以比從自然地理談文學傳統要合理得多。黃公度曾勸梁啓超說：「公之變遷論，以南北分學派，以空間說。此論甚不確。蓋論地理而證以學派則可，論學派而繫以地理，則窒礙多矣」（光緒卅年七月四日致飲冰書）。以空間地理來談文化傳統是很成問題的，故只能從文化發展的狀況上來說明各地的差異。而文學爲文化之一環，由各地文化發展之一般情況來解釋該地文學之特性，自然是可以成立的。

但是，所謂一地之文化傳統，眞是實際存在的狀況嗎？我們現在說某地因其歷史文化發展的特殊性如何如何，故其文學如何如何。這個「歷史文化發展的特殊性」，是怎樣獲知的？約翰・G・岡內爾《政治理論：傳統與闡釋》一書，對於「傳統」的辨析，很值得我們參考。

他認爲，所謂傳統，其實只是一套虛構的神話。是史家基於處理他自己這個社會所面臨之問題、重新評價當代事物而建構的一套說辭。它假設歷史龐雜紛紜之事相中，存在著一個足以統攝諸多事物，而且是一脈相承並有逐漸發展過程的「傳統」存在。這個傳統，對當代事件與思想也有著因果意義。論者彷彿把歷史上各種文化表現，看成是關切著同一套問題和思想，是歷史上有關一些持久議題的對話活動。他們之間的差異，是傳統的創新部份；共同處，則代表了繼承性[14]。

這種傳統神話，他舉西方政治理論爲說。我們則不妨以所謂「亞細亞孤兒之臺灣人意識」爲例稍做解釋。某些講臺灣文學史的先生們，認爲臺灣因其地理及歷史條件之特殊，爲荷蘭、西班牙、清朝、日本、民國相繼統治，但統治者都是外來的壓迫者，並不認同臺灣，所以臺灣人長期處在被剝削壓抑的地位。統治者失敗後立卽棄守，又使臺灣類似無父母（祖國）疼惜的孤兒。因此，臺灣文學，一方面充滿了悲嘆嗟怨的亞細亞孤兒情懷；一方面又有強烈的反抗精神，要反抗一切壓迫。從賴和以來，這個傳統卽一脈相承。所有文學作品，在他們的解釋中，似乎都是有關這一反映臺灣人悲慘命運及反抗精神的重複變奏，是對臺灣人命運這個永恆的基本問題之持續對話。這種臺灣地域特性與文學傳統說，已充斥於坊間。但這個「傳統」事實上只是論者爲解決他們的國家認同危機、重新評價當代事務而建構的一套說辭。亦卽把中華民國先化約爲國民黨政權，再類比爲荷蘭、日本，視爲外來之統治者、非祖國。然後藉著對臺灣文學傳統的歷史建構，講臺灣人的文化意識，而達到建立「臺灣人自己的國家」之目的。

這種論述，表面上是從歷史文化傳統來釐定文學傳統，可是實際上是倒過來的。所謂傳統，也只是一種史家反省的分析架構，是由史家理性化建構過的「歷史」；實際上未必存在著這樣一脈相承，足以統攝諸多物事的傳統。因爲史家面對歷史材料時，是有選擇的。他們從歷史上挑選了一些作品，做爲眞正傳統的代表，而對其他作品（那些不能脗合其「臺灣人意識之傳統」者），則予以貶抑或芟棄。挑選出來的作品，固然構成一條先驅與後續者相繼的傳統香火之鏈。然而，那些被貶抑或芟棄不論的文學史實，正顯示了文學在歷史發展中存在著多樣風格與主題意義，非此一傳統所能綜攝解釋。另一類型的史家，從另一堆文獻及「史實」中挑選另一批材料，表述另一種傳統神話，乃輕而易舉之事，亦爲常見之事。何況，這個被建構的傳統，其中各式人物著作，眞的都關切同一主題，表達同一種意識狀態嗎？歷史的流衍變化，恢詭無端，事相之紛紜複雜，亦復萬怪惶惑，不可究詰。建立一個單系傳承之文學或文化傳統，或有助於我們辨識現今身處的地位，爲我們的行動提供歷史的合理性解釋。但從歷史解釋學的角度說，此舉實在是把歷史看得太簡單，以致勾繪出一幅虛假的圖式譜系[15]。

故所謂文學或文化傳統，常是被解釋出來的。這個傳統，有其發端、變化、終結與復興，爲一彷彿若眞之存在體。不只「臺灣人意識的臺灣人文學傳統」如此，前文所舉之江西詩社宗派、浙東學派等，亦是如此。

浙東學派之說，始於章學誠。謂浙東之學，多宗江西陸九淵，流衍至王陽明、劉蕺山、黃宗羲、萬斯大、全祖望，形成浙東史學，與浙西治學方法及精神皆不相同。後來梁啓超添入了邵晉涵，章太炎添入了黃式三黃以周，這個學派的陣容遂越形堂皇。何炳松更上推其淵源於宋朝程頤，謂浙東在宋朝即有永嘉與金華兩大派。於是看起來從宋到明到淸，便眞有一個脈絡相承、精神相繼、淵源流傳非常明確的浙東學派存在了。但後來大家逐漸發現：陽明學派本不講史學，實齋之學也與黃全諸氏不同，黃氏全氏的著作也到晚年才見著，〈又與朱少白〉一文甚至將黃氏歸入朱學系統。所以實齋並非眞能繼承黃宗羲之學者，浙東也沒有這樣淵遠流長的一個學派。既然如此，章氏爲何要建構這麼一個學派呢？余英時認爲章氏在當時是把戴震看成學術上的勁敵，爲了與戴氏代表的學風對抗，在心理上，他需要一個源遠流長的學統做後盾，否則即無法與繼承朱子之學數傳而起的戴震匹敵。而且章氏把他跟戴震的對峙，看成是南宋朱陸、淸初顧黃的重現。這種自我評價，也使他不能不建構一個由陸到王到黃到他自己的學脈譜系⑯。這個體系儼然的學統建立後，後人遂視爲歷史上眞正存在之物；且又各依己意，爲它添加骨血，強化其源流關係。如何炳松爲之上溯淵源於宋之永嘉金華。此與呂本中作〈江西詩社宗派圖〉，以當日生時居地各不相同的二十五人，類秩成一系統，做法正復相同。當時呂氏謂此二十五人皆學江西黃山谷，故是江西一祖下衍諸派。胡仔乃謂山谷亦學杜甫，所以應推源於杜甫；張泰來則更溯源至陶淵明。詩派中人，原無陳簡齋。然因方回初讀老杜黃陳詩皆未有得，後誦簡齋集始有入門，故通老杜黃陳與簡齋而玩索之，所以拉簡齋入派，成爲一祖三宗之一。曾茶山本來也未列入，至劉克莊才編入。諸如此類事例，在在可見學派詩派傳承授受若有家法者，常是史家建構之物，是被解釋出來的東西。要依這樣的「傳統」解說一地文化藝術之發展與特性，不能不格外愼重。

五、文學的區域研究

這也就是說，無論從自然地理區域、人際聯繫或歷史文化傳統來討論一地文學之特性與傳統，都很難確說鑿指。我們不否認確曾存在著一些地域性的學風門派，但也有許多地域學派是史家虛構的「傳統」。地域對文學傳統的影響更是複雜，不能用簡單的繫聯辦法把地理與文學拉在一塊兒。以地域特性申論某地文學發展狀況與風格特徵，僅能以寬泛鬆散的方式來運用，而無法視爲一嚴格之方法。運用時亦須注意其效能與限制。

雖然如此，在處理小地域文學家之關係，以及作品與讀者之關係時，地域特性與文學傳統的辨識，仍是很有效的方法。例如「明代的蘇州文人團體」「臺灣的鹽分地帶文學」，這類區分便很容易梳理該時該地的文人活動狀況，也可以跟其他地區文風發展做一分辨，便於進行文學的區域研究。

這種區域研究與比較分析，對文學史研究尤其重要。因爲文學史往往依時間先後敘列文學及文藝思潮的發展，忽略了這些不同的文學表現與觀念，可能不只是時間的差異，也常是地域傳統的差異。如明代弘正之際，李東陽主持臺閣，號茶陵派。復古派起而反對之，「厭一時爲文之弊，又相與講訂考論，其文法秦漢，其詩法漢魏李杜」（張治道〈渼陂先生續集序〉），復古思潮彌漫一時。公安派繼起，又反對復古。這種時代風氣之轉變，能不能也看成是地域文學的對抗關係呢？李東陽乃湖南茶陵人，其時號爲茶陵派，臺閣體又以歐陽修文爲圭臬。所以可說是一種南方文風。反對者則多屬北方文士，康海〈渼陂先生集序〉〈太微山人張孟獨詩集序〉及關中人張光孝〈石川集序〉論弘德七子，南方人皆僅列一徐禎卿，餘六人皆北人，陝人又居其三。可見當日復古文學，係由北人主導。其後反對七子者，如徐渭爲浙人、公安三袁爲湖北人，似可謂爲另一種南方文學。換言之，各地域文人及文學風氣的競爭，也許是構成文學史演變的重要因素。而這一因素，在只以時間敍述，而乏空間布列之文學史著中，往往甚少著墨⑰。

同樣的，我們在論述歷史時，常採總敍時代之方法，而對一時代中共時的地域性差異，少予分辨。忘記了一個時代中可能存在著許多不同地區的不同傳統與發展狀況。如論明代學風，卽云明人淺陋，學子皆束書不觀，徒耗精力於科舉，却忽略了明代人之不學，可能是因爲從事科舉，也可能是由於李夢陽等人提倡不讀唐以後書，更可能是因浙中理學家好談性理。束書不觀，原因非一。而當時蘇州學風，反而是主張博學的。注意這個地域的學術傳統與文學風氣，不惟可以說明一個時代複雜的內涵，也能在一般講明代文學史時，僅從臺閣——七子——公安——竟陵這種單線史述之外，發掘文學社會更豐富的一面⑱。

此外，文學的區域研究與比較，在文學批評史的研究上也可被運用。因爲不同地域既可能有不同的文學傳統，其文學評價標準便不一致，其論文學史，評述觀點自多差異。以清末詩來說，江西人汪辟疆總論全國詩壇，以地域分布爲綱，不加軒輊。但其《光宣詩壇點將錄》明列湖湘派之王闓運爲托塔天王晁蓋，以贛人陳散原爲及時雨宋江，閩人鄭孝胥爲玉麒麟盧俊義。自然是凸出了閩贛派在詩壇的領袖地位。閩人陳衍《石遺室詩話》及《近代詩鈔》近於這個評價，但對鄭孝胥的推崇，卻在陳散原之上。江西人福建人的觀點如此，其他地方人士服氣嗎？未必。試看北方人楊鍾羲之《雪橋詩話》，卽知其差異之大。無錫人錢仲聯則謂其鄉賢沈曾植「高於散原矣」（《夢苕庵詩話》）。南皮張之洞也指贛派詩爲江西魔派，說陳散原是〈張茂先我所不解〉。至於廣東人，喜說黃公度，更不在話下，如李景新〈廣東民族詩人黃公度〉就說：「嗚呼！公度誠中國近代最偉大之詩人」。這些評語，雖不能逕視爲鄉曲私愛，但其深受各地域文學風氣影響，實甚顯然。

地域觀念對批評家的影響，當然不止於阿私本鄉先賢這一點。一位具有地域觀念的評論者，在觀看各種事務時，都可能會帶上省籍地理意識。例如清人述古，即常從地理畛域這點去立論。紀昀、朱士彥、錢大昕、施北研、宗廷輔、潘德輿、李亦元以迄錢鍾書，論元遺山詩，就都從元遺山當時金宋對峙，「南北分疆，未免心存畛域」這個角度去看問題。引遺山「北人不拾江西唾，未要曾郎借齒牙」等詩爲證，謂遺山瞧不起南方的詩風。不知此「江西」乃指曾慥編《皇宋詩選》而言，非指江西諸派。以致亂點鴦鴦譜，說當時北方文風，自王若虛以來卽不喜江西詩派，遺山承此風氣，故不做江西社裏人云云。這樣的批評，並不能說明宋金文學交往的狀況，却有效地顯示了地域意識如何在文學批評活動中起作用⑲。

我們平時在研讀文學史時，不可能不先接受一些史籍或重要文評家對時代、作者及作品之評價；文學史著中，討論的也常是被這些批評家稱爲偉大作者的一連串名字。但假如評論者之地域意識對其評價文學，眞有如此顯著之影響，則我們在運用文學批評史材料時就須當心了。唐初史家所描述的南北文風區分，以及他們對南朝文風的貶抑，可能就肇因於修史者皆爲北人。故讀史者不能將其所述，視爲歷史實相，而應詳考發言者之發言情境、政治立場、籍貫與地域觀念，並由此進而發展各地域批評家批評意識間的比較研究。

自清朝以來，以地域特性論文學雖已蔚爲風氣，但眞能進行方法論之反省並深化這種方法者，殊不多見。以上簡略言之，希望能對文學研究有所助益。

附註

❶ 風詩是否爲可以表現各地風俗的歌謠，不無疑問。〈詩大序〉云：「風，風也，敎也，風以動之，敎以化之。上以風化下，下以風刺上」、鄭玄《周禮注》云：「風，言聖賢治道之遺化」，皆未必有地域風俗之意。鄭樵則謂：「風者出於風土，大概小夫賤隸、婦人女子之言」，由此乃有國風出於民間之說，如朱熹卽云：「凡詩之所謂風者，多出里巷歌謠之作」。但國風縱使眞屬里巷歌謠，也必然不是民間歌謠的本來面目。屈萬里〈論國風非民間歌謠的本來面目〉一文，論之甚詳，見中研院史語所《集刊》第卅四本。因此，從國風論斷地域文學傳統，根本是不可能的。何況，屈先生只說國風非民間歌謠之本來面目，朱東潤則更進一步考證，認爲國風之作者多爲卿士大夫，而非民間之思婦勞人（見《讀詩四論》，民國六九，東昇文化）故國風雖係分國編列，卻很難由此推論地域與文學風格之關聯。

❷ 論文學者，雖推源於《詩經》《楚辭》，但我們必須注意：先秦並無後代意義的「文學」。《詩經》《楚辭》皆爲歌曲。所以從《詩》《騷》上根本不能看地域特性與文學傳統。

❸ 游國恩〈楚辭講疏長編序〉：「楚辭非徒辭焉而已。……觀《漢書・王褒傳》：『宣帝徵能爲楚辭九江被公，召見誦讀』。《隋經籍志》：『有僧道騫善讀楚辭，能爲楚聲，音韻淸切。至唐傳楚辭者，皆祖騫公之音』。證知騷人之辭，實關聲樂，誦讀之方，與凡有異。……漢初，楚聲盛行，顧能以聲節楚辭者蓋鮮，故自劉安以下，但以訓其詞義、通其句讀爲能事，其楚聲則亡之久矣」（收入《楚辭論文集》）。自劉安以後，能誦楚辭者少，可能並不是楚辭的音韻太特殊；而是在時代轉變之後，大一統的新時代已逐漸出現了新的風氣，楚風不競，能作楚聲者日漸減少之故。見注❹。

❹ 詳見毛漢光《中國中古社會史論》總論第四篇〈中古士族性質之演變〉，特別是第三節。民國七十七年，聯經。

❺ 詳見王文進《荊雍地帶與南朝詩歌關係之研究》，民國七十六年，臺大博士論文。

❻ 魏晉南北朝到隋唐，是文學建立起自己的法度規範體系的時期，詳見龔鵬程〈論詩文之「法」〉，收入《文化文學與美學》，民國七十七，時報。

❼ 南北朝政治分立，文學也似乎形成了南北文風的差異，所謂：「江左宮商發越，貴於清綺；河朔詞義貞剛，重乎氣質」（《北史・文苑傳序》）。但事實上，並不是眞有這樣的南北文學之分，而是唐初修史者多爲北方人士，他們持一種反文學的態度，把南朝文敎視爲「亡國之音」，故刻意抬高北朝的文學地位，造成南方浮靡、北方貞剛的假象，以重質抑文。夷考史實，北朝文學貧乏，〈隋志〉所載北朝文集僅廿二家，南朝則計三百零六家，數量上根本不成比例。風格方面，北魏頗爲浮靡，東魏北齊的魏收邢邵更曾偸襲江南任昉沈約之文。整個北朝文學，其實是南朝文學的仿擬發展，而不是南北地域分立形成兩個對比的文學傳統。詳見注❺所引王文進書第五章。

❽ 張之洞有詩云：「南人不相宋家傳」。指邵雍於天津橋上聞杜鵑聲，感漢南方人將爲相，可能替國家帶來災難之事。又司馬光也與歐陽修爭論如何取士之問題，主張保障北人利益。北人這種態度，南人李覯〈長江賦〉即曾表示不滿。

❾ 江西詩社宗派並非地域上實際存在的詩社，而是觀念的社集，欲以宗派爲架構，建立文學史知識、處理詩人關係、尋找風格類屬，與地域並無直接關係。詳見龔鵬程《江西詩社宗派研究》，民國七十二，文史哲出版社。至於睦州詩派乃元世祖至元三十年，翁衡取唐元和至咸通間睦州有名的詩人十人，編爲一集，名《睦州詩派》，見謝翶《晞髮集》卷十。所以也不是睦州實際上存在的詩派，而是評論者以睦州這個地域爲線索，所建立的文學類屬關係。這種評論文學的方式，起於宋末，明清大盛，詳見下文。文學評論者之所以有此觀念與做法，當然與其身處之社會狀況有關。

❿ 有關文人結社之起源與發展，另詳註❾所引龔鵬程書。

⓫ 另詳張之淦先生《遂園書評彙稿》，民國七十五，商務。〈近人詩話四種析評〉之四。

⓬ 浙東學派，並非實際上存在之學派傳承，而是章學誠「追認」的，詳見何冠彪《明末清初學術思想研究》，民國八十年，學生，〈清代浙東學派問題平議〉。

⓭ 清代學者除地理學專著之外，文集中涉及地理者極多，王重民曾輯為〈清代學者地理論文目錄〉，收在《禹貢半月刊》中。此可以看出近代學人對地理問題的重視。這種重視，不僅在清末民初出現，從地理觀察文學與文化的風氣，直到現在，仍為普遍常見之研究趨向，大陸學界尤其表現了這種態度。陝西學界，如談「關學」；河南則研究「洛學」；四川、湖南、廣東、福建、江、浙……莫不如此。這當然有一些政治、經濟或學術計畫發展體系分配等問題，但清代以來的學風，仍在此中起著具體的作用。同理，論者或以為當代談本土性，談臺灣文學特性，是受到一種「反中心」時代學術風氣之影響。地域文化，渴欲由中原文化霸權中掙脫出來，以取得獨立的價值與地位。這誠然不錯，但本文所指出的，乃是這種以地域觀念討論文學傳統之方法，也是明清以來流行之法，不只為今日之風氣。討論地域問題，有一點歷史的縱深，恐怕是必要的。

⓮ John G. Gunnell《政治理論：傳統與闡釋》，王小山譯，一九八八，浙江人民出版社出版。

⓯ 有關臺灣文學的本土論述，另詳游喚〈八十年代臺灣文學論述之變質〉，八十一年元月十一日「當前文藝論評工作發展研討會」論文。

⓰ 同注⓬。

⓱ 不過，在討論文學時，除了貫時性的文學史敘述外，說明地理區域文風的並時存在，對了解文學當然很有助益。但做區域文學傳統的研究者，事實上並不能以並時性替代順時性，反而常要替地域文學建構傳統，上溯其源，回到順時間性的論述。這就使得地理並時論述轉而成為歷史貫時性研究之補充成為其次級系統。地理區域特性的論述，無法獨立運用，這是非常明顯的方法局限。

⑱ 明代中期的蘇州文壇，簡錦松《明代文學批評研究》是唯一可見的力作，對明代文學批評史之研究，很有貢獻。民國七十八年，學生。

⑲ 詳見龔鵬程〈論元遺山與黃山谷〉，紀念元遺山誕生八百年學術研討會論文，民國七十九年。

⑳ 限於篇幅，本文對於中央和地域文化的關係、文化大傳統與地區小傳統之關係，皆未及申論，敬祈讀者見有。

禪文學與地域特色關聯性的試探

鄭　琳

一、何謂禪文學

禪文學是指能表達禪境的文學作品，無論是禪師悟道的詩偈，或者是詩人，文學家表達禪境的作品，都稱之爲禪文學，以下分兩點說明。

㈠ 什麼是禪？

禪是源出於印度，成長於中國的一枝花。

禪的本質是平衡、冥合、相應等等的生命的存在狀態。特別是人類自己內在情志的疏理與平衡，以及與外在宇宙的相應，這種內外冥合，身、心、宇宙充分的融攝貫通，沒有任何的阻礙隔閡，而達到一種物我無間，天人合一的生命存在狀態，是名之爲「禪」。

我們也可以說，禪是一種身心的鍛鍊，鍛鍊的目的在於去妄念，而使心靈澄澈、清明。

是一切思慮，情識、意念的釋放與消除的工夫。當一個人的心念，在高度的禪定鍛煉中，沒有纖毫的葛藤、糾纏。海濶天空，鳶飛魚躍，一種羽化登仙的空明瑩澈，湛湛澄澄，這就是禪境的空靈之美。

不着一字，得盡風流，這種空靈無限的存在，就可以深入一切的內在，而與宇宙萬物的終極存在相契合，這是一種既超越而又內在的狀態，是實中有虛，虛中有實的狀態，一種天地並生，萬物爲一的內在的磅礴的整合性的存在，這就是禪的虛實相涵，重重無盡的無碍境界，現在且借憨山大師❶的兩首詩來幫助我們了解此境界之內涵：

(1)瞥然一念狂心歇　內外根塵俱洞澈
翻身觸破太虛空　萬象森羅從起滅

(2)雲散長空雨過　雪消寒谷春生
但覺身如水洗　不知心似冰清

我們的心靈在達到這樣無碍境界之後，眞正似水月，若琉璃，這一番宇宙空明，了無任何意識與情志的痕跡，足可以澈見自我內在深處的奧底。「水深魚極樂，林茂鳥知歸」，這正是接觸到了生命與宇宙的源頭之處。因爲是源頭之處，故一卽一切，一切卽一，一種融通貫澈，直參造化的直覺能力就透顯出來了，這是禪的直觀作用，也是禪文學創作的動力。

什麼是禪？言不能盡，意無可宣，說之不得，不說亦未爲得，上來所述，乃是姑妄的就禪的空靈之美，虛實相涵的融通貫澈的特質，加以約略的捫索其髣髴而已矣！

(二) 禪文學的界定

什麼是禪文學？關於這個問題，我們可以想到古希臘哲人亞里斯多德 Aristotle，在他的詩學❷裏，曾說到詩與歷史的不同，是在於：歷史是陳述個別的事實，而詩則是表現普遍的眞理。又說詩與哲學的不同，是：哲學把抽象的思想，用直敍法表達出來，而詩則是把抽象的哲理，寄寓於具體的事物或情景之中來表達的，詩中不是不能有哲學，只是詩中的哲學不是作者說出來的，而是要讓讀者自己去悟入的。詩的美在於空靈與蘊藉。而象徵、比興、烘托和聯想，正是發揮這種特色的必要的手法。我們曉得什麼是詩，我們也就可以約略了知，什麼是禪文學了。

清代詩評家沈德潛曾說：「詩貴有理趣，不貴有理語。」又說邵康節的詩，每每將哲學直敍出來，那只是理語，而不是理趣。紀均也曾說過：「詩宜參禪味，不宜下禪語」，什麼是禪味？什麼是理趣？我們必須作更進一步的探索。

人類的知識有兩大種類。

一種是可知的知識 knowable knowledge，建立在能知的主體與所知的客體的相對關係的二元對待的世界，也就是吾人託身於其間的生生滅滅的有形的世界，這個世界是可以經由感官的接觸與理性的思維而得知的。故曰可知的知識。

另一種則是不可知的知識：unknowable knowledge，是在主客相對以前的根源本體，這是個不生不滅的本體世界，則非是由感官意識之所能夠接觸得知的。在大乘佛教，所謂的本體乃是一切諸法的空性，或者名之爲眞如本性，實相般若。這就是在我們意識，或分別智，尚未生起以前的那個本來面目，那個不可道不可知的三昧，菩提，絕對境界。

人類所可以掌握的知識，是感官的知，是由人類的感覺器官——眼、耳、鼻、舌、身與外界接觸所獲得的經驗，這種感覺對象是具體的，物質的。至於理性的知，乃是人類的思維能力，由邏輯推理而來的知識，是抽象的，理論的。但這些都無一不落入了主客的對待，能、所分別的二元世界。在日常生活的世界裏，人人必須順從邏輯推理或理性思維，這是一個普遍而必需的應當的存在法則。然而在禪觀的自性般若的澈悟裏則不是如此的，反而是要從感官的，理性的層次，解脫出來的，要「百尺竿頭重進步，十方世界現全身」的，宋代大慧宗杲禪師曾有詩偈描述過這種體驗：

桶底脫時大地濶　命根斷處碧潭清
好將一點紅爐雪　散作人間照夜燈

「桶底脫時大地濶」，是說自性般若，從身、心官能的生理、情識與理則的葛藤中解脫出來，才會呈現出的無限寬濶天地，「命根斷處碧潭清」，亦是說解脫出來的般若自性就如澄清的潭水一般的清淨，這個清淨的，遼濶的自性般若，是火宅中的清涼，應當把它散在人間，當作照破黑夜的明燈。

宋、圓鑑法遠禪師也說：

孤舟夜靜泛波瀾　兩岸蘆花對月圓

金麟自入深潭處　空使漁人執釣竿

這透脫出來的金麟——自性般若，活潑自在，入於深潭，沈潛底奧，不再誤蹈塵網，那即是超越了感官、情識、知性的一種超越的沈潛內在的存在。這種沈潛透底的存在既是主體，又是客體，由於其是絕對的，整體的，合一的狀態，毫無依恃的存在着——照體獨立，此即是禪者或詩人所體悟的刹那中的永恒，或永恆中的刹那。即是所謂的三昧，或禪定。其間既無情識亦無知性活動，只是一種圓滿、均衡、寧靜、清涼的超然。是禪悟？是坐忘？或是無爲？總而言之，這種境界是一種不可知的，是言語道斷，心行路絕的。對於這種般若自性的境界，我們要企圖把它表達出來，眞是十分十分困難的，千方百計，百計千方，不得已，乃借重詩的手法，象徵的，比興的，以有限表無限，以具體的境物來烘托不可思議的禪境，以特殊的景象來捕捉這普遍的眞如實相，眞是「一粒沙中藏世界，半鐺鍋內煮山川」了！此所以詩與禪，從來就結有不解緣。此所以禪文學在宗門中也有其存在價值，雖則早期禪宗倡言「教外別傳，不立文學」，此乃是強調文字的障碍性，局限性，要我們不要執着於文字，被文字所矇蔽而已，如果我們能懂得詩的比興手法，透過文字的象徵，而了悟到文字以外的禪意，由指而見月，那也就是意在言外的「不立文字」了。一些富於禪趣的悟道詩偈，往往要言不繁，扣人心弦，寥寥數言，就能點醒生命內在的禪機，這樣透過文字藝術而捕捉到般若自性的禪悟的作品，我們稱之爲禪文學。自晚唐五代以來，禪與詩、文就日益顯現出雙向交流的現象，禪者接引後學，往往借詩說禪，或者亦醉心於禪文學的創作；而詩、人文士亦喜涉足空門，耽悅禪理，常以禪意入詩，這種現象在宋代發展到頂點，而蔚爲一代風氣。在這裏，我們也就可以作一個界定，所謂禪文學，是指無論是詩人、文士，或者禪師、哲人，只要是以詩的比興的象徵手法，成功的確當的烘托出普遍的眞理——般若境界的作品。擴充而言之，凡是以詩的手法——並不一定要詩的形式，從事探索自性的內在領域，而達到一種嶄新的、更廣大、更精微覺知的存在狀態，或者是觸及靈魂深處的，意識底層的，或者生命源頭的普遍性的眞理，凡是這樣的主題，內容，我們把它歸類爲禪文學。

禪，是澈見我們自性，本心的一種藝術，我們愈是能以最少的憑藉，接觸生命宇宙的整體，大全，我們的心靈才得以開悟，或者連最少的憑藉也無，以一種般若智慧、空靈的，直覺的，照見五蘊皆空，「五蘊山頭雪散後，大千沙界月長明」，或者照體獨立，耿耿孤明，以證到「身似寒空掛明月，唯餘清影落江湖」。那種境界倒是有時候被文學家無意之間說着而表現爲文字禪。例如：

潭中魚可百許頭，皆若空游無所依，日光下澈，影布石上。❸

庭下如積水空明，水中藻荇交橫，蓋竹柏影也。❹

之所以引這兩段小文者，是借它所描寫的空明無礙的境界來體會禪的空明無礙。這明淨、透澈的空明無礙境界，眞如夢、如幻、如泡、如影。這在禪者的修證生活中，是要是悟後才得以證到的虛空無礙，無礙而後才得以圓融，圓融而後才得以偏滿，偏滿而後才得——美不勝收。

何謂禪文學，上來我們已作了界定，而這文中前前後後所引的詩與文都是屬於禪文學的。

二、禪宗在中國發展的簡史

㈠禪宗在中國發展成熟的地緣關係

禪，它發源於印度，但却是發展、成長、圓熟於我國。

禪，它出自古印度語 Dhyàna 或 jhàna，意義是「瞑想」，古印度民族的特性，非常喜歡瞑想，似乎以耽着深沉思考爲無上妙樂，他們把心、意、念，牢牢的集中在一個對象上，使心念不隨境轉，以訓練心的安定。他們調息、靜坐，把漫遊於身體感官、週遭宇宙的心念的注意力收攝回來，以便達到一種無住無念的三昧 Samadhi 境界[5]，我國稱之爲禪定，古印度民族相信，只要實踐禪定，就能獲得六神通[6]。

後來崛起於印度的佛教，也採用了這種修訂方式，以爲追求開悟的一種法門。所以，在印度佛教中的禪定，只是六波羅密[7]之一，只是想要離苦得樂，以達幸福彼岸的諸多法門中之一種。禪在印度時期，尚還未曾發展完成一套修行成佛，明心見性的整全的禪宗體系。然而，傳到中國以後，却大放異彩，蔚爲奇葩，其中有何緣故呢？這是必須要從我國的地理環境，區域特色方面來加以探討的。

中國的本土，分爲南北二大部份。

北部是黃河流域，南方是揚子江流域。

居住在黃河流域的北方民族，與住在揚子江流域的南方民族，其個性、思想、文化自有所不同。北方的孔孟之敎，以政治爲生命的理想歸宿，修、齊、治、平是他們的終極關懷，至於一些形而上的問題，如生從何來？死向何去？天地是有窮，還是無限？這些玄想妙思，他們是沒有多大的興趣的。可是南方民族的思想風格，則全然不同，南方民族富有浪漫的審美情調，又喜好鑽研宇宙生命的本體問題，萬物的淵源所自，天地的有無窮盡，等等，這些非常酷似禪的思想玄理，是禪來到中國南方之所以特別發達的先天因素。原來中國的南方，南方老莊的形而上的超越精神，正是禪的先期導引，與孕育、發展的溫床。

老子出於楚，莊子的足跡亦多在楚地，楚，是我國的南部地方，禪法的東來，首先就與我國南方的老莊玄理相融合。而且，禪宗初祖達摩大師，也是來自南天竺國，是印度的南方，其地山嶽起伏，森林茂密，其所以與我國南方楚地的老莊思想相通契，乃是有其先天的，地域的相互投合的原故。

居住於天地山川，氣候風土相類似地帶的民族，其思想風格自然接近，這也是理所當然的事，由於中國南方靈山秀水，風土物色之薰陶，印度的禪定法門來到了我國之後，漸漸的融洽了道家空靈與虛靜的智慧，因而形成了既具有完整體系的宇宙的慧觀眞理，與人生行爲圓滿之道德精神，而又具有與此體系相應，而能達成究竟成佛的禪定實踐法門。如此，智慧，戒行，禪定三者的渾然統合，來自印度小乘的禪定法門，就這樣得到更高度更周全的發展、成長，進而趨於圓熟之境。於是，西土的禪定，到了東土，在這裡開花、結果，蔚成了一個中國化的大乘宗派——禪宗。所以，後世禪宗所說的禪，已不僅祇是小乘的禪定而已，而是指戒、定、慧三學具足的大乘中國禪宗了！

這個在中國南方水土氣象上所發展起來的禪宗，得到南方水秀山明的江山之助，當然就成長爲具有南方地域特色的一個宗派。其後禪文學風格之形成，則是和大多數宗門祖師道場所在地的長江流域的地域特色，有其關連性，那也正是，有如是之因，方有如是之果而水到渠成的事了！

㈡禪宗傳承的歷史

唐朝是一個民族大融合的時代，也是一個民族生命力勃發的時代，不但產生了情韻渾厚雄健豪邁的唐詩，在中國禪宗史上更有輝煌的成績。那時高僧相繼出現，新的修行方法與新的宗教派的漸次的建立。由於他們的努力，加以當時中國政治經濟的優勢，乃形成禪宗及禪文學的黃金時代。

中國禪宗入唐以後而大盛，唐以前的達摩禪，傳法於深通老莊之學的慧可，是為二祖，三祖僧璨，圓寂於隋大業二年，自四祖道信而後，悉為唐以後之人，五祖弘忍大師是以黃梅為禪教的中心，蘄州黃梅，也就是古代的楚地，正是現代長江流域的兩湖地區，黃梅門下七百僧，從達摩到弘忍，禪宗基礎益形穩固，門庭益形廣大。六祖惠能更是開百世之風，自其得法辭黃梅後，隱棲懷集（廣西梧州）四會（廣東肇慶府）之間，直至唐高宗儀鳳元年正月八日，會印宗法師在廣州法性寺講涅槃經，由「仁者心動」一語，出現於世，印宗法師為其剃髮受戒，於儀鳳二年二月八日歸韶州曹溪山寶林寺，爾後卅七年，一直在南方大弘禪法，其一超直入如來地之宗風，與其師兄神秀大師之漸修成佛之漸教不同，自此禪分南北二宗，據宗密「圓覺經大疏鈔」云：

> 言分南北者，大師（五祖弘忍）……學徒千百……荊州神秀……並是一方領袖……後有嶺南新州盧行者……後在曹溪山開禪弘揚宗旨，故時號南宗……其神秀等……時號北宗。

此言自惠能開始，禪分南北，然據實言之，神秀一系雖號稱北宗，而其本質則仍屬南宗，蓋北宗禪法大抵仍循達摩以迄弘忍之舊，並未曾有多大變遷，因爲北宗仍是以四卷楞伽爲心要，而四卷楞伽之譯者——求那跋陀羅，與達摩大師俱來自「南天竺國」，故稱此宗爲「南天竺國一乘宗」，或簡稱「南宗」。是「南宗」一詞，本非專指惠能一派，而是指整體的禪宗都是「南宗」而爲言的。

由此可知，所謂「南宗」乃是指在南方地區所建立起來的有南方風格的禪宗宗派。但是由於惠能的「南宗」，壓倒了神秀的北宗，所以一提到六祖直覺上卽是指惠能，而不是神秀，一提禪宗卽是指「南宗」，而非北宗，這些錯覺都顯示出，在有意無意間，或是在某種默契中，大家都以南方風格來認同禪宗，似乎禪宗屬於南方乃順理成章之事。是以，吾人可以如此說：其所以有如此美麗的錯覺者，那是因爲禪宗與禪文學本來就是帶有南方地區特色的文化思想與文學作品的緣故。這也就是本文所想探討的主題。

禪宗自六祖惠能開百世之風，爲唐宋以來禪宗之所歸止，其門下傳法者數十人，中有南嶽懷讓，青原行思兩尊者，青原下有石頭希遷，石頭之禪風橫溢於湖南之天地，從晚唐迄五代，此法系出有曹洞、雲門、法眼等三宗。

南嶽下出馬祖道一，馬祖宗風宣揚於江西，從晚唐至宋初，南嶽下出臨濟、潙仰二宗，臨濟之法孫更分有黃龍、楊岐二派，由此湖南、江西之禪風席捲長江流域的南方地區，一直延續到宋代。六祖門下青原、南嶽二大系統，遂成爲中國禪宗的主流。

以上爲禪在中國發展之大略也。

三、湖山東南美，禪意特地深。

劉勰在他的文心雕龍裏曾說過：

> 若乃山林皐壤，實文思之奧府，屈平之所以能洞鑒風騷之情者，抑亦江山之助乎！

禪法東來，之所以能在我國興盛，之所以能創造出有特色風格的禪文學，實在也是多賴於中國南方長江流域的風光明媚，湖山秀麗的「江山之助」，孕育出老莊玄思的楚地，也孕育了禪。楚地也就是禪宗一些重要人物的活動地區，如五祖弘忍的道場——東山法門，就是以黃梅雙峰之東的馮茂山爲中心的，黃梅縣在蘄州，就是現代的湖北省蘄春縣，古時名爲楚地者，楚地山川佔有長江、漢水、淮河等流域。這地區正是雲夢大澤的所在地，白浪滔滔，水光接天，土地肥沃，魚美米香，鄱陽湖與洞庭湖更像明媚的雙眸，表盡了東南山川的靈秀之氣，地靈人傑，人生活於其間，當然是靈秀所鍾，智慧非凡，酈道元水經注云：「人秉斯氣，往往清楚而文。」詩人才士，禪德祖師之所以輩出，湖山之美良有以也。

六祖弟子南嶽懷讓住南嶽衡山的般若寺，湘水繞經山麓，經長沙入洞庭湖，其弟子馬祖道一，以及道一以後的禪師，其活動中心，大半在洪州，故又稱洪州宗，洪州在江西南昌，鄱陽湖在其北。

自六祖惠能在韶州曹溪大行其道以後，禪宗在南方蓬勃發展，湖北、湖南、江西、福建、廣東以及江浙一帶，都有禪宗的道場，這些地區，槪屬長江本流及其支流所在，土壤肥沃，物產豐饒，自然環境起伏多變，富有高山大川雲烟變幻之美。

我們且看看長江的壯麗景觀，江水東流，沿四川盆地南側，曲折東流。重要的支流，北有岷江、沱江、嘉陵江來會於宜賓，瀘縣、重慶等地。再南經三峽出川入鄂。在宜昌以下，河谷豁然開濶，久東於峽中的江水，驟放奔馳而下。在兩湖盆地底部平原上，河道蛇行，江水九折，形成了水的天堂，又北有漢水來歸於武漢。南有洞庭湖，滙集了湘、資、沅、澧諸水來會於岳陽。至武穴下九江，在湖口有鄱陽湖，滙收贛、信、修、昌、撫、及安樂諸水，至馬當折而東北流，斜貫安徽、蕪湖附近。北有巢湖水，經運漕河輸進，南有青弋、水陽二江注入，至馬鞍山離皖入蘇，經南京至鎭江，與大運河交會，再折而東南流，在江陰、靖江以下，江面漸寬，至吳淞口外，注入東海。

這些長江流經的地區——湖北、湖南、江西、廣東、江浙等地，正是許多禪師弘法道場分佈所在之處。玆略擧其大要而言之：

六祖弟子，青原行思禪師得法後，駐錫江西吉州青原山靜居寺，荷澤神會，石頭希遷均從曹溪來江西吉州，參禮青原。

石頭希遷，廣東高要人，參禮青原得法後，天寶初年，行至衡山南嶽南臺寺，於寺東得大石如臺，師於臺上結庵而居，時人稱石頭和尚，希遷在南嶽一住二十三年，敎化了許多弟子，廣德二年便往湖南長沙，這時形成了在江西以馬祖道一之禪爲中心，在湖南以石頭希遷爲主幹的江西、湖南二大士時代。當時湖南江西之禪，風靡於大唐天下。

在江水兩側流域，湖泊羅列，兩湖地區，形同釜底，爲四周高處水流滙歸之所，古稱雲夢大澤，其南爲洞庭湖。洞庭天下壯觀，是我國第一大淡水湖，啣遠山，呑長江，朝暉夕陰，氣象萬千，我們且看看前賢對它的禮讚：杜子美云：

> 昔聞洞庭水，今上岳陽樓，吳楚東南坼，乾坤日夜浮……

孟浩然云：

> 八月湖水平，涵虛混太清，氣蒸雲夢澤，波撼岳陽城……

金玉詩話引：

> 水涵天影濶，山拔地形高，四望疑無路，中流忽有山，鳥飛應畏墮，帆遠却如閒……

水經注云：

> 洞庭廣五百里，日月若出沒其中。

我們細讀這些名句，可以想見其水天一色，風月無邊。洞庭烟波浩淼之壯濶空明，如在目前，石頭希遷禪師在這裡一住二、三十年，在湖水的壯濶涵泳之下，他將萬物融滙於自己的胸中，深閎含蓄，在洞庭的鑑照之下，他體會到自性就是一種巨大的空間存在，所以在草庵歌中，他說：「庵雖小，容法界」，這種氣魄，恐怕是滙納衆流的雲夢大澤與壯濶的洞庭，所給予他的啓示與靈感吧！

我國是世界湖泊特多的地區之一，江、河、湖、泊、交織成的一片汪洋，水鄉澤國，風光旖旎，是江南常見的美景，靈秀所鍾，毓爲人傑，人俯仰於其間，自能滌除塵垢，蕩相遣執，心如明鏡，見性而悟道矣。

鄱陽湖在江西北部，係地層下降拗折而成，積四週山坡流水，滙成湖泊，古名彭蠡，是中國第二大淡水湖，經湖口入江。湖水浩浩蕩蕩，渺無際涯，風月宜人，富有江南山水情調。

我國長江流域地質，多是不透水層，又兼氣候多雨，故除江水幹流東西蜿蜒以外，兩側多的是源遠流長的支流，因而流域廣大，長江除發源之處，地勢高亢，山巔積雪，河水結冰以外，自宜賓以下，主流均在副熱帶濕潤氣候區內，是以四季不冰，江水終年靈動秀麗，凡此皆是禪宗道場所在地區之景觀特色，眞正是「湖山東南美，禪意特地深」，由湖山之美，才成就了心靈中的無限禪意，無限智慧，這無限的禪意與智慧，確也成就了與地域特色，靈山秀水息息相關的禪文學的特有風格。

智者樂水，由於這些江水湖泊之美，雲烟變幻之勝，清明秀麗，靈動不息，有時烟波浩渺，莫測涯涘，有時一碧萬頃，耀日生輝，這對於勤修智慧法門的禪者，正是取之無盡，用之不竭的靈感泉源，詩心可以入道，鑑水可以參禪，這些詩意的，靈秀的美麗湖山，又何嘗不是禪者們悟道通微，明心見性的大好的、殊勝的因緣呢？其所蘊育出來的禪文學，特地富有空靈的，虛實相涵的水與山的特質的美，請嘗試言之於後：

㈠ 水所溢滌出來的空靈之美

且以一則禪宗公案來展開我們的探討，景德傳燈錄希遷傳：

道悟問：如何是禪法大意？
師（希遷）曰：不得，不知。
悟曰：向上更有轉處也無？
師曰：長空不礙白雲飛。

如何是禪法大意？希遷禪師的回答，明白表出禪是一種無所知的「智」，是無所得的「得」，這也正是般若波羅密多心經上的一句經文：「無智亦無得」，無所知的智，即是不可知的智，是能觀的智體本身，「得」是所觀得的理，不得是法空，不知卽是智空，正是楞嚴經上說的：

覺，所覺空，空，所空滅，般若如大火聚，無論淨穢，觸處皆燒，真空理顯，凡情蕩盡，真如聖境，一切智，悉不可得。

能證之智，所證之得，人法兩忘，境智雙泯，凡聖盡蕩，畢竟空寂。道悟了知此畢竟空寂之後，又問：「向上更有轉處也無？」意思是說：悟空之後，更進一步是如何的呢？師曰：「長空不礙白雲飛」，長空萬里，白雲正好飛揚，由空才能有，正是中觀論所說的：「大聖說空法，爲離諸相故，若復見於空，諸佛所不取，何以故？本爲有病，借空以除，有病既除，空亦不存」。這空後之有，正是世間一切如如之境。

禪就是這樣創造心靈空間的藝術，這種長空萬里的胸襟，空靈澄澈的心境，要如何創造？要禪定，心如止水的定。要蕩滌，蕩相遣執，滌除塵垢。要澄明，清珠懸於濁水，濁水不得不清。好了，就這幾點，我們就無法不想到水了。莊子說過，「平者，水停之盛也」[8]水最偉大的品德就是「平」，「平」者，不起波瀾，清明寂滅。我們上來之所以不厭其詳的敍述江水的蜿蜒，湖泊的烟波，乃是因爲這南方的水鄉澤國，水——孕育了禪者的道心，啓發了道人的智慧，禪宗之所以發展於南方者，就是由於南方許多秀麗的靈動的水、水的呼召。

水所提給人們的靈感是它的鑑照性，洞山良价禪師[9]就是過水覩影而悟道的，水的靈動性有助於禪者的智照靈通。水的透明性，更是洞察力的基礎，這都是明心見性不可或缺的工夫。南方楚地的老子就特別欣賞水，他說水是「上善」，又說「水幾於道」[10]。因爲水是萬物的本源，水性清明、善下、穩定、沉潛，凡此等等質性，皆能示導人心均衡、深靜、潛藏，所以老子又說水之一德是「心善淵」[11]，水更有調濟融貫，消解隔閡之功，水隨方隨圓，不泥不滯，凡此水的種種神通妙用，皆是造就禪者空靈的禪境所必須要的磨洗工夫。東坡在夜宿東林寺的時候，虎溪的淙淙水聲就讓他心花開悟不少。

溪聲便是廣長舌，山色寧非清淨身，

夜來四萬八千偈， 他日如何舉示人？

假如說洞庭湖是「廣」，長江是「長」，那末這般偌大的「廣」「長」舌，那眞是不知造就了多少的禪門子孫了。總之，水的智照靈通，滌蕩塵垢，空明透澈，以及其種種的風格，都與禪者的修行悟道的境界相契的，水也確實能浸潤、灌溉出禪的意境，而長江流域的兩湖、江西、閩、粵等水域繁盛的區域，在歷史上也確實是孕育了禪的溫床。

現在再把我們的鏡頭對向着黃州，因爲湖北黃州的黃梅山是禪宗祖師的道場，四祖、五祖、六祖均在黃梅得道，在初唐的五十多年，黃梅是當時的禪法中心，乃至後來禪法從黃梅傳佈到全國。黃州的齊安也是創造很多禪文學的東坡，他謫居五年的地方。

黃州在湖北省，大江之濱，我們且看蘇轍在「黃州快哉亭記」裏的描寫就可以知道，黃州也是個啓人智慧的水的國度。

> 江出西陵……其流奔放肆大，南合沅、湘，北合漢、沔，其勢益張，至於赤壁之下，波流浸灌，與海相若……蓋亭之所見南北百里，東西一舍，濤瀾洶湧，風雲開闔，晝則舟楫出沒於其前，夜則魚龍悲嘯於其下，變化倏忽，動心駭目，不可久視……西望武昌諸山，岡陵起伏，草木行列，煙消日出，漁父之舍，皆可指數……濯長江之清流，揖西山之白雲，窮耳目之勝，以自適也哉！

西陵峽是長江巫山三峽之一，浩浩蕩蕩的江水，再加沅、湘二水。沅水源出貴州，東流入湖南，分數道入洞庭湖，湘水源出廣西，東北流入湖南，亦注入洞庭湖，漢水的上游爲沔水，都注入長江。好了，這汪洋一片的碧色琉璃，千百載下的我們，都可以想見其「濤瀾洶湧，風雲開闔」，「波流浸灌，與海相若」之氣勢，想當年五祖及其門下上千的禪門子孫，生活於這烟波洗渺的三江五湖，長久的浸潤在這樣水天水地之中，怎不蕩相遣執，滌除塵垢，而契入於人法兩忘，境智雙泯之境呢！這種大自然的啓悟，遠比文字言教要有力量的多。

以下分用五首禪詩以表達經過水的洗禮之後的，禪文學的空靈之美。

菩提本非樹，明鏡亦非台
本來無一物，何處惹塵埃？

這菩提般若之智是實相無相的，是空相，所以說「本來無一物，更何處惹塵埃」呢！這是六祖在大江之濱的黃梅所悟的見地。這是何等空靈的禪境。

一片澄心似太清　浮雲了不礙虛明
夜深人寂渾無寐　時聽空庭落葉聲⑫

澄徹虛明的心有似清澄的太空，因爲是空、是太空，所以浮雲來往，無碍於虛明，這空中之有，不碍於空，而有卽是空，才是眞空，夜深人寂心更寂，才能聽到空庭落葉之聲，這詩充滿了般若空靈之美的禪境，

百千世界空花影　一片身心水月光
伎倆窮時消息斷　可中無事着思量⑬

百千的世界是空花影，色不異空，色卽是空。一片身心水月光，色卽是空，色不異空。在這種般若空性之中，豈有伎倆可思，豈有消息可得，豈有事可着思量？畢竟空寂而已矣。

青山不動自如如　朝暮雲霞任卷舒
縱有紅塵深萬丈　曾無一點到茅廬⑭

青山不動自如如，象徵般若自性之淸淨不動，如如，此色（青山）卽是空，任雲霞之卷舒，長空不碍白雲飛，空卽是色也，「縱有紅塵深萬丈，曾無一點利茅蘆」，不沾不滯，色不異空，空不異色也。

實際從來不受塵　箇中無舊亦無新
青山況是吾家物　不用尋家別問津⑮

般若自性從來就是不沾不滯，不垢不淨的，無過去無未來的，是超越空間時間的，而且青山（般若自性）本是我所固有，不用去尋尋覓覓，因爲它本是現成的，從來也未曾離開過我自己的。

上來略舉五首禪詩，以分享此湖山蕩滌出來的空靈之美，因爲有此空靈的湖山，才磨洗出空靈的禪心，有此空靈的禪心，才創作了空靈的禪文學。地靈人傑，禪的本質，不也就是身、心、宇宙的同體存在嗎？

上來所舉禪詩，皆是禪師之所造，而文學家作品之受禪宗思想薰陶，而有清華絕俗，空靈之禪趣者，莫如蘇東坡之赤壁賦：

是因爲東坡的赤壁賦，賦與了黃州赤壁千載不朽之名，然而，也是因爲有了「大江東去，浪陶盡千古風流人物」的黃州赤壁，才淘洗出東坡的禪心，由於禪心才創造出富於禪趣的禪文學——赤壁賦，地域特色與文學作品的互動也是其由來久矣：

> 壬戌之秋，七月既望，蘇子與客，泛舟遊於赤壁之下，清風徐來，水波不興，舉酒囑客，頌明月之詩，歌窈窕之章，少焉，月出於東山之上，徘徊於斗牛之間，白露橫江，水光接天，縱一葦之所如，凌萬頃之茫然，浩浩乎如憑虛御風，而不知其所止，飄飄乎如遺世獨立，羽化而登仙。

這一段充足了空靈之美的作品，是盈滿了禪味的！這禪味是赤壁之水浸出來的。

問東坡，禪是何物？直教爾說得，空空如許？

是一個天心月圓之夜，高空的月與星星相依——是天上的無限光明。

白露橫江，水光接天——是週遭的無限光明。

臨萬頃之茫然——是水底的無限光明。

縱一葦之所如——在者個整體的上下四方，宇宙性的空明中，整個的身心那裏去了——境智俱泯，人法頓空，世界光如水月，身心皎若琉璃——畢竟空寂。

於是：

浩浩乎如憑虛，如御風，無窮無限，無際無邊！

飄飄乎照體獨立，迥脫根塵，是羽化？是登仙？

眞正是：赤壁清涼月，已遊畢竟空

東坡心垢盡，菩提影現中

不要以爲東坡不是一位禪者，他，東坡，正正式式的是南嶽懷讓一系的，臨濟宗的，黃龍慧南禪師的徒弟——東林常總禪師的入室弟子。「溪聲便是廣長舌……」那首詩正是東坡贈給這位總長老的。也不要以爲東坡沒有這麼高的悟境，君不見，他在黃州安國寺整整坐了五年的禪，他並且說：「一念清淨，染汚自落，表裡脩然，無所附麗，私竊樂之」⑯。君不見東坡說的「法語」，更是多麼的通達透澈：

> 客亦知夫水與月乎？逝者如斯，也未嘗往也，盈虛者如彼，而卒莫消長也。蓋將自其變者而觀之，則天地不能以一瞬，自其不變者而觀之，則物與我皆無盡也，而又何乎羨乎？

水與月是透明的，空靈的，而且可以表現普遍的理，所以，禪者、道者都將之象徵自性的圓滿與光明，空靈與智慧。「逝者」是現象，「未嘗往」是本體，「盈虛者」是現象，「卒莫消長」是本體，自其變者而觀之，「逝者如斯」，「盈虛者如彼」，不能有一瞬之停留——「朝成青絲暮成雪」，「最是人間留不住，朱顏辭鏡花辭樹」。然而自其不變者而觀之，則未嘗往」，「卒莫消長」，萬物與我皆是無盡，刹那卽是永恆，本體自性，無始無終者也。

清吳楚材就曾說過，讀赤壁兩賦勝讀南華，東坡赤壁，眞足以千古，文學家之禪文學亦可見其一斑。

(二) 水與山交織出來的虛實相涵之美

南嶽懷讓的南嶽，就是湖南的南嶽衡山。

南嶽的弟子馬祖道一禪師，以及道一以後的禪門歷代子孫，活動中心大半在洪州，洪州在江西的南昌，其地理環境我們可以從王勃的滕王閣序中略窺其端倪：

> 豫章故郡，洪都新府，星分翼軫，地接衡廬，襟三江而帶五湖，控蠻荊而引甌越。

衡山在洪州的西南，廬山在其北境，襟三江乃是荆江、松江、浙江，五湖：太湖、鄱陽湖，青草湖、丹陽湖、洞庭湖。

這些黃梅、洪州、南嶽，都是長江流域的兩湖、江西之地區，在上一節我們已介紹過此處的區域特色是：長江橫貫，灌渠網布，湖泊羅列，乃典型之水鄉澤國，秀麗靈動，沁人心脾的水，和追求玄遠的禪者的恬淡心境相結合開拓了心靈空間的無窮無限，而創作了許多無限空靈的禪文學，已述之如上，本節願從本地區特色之另一面來加以探討。

　　這水鄉澤國的兩湖與鄱陽湖盆地，原屬於陷落性的盆地，故地形複雜，河谷與丘陵、平原交錯，河道盤旋曲折，部份地區直線距離不過七十餘公里，但溯江上下有近兩百里之遙，故有江水九折之稱，又如嘉魚下游大灣，江流環抱，曲折五十公里，而其直徑，僅四公里而已[17]。兩湖地區，如此之處，多達數十，山與水的交替，因而造成視覺上的山中有水，水中有山的空間感受，山是實，水是虛，山與水的交替，也就是象徵虛與實的相涵。

　　再者，湖泊羅列地區，還有一種區域特色乃是：由於沿岸沙州淤淺，於是一些大湖分裂爲許多小湖，形成一種湖中有地，地中有湖之景觀，如此與人以虛中有實，實中有虛的空間視覺感受。凡此種水中有山，山中有水，湖中有地，地中有湖，所造成之虛虛實實之虛實相涵之意趣，著實給與禪者以深沉的宇宙性的啓示，這種形而下的地域性的景觀，正是某種形而上的哲思眞理，與藝術性的美感的具象存在，其對於禪文學之悟境與風格，實有其決定性的影響，加以廬、衡二山的秀美絕倫，其對於禪者詩人的陶鈞鎔裁之功，實在非是筆墨文詞之所能爲力者也。

　　廬山，坐落在長江及其支流與鄱陽湖的水波浩淼之間，由於湖水蒸發影響，常年雲封霧鎖，泉懸空際，凡到廬山之詩人、哲人、禪人無不爲其峰巒之奇秀所吸引。廬山的雲海，向稱天下奇觀，有時，青碧的長空，銀光閃閃的湖面，交織一幅彩色分明的畫面，然而片刻之間，薄霧冉冉升起，由淡而濃，如白色棉絮，從四面八方湧來，頓時，你就失去了週圍的一切，而墜入雲海深處，這種傾刻之間的虛虛實實，實在是本地區的一大特色。

　　再說南嶽衡山，秀麗隱約，雲霧瀰漫，盤繞八百餘里，七十二峯羅列，湘江環繞，經長沙入洞庭，「帆隨湘轉，望衡九面」，極盡曲折瀠洄之勢。

祝融峯爲南嶽絕頂，混沌濛朧，層雲重疊，如波如絮，遠掩山峯，近拂衣袖，舒卷變滅，聚散無常，令人有瀟灑出塵、似眞又幻之感。據云，韓文公登衡山，適値天陰，乾坤莫辨，乃潛心默禱，頓見雲層退處，晴空一碧，秀峯青翠，巍然獨立。正是：「須臾掃盡衆峯出，仰見突兀撐青空」，故而東坡云：「公之精誠能開衡山之雲，」⑱這實在是蘇公想當然耳之詞，實際上，衡山烟雲瞬息數變，氣象萬千，雲開峯出，雲聚峯隱，隱顯靈通，虛實相涵，雲山都在有無之間，乃是南嶽衡山最佳勝的也是最常見的景觀特色。這種特色反映在禪文學上就是虛實相涵之美。

南嶽慧思禪師就曾爲這種隱顯靈通，似無若有，又似有若無的地域特色所觸動，而引發出他生命中的隱顯靈通的寶藏，而頓悟心源：原來外在的物色與內在宇宙，竟是有着某種的同源相契，或者是同類的相尋：

頓悟心源開寶藏　隱顯靈通現真相
獨行獨坐常巍巍　百億化身無數量
縱令逼塞滿虛空　看時不見微塵相。

禪者們覓覓尋尋，其所要明的心，所要見的性，那也是一種心靈上的似有又無，似虛而實的一種存在，那是生命境界中的虛與實的相涵，色與空的不二，一位禪師如果能在色中見到空——獨行獨座常巍巍，又能在空中見到色——百億化身無數量，悟到此有中之無，與無中之有——滿虛空而不見微塵，這可能是頓悟心源之朕兆了。

南嶽鐘毓天地山川之靈秀，烟雲開闔，虛實相生，倏忽變滅，一種飄忽無常，不可捉摸之感，飄浮在此湖天一色，青山不動的如如之境中。在思考整體存在，宇宙、人生、心靈的禪者心目中，物我相契，思與境諧，因而造成電光火石般，頓悟的禪境——萬古長空與一朝風月的相卽相涵——亦虛亦實，卽有卽空的禪悟境界。

萬古長空之中，自有其一朝風月，是虛中之實，是空中之色。而一朝風月之中，又何嘗昧却其萬古長空呢，是實中有虛，是色卽是空。這萬古長空與一朝風月，是虛與實，空與色兩者的相卽相涵，方才是一種美，一種圓，一種禪。

因爲：萬古長空正是托顯這一朝風月的本體境界，只有不昧却本體的現象，才是永恆中的第一個刹那，在這一刹那中，於是，宇宙就有了時間、空間，於是就有了光，有了顏色、形狀等等，於是就有了生命，有了美，這空谷中的跫音，怎不令人怦然心動呢？

> 萬古長空中的一朝風月，就是這永恆宇宙中生生不息的動力。
> 春天月夜一聲蛙，撞破乾坤是一家。

春天月夜，一個充滿生機的，圓滿的，光明的，寂靜的夜晚——萬古長空。石破天驚的，一聲蛙鳴，撞破了宇宙的永恆之寂靜——一朝風月。這永恆中的第一聲蛙鳴，於是，宇宙就有了聲音，有了生命。

當然，同樣的，一種昧却現象的本體，那是不圓滿的，沒有一朝風月的萬古長空，那也是亙古的死寂，是缺乏生機的！那也不是禪，沒有雲烟變滅的廬山是不會如此動人的。

是以，禪文學之美，亦是如此，虛實相涵，狀難狀之景，如在目前——萬古長空，不能沒有一朝風月。含不盡之意，必須見之於言外的——一朝風月必須是來自於萬古長空的。

以下請以數首詩來表達禪文學的虛實相涵之美：

1. 諸法從本來　皆自寂滅相
春至百花開　黃鶯啼柳上

一朝的風月，乃來自萬古的長空，是實中有虛。萬古的長空，也就在這一朝的風月中存在着，是虛中有實。當春天的第一朶花開放的時候，第一聲鶯啼的當兒，就帶來了永恆的訊息，寂滅永恆的訊息，是在春天的花開鶯啼之中呈現的是刹那，也是永恆。是實與虛的相即相涵。

2. 三十年來尋劍客　幾回落葉又抽枝
自從一見桃花後　直到如今更不疑⑲

一聲蛙鳴，一句鶯啼，都可以悟道，都是永恆的訊息，一朶桃花，更是美麗的天國了！三十年來的尋尋覓覓，那裏就沒有見過桃花呢？為什麼這次見的桃花就不一樣呢？

這一次見桃花的確是不一樣的，這一次的桃花是來自亙古的寂滅，是萬古長空中的一朝風月，這個桃花就如它剛從造物者那裏顯現出來的一樣，以前由於妄念的紛呈，霧裏看花，全不眞切，這一次由於經過幾回的落葉抽枝，禪修工夫的圓成，桃花的應機觸發，於是妄念全消，頓開心眼，所見的桃花，乃是來自亙古的永恆，一花之中有天國，一朝的風月，也無異於萬古的長空，因爲萬古長空與一朝風月是虛實相涵，同體的存在。故云：「直到於今更不疑」也。

3. 盧山烟雨浙江潮　未到千般恨不消
及至到來無一事　盧山烟雨浙江潮

這是東坡一首膾炙人口的好詩，有濃濃的美感，有玄玄的禪思。如何的詮釋？那就各憑心證了。

盧山的烟雨上來已著筆不少，浙江潮自古卽爲天下奇觀，緣以錢塘江的江流於出海時，遇海潮倒灌，兩相激盪，乃使潮水壁立如山，聲若雷鳴，騰躍澎湃，銀花水柱，高達數丈。旋起旋落，前仆後繼，令人心驚魄駭，歎爲觀止！

無疑的，盧山烟雨浙江潮，天下至美之景色也，用以象徵人生至美之境界，吾人之所以未能到達此至美之境者，由於吾人心中千般之恨，不能消解。因爲心中有恨所以與美無緣，不能相卽。等到有朝一日吾人能證到本來無一事之境界，空靈澄澈，週遭徧在無處不是美好，早已置身於盧烟雨浙江潮之美境，而處處皆是美景了。

由此詩之首尾兩句之暗示，美從頭到尾都是現成的存在，只是由於人的心不淸淨，不能證得而不能體驗到美，及至心中無事，那末，無所往而非廬山烟雨浙江潮了！第一句的廬山烟雨是外在的物色，而第四句的廬山烟雨則是吾人心中美的源頭了。

四、結　論

禪，是創造心靈空間的藝術，是澈見本心的藝術，空間愈是開濶，本心的了悟愈是深遠，也就愈能得到安身立命的空間。

禪，也是一種境界，是內在心靈空間與外在宇宙空間相應的存在狀態，禪者的禪心，橫遍十方，豎窮三際，心量涵蓋了整個的虛空，而與一切的萬有融合、渾成。由於內在的我與外在的世界消融、泯合。因而宇宙身心就是並生為一的一體存在。就文學的境界而言，則是情與景的交融，心與物的合一，一切的景觀物色含蘊在吾人情志之內，而吾人情志也充分的流注而遍存在於外在一切的物色之中。因此，山與水的物色之美，就淨化了禪者的心靈，而禪者明淨的禪心，又特別善於攝受山水物色的洗禮。地靈而後人傑，地域的特色，在似水月，若琉璃的禪心之中，成為萬古長空中的一朝風月，而這一朝風月的地域特色就會在禪者的善於鑑照的心靈性情，乃至語言文字上映顯出來，於是，禪文學與地域特色的依存關係，就不是偶然而是必然的了！我國南部地方長江流域的水秀山明，由於印度的禪傳來的時節因緣，在唐宋時期成就了多少禪者的一片身心水月光，而明心見性了！在他們空靈的顯隱靈通的禪心流注之下，這來自萬古長空的一朝風月的禪文學，就映照出水與山的空靈，與虛實相涵的特色風格了。因而形成了中國禪宗與禪文學的黃金時代。

仁者樂山，智者樂水，尤其兩湖地區的洞庭鄱陽二湖，春夏之交，浩浩蕩蕩，渺無涯涘，澄鮮宇宙，浮蕩乾坤者八百餘里。華嚴經云：若見流水，當願衆生，得善意欲，洗除惑垢。」人的心靈是有賴於江山之助而深化、而開濶、而空靈的。又云：「不動如山智如海」，心不動亂如兀兀高山之定，智慧明達，流通無滯如靈動不息之水，在山與水的觀照下，狂者定，垢者淨，迷者惺，我國南部地方的水秀山明的特色，正是禪定智慧，蘊育成長的絕佳聖地。而禪文學又正是禪定智慧所呈現的花朶。

天地之大，萬物之廣，沒有比山與水更雄奇秀麗的了。山與水之美是造物者的精靈，是天地間靈秀之氣的源泉，這種物色之美，尤其在禪者，哲人、詩人、文士的靜觀慧照之中情景交融，潛移默化，蕩滌塵垢，靈通貫徹。「山光悅鳥性，潭影空人心」，由物色而性情，而文學，而禪理。地域特色與禪文學的關聯性，是本文試圖探討的主題。經過本文上來的諸多分析，可以淸楚的知道，借彼物色，抒我心胸，禪文學與地域特色的關連性，是應當被肯定的。

附註

❶ 憨山一五四六—一六二三，是明末四大高僧之一。是一位教理及禪觀並重的高僧，教理重於華嚴，禪定重於實修實悟。

❷ Poetics, S. H. Butcher's tr.

❸ 柳宗元小石潭記。

❹ 蘇軾記承天寺夜遊。

❺ 三昧是修行禪定的一種境界，是持心平等，一心住於一境，是意識全神貫注深沉禪定的狀態。

❻ 三乘聖者所得之神通有六種，卽天眼通，天耳通，他心通，宿命通，神定通，漏盡通。

❼ 六種通達彼岸的方法，名爲六波羅密，亦名六度：一、布施，二、持戒，三、忍辱，四、精進，五、禪定，六、智慧。

❽ 莊子德充符篇。

❾ 洞山良价，浙江省紹興會稽人，自幼出家，一日過水覩影而大悟，在雲巖曇成處印可嗣法。西元八〇七—八六九。

❿ 道德經第八章。

⓫ 道德經第八章，上善若水，水善利萬物而不爭，處衆人之所惡，故幾於道，居善地，心善淵，與善仁；言善信，正善治，事善能，動善時，夫唯不爭，故無尤。

⓬ 宋郭印秋日卽事。

⓭ 明憨山大師。

⑭ 明憨山大師。
⑮ 宋祥符清海禪師。
⑯ 蘇軾黃州安國寺記。
⑰ 見何金鑄著中國地理。
⑱ 蘇軾潮州韓文公廟碑。
⑲ 唐靈雲志勤禪師。

論鄴下樂府的主題類型

沈志方

一、前言

以鄴下爲主要地域的建安文學[1]，是我國詩史上一個相當重要的時期。就文學觀念的流變而言，它上承先秦兩漢言志、美刺的實用傳統，下啓六朝浮漫、唯美的緣情機運；是五言詩發展的重要關鍵；更是以文被質、兼重內容與技巧的兼籠前美、作範後來之集大成時期。構成此期文會發達的主要原因，基本上乃在時代激盪、政治倡導與文人薈集三者；以下引用二段記載以見一斑：

> 自獻帝播遷，文學蓬轉，建安之末，區宇方輯。魏武以相王之尊，雅愛詩章；文帝以副君之重，妙善辭賦；陳思以公子之豪，下筆琳瑯；並體貌英逸，故俊才雲蒸。仲宣委質於漢南，孔璋歸命於河北，偉長從宦於青土，公幹徇質於海隅，德璉綜其

裴然之思，元瑜展其翩翩之樂，文蔚休伯之儔，于叔德祖之侶，傲雅觴豆之前，雍容衽席之上，灑筆以成酣歌，和墨以籍談笑。觀其時文，雅好慷慨，良由世積亂離，風衰俗怨，並志深而筆長，故梗概而多氣也。（文心雕龍・時序篇）

建安末，余時在鄴宮，朝遊夕讌，究歡愉之極。天下良辰、美景、賞心、樂事四者難並！……古來此娛，書籍未見，何者？楚襄王時有宋玉、唐、景；梁孝王時有鄒、枚、嚴、馬；遊者美矣，而其主不文。漢武帝徐樂諸才，備應對之能，而雄猜多忌，豈獲晤言之適？……（謝靈運・擬魏太子鄴中集詩八首前序）

前者對建安文學的成因與特色，予以鳥瞰性的觀照與歸納；後者則在感往增愴的立場，特別突顯了曹氏父子對此期文會的影響。

本質上，建安文學雖植根於長期動盪的亂世，但文學本身並不因為「對抗險惡」就足以奪目璀燦；而是能深一層去映現亂世中人性的掙扎糾葛，並時時在作品裏噴薄出昂揚磊落、梗概多氣的壯懷。——在這層意義上，位處四方分崩與歸宴平樂此一臨界點上的鄴城，無疑正是亂與安、憂與樂、久與暫的焦點，「這裏面，有文學家為抵抗最大限度底生活而噴射出的強烈精力；有文學家為創作而獨自冷眼凝視掙扎得精疲力倦的瘋狂底人像。他們為此付出了焦思與苦慮，隨時將鏡頭轉向自己。」❷能掌握這種衝突，方能掌握建安文學的管鑰。

而樂府至建安時期，無論就內涵、就形式或就藝術表現，也都得到空前的拓展，唐盧照鄰謂「鄴中新體，共許音韻天成」❸近人黃侃推舉尤詳：「詳建安五言，毗於樂府。……若其述歡宴，愍亂離，敦友朋，篤匹偶，雖篇題雜沓，而同以蘇李古詩為原。文采繽紛，而不能離閭里歌謠之質。故其稱景物，則不尚雕鏤。敍胸情，則唯求懇誠。而又緣以雅詞，振其英響，斯所以兼籠前美，作範後來者也。」❹曹魏樂府今存者，據筆者以郭茂倩樂府詩集、丁福保全漢三國晉南北朝詩統計，約有一百三十一首，不僅在數量上遠勝兩漢文人樂府的總和（約四十五首，❺），兼以內涵繁富而多糾葛衝突，故本文遂以主題類型❻的角度切入探述。

二、戰亂下的鄴下樂府背景與文風

在政治史上，漢末黃初是相當動盪的時期，不僅社會秩序破壞無遺，並因人民流徙、盜賊四起而逐漸形成割據分崩的局面。種種景況，史籍所載極衆，略舉二例以見：

> 孝靈遭黃巾之寇，獻帝嬰董卓之禍，英雄棋峙，白骨膏野，兵亂相尋三十餘年，三方既寧，萬不存一也。❼

> 初平之元，董卓殺主鴆后，蕩覆王室。是時四海既困中平之政，兼惡卓之凶逆，家家思亂，人人自危。……于是大興義兵，名豪大俠、富室强族飄揚雲會，萬里相赴袞豫之師戰於滎陽，河內之甲軍於孟津。……而山東大者連郡國，中者嬰城邑，小者聚阡陌，以還相呑滅。會黃巾盛於海岱，山寇暴於幷冀，乘勝轉攻，席卷而南。鄉邑望烟而奔，城郭覩塵而潰，百姓死亡，暴骨如莽。❽

在這種——英雄棋峙、王室蕩覆、家家思亂、白骨膏野——政治、社會結構的全面崩潰下，舊有的樂府曲譜與聲辭自然遭到無比的陵夷，晉書樂志所謂「漢自東京大亂，絕無金石之樂，樂章亡缺，不可復知」正是最好的寫照。

在郊廟雅樂上，魏志方技傳及宋書樂志所載杜夔等人紹復古樂的史實，最足說明當時樂制陵夷的狀況。曹操於建安十三年九月平荆州，獲漢雅樂郎杜夔後，使夔率人備作樂器，恢復先代古樂⑨。但具體的整理成績不過鹿鳴、騶虞、伐檀、文王四曲，到明帝太和年間又僅剩下鹿鳴一曲，永嘉亂後則全部散佚了⑩。在民間歌謠上，因曹魏不曾采風，故民間新聲無由進；但從另一方面來看，由於漢代的民間樂府仍得與聞，故文人多依舊曲而製新詞，民歌至此亦得到普徧性的愛好與模仿，宋書樂志所載曹植的「鼙舞歌序」，是一段很重要的資料：

> 漢靈帝西園故事，有李堅者，能鼙舞。遭亂，西隨段煨。先帝聞其舊有技，召之。堅旣中廢，兼古曲多謬誤，異代之文，未必相襲，故依前曲改作新歌……⑪

這種「依前曲作新歌」的創製性質，正是此期樂府的主要特色；而由這種特色的形成原因，我們亦可看出鄴下樂府背景在樂制陵夷下的另一層意義：

第一，由於本性的喜愛。曹操「好音樂，倡優在側，常以日達夕」、「登高必賦，及造新詩，被之管絃，皆成樂章」⑫；而曹植更是「詩賦、歌舞、戲劇無不精曉」，宋人陳暘的「樂書」曾記載他「傅粉墨，更衣易貌，以資戲笑，蓋倡優常態也」明人編錄的「莊嶽委談」亦云：「曹魏思傅粉墨，椎髻胡舞，誦俳小說，雖假以逞其豪俊爽邁之氣……」⑬所謂「胡舞」、「鼙舞」等，都相當於「鄭衞之樂」的民歌曲律，曹氏父子對它的喜愛是相當明顯的，且以王侯之尊而沉緬其間，親與創製、演出，其意義自格外不同。

第二，由於門第背景與政治因素。在東漢講究門第的時代，曹氏父子的出身原非閥閱，然而在動亂的世局中卻逐漸統一中原，成爲政治上的領袖；但基於門第背景，仍和東漢以來的名門士族存著若干對立的矛盾，勞榦曾以「非士族的先天潛意識」、「法家的道德觀念」及「好遊獵廣禁苑的生活傾向」三者來分析曹操的政治⑭，我們以此論點來看他在各種措施上的改變傳統（如唯才是舉的魏武三令、屯田制、戶調新稅制等），均可視爲對名門勢力的一種摧抑。王瑤在「中古文學風貌」中的引申頗值注意：

> 這一方面因為他出身濁流，受到過去士族的傳統比較少，一方面政治上的成功和利害，又使他故意瞧不起那些士族的傳統。在政治設施上是如此，在文學作風上也是如此。東漢以來的傳統文人是不能這樣大膽利用新的形式和歌詠新的內容的，例如同時代的蔡邕。而建安文學的光輝，却就植基於曹氏父子底這種新的嘗試和提倡，配合了那個動亂時代經過顛沛流離的文人生活，所以才會在文學史上放一異彩的。⑮

王氏能從士族傳統與政治利害的觀點，來探究曹氏父子所以「依前曲作新歌」的動機，所見相當深刻。在同時代的蔡邕仍專力承繼著「詩、辭、碑、誄、銘、讚、連珠、箴、弔、論斷、勸學、釋誨、敍樂、女訓、篆埶、祝文、章表、書記凡百四篇」（後漢書・蔡邕列傳）這些傳統文學形式的時候，曹氏父子能援用民歌舊曲而賦予新的內容、開拓新的境界，不僅成就了他們文學事業的巔峯⑯，對鄴下樂府尤具有提倡與領導的文學史意義。

本節所謂「文風」，主要是指當時文人薈集、聚宴賦詩的風尚。

在漢末政治與社會結構的迅速崩下，文人托身寄命均難，因曹氏父子皆雅好詩文，獎掖文學不遺餘力，故四方文士逐漸雲集鄴下，曹植與楊德祖書中很精要的描述了這種狀況：「……當此之時，人人自謂握靈蛇之珠，家家自謂抱荊山之玉，吾王於是設天網以該之，頓八紘以掩之，今悉集茲國矣。」詩品序亦云：「降及建安，曹公父子篤好斯文，平原兄弟鬱乎文棟，劉楨王粲爲其羽翼，次有攀龍託鳳自致於屬車者，蓋以百計，彬彬之盛，大備於時矣。」文士薈集，自必宴樂唱和，這是古今文會共通的趨向；且曹丕、曹植兄弟並以公子之尊雅交諸子，同聲相應，酬酢吟咏自然蔚爲風尚。我們於其書信與作品中可以得到極豐富的徵驗：

> 昔日游處，行則接輿，止則接席，何嘗須庚相失？每至觴酌流行，絲竹並奏，酒酣耳熱，仰面賦詩，當此之時，忽然不自知樂也。（曹丕與吳質書）
>
> 每念昔日南皮之遊誠不可忘。旣妙思六經，逍遙百氏，彈棋閒設，終以六博。高談娛心，哀箏順耳。馳騁北場，旅食南館。浮甘瓜於清泉，沉朱李於寒水。白日旣匿，繼以朗月，同乘載轂，以游後園，輿輪徐動，參從無聲；清風夜起，悲笳微吟……（曹丕與朝歌令吳質書）
>
> 歡坐玉殿，會諸賓客。侍者行觴，主人離席，顧視東西廂，絲竹與鞞舞。不醉無歸來，明燈以繼夕。（曹植當車以駕行）
>
> 巍巍主人德，佳會被四方。開館延羣士，置酒於斯堂。辯論釋鬱結，援筆興文章。

　　穆穆衆君子，好合同歡康。促坐褰重帷，傳滿騰羽觴。（應瑒公讌）

餘如曹丕善哉行、於譙作、敍詩、瑪瑙勒賦序，曹植野田黃雀行、箜篌引、來日大難行，陳琳宴會，王粲、劉楨、阮瑀的公讌……等，在在都突顯了這種高會並作的風尚。余冠英說：「大約在建安十六年到二十二年之間，曹植和他的哥哥曹丕以及一班幕僚兼朋友……常常聚會……他們互相贈答，或一題分詠。這種情形是以往作家所少有的。」[17]錢振東則據此種宴樂唱和的現象而歸納出「遊宴酬酢」乃建安文學內容的通性之一[18]。

雖然如此，但本文並未將此一風尚納入主題類型的探述中，主要在於佳會四方、置酒斯堂的現象，正可視爲「辯論釋鬱結，援筆興文章」的觸媒，我們將併入下文章節中討論。高德耀曾對此期的宴會詩有如下闡述：

> 當然這種飲宴無時不有，但它之所以內化為建安文人生活的一部份，却是時代風氣使然。一般相信，建安詩壇的主要特色是：漢末的政治混亂和殺伐對文學產生極重大的影響，在這樣一個時代，不僅販夫走卒朝不保夕，既使貴為曹氏父子或朝官胥吏，也有風雲旦夕之感；文學和歷史相互印證了這些事實。政治、戰爭、疾疫在在足以取人性命，使漢末成了危險的年代，詩人對付這種情況的辦法之一就是朋友相聚邀飲。人命如螻蛄之感引發了及時行樂（Carpe diem）的心理……某些宴會詩表現出及時行樂的思想主要是由於對快樂和生命兩皆短暫的感傷所引發。[19]

前言中曾提及鄴城在四戰的亂世裏，爲詩人提供了一塊托身寄命的淨土，自然也成爲詩人亂與安、憂與樂、久與暫的象徵符號；則時間易逝、人事多變與歡宴徵逐等，都可視爲對時代陰影的反映。通過這種掌握，我們方得見宴樂唱和之風的深層意義，故將此類作品併入「慷慨任氣的襟抱」、「磊落使才的壯志嚮往」、「人生如寄的感逝與遊仙」等主題類型中來論述反較合宜。

三、鄴下樂府主題類型總述

建安前後，由於政治與社會的全面崩潰，戰亂相尋三十餘年，「鄉邑望烟而奔，城郭覩塵而潰，百姓死亡，暴骨如莽」，在整個時代環境的籠罩下，文人的際遇、感受與寄托都有著共同的範疇，因此表現在作品內涵的主題類型亦隨之突顯。文心雕龍明詩篇云：「建安之初……慷慨以任氣，磊落以使才」時序篇云：「自獻帝播遷，文學蓬轉，建安之末……觀其詩文，雅好慷慨，良由世積亂離，風衰俗怨，並志深而筆長，故梗概而多氣也」慷慨任氣的內在襟抱，面對世局動盪的外在衝擊，欲經世濟用、英雄畢力的心態，發諸作品便形成一種殷切的壯志嚮往，以及登車攬轡、澄清天下的磊落豪情。然而這種豪情壯志卻常因際遇的乖舛而受到挫敗，於是在現實界無法得遂的心願與憂懣，便極易轉托成遊仙的玄想與感逝的嗟歎。我們由另一個角度來看，「遊仙」與「感逝」也並非全基於這種壯志挫敗的轉托，在整個時代的動亂中目覩「百姓死亡，暴骨如莽」，生命的存亡固無任何保障，這種對現實摧迫的感慨與遺世心態，亦足以產生遊仙與感逝類型的作品。

我們由此期樂府內涵的實際歸類中，發現「慷慨任氣的襟抱」、「磊落使才的壯志嚮往」及「人生如寄的感逝與遊仙」等確爲較重要的主題類型。它們之間的關係，除上述的文字說明外，我們或可由下表得到一個較爲精要的概念：

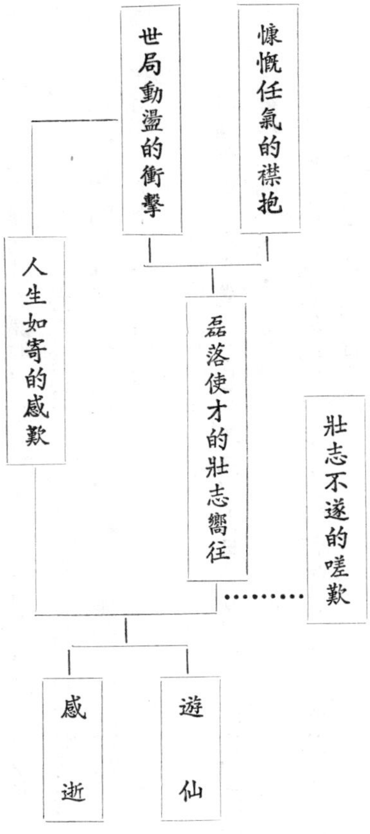

四、主題類型之一：慷慨任氣的襟抱

嚴格說來，「慷慨任氣的襟抱」雖只是曹魏詩作中一種普遍充塞的內涵特質與情感基因，然而正由於這種內涵特質，方能使文人志兼天下的期許與覩世傷懷的悲憫得到高度的結合與展現，並尊立感逝及遊仙類型的構成遠因。

文心雕龍明詩篇云：「建安之初……慷慨以任氣」時序篇於歷敍曹氏父子及鄴下諸子後，也總括說：「觀其時文，雅好慷慨」黃侃詩品講疏云：「魏武諸作，慷慨蒼涼，所以收束漢音，振發魏響。」[20]吳闓生古今詩範論曹操步出夏門行云：「慷慨悲歌」徐楨卿談藝錄云：「仲宣流客，慷慨有餘」王闓運論曹植「驚風飄白日」云：「驚心動魄，慷慨激昂」[21]曹植前錄序亦自謂：「余少而好賦，其所尚也，雅好慷慨。」劉師培論漢魏之際文學變遷，謂魏文與漢不同者有四，其四爲：「詩賦之文，益事華靡，多慷慨之音。」[22]可見「慷慨」是後人對此期作品一種共通的批評標準，而「雅好慷慨」則可視爲此期文人的共同趨向。然而所謂「慷慨」，除了「壯士不得志於心」[23]外，是否還有其他涵義呢？對這個問題的探究，爲避免詞彙上可能引起的曲解，固宜直溯本源，直接從作品中來印證；且爲求正確、周密起見，也儘量將有關的上下文一起引出：

對酒當歌，人生幾何？譬如朝露，去日苦多。慨當以慷，憂思難忘。何以解憂？唯有杜康。（曹操・短歌行）

置酒高殿上，親友從我遊。……秦箏何慷慨，齊瑟和且柔。陽阿奏奇舞，京洛出名謳。（曹植・野田黃雀行）

人居一世間，忽若風吹塵。願得展功勤，輸力於明君。懷此王佐才，慷慨獨不羣。（曹植・薤露行）

邊垂飛羽檄，寇賊侵界疆。跨馬披介冑，慷慨懷悲傷。辭親向長路，安知存與亡？窮達固有分，志士思立功。（韋昭・鼓吹曲秋風）

樂府作品中有「慷慨」一詞的，似唯此四首。我們細索這四者的內涵，實已超越了「壯士不得志於心」的範疇。就其所顯示的意義來說，第一，「慷慨」的鬱積，並不限於壯志不遂的嗟歎；它可以因「人生幾何？譬如朝露，去日苦多」的感逝，而與「憂思」一併抒發。同時，「安知存與亡」「人居一世間，忽若風吹塵」的生命無常，亦可激勵「願得展功勳，輸力於明君」及「跨馬披介胄」「志士思立功」的壯志嚮往。第二，由曹植「秦箏何慷慨，齊瑟和且柔」我們當可推斷，秦箏的「慷慨」在音調節拍上自與「和且柔」的齊瑟迥異。那麼以情感喻之，則慷慨自非柔和恬淡的情緒，上舉諸作所展現的情感強度均可支持這種推斷。

另外在當時文人的徒詩中，我們亦可對慷慨的內涵做更充份的印證：

拊劍西南望，思欲赴太山。絃急悲聲發，聆我慷慨言。（曹植・雜詩六首之六）

眇眇客行士，遙役不得歸。……遊子歎黍離，處者歌式微。慷慨對嘉賓，悽愴內傷悲。（曹植・情詩）

搴帷更攝帶，撫節彈素箏。慷慨有餘音，要妙悲且清。收淚長歎息，何以負神靈？（曹植・棄婦詩）

騁哉日月逝，年命將西傾。建功不及時，鐘鼎何所銘？收念還房寢，慷慨詠墳經。（陳琳・遊覽二首之二）

隨沒無所益，身死名不書。慷慨自俛仰，庶幾烈丈夫。（吳質・思慕詩）

綜觀這些作品中所展現的慷慨內涵，或述壯士，或寫行役，或悲棄婦，或歎感逝，它們所共通的情感特質，與我們就樂府所做的分析幾乎毫無區別。我們可以說「慷慨有悲心，興文自成篇」（曹植・贈徐幹），正是在整個時代環境籠罩下，個人襟抱與現實際遇的高度糾葛與融合。而「紘急悲聲發」「悽愴內傷悲」「收淚長歎息」「庶幾烈丈夫」的刻劃，甚至連「收念還房寢，慷慨詠墳經」也都與「和且柔」的情感迴異。余冠英說：「慷慨一方面是社會不平所引起的悲憤，另一方面是立事立功的壯懷。……恐懼生命短促，恐懼沒世無聞，追求不朽，亟亟於乘時立業的思想，建安詩人大都有之。這正是新興階層文人積極向上的精神，正是他們不同於過去寄生階級倡優式文人的地方。」[24]這種積極向上的精神，投射在抒發悲憤、壯懷或對酒當歌的詩篇時，所形成的慷慨襟抱不僅與「和和柔」的情感迴異，進而更在作品中呈顯出一種特殊的「氣」。

我們在上節「鄴下樂府主題類型總述」與本節中，均曾援引文心雕龍對建安文學的總批評：「慷慨以任氣」（明詩）「梗概而多氣也」（時序）劉勰每將「慷慨」與「氣」並舉，足見二者關係的密切。我們進一步說，「氣」和「慷慨」一樣，都是後人對此期作品一種共通的批評標準，而「氣」可以視爲慷慨情感的延伸或激素。所謂「氣」，精要的說即鍾嶸詩品的「骨氣」、宋書謝靈運傳的「氣質」、陳子昂及嚴羽的「風骨」、嚴羽及黃子雲的「氣象」、或是皎然詩式的「氣格」[25]；明確一點的說，所謂「氣」，就是作者將壯懷或憂懣的慷慨情感，徹底展現在作品中，從而使作品呈顯出率直眞誠、昂揚奔放的這種精神。所以慷慨任氣在樂府作品的具體表現，可以是悲憫的傷時敍事、磊落的壯志嚮往，也可以是豪情的幻滅、生命的感逝，甚至可以是由現實界轉托遺世的遊仙玄想。

五、主題類型之二：磊落使才的壯志嚮往

所謂「磊落」，這裏有二層涵義：第一，指的是胸懷坦蕩；此可與「慷慨以任氣」銜接。鄴下詩人既將壯懷與憂懣的情感徹底展現在作品中，並使作品呈顯出率直眞誠、昂揚奔放的精神，我們可以說這種精神即是「胸懷坦蕩」的寫照。第二，磊落指的是普徧性。後漢書蔡邕列傳：「連衡者六印磊落，合縱者駢組流離」[26]潘岳閒居賦：「石榴蒲陶之珍，磊落蔓衍乎其側」[27]前者是況六國的印璽衆多，後者則在形容果實衆多，所以磊落使才指的是一種衆多、普徧性的「志深而筆長」現象。這二層涵義應可充份說明鄴下詩人在作品中，對建業立功的殷切嚮往。至於「嚮往」的具體表現，則可以下列四者來試予探述：

(1) 理想的治世與人君

在王室蕩覆、英雄棋峙的時代衝擊下，詩人經世濟用的壯志受到激勵，他們心目中理想的人君與治世藍圖是這樣的：

> 太平時，吏不呼門。王者賢且明，宰相股肱皆忠良。咸禮讓，民無所爭訟，三年耕有九年儲，食穀滿盈。……路無拾遺之私，囹圄空虛，冬節不斷人，耄耋皆得以壽終，恩德廣及草木昆蟲。（曹操．對酒）
>
> 立君牧民，為之軌則。車轍馬迹，經緯四極。黜陟幽明，黎庶繁息。（曹操．度關山）

堯任舜禹，當復何為？百獸率舞，鳳鳥來儀。得人則安，失人則危。唯賢知賢，人不易知。（曹丕・秋胡行）

餘如曹操的善哉行（古公亶甫）、曹植的惟漢行（爲人立君長）丹霞蔽日行（紂爲昏亂，[28]）等，都是藉對前賢德業的讚頌而寄托自己的抱負。此類樂府的作者幾爲曹氏父子，顯然與其政治地位有密切關係；而由作品中所描繪的藍圖，我們可以發現「行仁章以瑞」「歸仁服德」或「周西伯昌」「堯任舜禹」等儒家典型的聖王治道極受重視，謙沖虛靜的黃老之道自與亂世政治人物無關。

(2) 慷慨圖用的壯懷

此處所謂「用」，指的是積極的「用世」，而非止於消極的「被用」。建安二十一年曹植與楊德祖書即云：「吾雖德薄，位爲藩侯，猶庶幾戮力上國，流惠下民，建永世之業，流金石之功，豈徒以翰墨爲勳績、辭賦爲君子哉！」積極用世、渴望立功建業的壯懷表現的相當強烈，與其後請招降江東表的心態顯然一致：「臣聞士之羨永生者，非徒以甘食麗服宰割萬物而已，將有以補益羣生，尊主惠民；使功存於竹帛，名光於後嗣。」這可視爲當時文人在亂世中不甘衣食自養、企望用世以求不朽的共同心聲。王粲於建安二十年從征張魯、二十一年從征東吳的「從軍行」五首尤具代表意義：

棄余親睦恩，輸力竭忠貞。懼無一夫用，報我素餐誠。（五首之二）

許歷為完士，一言猶敗秦。我有素餐責，誠愧伐檀人。雖無鉛刀用，庶幾奮薄身。（五首之四）

餘如：

老驥伏櫪，志在千里。烈士暮年，壯心不已。（曹操・步出夏門行）

人居一世間，忽若風吹塵。願得展功勤，輸力於明君。懷此王佐才，慷慨獨不羣。麟介尊神龍，走獸宗麒麟。蟲獸猶知德，何況於士人？（曹植・薤露）

羽檄從北來，厲馬登高隄。長驅蹈匈奴，左顧陵鮮卑。……父母且不顧，何言子與妻！名編壯士籍，不得中顧私。捐軀赴國難，視死忽如歸。（曹植・白馬篇）

以上諸作，曹操透過仍有千里之志的老驥，來烘襯、突顯垂暮烈士的壯心，自屬「圖用」的壯懷嚮往；而其餘各首則可更進一步視爲普徧性的代言體，在立功建業的激勵下，慷慨的壯志可以超越年紀、超越親情，進而可以「捐軀赴國難，視死忽如歸」超越自己的生命！

(3) 戎馬經歷的實際描寫

在長期戰亂中，文人既「不能效沮溺，相隨把鋤犁」（王粲・從軍行），又未必能安定食貨、采庶官之實錄以成一家之言，他們的事功嚮往主要仍建立在「綏亂靖時」的軍事大範圍內，以曹氏父子爲中心的鄴下集團尤其如此；因此對戎馬經歷的實際描寫，自然也成爲此期樂府的特殊內涵。

奈何此征夫，安得去四方？戎馬不解鞍，鎧甲不離傍。（曹操・却東西門行）

水深橋梁絶，中路正徘徊。迷惑失故路，薄暮無宿棲。行行日以遠，人馬同時饑。擔囊行取薪，斧冰持作糜。（曹操・苦寒行）

棄故鄉，離宅室，遠從軍旅萬里客。披荊棘，求阡陌，側足獨窘步……寢蒿里，蔭松柏，涕泣雨面霑枕席。伴旅單，稍稍日零落，惆悵竊自憐，相痛惜。（曹丕・陌上桑）

一舉滅獯虜，再舉服羌夷。西收邊地賊，忽若俯拾遺。……拓地三千里，往返一如飛。歌舞入鄴城，所願獲無違。（王粲・從軍行五首之一）

從軍征遐路，討彼東南夷……下船登高防，草露沾我衣。迴身赴牀寢，此愁當告誰？身服干戈事，豈得念所私。（同上之三）

逍遙河堤上，左右望我軍。連舫踰萬艘，帶甲千萬人。（同上之四）

悠悠涉荒路，靡靡我心愁。四望無烟火，但見林與丘。城郭生榛棘，蹊徑無所由。（同上之五）

在這些詩篇中，除王粲從軍行局部有「以美其事」的意識型態外，餘皆以「人」的立場切入戎馬生活來感思，呈顯出戎馬實際生涯中艱辛困苦的一面（即使王粲，也有「靡靡我心愁」「此愁當告誰」的抑鬱）；在慷慨圖用的壯懷襯映下，這些情景讀來反更令人有逼近真實的張力，鄴下樂府的深刻處或卽在此！

(4) 悲憫傷世的時代證言

由於長時期的戎馬倥傯，此期作者多半「生於亂，長於軍」，磊落使才的壯志加上時代因素，對當日社會全面崩潰下所呈現的悲慘景象，自然不能不覩物興懷；發諸樂府，不僅承繼了漢代樂府「感於哀樂，緣事而發」的緣情寫實特色，更成爲悲憫傷世的時代證言。有些作品表面上雖藉古題詠古事，本質上卻宜以時事來看待；如陳琳的飲馬長城窟行，表面上是代秦人苦長城之役，但兩者相去四百餘年，與其視爲詠古，不如看作當日戰亂下的慘痛寫照：

> 邊城多健少，內舍多寡婦。作書與內舍：便嫁莫留住！善事新姑嫜，時時念我故夫子……生男愼莫舉，生女哺用脯，君獨不見長城下，死人骸骨相撐拄！

> 鎧甲生蟣蝨，萬姓以死亡。白骨露於野，千里無雞鳴。生民百遺一，念之斷人腸。
> （曹操・蒿里行）

> 民生受天命，漂若河中塵……猶獲嬰凶禍，流落恆苦心。（阮瑀・怨詩）

> 顧聞丘林中，嗷嗷有悲啼。借問啼者出，何為乃如斯？親母舍我歿，後母憎孤兒。
> 飢寒無衣食，舉動鞭捶施。骨消肌肉盡，體若枯樹皮。藏我空屋中，父還不能知。
> 上冢察故處，存亡永別離。親母何可見，淚下聲正嘶。棄我於此間，窮厄豈有貲？
> （阮瑀・駕出北郭門行）

後漢書獻帝紀云：「建安元年……是時，宮室燒盡，百官披荆棘，依牆壁間。州郡各擁強兵，而委輸不至。羣僚飢乏，尚書郎以下自出採稆；或飢死牆壁間，或爲兵士所殺。」董卓列傳云：「時（與平元年）長安中盜賊不禁，白日虜掠……是時穀一斛五十萬，豆麥二十萬，人相食啖，白骨委積，臭穢滿路。」魏志杜恕傳云：「今（太和中）大魏奄有十州之地，而承喪亂之弊，計其戶口不如昔一州之民。」㉙這些時代的傷痕，載諸史籍，斑斑可考；五言徒詩如蔡琰悲憤詩（漢季失權柄）、曹植送應氏詩（步登北邙阪）、王粲七哀詩（西京亂無象及邊城使心悲）等，也都提供了類似的證言。——究其內在原因，則又不能不歸之於壯志驅策下的人生歷練。陳祚明云：「王仲宣詩如天寶樂工，身經播遷之後，作雨淋鈴曲，發聲微吟，覺山川奔迸，風聲雲氣與歌聲並至；祇緣述親歷之狀，故無不沉切。」㉚正可以作爲此一論點的註腳。

六、主題類型之三：人生如寄的感逝與遊仙

在長期動亂的時代裏，以及這個時代對詩人所可能引發的連鎖影響（如感時傷世、慷慨圖用、漂泊、不遇……）下，「感逝」與「遊仙」極易所爲共通的主題類型。詩人在世局蕩覆的摧抑下，一方面目覩生命無常而產生憂生意識，一方面也可能因際遇乖舛壯懷空負，而成爲時序變遷的敏感者。因此感逝與遊仙二者在基調與表現方式上或容有差異，但就某一層次而言，却互爲有機性質的結合。

我們試以漢代樂府爲例，「浩浩陰陽移，年命如朝露。人生忽如寄，壽無金石固……不

如飲美酒，被服紈與素。」（驅車上東門行）「來日大難……以何忘憂？彈箏酒歌。淮南八公，要道不煩。參駕六龍，遊戲雲端。」（善哉行）來日大難、人生如寄的感歎，一方面藉著具體的被服紈素及彈箏酒歌來忘憂，一方面渴盼能參駕六龍、遊戲雲端，以求得抽象的逃避與平衡；感逝與遊仙在性質上只是一體二面的轉換而已。曹操的「精列」很明顯的表現了這種銜接：

> 厥初生，造化之陶物，莫不有終期。莫不有終期，聖賢不能免，何為懷此憂？願螭龍之駕，思想崑崙居。……君子以弗憂年之暮，奈何時過時來微！

由人壽的必然而有憂生之思，理智上雖明知「聖賢不能免」，並以「弗憂年之暮」自解自寬；但面對「時過時來微」的時間消逝，作者遂由「奈何」中迸發遊仙之想。末句驚心動魄、沉重已極，正是由感逝而遊仙的關鍵。

⑴ 感逝類型的作品探述

「精列」是一首較趨於說理方式的知性詩，主題之一的感逝，乃源生於對生命無常的憂懼。至於其他具感逝性質的樂府，則如：

> 人生如寄，多憂何為？今我不樂，歲月其馳。（曹丕‧善哉行）
>
> 為樂常苦遲，歲月逝，忽若飛，何為自苦？使我心悲。（曹丕‧大牆上蒿行）

盛時不再來，百年忽我遒。驚風飄白日，光景馳西流。生存華屋處，零落歸山丘。先民誰不死？知命復何憂！（曹植・野田黃雀行）

慊慊仰天歎，愁心將何愬？日月不恆處，人生忽若寓。悲風來入懷，淚下如垂露。（曹植・蒲生行浮萍篇）

夙夜自怲性，思逝若抽縈。將秉先登羽，豈敢聽金聲？（王粲・從軍行五首之二）

造化雖神明，安能復存我？形容稍歇滅，齒髮行當墮。自古雖有然，誰能離此者？（繆襲・挽歌）

在感逝的心態上，我們可以指出作品內涵的焦點是人生如寄、誰得久存的憂懼；而藉著「歲月」「白日」「光景」「日月」「驚風」「悲風」等外界的觸動，在情緒上呈現出「今我不樂」「使我心悲」「淚下如垂露」的共同感傷。這種感傷，可以由物慾上的「奏桓瑟，舞趙倡」「酌桂酒，鱠鯉魴」自耽；也可以由理念上的「自古雖有然，誰能離此者？」「先民誰不死，知命復何憂！」來求得解脫；甚至可以積極轉化成自我鞭策的動力：

神龜雖壽，猶有竟時。騰蛇乘霧，終為土灰。老驥伏櫪，志在千里。烈士暮年，壯心不已。（曹操・步出夏門行）

對酒當歌，人生幾何？譬如朝露，去日苦多……周公吐哺，天下歸心。（曹操・短歌行）

男兒居世，各當努力。蹙迫日暮，殊不久留。（曹丕・艷歌何嘗行）

這種積極性的轉化，或由於作者政治地位使然，一方面也可能是受到漢樂府「長歌行」的影響：

> 青青園中葵，朝露待日晞。陽春布德澤，萬物生光輝。常恐秋節至，焜黃華葉衰。百川東到海，何時復西歸？少壯不努力，老大徒傷悲。

長歌行中「常恐秋節至，焜黃華葉衰」，在節改時遷的表現方式上並無不同，但末二句「少壯不努力，老大徒傷悲」則將感逝的心境轉爲自期自勉，這種跌宕的變化相當特殊，很可能影響了曹氏父子同類的樂府作品。

最後，試將本節至此所提出的觀點，針對「感逝」類型的各種內涵表現調製一關係表如下，以爲小結。

(2) 遊仙類型的作品探述

遊仙樂府的形成主要是基於時代（或社會）及個人兩種因素。在整個時代的長期動亂中，生命的存亡固無任何保障，詩人目覩「百姓死亡，暴骨如莽」的慘酷景象而無能爲力，悲憫傷世的情感遂藉著遊仙玄想以求轉托；另外，詩人經濟自期、英雄畢力的壯志因際遇乖舛而挫敗時，感逝傷志的憂懣亦有賴遊仙的玄想以求解脫。因此遊仙作品所呈顯的主要內涵，正反映著詩人這種悲憫與憂懣心態的轉移，並企望在超自然的幻想中求得彌補與慰藉。

就「對現實摧抑的解脫」而言，本期樂府在文字上明顯傾訴困苦憂懣的，似唯有曹操

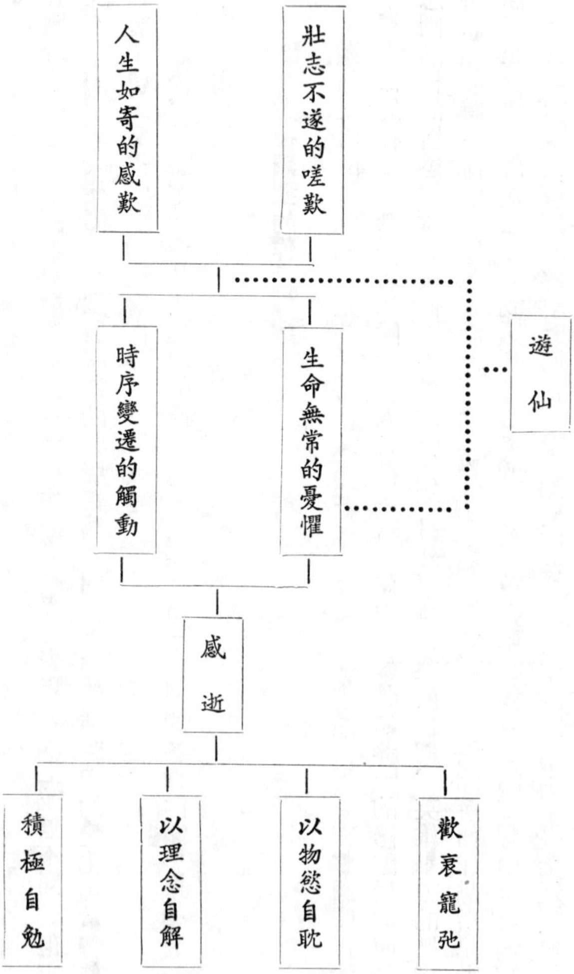

「秋胡行」一首：

牛頓不起，車墮谷間……意迷心煩……有何三老公，卒來在我旁。負揜被裘，似非恆人。謂卿云何困苦以自怨？惶惶所欲，來到此間。

「解脫」既源生於「現實的摧抑」，自須先肯定有現實摧抑的前提；然而就樂府本身而言，這個前提却頗難查考，因爲明確交待因果的作品不多（就作者而言，亦無此必要）。我們宜由「逝者感斯征」（驅車篇）「教我要忘言」（苦思行）及「澹泊無爲自然」（桂之樹行，[31]）的詩句背面，來反索作者的心靈傷痕。遊仙之作在表象上雖爲馭風遨遊、服藥長生的幻樂描寫，然其本質則多屬人生負面感思的抒解轉托；陳胤倩論曹植「五遊」云：「此有托而言神仙者。觀『九州不足步』五字，其不得志於今之天下也，審矣。」朱乾兼論「遠遊篇」云：「所謂『九州不足步』『中州非吾家』，皆其憂患之辭也。至云『服食享遐紀，延壽保無疆』，則其憂生之心爲已蹙矣。」[32]陳、朱二氏的看法，都爲我們提供了相同的論點。

另外，如稍後嵇康的七首秋胡行，前四首依次爲「富貴尊榮，憂患諒獨多」「貧賤易居，貴盛難爲工」「勞謙寡悔，忠信可久安」「神者弊，極欲疾枯」皆論處亂避禍之道，第五首進而要求「絕智棄學，遊心於玄默」，末二首則「思與王喬，乘雲遊八極」「徘徊鍾山，息駕於層城」已變爲純粹遊仙的轉托。我們由這七首有機的組詩形式，可以充份證明「乘雲遊八極」的遊仙動機，乃基於前五首「憂患諒獨多」的鬱積；同時也清楚說明遊仙作品的內涵，確可反映作者對現實摧抑的解脫。

就「對仙界的幻想與享樂方式的移植」而言，遊仙之作，既爲馭風遨遊、服藥長生的幻想，那麼作品重心自須集中在仙界的描寫上；而這種描寫一方面出於絕對的虛構，一方面亦移植於作者對現實享樂的誇飾。我們略引二首爲例：

仙人欲來，出隨風，列之雨。吹我洞簫鼓琴瑟，何誾誾，酒與歌戲。今日相樂誠為

樂，玉女起，起舞移數時，鼓吹一何嘈嘈……樂共飲食到黃昏。（曹操・氣出唱三首之二）

乃到王母臺，金階玉為堂，芝草生殿旁。東西廂，客滿堂，主人當行觴……常願主人增年，與天相守。（同上之三）

仙界的情景原是子虛烏有的虛構，但在虛構之中，卻往往帶有作者對現實生活的嚮往與投影；我們歸納這種移植，主要集中在視覺、味覺與聽覺三者。所以仙人可以攬六著而「對博太山隅」，可以欣賞「玉女起，起舞移數時」，可以耳聞「湘娥拊琴瑟，秦女吹笙竽」「鼓吹一何嘈嘈」，可以品嚐「玉樽盈桂酒，河伯獻神魚」㉝，甚至「樂共飲食到黃昏」，這些描寫我們與其視爲仙界的逸樂，不如看作現實享樂方式的移植。至如曹操氣出唱「之三」對仙人宴會的描述，幾與鄴下的酬酢之風無異；末二句賓客對主人的頌讚，在身份上亦可與王粲、阮瑀、應瑒等人的公讌詩同樣看待。

就「遊仙企望的幻滅」而言，詩人對遊仙的企望，通常表現在服食長生與形體的飛昇周覽二端，但這種抽離現實的企望既無法由實例中得到印證，又通不過澄澈的理性省察，因此部份作品便呈顯出此一衝突，及對遊仙企望的幻滅。兩漢以來，這種神仙不可依恃的觀念已數見於樂府與古詩中，如：「服食求神仙，多爲藥所誤。不如飲美酒，被服紈與素」（驅車上東門行）「仙人王子喬，難可與等齊」（古詩十九首之十）「辛苦何慮思，天命信可疑。虛無求列仙，松子久吾欺」（曹植贈白馬王彪七首之七）這些作品都對遊仙的企望抱持懷疑、否定的態度，但詩中並未強烈突顯二者的衝突性，對企望幻滅後的抉擇「不如飲美酒，被服紈

與素」，也顯得相當消極。因此，曹丕的折楊柳行便頗值一述：㉞

西山一何高，高高殊無極。上有兩仙童，不飲亦不食。與我一丸藥，光耀有五色。
服藥四五日，身體生羽翼。輕舉乘浮雲，倏忽行萬億。流覽觀四海，茫茫非所識。
彭祖稱七百，悠悠安可原？老聃適西戎，於今竟不還。王喬假虛辭，赤松空垂言。
達人識眞僞，愚夫好妄傳。追念往古事，憒憒千萬端。百家多迂怪，聖道我所觀。

這首樂府明顯可由「彭祖稱七百」句起，分成前後兩部。前半首從鄴城西邊的「西山」之高發端，集中描寫仙童、仙藥及飛昇、流覽，是相當典型的遊仙之作；後半首卻藉著彭祖、老聃的長生不可信，而進一步指陳「王喬假虛辭，赤松空垂言」列仙之說不足恃，展現了相當程度的衝突性。陳祚明云：「子桓言神仙則妄言也，疑神仙則但疑也；不似孟德實有沉吟之心。」㉟作者的批判基點是以理性的「達人」自居，透過「追念往古事」的歷史省察而駁斥執迷妄傳神仙之說的「愚夫」。基於這種認識，遊仙的企望幻滅後，自非消極的飲美酒或久躊躇，而是肯定的抉擇「聖道」。（所謂聖道，由「百家多迂怪」來推測，應指堯、舜、文、武等聖人之道）就遊仙樂府的內涵而言，曹丕這首折楊柳行無疑具有開拓的意義。

陳祚明「采菽堂古詩選」卷五云：「凡詩中言神仙有二途：高士眞切懷想，失意人有託而逃。」唐君毅則由仙人「無任務、無責任、大解脫」的特性，來闡釋遊仙藝術的精神極致，我們卽援引這段原文爲本節作結：

西方有上帝，有天使；印度有梵天，有佛菩薩，皆不尊仙。上帝天使皆有使命；印度梵天常住不動；佛菩薩，悲天憫人，精神無少懈。中國的神，亦有任務，有責任；仙，則無任務，無責任，亦可謂之大解脫，其唯乘雲氣，遊日月，乃游心萬化之藝術精神之極致。㊱

七、結論

以鄴下爲主要地域的建安文學，是中國詩史上的高峯之一；「依前曲作新歌」的創製特色，尤其是樂府發展至建安時期的重大轉變與成就；兼以東漢末年以降長期的戰亂背景，詩人所見、所聞、所思與所感發諸詩篇，遂形成鄴下樂府在亂與安、憂與樂、久與暫等重重糾葛下噴薄而出的生命力！

本文由「慷慨任氣的襟抱」、「磊落使才的壯志嚮往」、「人生如寄的感逝與遊仙」等三項主題類型來探述鄴下樂府的內涵。就慷慨任氣的襟抱而言，正是在整個時代環境籠罩下，個人抱負與現實際遇的高度衝突與承擔，也是詩人不甘「甘食麗服宰割萬物而已」的理想堅持；扣除它，鄴下樂府（甚至整個建安文學）頓將失去昂揚的力量。

就磊落使才的壯志嚮往而言，或緣於詩人的政治背景，經世濟用、英雄畢力的雄心，構築了治世的藍圖，也激發了慷慨求用的壯懷；同時在綏亂靖時的實際戎馬生涯中，詩人更加逼近負面的人生經驗；也因承繼緣情寫實的樂府精神，而更見證了時代的傷痕。

就人生如寄的感逝與遊仙而言，在世局蕩覆的摧抑下，詩人長期目覩暴骨如莽的生命無常，因憂生而感逝、而成爲時序遞嬗的敏感者；另一方面或因際遇乖舛，節改時遷也同樣令詩人驚覺壯志空負、歲月不再！人生如寄的嗟歎，遂以感逝類型的面貌出現。遊仙，可以是感逝的延伸，更可以說是透過馳騁的想像以求得現實界的平衡。當人生的負面經驗不斷加重而導致失衡的可能時，遊仙則透過形體的超越（如服食長生、飛昇周覽）與幻想的滿足（如無饑無憂、酒肴歌舞），以求得現實摧抑下的慰藉。部份對仙界逸樂長永的描寫，亦可視爲鄴下公讌作品的轉化。

顧況「宴韋庶子宅序」云：「昔洛下、鄴中、蘭亭、峴首，文雅之盛，風流之事，蓋一方耳。」皮日休論張祜詩云：「及老大，稍窺建安風格，誦樂府錄，知作者本意，講諷怨譎，時與六義相左右，此爲才子最也。」[37]最後，謹以孟雲卿的「鄴城懷古」爲全文作結：

朝發淇水南，將尋北燕路。魏家舊城闕，寥落無人住。伊昔天地屯，曹公獨中據。
羣臣將北面，白日忽西暮。三臺竟寂寞，萬事良難固。雄圖安在哉？哀草沾霜露。
崔嵬長河北，尚見應劉墓。古樹藏龍蛇，荒茅伏狐兎。永懷故池館，數子連章句。
逸輿驅山河，雄詞變雲霧。我行覩遺跡，精爽如可遇。斗酒將酹君，悲風白楊樹。

附註

❶ 漢獻帝建安年間（西元一九六—二二〇），以曹氏父子爲中心的文學集團究竟始於何時？如何形成？限於史料及古今「結社」觀念的不同，今日已難詳知；然當在曹操自許（河南許昌）遷鄴（河南臨漳）之後，卽建安十年以後。而七子中王粲、劉楨、應瑒等人係於建安十三年後方陸續加入，故鄴下時期宜始於建安十年，漸盛於十三年後，至建安二十二年王粲、徐幹、陳琳、應瑒、劉楨等一時俱逝已進入尾聲，二十三年繁欽卒、二十四年楊脩卒；次年丁儀、丁廙卒，則已進入魏文帝黃初時期。

❷ 見伊藤正文「曹植和他的詩」，洪順隆譯，中華文化復興月刊十七：一，頁三九。

❸ 見「三曹資料彙編」頁二四一，木鐸出版社。

❹ 見黃侃「文心雕龍札記」頁三五，文史哲出版社。

❺ 文人樂府，此處係指有作者姓名可考的樂府作品，相對於民間的無名氏。兩漢部份據筆者以史記、漢書、文選、玉臺新詠、西京雜記、東觀漢記、琴操、楚辭後語、琴集、古今樂錄、古今註、漢武帝故事等十二書所做出處總計，兼收備載亦不過四十五首，只有曹魏數量的三分之一強。

❻ 所謂「類型」（Genre），相當於傳統文評中的體類觀念，指文學的類別（Literary kinds）而言；更精確的說，類型乃是基於文學作品內、外形式的歸類。本文則更專義的以基於內在形式（如遊仙、田園、山水……）爲別。請參閱羅根澤「魏晉六朝文學批評史」第三章文體類，頁二二四；韋勒克、華倫合著「文學論」第十七章文學的類型，頁三八七；李正治「六朝詠懷組詩研究」第三章第一節類型名義及分類問題，頁五八。

⑦ 見後漢書卷四十九王充王符仲長統列傳第三十九，頁一六五〇。

⑧ 見三國志卷二文帝紀注引典論自敍，頁八九。

⑨ 見三國志卷二十九方技傳第二十九，頁八〇六；及宋書卷十九志第九樂一，頁五三四。

⑩ 見晉書卷二十二志第十二樂上，頁六八四；及王易「樂府通論」，頁二一，廣文書局。

⑪ 見宋書卷十九志第九樂一，頁五五一。

⑫ 具見魏志卷一武帝紀第一，頁五四；前爲裴松之注引曹瞞傳，後爲裴松之注引魏書。

⑬ 所引樂書及莊嶽委談，具見江南書生「曹植的化粧表演」，聯合報七〇年八月二十日至二十一日副刊。

⑭ 見勞榦「魏晉南北朝史」，頁八，中華文化學院出版部。

⑮ 見「曹氏父子與建安七子」，中古文學風貌，頁二，收入中國中古文學史等七書，鼎文書局。

⑯ 廖蔚卿云：「建安時期，作爲文學領袖的曹氏父子，在文學上最大的成就就是樂府詩。」見「建安樂府詩溯源」，幼獅學誌七：一，頁二。

⑰ 見余冠英「漢魏六朝詩論叢」，頁九四，河洛圖書出版社。

⑱ 見錢振東「建安諸子的文學通性」，師大國學叢刊一：一，頁五九。

⑲ 見高德耀「曹植的宴會詩」，蔡振念譯，中華文化復興月刊一九：一二，頁三六。

⑳ 同註④。

㉑ 徐、王二氏之論，皆見汪中「詩品注」頁八五、七八所引，正中書局。

㉒ 見劉師培「中國中古文學史」，頁三二，收入中國中古文學史等七書，鼎文書局。

㉓ 許愼說文解字：「忼慨，壯士不得志於心也。」說文無「慷」字，作「忼」；「慨」字亦訓爲「忼慨」。段玉裁注云：「依全書通例正，忼、慨雙聲也。」范文瀾云：「梗概、慷慨，聲同通用，袁宏詠史詩『周昌梗概臣』亦慷慨之意。」見段注說文解字頁五〇七及明倫版文心雕龍注頁六八二。

㉔ 同註⑰，頁九六～九八。

㉕ 鍾嶸詩品論曹植詩云：「其骨氣奇高」；沈約謝靈運傳則云：「子建仲宣以氣質爲體」；陳子昂與東方左史虬修竹篇序則云：「文章道弊五百年矣，漢魏風骨傳」嚴羽滄浪詩話云：「黃初之後，惟阮籍詠懷之作極爲高古，有建安風骨」又云：「建安之作，全在氣象」，黃子雲野鴻詩的云：「子建駸駸乎有三代之隆焉，此以氣象言」；皎然詩式則云：「劉楨辭氣偏正得其中……不由作意，氣格自高」安磐頤山詩話云：「若以風骨氣格言之，是誠在曹劉二張左阮之下。」以上諸說見於郭紹虞「滄浪詩話校釋」、汪中「詩品注」、何文煥所編「歷代詩話」、丁福保所編「續歷代詩話」「清詩話」，及河北師院中文系古典文學教研組所編「三曹資料彙編」等書中。

㉖ 見後漢書卷六十下蔡邕列傳第五十下，頁一九八二。

㉗ 見文友版昭明文選，頁八一。李善注云：「磊落，實貌。」說文解字云：「磊，衆石貌，從三石。（段注本頁四五七）無論就文字形構或閒居賦原文來看，磊落在此處都宜解作「果實衆多貌」，李善的注解稍誤。

㉘ 陸侃如曾說：「他（曹植）的徒詩與樂府存者近一百首……樂府的年代不大可考。」（中國詩史卷二，頁二六三）曹植的詩作繫年由於資料太少，可信度不高。徒詩部份因屬「卽事名篇」，由詩題與史實的關係尚可做若干程度的係聯；樂府部份因「依舊曲」，故只能由內容來揣測，論者多別之爲建安、黃初及太和三期，但某詩究屬何期已難一致，遑論繫年。爲嚴謹計，惟漢行與丹霞蔽日行二首在行文時僅附記篇名，而不在詩例中舉證。

㉙ 分見後漢書卷九孝獻帝紀第九，頁三七九；卷七十二董卓列傳第六十二，頁二三三六；魏志卷十六任蘇杜鄭倉傳第十六，頁四九九。

㉚ 同註③，頁三三一。

㉛ 這三首樂府都是曹植的作品，如此行文同註㉘。

㉜ 見黃節「漢魏樂府風箋」，頁二〇七、二〇九所引，收入「古詩集釋等四種」，世界書局。

㉝ 參見曹植仙人篇。

㉞ 洪順隆將本詩繫於黃初二年，並云：「應是爲太子後至卽位前後所作，不能確定其年代，姑繫于此。」見「魏文帝曹丕年譜暨作品繫年」頁三九六，商務印書館。曹丕於建安二十二年立爲太子，二十五年十一月下詔定正朔，再一月卽黃初二年。故本文將折楊柳行劃入鄴下時期。

㉟ 同註❸，頁七九。

㊱ 見唐君毅「中國文化之精神價值」第十一章「中國文學精神」，頁二四一，正中書局。

㊲ 同註❸，分見頁二四七、二四九。

皎然與吳中詩人之往來關係考

李建崑

一、前言

所謂吳中，泛指今太湖流域一帶。《史記・項羽本紀》：「項梁殺人，與籍避仇于吳中。」卽在此一區域。從宋・范成大《吳郡志》、宋・龔明之《中吳紀聞》、元・陸友仁《吳中舊事》所載吳中故老嘉言懿行、風土人文來看，此地自古人傑地靈，文風鼎盛。

有唐自中宗神龍以來，如越州賀知章、賀朝、萬齊融，揚州張若虛、邢巨，湖州包融，俱以吳越之士，文詞俊秀，名揚上京。其中包融、賀知章、張旭、張若虛且被稱爲「吳中四士」。至大歷（西元七六六—七七九年）、貞元（西元七八五—八〇四年）間，顏眞卿、韋應物、皎然，皆有文名。顏、韋身爲刺史，故與之唱和者衆。至於皎然則以一介詩僧，活躍於吳中地區。既與顏眞卿、韋應物友善，又創立湖州詩會，與陸羽、李陽冰、顧況、秦系、靈澈、朱放、張志和等知名文士讌集唱和，於吳中文士之聯繫，文風之推動，更是功不可沒。韋應物《郡齋雨中與諸文士燕集詩》所謂：「吳中盛文史，羣彥今汪洋。方知大藩地，豈曰財賦強。」誠非虛言。在此，擬以皎然爲中心，論述皎然與吳中詩人之往來、唱和，或能略察大曆、貞元間吳中文士之活動情形。

二、參與顏真卿《韻海鏡源》之編纂

詩僧皎然，本姓謝，字清晝，湖州長城（今浙江湖州市）人。生年不詳，卒年約當永貞初。文學活動之時間集中在大曆、貞元之際。皎然自幼習佛，長居杼山，雅好詩章。有論詩之作《詩式》、《詩評》（一名《詩議》）。《詩式》今存，至於《詩評》則《唐音癸籤》著錄一卷。其詩文集爲湖州刺史于頔所編。據唐・于頔《吳興晝上人集序》云：

有唐吳興開士釋皎然，字清晝，即康樂之十世孫，得詩人之奧旨，傳乃祖之菁華，江南詞人莫不楷範，極於緣情綺靡，故詞多芳澤，師古典制，故律尚清壯，其或發明玄理，則深契真如，又不可得而思議也。貞元壬申歲（按：即貞元八年），余分刺吳興之明年，集賢殿御書院有命徵其文集。余遂而編之，得詩筆五百四十六首，分為十卷，納於延閣書府。（涵芬樓四部叢刊本）

可知皎然詩文因集賢毀御書院之徵集，而得以流傳至今。皎然雖爲佛徒，卻與吳中文士往來頻繁。

以大書法家顏眞卿來說，顏眞卿雖非世居吳中，卻曾於大曆七年九月至十二年八月擔任湖州刺史，對吳中文風，發揮推展助成之作用。例如大曆八年，顏眞卿召集數十位賓客、後學文士，取其舊著《韻海鏡源》五百卷，删煩補闕，完成三百六十卷之巨著。當時，陸羽、蕭存（時任常熟主簿）、皎然，均曾參與。《顏魯公文集》卷七《湖州烏程縣杼山妙喜寺碑銘》對《韻海鏡源》之編纂經過，縷敍甚詳。顏眞卿在湖州之門客、後進見諸記載者八十餘人，獨對皎然、陸羽特別敬重。如論纂《韻海鏡源》之工作，起先在州學進行，大曆八年冬，即遷徙到杼山之妙喜寺，建亭於其東南，並依陸羽所命，名之爲「三癸亭」。

顏眞卿在湖州題贈或提及皎然之詩作，數目應該不少。《顏魯公文集》卷十二有二十首《聯句》係與皎然聯吟而成。其《逸詩存目》中，也有六首涉及皎然。可惜已全部流失。見於載籍者僅《贈僧皎然》一詩，詩云：

秋意西山多，別岑縈左次。繕亭歷三癸，疏趾鄰什寺。元化隱靈蹤，始君啓高致。
誅榛養翹楚，鞭草理芳穗。俯砌披水容，逼天掃峰翠。境新耳目換，物遠風煙異。
倚石忘世情，援雲得眞意。嘉林幸勿翦，禪侶幸可庇。衞法大臣過，佐游羣英萃。
龍池護清激，虎節到深邃。徒想嵊頂期，於今沒遺記。[1]

皎然《吳興晝上人集》中，也有二十二首詩酬贈顏眞卿。皎然多次陪同顏眞卿遊山玩水，登臨名勝寺院。如遊法華寺有《同顏使君眞卿李侍御崿游法華寺登鳳翅山望太湖》詩云：

雙峰開鳳翅，秀出南湖州。地勢抱郊樹，山威增郡樓。正逢周柱史，來會魯諸侯。
緩步淩彩蒨，清鏡發颼[illegible]。披雲得靈境，拂石臨芳洲。積翠遙空碧，含風廣澤秋。
蕭辰資麗思，高論驚精修。何似鍾山集，微文及惠休。

此詩寫景麗雅，用意新穎，洋溢僧徒詩特有之靈氣。再如遊開元寺經藏院、駱駝橋、水樓、峴山、東溪、白蘋洲，都作詩紀遊。在修畢《韻海鏡源》之後，皎然有《奉和顏使君眞卿修畢韻海畢會諸文士東堂重校》詩云：

外學宗碩儒，游焉從後進。恃以仁恕廣，不學門欄峻。著書裨理化，奉上表誠信。
探討始河圖，紛綸歸海韻。親承大將琢，況覩頹波振。錯簡記鉛槧，閱書移玉鎮。
曷絲旌不朽，盛美流歌引。（《吳興晝上人集》卷三）

又《奉和顏使君眞卿修韻海畢州中重宴》、《春日陪顏使君眞卿皇甫曾西亭重會韻海諸生》《奉陪顏使君修韻海畢東溪泛舟餞諸文士》均與顏眞卿纂修《韻海鏡源》有關。皎然在這些詩中，謂「探討始河圖，紛綸歸海韻」、「九流宗韻海，七字揖文江」、「菁華兼百氏，縑素被三墳」，對顏眞卿之纂修成果，甚爲推崇。此外，在皎然酬贈顏眞卿之詩作中，也有陪同餞別李陽冰、蕭穎士、蕭存之作。陪同觀張志和畫洞庭三山，並作歌和之。由此不難看出皎然與顏眞卿情誼之敦篤，往來之頻繁。

三、以詩求合於韋應物

顏眞卿之外，韋應物亦爲皎然之詩友。關於韋應物之事蹟，新舊唐書均無傳。據宋・姚寬《西溪叢話》載吳興沈作喆曾作補傳❷，略稱應物少時游太學，在開元、天寶間充任宿衛，扈從游幸，任俠負氣，安史亂後，流落失職，乃折節讀書，由京兆工曹累官至蘇州刺史，太僕少卿兼御史丞爲諸道鹽鐵轉運江淮留後。享年九十餘。唐・李肇《國史補》云：「韋應物立性高節，鮮食寡欲，所居焚香掃地而坐。其爲詩馳驟建安以還，各得其風韻。」❸宋・計有功《唐詩紀事》卷二十六有相同之記載，且謂：「惟顧況、劉長卿、丘丹、秦系、皎然之儔，得廁賓列，與之酬唱。」❹又謂：「貞元中初，歷蘇州，罷守，寓蘇臺永定精舍。」據孫望《蝸居雜稿》《韋應物事跡考述》一文，韋氏刺蘇州在貞元五年。❺

韋應物在蘇州，佳作甚多。最常爲後世傳誦者爲《郡齋雨中與諸文士燕集詩》，白居易認爲此詩以『兵衞森晝戟，燕寢凝清香。』最爲警策，嘗刻之於石。又在《與元九書》中盛讚韋詩云：

> 近歲韋蘇州歌行才麗之外，頗近興諷；其五言詩又高雅閑澹，自成一家之體。今之秉筆者，誰能及之？然當韋蘇州時，人亦未甚愛重，必待身後而後貴之。

清・紀昀《四庫全書總目提要》卷一四九集部別集類二《韋蘇州集》十卷云：

其詩七言不如五言，近體不如古體，五言古體源出於陶，而鎔化於三謝，故真而不樸，華而不綺。❻

韋應物一掃沈佺期、宋之問之雕鏤詩風，馳驟建安以下之詩文，以陶謝爲法，確在五言古詩方面，展露獨特之造境。韋詩名句，常爲後世所傳誦者如：《寄全椒山中道士》：「欲持一瓢酒，遠寄風雨夕。」《詠聲》：「萬籟自生聽，大空常寂寥。還從靜中起，卻向靜中銷。」《秋夜寄邱二十二員外》：「山空（空山）松子落，幽人應未眠。」《寄楊協律》：「舟泊南池雨，簾捲北樓風。」《細雨》詩云：「漠漠帆來重，冥冥鳥去遲。」再如七言之作《贈王侍御》云：「心如野鶴與塵遠，詩似冰壺見底清。」都寫得高雅閑澹，頗饒思致。

皎然與韋應物之來往，最早見諸記錄者爲唐・趙璘《因話錄》卷四角部云：

吳興僧晝，字皎然，工律詩。嘗謁韋蘇州，恐詩體不合，乃於舟中抒思，作古體十數篇為贄。韋公全不稱賞，晝極失望。明日，寫其舊製獻之，韋公吟詠，大加歎詠。因語晝曰：「師幾失聲名，何不但以所工見投，而猥希老夫之意。人各有所得，非卒能致。」晝大伏其鑒別之精。❼

以後宋・尤袤《全唐詩話》卷六、元・辛文房《唐才子傳》卷三也有相同之記錄。韋應物《寄皎然上人》詩云：

吳興老釋子，野雪蓋精廬。詩名徒自振，道心長晏如。想茲棲禪夜，見月東峰初。
鳴鐘驚巖壑，焚香滿空虛。叨慕端成舊，未識豈為疎。願以碧雲思，方君怨別餘。
茂苑文華地，流水古僧居。何當一遊詠，倚閣吟躊躇。❽

皎然《答蘇州韋應物郎中》云：

詩教殆淪缺，庸音互相傾。忽覩風騷韻，會我夙昔情。蕩漾學海資，鬱為詩人英。
格將寒松高，氣與秋江清。何必鄴中作，可為千載程。受辭分虎竹，萬里臨江城。
到日掃煩政，況今休黷兵。應憐禪家子，林下寂無營。跡隳世上華，心得道中精。
脫略文字累，免為外物攖。書衣流埃積，硯石駁蘚生。恨未識君子，空傳手中瓊。
安可誘我性，始願愆素誠。為無鸑鷟音，繼公雲和笙。吟之向禪藪，反愧幽松聲。❾

韋應物推崇皎然詩名卓著，道心晏如；叨蒙致意，如同舊識，豈有生疎之感？故有造訪茂苑，遊詠僧居之想。皎然則讚揚韋詩學資滄海，鬱爲詩英；格如寒松之高，氣若秋江之淸。自愧無鸑鷟之音以繼雲笙之韻。兩人之相惜相慕，由此可見一斑。

四、與詩僧靈澈之交往

靈澈也是吳中詩僧，俗姓湯，字源澄，會稽人。其事蹟唐·劉禹錫《劉夢德文集》卷三、宋贊寧《高僧傳》、元·辛文房《唐才子傳》皆曾記載。據《唐才子傳》卷三，靈澈自幼皈依雲門寺爲律僧，戒行果潔。曾隨嚴維學詩，遂籍籍有聲。嚴維死後，來到吳興，追隨皎然遊講。極受到皎然之賞識，曾向當時著名的詩人包佶、李紓推薦。貞元間，靈澈西遊京師，聲名甚著，以致受到緇流之嫉妒，受到誣奏，流徙汀州。寫下《初到汀州》一詩云：「初放到汀州，前心詎解愁。舊交容不拜，臨老學梳頭。禪室白雲去，故山明月秋。幾年猶在此，北戶水南流。」⑩不久獲赦，歸返東越。受到各地官員之禮遇。元和十一年，圓寂於宣州開元寺，享年七十一。靈澈唱和之名文士有劉長卿、劉禹錫、權德輿、皎然等人。劉禹錫在《澈上人文集紀》論及江左詩僧，嘗謂：

世之言詩僧，多出江左，靈一導其源，護國襲之，清江揚其波，法振沿之。如么絃孤韻，瞥人入耳，非大樂之音。獨吳興晝公，能備衆體。晝公後，澈公承之。⑪

劉禹錫又在《送僧仲端東遊末句呈澈》一詩中，將靈澈譽爲「江南湯惠休」。權德輿《送上人廬山回歸沃州序》亦云：

吳興長老晝公，掇六義之清英，首冠方外。入其室者，有沃州澈上人。心冥空無，而跡寄文字，故語甚夷易，如不出常境，而諸生思慮，終不可至。⑫

由此可見皎然與靈澈不只是詩友，尚有師徒關係。皎然在《贈包中丞書》中卽曾向包佶大力推薦靈澈《道邊古墳》、「答范校書》、《雲門雪夜》、《石帆山》、《題李尊師堂》、《題曹溪能大師奬山居》、《天姥岑望天臺山》、《傷古墓》、《福建還登梨嶺望越中作》《九日》、《宿延平懷古》諸作，於《歸湖南作》一詩，尤爲激賞⑬。

唐代詩僧，爲世所稱者不少，然而除少數作者如皎然、齊己、貫休之外，其詩大多不傳。靈澈詩也是如此。收入《全唐詩》者，僅十六首，今人已難窺全豹。不過，從一些前賢徵引的佚詩殘句來看，例如：「海月生殘夜，江春入暮年」，「窗風枯硯水，山雨慢琴絃」，「經來白馬寺，僧到赤烏年」，仍能看出靈澈詩用字簡淨，卻能驅駕深之內涵，前賢曾有「轉石下千仞江」之評⑭。其「相逢盡道休官好，林下何曾見一人。」一句，甚至騰播衆口，成爲當時之俗諺，其感染力可見一斑。再如《道邊古墓》：「松樹有死枝，塚墓爲莓苔。石門無人入，古木花不開，」《天姥岑望天臺山》：「天臺衆山外，歲晚當寒空。有時半不見，崔嵬在雲中。」《九日》云：「山僧不記重陽節，因見茱萸憶去年。」都是運辭夷易，卻頗見巧思。

在《吳興晝上人集》之中，皎然有五首詩題贈靈澈。其《妙喜寺高房期靈澈上人不至重招之》描寫杼山之晨景，超逸而有致。寫景之際，不時揷入諸如「晨起峰頂心，懷人望空碧」、「言笑形外阻，風儀想中覿」、「貧山何所有，特此邀來客。」期盼來訪之語。至於《山居示靈澈上人》謂：「身閑始覺隳名是，心了方知苦行非。外物寂中誰似我，松聲草色共無機。」《宿法華寺簡靈澈上人》謂：「至道無機但杳冥，孤燈寒竹自淸熒。不知何處小乘客，一夜風來聞誦經。」《送靈澈》云：「我欲長生夢，無心解傷別。千里萬里心，只似眼前月。」

都有濃厚之佛學意味。

五、與吳中隱逸之唱和

吳中地區，自古山明水秀，名士多隱其間。大曆貞元之際，顧況隱於茅山，自稱華陽眞逸；陸羽居江湖稱竟陵子、在南越稱桑苧翁；朱放山人在剡溪、鏡湖間結廬雲臥；張志和在江湖號煙波釣徒，皆與皎然往來友善。

先論顧況。按顧況字逋翁，蘇州人，肅宗至德二年進士。《舊唐書》卷一百三十有傳。顧況生性詼諧，善爲歌詩，與柳渾、李泌相善。德宗時，柳渾輔政，薦況爲秘書郎。及李泌爲相，又遷著作郎。李泌卒後，顧況因《海鷗詠》一詩譏誚權貴，於貞元五年貶爲饒州司戶，遂舉家隱茅山（江蘇句容縣東南）。相傳顧況善服氣之術，鍊金拜斗，身輕如燕，吳中之人皆謂顧況得道化解。唐・皇甫湜《顧況詩集序》嘗論顧況之作：

> 偏於逸歌長句，駿發踔厲，往往若穿天心，出月脅，意外驚人語，非尋常所能及，最為快也。其為人類其詞章云。[15]

有關顧況之軼事，以唐・孟棨《本事詩》所載顧況「梧葉題詩」之故事，最爲膾炙人口。《唐詩紀事》卷二十八亦載宰相柳渾招以好官，顧況以詩相拒的曠放之舉。《山中作》云：「野人愛向山中宿，況在葛洪丹井西。庭前有箇長松樹，半夜子規來上啼。」最能顯現顧詩之格調。再如「汀洲渺渺江蘺短，疑是疑非兩斷腸。」「巫峽朝雲暮不歸，洞庭春水晴滿空。」「頹垣化爲陂，陸地堪乘舟。」「大姑山盡小姑出，月照洞庭行客船。」皆爲歷代詩話經常徵引之名句。宋・嚴羽《滄浪詩話》・《詩評》論及中唐詩人嘗謂：「顧況詩，多在元白之上，稍有盛唐風骨處。」⑯當然，顧況也有一些作品受到後人指責。如清・翁方綱《石洲詩話》卷二卽指出：「顧逋翁歌行，邪門外道，直不入格。」又云：

> 古詩為焦仲卿妻作云：「新婦初來時，小姑始扶牀。今日被驅遣，小姑如我長。勤心養公姥，好自相扶將。初七及下九，嬉戲莫相忘。」顧況《棄婦詞》乃云：「憶昔出嫁君，小姑纔倚牀。今日辭君去，小姑如妾長。回頭語小姑，莫嫁如兄夫。」直致而又帶傖氣，可謂點金成鐵。⑰

顧況在詩文之外，兼攻繪畫。張彥遠《歷代名畫記》謂顧況知新亭監時：「默請爲海中都巡，問其意，云：『要見海中山水耳。』爲職半年解去，爾後落筆有奇趣。」⑱其性格之疏逸，由此可見。而皎然與顧況之來往，見諸《送顧處士歌》。按：四部叢刊本《吳興晝上人集》卷七《送顧處士歌》題下有自注云：「吳興丘司議之女婿，卽況也」詩云：

> 吳門顧子予早聞，風貌真古誰似君。人中黃憲與顏子，物表孤高將片雲。性背時人高且逸，平生好古無儔匹。醉書在篋稱絕倫，神畫開廚怕飛出。謝氏檀郎亦可儔，道情還似我家流。安貧日日讀書坐，不見將名干五侯。知君別業長洲外，欲行秋田

循畎澮。門前便取轂觫乘，腰上還向鹿盧佩。禪子有情非世情，御荈貢餘聊贈行。
滿道喧喧遇君別，爭窺玉潤與冰清。⑲

本詩前半稱揚顧況。謂已早聞盛名，稔知風貌眞古，實爲黃憲、顏子之流；而賦性之高逸，平生之篤好古道，並世無匹。書畫高妙絕倫，恍若欲飛。其風儀若潘安、道情如謝客；而平日安貧讀書，不肯以聲名干謁五侯。後半敍顧況有心畎澮，經循秋田，故以牛爲騎，腰佩轆轤，欲赴長洲別業。皎然自謂有情，然非世情；獨以貢餘之荈，聊以贈行。末二句以臨別之際，道途喧喧，爭看丰儀作結。

次論陸羽。按陸羽字鴻漸，一名疾，字季疵，復州竟陵人（今湖北鍾祥縣）。生年不詳，卒年約當德宗貞元末。《國史補》卷中始有陸羽之記載，《新唐書》卷一百九十六《隱逸傳》有傳。據《唐詩紀事》卷四十、《唐才子傳》卷三，謂陸羽幼時爲棄兒，由竟陵龍蓋寺僧智積禪師收養，因智積俗姓陸，遂爲陸氏。及長，聰俊多聞，學贍辭逸，詼諧辨捷。性嗜茶並創立煎茶之法。著有《茶經》三卷，後人奉爲茶神。

陸羽曾拜太子文學，徙太常寺太祝，未就職。肅宗上元間（西元七六〇至七六一年）來到吳中，隱居剡溪。結廬苕溪上，閉門讀書。喜與名僧高士，談讌終日。據說陸羽貌寢，口吃而辯，聞人之善若在己，與人期約，雖阻虎狼不避。善作古詩，與極閑雅。由皇甫曾有《送鴻漸採茶相過詩》、《哭陸處士羽》、權德輿《送陸太祝赴湖南幕同用送字三韻》等詩，可知與皇甫曾、權德輿來往友善。宋・贊寧《高僧傳》卷二十九《唐湖州杼山皎然傳》云：「晝與陸鴻漸爲莫逆之交。」《顏魯公文集》卷十二有《題杼山癸亭得暮字》、《謝陸處士杼山折青桂花見寄作》兩首贈陸羽而作，由詩意來看，陸羽與顏真卿亦爲莫逆之交。在《吳興晝上人集》之中，有《尋陸鴻漸不遇》、《訪陸處士》、《贈韋早陸羽》、《春夜集陸處士翫月》、《九日與陸處士羽飲茶》、《往丹陽尋陸處士不遇》等詩題贈陸羽。皎然在《尋陸鴻漸不遇》云：

> 移家雖帶郭，野徑入桑麻。近種籬邊菊，秋來未著花。扣門無犬吠，欲去問西家，報道山中去，歸時每日斜。[20]

在《訪陸處士》云：

> 太湖東西路，吳王古山前。所思不可見，歸鴻自翩翩。何山賞春茗，何處弄春泉？莫是滄浪子，悠悠一釣船。[21]

在《春夜集陸處士翫月》云：

> 欲賞芳霏背待辰，忘情人訪有情人。西林可是無清景，祇為忘情不記春。[22]

在《九日與陸處士羽飲茶》云：

九日山僧院，東籬菊也黃。俗人多泛酒，誰解助茶香。㉓

從上述詩中，吾人不難領會陸羽素行之高逸及皎然之崇仰。陸羽除《茶經》之外，不易見到其他著作流傳。陸羽之詩，《全唐詩》僅存二首，則前述諸作，成爲察考陸羽之重要資料。

再論朱放。放字長通，襄州人㉔。據《唐才子傳》卷五所載，朱放初居漢水，遭逢饑疫，南下隱於剡溪、鏡湖間。當時江、浙名士如林，如皇甫冉、皇甫曾、皎然、靈澈上人，皆崇仰其風流儒雅，成爲朱放好友。此外，朱放與戴叔倫、顧況、嚴維、劉長卿亦有詩唱和。大曆年間，嗣曹王皋鎭江西，辟爲節度參謀。但是，爲時不久就辭官告退。貞元二年，詔舉韜晦奇才，詔拜左拾遺，朱放奏表辭謝，並未就職，以處士之身，終其一生。《唐才子傳》卷五評其詩云：

放工詩，風度清越，神情蕭散，非尋常之比。集二卷，今行於世。㉕

其詩集已佚，《全唐詩》卷三百十五收朱放詩一卷，僅二十五首。其《亂後經淮陰岸》寫自漢水南下所見，詩云：「荒村古岸誰家在？野水浮雲處處愁。唯有河邊衰柳樹，蟬聲相送到揚州。」短短四句，將饑疫荒涼之景象，寫得動人心絃。再如《剡溪行寄新別》爲大曆間由剡溪赴江西節度參謀，別友而作。詩云：「潺湲寒溪上，自此成別離。廻首望歸人，移舟逢暮雪。頗行識草樹，漸老傷年髮。唯有白雲心，爲向東山月。」用字簡淨，而別情盎然。再如《剡山夜月六言》云：「月在沃州山上，人歸剡縣溪邊。漠漠黃花覆水，時時白露驚船。」

《銅雀妓》云：「恨唱歌聲咽，愁翻舞袖遲。西陵日欲暮，是妾斷腸時。」皆爲朱放詩之精品。就其存詩觀之，泰半爲五七言絕句，清婉流利，風神別具。至於皎然題贈朱放之作，現存僅《訪朱放山人》一首，詩云：

> 野人未相識，何處異鄉隔？昨逢雲陽信，教向雲陽覓。空聞天上風，飄颻不可覿。
> 應非矍鑠翁，或是滄浪客。早晚從我遊，共携春山策。㉖

由詩意推斷，此詩或作於初識之時，故有「應非矍鑠翁」及「早晚從我遊」之語。

再論張志和。志和字子同，婺州（今浙江金華）人。其事蹟唐・顏眞卿於大曆九年撰《浪跡先生元眞子張志和碑》、《新唐書》卷一九六、《唐才子傳》卷三皆有記載。志和初名龜齡，十六歲卽擢第明經科，曾以策干肅宗，特受賞識，命其待詔翰林，並賜名志和。後因坐事貶南浦尉，因親喪不復仕，遂居江湖，自稱煙波釣徒。其兄鶴齡惟恐志和遁世，在越州東郭築室，供志和居住。志和有《漁歌子》五首傳世，有顏眞卿、陸羽、李成矩、徐世衡及張鶴齡之和詞。志和與陸羽皆曾爲顏眞卿之食客，顏眞卿《浪跡先生元眞子張志和碑》云：

> 著十二卷，凡三萬言，號《元眞子》，遂以稱焉。客或以其文論道縱橫，謂之「造化鼓吹」，京兆韋詣爲作《內解》。元眞又述《太易》十五卷凡二百六十有五卦，以有無爲宗，觀者以爲「碧虛金骨」。

又云：

性好畫山水，皆因酒酣乘興，擊鼓吹笛，或閉目、或背面舞筆飛墨，應節而成。大曆九年秋八月，訊真卿於湖州，前御史李崿以縑帳請焉，俄而揮灑橫抪，而纖纊霏拂亂搶，而攢毫雷馳，須臾之間，千變萬化，蓬壺彷彿，而隱見天水，微茫而昭合，觀者如覩，轟然愕眙，在坐六十餘人，元真命各言爵里、紀年、名字、第行於其下，作兩句題目，命酒以蕉葉書之，授翰立成，潛皆屬對，舉席駭歎。㉗

皎然《奉應顏尚書眞卿觀元眞子置酒張樂舞破陣畫洞庭三山歌》亦有詳細之描述。詩云：

道流跡異人共驚，寄向畫中觀道情。如何萬象自心出，而心澹然無所營。手援毫，足蹈節，披縑灑墨稱麗絕。石文亂點急管吹，雲態徐揮慢歌發。樂縱酒酣狂更好，攢峰若雨縱橫掃。尺波澶漫意無涯，片嶺崚嶒勢將倒。盼睞方知造境難，象忘神遇非筆端。昨日幽奇湖上見，今朝舒卷手中看，興餘輕拂遠天色，曾向峰東海邊識。秋空暮景颯颯容，翻疑是真畫不得。顏公素高山水意，常恨三山不可至，賞君狂畫忘遠遊，不出軒墀坐蒼翠。㉘

此一長篇歌行雖爲奉和之作，寫得雄魂健勁，氣勢磅礴，在皎然詩中，獨具異采。此外，皎然尚有《奉合顏魯公眞卿落玄眞子舴艋舟歌》一首，詩中有句謂「得道身不繫，無機舟亦閑；從水遠逝兮任風還，朝五湖兮夕三山。」可謂便是張志和之寫照。

最後論秦系。系，字公緒，會稽人。其事蹟《新唐書》卷一九六《隱逸傳》、《唐才子傳》卷三皆有記載。秦系在天寶末避亂剡溪。大曆五年，北都留守薛兼訓奏爲倉曹參軍，秦系上《獻薛僕射》一詩辭之。前有序曰：「系家於剡山，向盈一紀。大曆五年，人以文聞鄴守薛公。無何，奏系右衛率府倉曹參軍。意所不欲，以疾辭免，因將命者，輒獻斯文」（《秦隱君集》）可知秦系在剡山居住，至大曆五年始南下泉州隱於南安九日山中。享年八十餘卒。㉙《全唐詩》卷二六〇收詩一卷。宋・尤袤《全唐詩話》云：

> 權德輿云：「長卿自以為五言長城，系用偏師攻之矣。」韋答系云：「知掩山扉三十秋，魚鬚翠碧滿牀頭。莫道謝公方在郡，五言今日為君休。」蓋系以五言得名久矣。㉚

秦系之主要創作成就在五言律絕，重要詩友爲劉長卿、權德輿、錢起、苗發、張建封、皎然等人。以皎然而言有《奉寄畫公》云：「簑笠雙童傍酒船，湖山相引到房前。團蕉何事教人見，暫借空牀守坐禪。」皎然有《酬秦山人系題贈》、《酬秦山人贈別二首》、《酬秦山人出山見尋》、《酬秦山人見尋》、《酬秦系山人題贈》、《題秦系山人麗句亭》等詩酬之。

六、作孟郊險僻詩格之前導

孟郊字東野，原籍湖州武康（今浙江湖州）。生於玄宗天寶十載（西元五五一年）卒於憲宗元和九年（西元八一四年）。其事蹟《舊唐書》卷一百六十、《新唐書》卷一七六《韓愈傳》附、《唐詩記事》卷三十五、《唐才子傳》卷五皆有記載。

孟郊三十歲之前羈旅河南，卜居嵩山。德宗貞元五年（七八九年）至上饒，次年寓居蘇州，貞元七年（七九一年）孟郊至湖州取解，隨後轉至長安應進士試，在長安、徐州各地遊歷。貞元十二年（七九六年），以四十六歲之高齡擢進士第。貞元十六年（八〇〇年）詮選爲溧陽（江蘇溧陽）尉。至貞元二十年（八〇四年）辭官奉母歸湖州㉛。就孟郊之生平行實來看，有前後兩時期在吳中地區活動。主要之詩友除韓愈、李觀、李翺、張籍、賈島、盧仝、樊宗師之外，又與韋應物、王涯、李益、陸暢、皎然唱和。

《孟東野集》有《答晝上人止讒作》、《同晝上人送鄔秀才江南尋兄弟》兩首題贈皎然。這是針對皎然《送鄔傪之洪州覲兄弟》、《浮雲三章》而作之酬答。皎然圓寂之後，孟郊曾作《送陸暢歸湖州因憑題故人皎然塔陸羽墳》弔念故人，詩中有謂：「昔遊詩會滿，今遊詩會空。孤詠玉戚惻，遠思景蒙籠。」可見孟郊正是湖州詩會之成員。值得特別注意的是孟郊《逢江南故晝上人會中鄭方回》一詩，有自注云：「上人往年手札五十篇相贈，云以爲他日之念。」㉜這五十篇手札內容如何，今人已無從查考，但是，孟郊與皎然絕非泛泛之交，殆無可疑。皎然《浮雲三章》云：

> 浮雲浮雲，集於扶桑。扶桑茫茫，日暮之光。匪日之暮，浮雲之汙。嗟我懷人，憂心如蠹。（其一）浮雲浮雲，集於咸池。咸池微微，日昃之時，匪日之昃，浮雲之惑。嗟我懷人，憂心如織。（其二）浮雲浮雲，集於高春，高春濛濛，日夕之容。匪日之夕，浮雲之積。嗟我懷人，憂心如惄。（其三）[83]

此詩自序云：「浮雲，刺讒也。」可知皎然係以古樂歌之形式，諷刺讒夫。詩中借浮雲起興，多方譬喻，形容盡致，凸顯讒言之蔽明，讒慝之害事。孟郊《答晝上人止讒作》云：

> 烈烈鸑鷟吟，鏗鏗琅玕音。梟摧明月嘯，鶴起清風心。渭水不可渾，涇流徒相侵。俗侶唱《桃葉》，隱士鳴桂琴。子野真遺卻，浮淺藏淵深。[84]

此詩起首二句稱頌皎然之作，如鳳鳥之鳴，似琅玕之音。「梟摧」四句，謂梟鳥善發摧月之嘯，而鶴鳥時生清風之心；渭水本自渾濁，而涇流徒爲所侵。此慨讒夫之擾擾，致天聽之不聰也。末四句謂俗人唱其《桃葉》之歌，高士自鳴樨桂之琴。曩昔子野善聽，倘彼時卽已遺卻俗音，則浮淺自藏也。此慨無善聽者，故不能明辨也。此詩用字盤硬，頗不自然。再如《逢江南故晝上人會中鄭方回》云：

> 相逢失意中，萬感因語至。追思東林日，掩抑北芒淚。筐篋有遺文，江山舊清氣，塵生逍遙篇。墨故飛動字，荒毀碧澗居。虛無青松位，珠沉百泉暗。月死羣象閟。

永謝平生言，知音豈容易。

此詩之生僻險峭更勝前篇。孟郊追求僻苦奇險之詩格，固有種種因素，然其中未嘗無皎然之影響。考皎然《詩式》卷一嘗云：「曩者，嘗與諸公論康樂爲文，眞於情性，尚於作用，不顧辭彩而風流自然。」又云：

詩不要苦思，苦思則喪自然之質。此亦不然。夫不入虎穴，焉得虎子。取境之時，須至難至險，始見奇句；成篇之後，觀其氣貌，有似等閑，不思而得，此高手也。㉟

皎然所闡述之「自然」，既經「至難至險」，實爲與人工相結合，而非素樸之自然。其論「跌宕格」有「越俗」、「駭俗」二品；其論「詩有二廢」云：「雖欲廢巧尙直，而思致不得置。雖欲廢言尙意，而典歷不得置。」其論「詩有六至」時，認爲：「至險而不僻，至奇而不差，至麗而自然，至苦而無兒，至近而意遠，至放而不迂。」㉟皎然這種主張「至難至險，始見奇句」，實與孟郊之「入深得奇趣，升險爲良躋。」（《孟東野詩集注》卷四《石淙》）、「觀怪賞不足，扣奇獨冥收」（《遠遊聯句》）相似，亦與韓愈《薦士》詩所云：「橫空盤硬語，妥帖力排奡。」之理念若合符節，如此則顯示孟郊詩之奇險走向，實有皎然《詩式》作爲前導。

七、結語

綜觀皎然往來唱和之吳中詩友，大多顯現狂放狷介之性格，或與世殊異之生活態度，其詩文卽令高情放縱，逾越常格，也是眞實生活之寫照。大曆年間，詩壇之主流人物是所謂「大曆十才子」，他們活動於長安洛陽，雖忙於官場酬酢，卻著意於高情遠韻之追求；旣圖優渥之俸祿，亦盼山水林泉之享受，津津樂道「吏隱」之樂趣。大曆十才子勤於近體之冶鍊，卻已無盛唐氣象。皎然《答蘇州韋應物郎中》云：「詩教殆淪缺，庸音互相傾。」所指應卽此一現象。値得注意的是皎然對於大曆詩壇之主流詩風，並不滿意，在《詩式》卷四論齊梁詩卽謂：「大曆中，詞人多在江外」並舉：皇甫冉、嚴維、張繼素、李家祐、朱放，「竊佔青山白雲，春風芳草，以爲己有。」爲例，說明「詩道初喪，正在於此。」這些人不乏皎然之詩友，亦不免於此。幸而大曆末年，諸公皆能改弦易轍[36]。吳中詩人之作，雖富於奇響異趣，並未與於詩壇主流，但由於皎然旣有理論著作，又有具體創作成績，在詩會的讌集聯繫下，吳中詩人，也儼然形成足與長安、洛陽之詩人集團並轡齊驅之勢。

附註

❶此詩宋・留元剛《顏魯公年譜》視爲顏眞卿之作，繫於大曆九年。但因皎然《吳興晝上人集》卷三，亦收此詩，故清・黃本驥以爲屬皎然之作。
❷參見《四庫全書總目提要》卷一四九集部別集類二　臺灣藝文印書館版第二九六三頁。
❸轉引自王仲鏞《唐詩紀事校箋》七〇八頁　成都巴蜀書社　一九八九年八月
❹見王仲鏞《唐詩紀事校箋》七〇六頁　成都巴蜀書社　一九八九年八月
❺見孫望《蝸居雜稿》中《韋應物事跡考述》一文　上海古籍出版社　一九八二年　又周本淳《唐才子傳校正》卷三第一二〇頁引　臺北　文津出版社　民國七十七年三月
❻《四庫全書總目提要》卷一四九集部別集類二　臺灣藝文印書館版第二九六四頁
❼轉引自王仲鏞《唐詩紀事校箋》第一九三二頁　成都　巴蜀書社　一九八九年八月
❽見四部備要本《韋蘇州集》卷三　臺灣中華書局　民國五十九年六月
❾見四部叢刊本《吳興晝上人集》卷一
❿《全唐詩》卷八百十　第九一三一頁　臺北　文史哲出版社　民國六十七年十二月
⓫見《劉夢得文集》卷三《澈上人文集紀》
⓬見王仲鏞《唐詩紀事校箋》第一九〇六頁　成都　巴蜀書社　一九八九年八月
⓭見四部叢刊本《吳興晝上人集》卷九
⓮見宋・胡仔《苕溪漁隱叢話》・《前集》卷第五十六　第三八二頁　臺北長安出版社　民國六十七年十二月

⑮ 見王仲鏞《唐詩紀事校箋》卷二十八　第七七一頁　成都　巴蜀書社　一九八九年八月

⑯ 郭紹虞《滄浪詩話校釋》第一四八頁　臺北　河洛圖書出版社　民國六十八年十二月

⑰ 見臺靜農主編《百種詩話類編》中册　第一二一五頁　臺灣藝文印書館　民國六十三年五月

⑱ 同註⑮第七七四頁

⑲ 參見四部叢刊本《吳興晝上人集》卷七或《全唐詩》卷八百二十一　第九二六四頁　臺北　文史哲出版社　民國六十七年十二月

⑳ 見四部叢刊本《吳興晝上人集》卷二

㉑ 同上

㉒ 同上卷三

㉓ 同上

㉔ 《極玄集》作：「襄陽人。」《唐才子傳》作：「南陽人」《新唐書・文藝志》作：「襄州人」。

參王仲鏞《唐詩紀事校箋》卷二十六　第七一一頁　成都　巴蜀書社　一九八九年八月

㉕ 見周本淳《唐才子傳校正》第一四一頁　臺北　文津出版社　民國七十七年三月

㉖ 見四部叢刊本《吳興晝上人集》卷二

㉗ 見清・黃本驥編訂《顏魯公文集》卷七　臺灣　中華書局　《四部備要》本　民國五十五年三月

㉘ 見四部叢刊本《吳興晝上人集》卷七

㉙ 周本淳《唐才子傳校正》第八十一至八十二頁　臺北　文津出版社　民國七十七年三月

㉚ 見宋・尤袤《全唐詩話》卷之二在清・何文煥編《歷代詩話》第九〇頁　木鐸出版社　民國七十一年二月

㉛ 參見華忱之《唐孟郊年譜》德宗貞元五年、貞元七年、貞元十二年、貞元十六年、貞元二十年條　國立北京大學圖書館　民國二十九年七月

㉜ 見陳延傑注《孟東野詩集》卷十 臺北 新文豐出版公司 民國六十八年八月

㉝ 見四部叢刊本《吳興晝上人集》卷六

㉞ 陳延傑注《孟東野詩集》卷七 臺北 新文豐出版公司 民國六十八年八月

㉟ 見唐·皎然《詩式》卷一《取境》條第五頁 臺灣商務印書館 《萬有文庫薈要本》 民國五十四年十一月

㊱ 同上卷四《齊梁詩》

南宋粤東詩人崔與之李昴英

李德超

壹 引言

粵省位處東南，開發較晚，是故唐宋以前，文獻不足，詩歌傳世甚尠。然而粵人既生息於南海之濱，俗尚歌謠，則粵風之由來必古。如山歌粵謳之流，風習所趨，於今未替。惟此僅屬於民間歌謠，重以亙隔關山，又鮮爲中土士人所傳誦耳。若粵詩之由來，則最早可溯及於東漢。屈大均《廣東新語》卷十二詩語，「詩始楊孚」條❶云：

漢和帝時，南海楊孚，字孝元，其為「南裔異物賛」，亦詩之流也。然則廣東之詩，其始於孚乎。而孝惠時南海人張買，侍遊苑池，鼓棹為越謳，時切諷諫。晉時高州馮融，汲引文華士，與為詩歌。梁曲江侯安都，為五言詩，聲情清靡，數招聚文士，如陰鏗、張正見之流，命以詩賦第其高下，以差次賞賜之。此皆開吾粤風雅之先者。

迨至陳季，則有劉刪，號稱嶺左奇才，第亦遺詩甚尠❷。大抵唐季以前，粵詩流傳甚罕，然中原文物之浸被嶺南，依然有跡可睹。況自六朝以來，數百年間，嶺表無重大戰禍，故能優游涵泳，風雅揄揚。洎乎唐季，而嶺南已日益開發，值其時中原詩學大昌，騷人輩出，所謂「上以是徵，師以是教，交友以是相高」❸。則嶺表士人，當不乏淺吟低唱，隨聲應和者。不然，豈有唐三百年間，惟張九齡一人，傲然足與中原爭席，而其後又不過邵謁、陳陶等十數人而已乎❹。足徵九齡背後，必有一二輩騷人，並時唱和，如歌臺之上，往往於主唱者背後，配有和聲，雖和唱諸人，其地位或稍遜色，然五聲克諧，八音協合，然後聽者咸覺悅耳。故余謂曲江前後，必有其他東粵詩人互爲呼應，特以子壽貴爲宰相，而又能於詩壇上，與陳子昂同革齊梁繁花豔彩之末流，思深力勁，遠紹漢魏風骨，影響及於王、孟、儲、常、韋應物諸人，並首創清淡之派❺，故能星稀月朗，兀然爲嶺南詩學宗風。

降及有宋，而粵詩之存者尤尠。何鴻翔撰《嶺南詩存》，嘗謂：「廣東宋詩，存者尤鮮，崖門兵燹，版籍蕩然，元明均尙唐音，無人收拾。」故宋季粵東詩，惟推余靖、崔與之、李昴英三人，其外則古成之、趙必瑑、李春叟等十餘子而已❻。諸賢中，其有集傳於今者，又不過余靖、崔與之、李昴英、白玉蟾（葛長庚）、趙必瑑五人❼，其外則零縑斷簡而已。

先是，北宋楊億輯《西崑酬唱集》二百四十七章，「其詩專以李義山爲宗，以漁獵掇拾爲博，以儷花鬪果爲工。嫣然華美，而氣骨不全。」❽一時振起流風，動人觀慕。獨嶺南余靖，則骨格清蒼，幽深勁峭，而能洗革鉛華。雖不以詞章擅名，然詩文皆斐然可采。且與歐陽修同主變體復古，詩風又與梅堯臣近似。

迨至龜鼎南遷，而粵詩傳世益少。迄寧宗理宗之世，則崔與之李昴英師徒，爲表表者。崔詩感情深摯，筆力老健，高華壯亮，有唐季遺風；李詩則質實簡勁，雖近粗俗，而骨力遒健，非同靡靡之音。抑二公生逢喪亂，故能憂國憂民，而蒞官又政績卓著。崔清獻公八辭參知政事，十三辭右丞相，其清曠恬淡，尤爲亙古所未聞。李忠簡公亦抨擊權奸，卓著風節，影響及於粵人者不少。玆篇特就二公遺詩，以探討其風格之後繼前承，與時代意義，以見二公於粵省詩壇之地位焉。

貳　崔與之及其遺詩

崔與之，字正子，增城人。少負奇節，遠遊太學。紹熙四年（西元一一九三）舉進士，廣之士，由太學取科第，自與之始。授潯州司法參軍，尋轉廣西提點刑獄。徧歷所部，至浮海巡朱崖。瓊人多苦役，與之爲之榜免，興利除弊，瓊之人乃次其事爲《海上澄清錄》。時嶺外官吏，用刑慘酷，貪吏厲民。乃疏爲十事，申論而痛懲之。高惟肖嘗刻之，號《嶺海便民榜》。旋召爲金部員外郎，又特授直寶謨閣，權發遣揚州事，主管淮東安撫司公事。與之守備邊防，疏塘結砦，金人亦不敢深入。累升秘書監兼太子侍講，權工部侍郎，出知成都府，本路安撫使。時戎帥多不協和，與之戒以同心體國大義，自是人心悅服，而軍政始立。後召爲禮部尚書，不拜，便道還廣。蜀人思之，肖其像於成都仙遊閣，以配張詠、趙抃，名三賢祠。理宗卽位，累授端明殿學士，提舉嵩山崇福宮，亦辭。俄授廣東經略安撫使，兼知廣州。拜參知政事，拜右丞相，皆力辭。嘉熙三年（一二三九），以觀文殿大學士提舉洞霄宮致仕。累封至南海郡公。卒年八十有二，謚號清獻❾。世又稱菊坡先生。

屈大均《廣東新語》卷七「人語」、「崔清獻」條云：

崔清獻公八辭參知政事，十三辭右丞相……白沙嘗迎清獻畫像於家，隅坐瞻仰，若弟子之於師者。久之，為文以祭，有云：「卷舒太空之雲，表裏秋潭之月，淮蜀委之而有餘，凝丞尊之而不屑，故能效力於當年，而全身於晚節。」又有句云：「萬里歸心長短賦，九天辭表十三陳。」蓋實錄也。吾廣辭相位者，清獻而後，有若霍公文敏，而梁文康公迎世宗入繼大統，寵眷方隆，乞歸益篤，世宗以為兼有張九齡之忠蓋，崔與之之風槩。若文襄方公年甫四十，即解相，歸臥西樵，是皆急流勇退之哲人也。泰泉云❿：「吾廣帶海陸為郡，山奧川豁，古稱珍饒於卷握，若別出堪輿然。故其民素樂清曠而恬仕進。」噫嘻，豈清獻之流風所被歟。

蓋菊坡淡泊名利，不戀權位。古人嘗言：「仕宦而至將相，富貴必歸故鄉。」位極人臣，有誰不愛。而菊坡竟八辭參知政事，十三辭右丞相，敝屣功名，亙古誰及。其在蜀中，作水調歌頭一闋，已見懷鄉之情，而其吟詠，又多能發抒政治理想，是其詩風人格，表裏一致。陳融《讀嶺南人詩絕句》上册頁二十一，評其詩云：

巍巍師表領羣倫，不為門庭費苦辛。詩品清秋玉壺露，那容凡袂落纖塵。⑪

藝壇蕭寂念家山，難得風猷久遠看，萬里歸心長短賦，白沙談夢未嘗闌。⑫

離離芳草玉山隈，任爾風雲造刦灰。詩教千秋誰忘得，梅花明月舊崔臺。

第三首附注云：

粵秀山菊坡精舍，舊有崔臺額，為東塾所篆，摧毀以來四十年。

爰據藝文印書館百部叢書集成嶺南遺書《崔清獻公集》，錄其遺詩數首，並倚聲一闋，以見菊坡之詩風焉。

張進武善風鑑，謂予豕骨日聳，早晚入臺，求詩贈之。

熒熒碧眼照人寒，一別重逢歲又殘。老去但求閒處樂；君來尚作向時看。誰將伏豕夸顱骨；我有盟鷗託肺肝。坎止流行隨所遇，何須覓夢到邯鄲。

瘦揷秋山聳兩肩，荒寥不直半文錢。孤山放鶴林和靖；風雪騎驢孟浩然。萬事轉頭渾是夢；一身安分總由天。煩君東起前途事，我欲滄江買釣船。⑬

揚州官滿，辭后土題玉立亭

天上人間一樹花，五年於此駐高牙。不隨紅藥矜春色；為愛霜筠耐歲華。四塞風沈天籟寂；半庭月冷市廛賒。臨行更致平安祝，一炷清香十萬家。⑭

右詩三首，頗見菊坡淡忘祿利。不隨紅藥二句，尤見深情。

李大著赴豫章別駕，同舍餞別，用杜工部天上秋期近，人間月影清之句，分韻賦詩，得天字。

精神炯炯一癯仙，弭筆蓬萊最上顛。光大聲名如揭日；老臣議論可回天。星辰直上亨衢穩；風月平分去意堅。愧我衰顏歸未得，兩旬三作送行篇。

嘉定庚辰（十三年，一二二〇）正月二日，楊尚書率同年團拜於西湖，因爲遊湖之集，適湖水四合，乘興鑿冰泛舟，如所約也。杜侍郎賦詩，和之。

雪裏同騎白玉鼇，湖山人物一時高。銀潢下瀉波千頃；寶鑑旁開水半篙。我欲乘風驚老大；誰將翦水戲兒曹。梅花紙帳扁舟夢，但覺歸心長羽毛。⑮

嘉定甲申（十七年，一二二四），以禮部尚書，得請便道還家，作此詩。

九重天上別龍顏，萬里江南衣錦還。聖主有憐雙鬢白；老臣長抱寸心丹。短篷疎雨春聽浪；瘦馬輕寒曉度關。何處好尋幽隱地，長松流水白雲閒。⑯

右三首，則見菊坡久意思歸。集中又有詩餘二首，其一爲水調歌頭題劍閣云：

萬里雲間戍，立馬劍門關。亂山極目無際，直北是長安。人苦百年塗炭，鬼哭三邊鋒鏑，天道久應還。手寫留屯奏，炯炯寸心丹。對青燈，搔白髮，漏聲殘。老來勳業未就，妨却一身閒，梅嶺綠陰青子。蒲澗青泉白石，怪我舊盟寒。烽火平安夜，歸夢到家山。⑰

梅嶺，即粵北之大庾嶺，蒲澗清泉，乃白雲山羊城八景之一。是菊坡頗寄懷鄉之情，足與前詩相呼應。

送夔門丁帥赴召

憶昔捫三峽，班荊擁暮寒。宦情雙鬢底；世事兩眉端。壞證扶須力；危機發更難。胸中經濟學，為國好加餐。

議論方前席，功名早上坡。去帆瓜蔓水；遺愛竹枝歌。同志晨星少；孤愁暮雨多。倚風窮望眼，碧色渺平沙。

送范曹赴召

汲古千尋綆，通今八面窗。相逢俱氣許；未語已心降。分鎮中邊蜀；歸途內外江。禁城風雨夜，應念鹿門龐。

棋于觀局易，藥到處方難。休戚君眉睫；安危我肺肝。別來年事晚；病起面華寒。東望彊人意，天風送健翰。⑱

右送夔門丁帥詩，以菊坡出知成都之日，戎帥不和，惟菊坡建立軍政，撫愛士卒，遂使人心悅服。丁帥既志同道合，送行之際，自多感懷，亦致拳拳道別之意也。送范漕詩，則以南宋國是日非，言官紛紛主和，菊坡送行之際，緬懷時政，深有所感，故發而爲詩，乃有沈鬱高昂之概。

然菊坡詩不大爲人注意，一般選集詩評，鮮所道及，尤其言文學史者，幾無一語及之。並四庫亦未有收錄。實則菊坡詩雖不足與中原時彥抗衡，然就一方一時之選，尚不失爲南宋晚期之大家。其門人李昴英，亦能繼興風雅，則崔李二公，應爲南渡詩壇之代表人物，與北宋余靖，後先輝映者也。

叁　李昴英及其遺詩

李昴英，字俊明，番禺人，少雋穎絕人。寶慶丙戌（二年，一二二六）以春秋應試，鄒應龍欲置第一，時方諒陰或曰：「上始卽位，宜崇帝王之學。」遂擢王會龍書義第一，昴英第三。初調汀州推官，以功特遷大學士，又除大理司直主管經撫，尋召試館職、除校書郎，兼沂王府教授，遷著作郎兼屯田郎官，後丁父艱，既終喪，累召不起。杜範入相，首薦爲監司，以吏部郎官召丐祠，不允。其後除直寶謨閣，江西提刑兼知贛州，除大宗正卿、赴闕、兼國史編修，實錄院檢討，又除兼侍講，擢龍圖閣待制、吏部侍郎，封開國男。晚歲歸居文溪，卒年五十有七，謚號忠簡。昴英平居，溫然接物，至於臨大節，則雖鼎鑊在前，無所震懾。屢劾權奸，卽史嵩之、賈似道亦爲所糾彈。有《文溪存稿》二十卷行世。[19]

昴英於《宋史》無傳，其遺稿則收入《四庫全書》集部四、別集類三、商務印書館景印版在一一八一册。《四庫提要》云：

> 昴英蓋具幹濟之才，而又能介然自守者，其後劾史嵩之、趙與愚，直聲動天下，有自來也。是集為元至元間，其門人李春叟所輯。凡奏稿雜文一百二十二篇，詩詞一百二十五首，明成化中重刻，陳獻章為之序，其文質實簡勁，如其為人，詩間有粗俗之語，不離宋格，而骨力道健，亦非靡靡之音。蓋言者心聲，其剛直之氣，有自然不掩者矣。

論者許爲的評。陳融《讀嶺南人詩絕句》上册頁二十二，評之云：

> 海珠珠失陸成堤，忠簡祠堂瓦礫棲。不俟陸沈珠碎日，已無人識李文溪。
> 菊花坡下門留雪，滴水巖前圃種瓜。冠冕南中定風雅，後人曾次十三家。[20]
> 險語生新讀者驚，原來風露濯清泠。詩工到死無斯筆；嶺雅終沈是此聲。

第三首首句自注：「白沙謂文溪好爲生語，險怪百出，讀者驚絕」。

蓋昴英糾劾權奸，無所震懾，又況捐俸恤饑[21]，難進而易退，浩浩然不苟從於物，以視世之訶諛謟媚者，相去奚異天壤。故理宗許爲「南人無黨」。而發爲詩文，亦自見其忠直氣慨。爰據四庫本《文溪集》摘錄遺詩數篇，以觀詩風之大較焉。

送廣帥趙平齋汝暨解印趨朝

海瀕老同年，五載依宇下。春風舞簑笠，愛日曝田舍。喜無撞搪吏，追逐歘段馬。劇談許條褐，得趁公餘暇。達官來三逕，小隊隣翁詫。明公傑俊人，麟族稱大雅。典刑樣諸老，胸次郁醞藉。西派溯其源，境物入陶寫。才高事無難，隻手擘太華。乘軺始踰嶺，風采賢使者。堂堂開大閫，部屬肅鞬帕。臺端有老蜮，闖影含沙射。孤忠冕旒知，還許河內借。鈴齋安獨處，冷淡閑僧夏。例錢推不受，金貝視土苴。首祠酌泉翁，坐使饕俗化。葭萌細摩拊，生意被原野。循良渤海遂，平理潁川霸。威風戢偷竊，德意銷詭詐。能令颶母伏，默禱雨師灑。開倉散窮閻，儉歲低粒價。貢場宏敞招，芘士千間厦。歷觀古賢牧，美政公其亞。讒夫真枉了，有識共唾罵。君子竟何傷，徽譽愈膾炙。詔還九棘班，明發不俟駕。傾城送津亭，牽纜不忍捨。老夫前致詞，再拜送離斝。立朝要敢言，切勿效喑啞。此行衆所望，磐石鞏宗社。㉒

詩中對趙平齋之解職，發抒感慨，末數句對其立朝敢言，多所期許，蓋昻英本亦敢於建言，糾彈不畏權勢者也。

再用觀入試韻

涵育累朝士興起，薄海絃歌爭教子。籯金世守韋一經，俎豆少成孟三徙。盡從科舉梯進取，鶴髮望深門日倚。藝先德後已非古，心術乖違徒口耳。天門髣髴馮為馬，陰德却關橋度蟻。時來乳臭亦觀光，潦倒英雄頻坎止。棘闈投卷姑應之，桂籍題名先定矣。可憐數千困眊氉，僅二十人誇利市。近歲詞場尚剽拾，文體腐陳難古擬。倩人者倖耘人貪，氣習陋汚淪骨髓。主司頭腦易冬烘，目色不迷世能幾。所憂程文悞後學，豈但升沈繫悲喜。他人愛子亦如我，何敢庸心秦越視。願言通榜皆實才，如己得之無彼此。[23]

前一首爲「觀入試者」。蓋昴英藉觀人入試，極言當時試制之乖違古道，而文壇惟尚剽拾，體格腐陳，足以反證其詩文之崇尚簡勁，不與世俗同流者也。

建倉解歸詩復徐意一二首

恨未澄清盡，孤蹤已不安。繆悠臣罪大；感激上恩寬。鄉國三千里：人心百八盤。夢歸今始驗，為我謝言官。

其二

吏擎雙印出，便覺此身輕。物我忘恩怨；漁樵寄姓名。笛聲黃犢背，詩與白鷗盟。故舊休相訝，無書到帝城。[24]

史澄《番禺縣志》卷三十六列傳五，「本傳」，於昴英直祕閣福建提舉句下注云：

昴英嘗從與之遊，與之卒，請歸持心喪，不許。會臺臣彭方以風聞劾昴英，遂奉父歸里。還至江西臨江城南慧力寺，父病卒，淳祐辛丑（元年一二四一），奉柩至家。

既葬，築廬墓下，聚子弟講學，屢召不起。㉕是詩蓋作於奉父歸里途中。亦以見昴英敝屣功名，用之則行，舍之則藏，非戀棧權位者可比擬。

飲赴解試士友二首之二

少日諳場屋，斯文為細論。艱深成札闥；卑弱又西崑。與客為佳讖，當年是解元。賀詩多辦取，盛事屬于門。㉖

讀此詩，益證昴英卑弱西崑，與乃師菊坡，皆能近接余靖，遠步唐音，洗革鉛華，而復歸簡樸者也。

碧霄

未到白雲先碧霄，瘦藤支我上山腰。煙橫遠樹醉眸豁，竹引清泉塵慮澆。酒滴松根和露飲；茶烹石鼎抱茅燒。平生不被利名鎖，半掩柴扉聽晚樵。㉗

仇池石《羊城古鈔》卷二，頁第三，「白雲山」條云：

南越王山在廣州北十五里，自大庾逶迤而來，既至三城，從之者有三十餘峯，皆知

名。每當秋霽，有白雲蓊鬱而起，半壁皆素，故名曰白雲。……㉘

讀此詩，亦自覺其優游自得，逍遙物外之概。

《四庫提要》謂昴英詩詞一百二十五首。然檢四庫本《文溪集》，計詩題百三十、贊銘題八，詞題三十，共得百六十八題。而就實際篇數言，則五古十首，七古八首，五律三十三首，五言排律一首，七律六十九首，七絕三十八首，贊銘十二首，共百七十一首，另詩餘三十闋。玆篇所錄，固未足以窺其全貌。然亦足以見其洗却浮華，超然高逸之致，宜爲南渡中期粵東詩壇之代表人物。

肆　崔李二公之粵東遺跡及詞壇

崔、李二公在粵遺跡及祠壇，見諸地方志乘及其他典籍者，錄之如次：

關於崔菊坡者。

(一) 崔清獻公祠

仇池石《羊城古鈔》卷三，頁第九，謂：「在南海縣學內東南。宋寶祐中，奉丞相崔與之，春秋致祭。」

(二) 菊坡亭

黃佐《廣東通志》卷十六輿地志四、宮室、頁四二一，有：「菊坡亭，在蒲澗下，今改為佛殿。明張詡詩：菊湖之上菊坡亭，西望羅浮萬仞青。到處事功唐李泌；暮年風節漢嚴陵。」蓋以菊坡辭丞相事，比諸嚴光之樂隱釣臺焉。

㈢ **菊坡生祠**

黃佐前引書卷十九輿地志七，古蹟、頁四九七，有菊坡生祠，謂：

在蒲澗，宋端平二年（一二三五）二月，廣州人士建以祀崔與之。游丞相記在覺真寺，不存。淳祐元年（一二四一）七月，劉克莊立碑。劉克莊水調歌頭「遊蒲澗和崔菊坡韻」有序：余頃為儀真郡督郵事，惟楊崔公銳欲羅致，先受制置使李公之辟。崔公始聘洪公舜俞入幕。後二十五年，奉使嶺外，拜公祠像，俯仰今昔，輒和公所作水調，以寓悲慨。詞曰：勑使竟空返，公不出梅關。當年玉座記憶，側席問平安。羽扇尉佗城上，野服仙遊閣下，遼鶴幾時還。賴有蜀耆舊，健筆與書丹。青油士、珠履客，各彫殘。四方蹙蹙靡聘，獨此尚寬閑。丞相祠堂何處，太傅石碑墮淚，木老瀑泉寒。往者不可作，置酒且登山。

㈣ **六君子堂**

郭棐《廣東通志》卷十八古蹟、頁第二十七，東莞縣，有六君子堂：

在儒學寶書閣後，祠周子、二程、横渠、晦菴。南軒以張文獻公、余襄公、崔清獻公配之。後堂廢。六君子已升從祀，遂不復建。仍像張、余、崔公於寶書閣下，歲以丁舉祀，以邑名賢。梁文通判、梁該、錢益配。

㈤　**二獻祠**

金光祖《廣東通志》卷八、廣州府、祠祀，有：「二獻祠，在朝天街，祀唐張文獻九齡，宋崔清獻與之」。宋寶祐中，安撫使方大琮建。今廢。

㈧　**澄清樓題扁**

廣州市地方志研究所一九八六年九月重刊元陳大震《南海志》殘本卷十，郡圃、頁第七十一云：「澄清樓，舊名熙春臺，淳熙四年（一一七七）提舉葛公世顯、名達天觀。紹熙㉙四年（一一九三）虞提舉衡改建今名。菊坡崔公題扁。」

㈨　**菊坡精舍**

前引陳融「讀菊坡詩」第三首附註，知粵秀山有菊坡精舍。祝秀俠撰《粵海舊聞錄》上册、頁第一八六，謂精舍爲同治六年（一八六七），廣東巡撫蔣香泉，與布政司方子箴所設。在粵秀山麓，原爲道觀應元宮舊址。延番禺陳澧掌教。澧請如阮元學海堂法，課經史文學。又於舊日吟風閣上設書藏，以供士子修習。張之洞有詠菊坡精舍詩云：

誰與端經術，通德在番禺。洸洸陳先生，深入五經郛。盡刻漢宋畛，兼握文筆珠。
日日曳杖來，菊坡開經廬。

迄光緒末，書院停廢。大吏以遺址併入應元書院，改爲存古學堂。又就近設東塾先生祠。鼎革後，存古學堂亦停辦。民國十年，復在其地改設執信學校，其後執信又遷址於東沙路，而菊坡精舍遺址，遂蕩然無存云[30]。

(八) 崔與之墓

前引金《通志》卷二十四、陵墓，頁第十三，有：「宋右丞相崔與之墓，在(增城)縣西歸仁鄉雲母都華之麓。」

關於李昴英者：

(一) 忠簡祠

前引金《通志》卷八，廣州府、祠祀，有：

忠簡祠，舊在西察院右。明萬曆辛丑(二十九年，一六〇一)徙建於備倭府故址。祀宋龍圖閣學士吏部侍郎李昴英。又一在海珠舊讀書處。今皆廢。一在沙灣世家鄉，徙復缺焉。

同書卷廿七藝文下，頁第二十三，有明陳獻章文溪祠詩：

清獻堂堂四百春，夢中眉宇識天人。報君西蜀青油幕；老我東籬白葛巾。萬里歸心長短賦；九天辭表十三陳。南風欲理增江棹，也惜青山卜墓鄰。

惟白沙詩實以謁文溪祠而感懷於菊坡者。又載錢溥文溪祠詩云：

祠宇閑珠石，懷風愜夙遊。禪林依萬仞；文藻重千秋。凡靜潮聲潤；天清蜃氣收。遺碑鐫德譽，江海此長流。

㈡ **忠節祠**

仇池石前引書卷三、祠壇、頁第九，有：「忠節祠，在備倭府故址。明萬曆二十九年（一六〇一）建，祀宋臣李昴英，春秋致祭」。

㈢ **李忠簡公祠**

同右又有李忠簡公祠，「在都司後街，明萬歷中，提學副使袁茂英建」。

㈣ **李昴英墓**

前引金《通志》卷廿四陵墓頁第十三，增城縣，有：「龍圖閣待制，吏部侍郎李昴英墓，在綏富都豊湖山。」

㈤ **李昴英夫人墓**

同書同卷頁第四，有：「李忠簡夫人墓，在番禺河南沙頭獨孤社旁。」

蓋二公不特以詩文爲南宋中期粵東藝壇之佼佼者，抑其松筠柏節，亦足以砥礪廉隅，儀型後學，宜乎後人之修祠建祀，永爲景仰。

伍　結　語

宋季粵詩，自余襄公響應歐陽修，主張變體復古，洗革西崑鉛華，至崔與之李昴英師徒，並能繼軌先賢，不以詞藻爲尚。蓋嶺南自昔以特殊之區域與自然環境，影響及於詩學，每能自成宗派，而富革新精神。故自唐代以來，粵東詩人，多有創意。如張九齡卽首開清淡之派，至宋季余靖，則擺脫西崑，不隨流俗，而崔李二公亦繼軌前哲，棄華尙實。下逮有明，又有南園前後五先生，上溯三唐，鄙棄李何模擬之習。至清則屈翁山、黎二樵、宋芷灣輩，亦致力創新。而黃遵憲、康有爲、梁啓超、丘逢甲諸公，尤能力倡詩界之革命。洎乎黃節，更能自成風格，獨闢蹊徑，名跨海內，蔚然爲詩界宗工。抑粵省歷代詩人，咸能以其剛直之氣，發爲清勁之風，故粵詩類多瑰偉雄奇。玆就崔李二先生言，固亦見粵人剛直不阿，寧折不曲之氣，不特代表一時，亦能影響後代。如李昴英卽有門人李春叟者，詩風亦慷慨悲壯，宋亡後隱居不出，而嶺海名士，則多出其門。是知崔李二公，於南宋詩壇，爲能承先啓後，使粵人不屈之節，粵詩高亢之風，永垂不墮者矣。

附錄　崔與之李昴英別集目錄

據黃蔭普編、香港崇文書店一九七二年九月印行之《廣東文獻書目知見錄》、及四川大學古籍整理研究所編，成都巴蜀書社一九九〇年六月出版之《現存宋人別集版本目錄》，著錄崔、李二公之別集版本各如次：

計開：

崔與之

崔清獻公集十卷

景鈔明刻本、二册，見徐紹棨《南州書樓存港書目》（鈔本）

宋丞相崔獻公全錄十卷

明刻本、日本尊經閣文庫藏。《現存宋人別集版本目錄》附案語云：「《千頃堂書目》卷二九、著錄《清獻公集》十卷。傅增湘《藏園羣書經眼錄》卷十四、著錄《宋丞相崔清獻公全集》十卷。注云：卷一至三言行錄，卷四至七奏劄，卷八遺文遺詩，卷九宸翰贈挽，卷十贈挽。」

宋丞相崔清獻公言行錄內集二卷外集三卷

日本昭和四十五年（一九七〇）用東京《靜嘉堂文庫》藏明嘉靖十五年（一五三六）刊本影照、藏日本京都大學。

崔清獻公集五卷言行錄三卷附錄一卷

清道光三十年（一八五〇）伍崇曜粵雅堂刻本、傅增湘校、三册。見《北京圖書館善本書目》。

崔清獻公集五卷

見《嶺南遺書》第三集，清道光三十年伍氏粵雅堂文字歡娛室刊本。臺灣藝文印書館《百部叢書集成》有景印本。《現存宋人別集版本目錄》又載有《叢書集成初編》本，附案語，謂據《嶺南叢書》本排印云。

菊坡集一卷

兩宋名賢小集，爲舊鈔本、四庫館臣簽校，見民國五十六年中央圖書館善本書目增訂本。

菊坡集三卷

宋人小集，清范氏也趣軒鈔本，見民國五十六年中央圖書館善本書目增訂本。

宋丞相崔清獻公全錄十卷

一九八〇年上海古籍書店據明嘉靖三十二年鈔本景印。

李昴英

李忠簡公文溪存稿二十卷

明嘉靖十年（一五三一）李翺刻本，存卷一至卷五，藏於北京。明嘉靖十年李翺刻，崇禎三年李振鷺重修本，傅增湘校，藏於北京。

文溪存稿二十卷

嘉靖二十二年（一五四三）刊本，見傅增湘《雙鑑樓善本書目雙鑑樓藏書續記》（一九六九年刊本）

李忠簡公文溪存稿四卷

明鈔本、清蔣石林跋、沈埏跋，藏上海。

李忠簡公文溪集二十卷

清鈔本、二册，見北京圖書館善本書目。

文溪存稿二卷

清鈔本、藏於南京。

李忠簡公文溪存稿五卷

嘉靖二十二年（一五四三）莆陽鄭洛重刊本。見丁丙《善本書室藏書志》（喬衍琯善本書室藏書簡目、一九六八年刊本）

李忠簡公文溪集二十卷卷末一卷

清康熙七年（一六六八）十四世孫際明重刊本，藏北大，復旦。

李忠簡公文溪集二十卷卷首一卷卷末一卷

明李春叟輯、清李際明重編，乾隆十八年（一七五三）刊本、杭世駿校，三册。見日本昭和三十一年（一九五六）內閣文庫漢籍分類目錄、及民國五十七年臺灣刊本日本靜嘉堂文庫漢籍分類目錄。

李忠簡公文溪集二十卷卷首一卷卷末一卷

清乾隆三十八（一七七三）李履中補修乾隆十八年（一七五三）李琯郎重刻本。現存北京。

文溪集二十卷附錄一卷

見四庫全書、集爲門人李春叟輯、　四庫館臣據明成化刊本抄。臺灣商務印書館有景印本。

文谿集一卷

兩宋名賢小集、舊鈔本、四庫館臣簽校、見民國六十六年中央圖書館善本書目增訂本。

文谿集一卷

兩宋名賢小集、舊鈔本、見鄧邦《述過錄》清鮑廷博、勞權二家校語及跋並手書題記。民國五十六年中央圖書館善本書目增訂本。

文溪集二十卷首一卷

粤十三家集、清道光二十年（一八四〇）南海伍氏詩雪軒刊本。

文溪集二十卷首一卷

清光緒二十三年（一八九七）二十二世孫翹芬久遠堂廣州重刊本、四册、廣州中山圖書館，日本京都大學、日本東方文化研究所均藏，日本東方文化研究所藏書，見日本昭和十八年（一九三三）該所漢籍分類目錄。

文溪集二十卷

番禺李氏刊本、三册，見廣東省立圖書館圖書目錄。

李忠簡文溪詩五卷

清范氏也趣軒鈔本，宋人小集。見民國五十六年中央圖書館善本書目增訂本。

文溪詞一卷

見《宋名家詞》、有汲古閣本、汪氏本、影汲古閣本。

附註

❶ 此據澳門萬有書局景印康熙間屈氏原刻本，卷首有康熙庚辰（三十九年、一七〇〇）吳江潘耒撰序。楊孚，有作字孝先者，惟據郭棐《粵大記》卷二十三獻徵類、文學經綸，黃佐《通志》卷五十四列傳十一、人物一，郭棐《通志》卷二十三郡縣志、廣州府人物一，金光祖《通志》卷十六、人物上，及郝玉麟《通志》卷四十四、人物，阮元《通志》卷二六八人物本傳俱作字孝元，足見作孝先者非是。

❷ 劉珊，字正簡，南海人，其詩已佚。清黃子高《粵詩蒐逸》據《藝文類聚》錄得九首。《粵詩蒐逸》在藝文印書館百部叢書《嶺南遺書》內，書中附傳及萬曆三十年（一六〇二）郭棐本《廣東通志》卷二十三人物上第頁，十三本傳，清康熙三十六年（一六九七）金光祖本《廣東通志》卷十六人物上頁第七本傳，雍正九年（一七三一）郝玉麟本《廣東通志》卷四十四文苑本傳，俱作南海人。獨香港大東圖書公司一九七七年九月景印嘉靖二十六年（一五五七）黃佐本《廣東通志》作番禺人。惟明嘉靖十四年（一五三五）戴璟本《廣東通志》未見有劉珊傳。

❸ 見曾毅撰《中國文學史》第四篇第二章頁第四，上海泰東書局民國十九年七月訂正初版。臺北文史哲出版社有翻印本。

❹ 邵謁，翁源人，見戴璟《通志》卷十四人物文苑傳。陳融《讀嶺南人詩絕句》附傳謂其本清遠人，後徙曲江，最後徙翁源。

陳陶，字嵩伯，《全唐詩》以爲嶺南人。惟前引諸《廣東通志》及萬曆刻本郭棐《粵大記》俱無傳。《粵大記》原於北京及日本均有存藏，但各有缺卷缺葉。北京書目文獻出版社，已於一九九〇年二月，據日本內閣文庫藏本景副刊行，爲《日本藏中國罕見地方志叢刊》之一種。惟未有據北京藏本輯補。林天蔚先生前已分在兩地各爲影副，筆者亦複印得之。故所寓目，視北京所刊行者爲較完整。

⑤ 此據明胡孝轅《唐音癸籤》卷九評彙五，頁第八十五。上海古籍出版社一九八一年五月初版。是書清初刻本（有以爲明刻本者，惟周本惇先生以爲非是。見上海古籍出版社排印本《唐音癸籤》前言。）業師陳季三先生三十餘年前，曾以十八元葡幣在澳門冷攤購得，至爲珍貴，余固嘗摩挲賞玩之。

⑥ 余靖，字安道，曲江人。古成之，字亞夷，河源人。趙必瑑，字玉淵，號秋曉，東莞人。李春叟，字子先，東莞人。《廣東通志》俱有傳。

⑦ 見本編附錄所據《粵東文獻書目知見錄》。《現存宋人別集版本目錄》。

⑧ 見曾毅前引書第四篇頁第七十二。

⑨ 見點校本《宋史》第三十五册卷四百六，列傳第一百六十五，頁第一二二五七本傳。北京中華書局出版。惟本傳作廣州人，玆據前引郭棐《粵大記》卷十六，頁二七七獻徵類相垣勳業本傳，前引戴《通志》卷十三人物名臣傳，黃《通志》卷四十八名宦五頁一二五九及卷五十八人物五，頁一五一九，郭《通志》卷二十三郡縣志頁四十六廣州府人物，金《通志》卷十六人物上頁第二十八，郝《通志》卷四十四人物文苑，阮《通志》卷二百六十九，頁四六六九，俱作增城人，（《黃志》作廣州增城人）。

⑩ 黃佐，字才伯，號泰泉，香山人。見前引郝《通志》卷四十五人物傳。景印四庫本在五六四册頁五六四——六二。

⑪ 《嶺南遺書》《崔清獻公集》卷五，頁第九，崔公詩有「玉立蓬山巔，聲望高一世，清秋玉壺霞，耿耿無纖翳」句，故云。

⑫ 崔公有水調歌頭題劍閣一闋，陳融又謂陳白沙嘗夢與菊坡對話，擧此詞云。

⑬ 見崔公集卷五、頁第七。

⑭ 同右註⑬、頁第八。

⑮ 同右註⑬、頁第十一。

⑯ 同右註⑬、頁第十四。

⑰ 同右註⑯。

⑱ 以上四首，同見卷五、頁第十二。

⑲ 見前引戴《通志》卷十二宦蹟，黃《通志》卷五十八列傳五、頁第一五二八，郭《通志》卷三十三郡縣志廣州府人物傳、金《通志》卷十六人物上頁三十三、郝《通志》卷四十四文苑、阮《通志》卷二百七十、列傳三、頁第四六九七。及郭棐《粵大記》獻徵類卷十七、部院風猷頁第三〇〇，又仇池石《羊城古鈔》有纂輯書目，中有李昴英《南海志》，惟未見其書。

⑳ 清伍元薇輯《粵十三家集》，道光二十五年（一八四五）詩雪軒刋本。計有宋李昴英《文溪集》、趙必瑑《秋曉先生覆瓿集》。明區仕衡《九峯先生集》、李時行《李駕部前後集》《青霞漫稿》及《附錄》，黎民表《瑤石山人詩稿》、區大相《區太史詩集》、陳子壯《陳子忠公遺集》、黎遂球《蓮鬚閣集》、陳子升《中洲草堂遺集》、方殿元《九谷集》、清梁佩蘭《六瑩堂集》、王隼《大樗堂初集》及易宏《雲華閣詩略、坡亭詞鈔》等。

㉑ 見史澄《番禺縣志》卷三十六、列傳五、頁第四八一本傳。民國五十六年十二月，臺灣成文出版社景版。

㉒ 見商務印書館景印《文淵閣四庫全書》第一一八一册，《文溪集》卷十三、頁第一一八一—一九二。

㉓ 同右註㉒、頁第一一八一—一九五。

㉔ 同右註㉒、卷十四、頁一一八一—一一九八。

㉕ 同註㉑。

㉖ 同註㉔、頁第一一八一—一二〇一。

㉗ 同註㉒、卷十五、頁第一一八一—一二〇四。

㉘ 此據一九八一年香港景印嘉慶十一年（一八〇六）大賚堂藏版。

㉙ 按原文作紹興四年。但考淳熙四年爲西元一一七七，而紹興四年爲一一三四，則豈有以紹興而改建淳熙間建築之理。故疑紹興四年，應係紹熙四年之誤，紹熙四年爲一一九三，上距淳熙四年，計十六年，尙亦近理。

㉚ 祝秀俠《粵海舊聞錄》上下册，臺北中外圖書出版社，民國六十七年三月初版。

㉛ 李春叟、見阮《通志》卷二百七十、列傳三、頁第四六八六，臺灣書店民國四十八年十二月印行。

試論明代茶陵派之形成

連文萍

前言

不論考察明代的歷史、政治或文學，李東陽都是極具重要性的人物；由他所帶領的茶陵派，更是滙聚朝廷菁英，領袖一時，尤其他們曾活躍於京師館閣，主盟當時的文壇，在後世的文學史上，更擁有一席之地。然而，一個宗派的形成和實際活動，與其名稱的確立，可能不是同步，最明顯的莫如南宋的江西詩派，其命名非成立於黃庭堅、陳師道當日，而是標榜於呂本中；清代桐城派之名派，亦非出自方苞、姚鼐，而是始於程晉芳、周永年❶。明代的茶陵派亦是出於後人的歸納和認定，本文擬探討茶陵派的形成因素、活動情況、得名始末及成員等，並藉以一窺明代中期的文人活動及文壇略貌。

李東陽與茶陵的關係

茶陵是湖南的地名，以地處茶山之陰而得名，又稱茶鄉，有以爲凡地名有「陵」字者，皆爲古帝王之墓，據《史記・三皇本紀》記載：「（炎帝）立一百二十年崩，葬長沙。」羅泌《路史》亦稱：「神農氏葢宇爲沙，是爲長沙，崩葬長沙茶鄉之尾，是曰茶陵。」是知茶陵是具有悠久歷史的地方。清同治九年梁葆頤等重修《茶陵州志》稱，茶陵在漢武帝元封五年置縣，以後歷代皆有圖治，到明太祖吳元年改爲茶陵州，洪武五年復爲縣，而至憲宗成化十八年以迄有清一代，皆爲茶陵州，隸屬長沙府❷。

茶陵是李東陽（一四四七——一五一六）的祖籍，其先祖李餘於宋代時到茶陵任官，即定居茶陵中洲。明太祖洪武初年，李東陽的曾祖李文祥在茶陵加入義兵，並隨軍隊遷移到北京，以兵籍落戶；到祖父李允興時，遷居到北京海子的西涯（李東陽後即以此自號），他在禁衞軍中當軍官，臨沒時告誡子孫：「汝輩愼毋忘茶陵」；到李東陽的父親李淳，因參加科舉考試失利，在北京教私塾爲生，並嚴於課子，其後方才因爲李東陽貴顯，於成化八年（一四七二年）偕同返鄉祭祖，此時距曾祖李文祥的徙居北京已有百年❸。

這一次的返鄉祭祖，李東陽時年二十六，官翰林編修，他們由北京一路南行，在茶陵住了十八天❹。此後，李東陽終其一生未再回到茶陵，但心繫故鄉，嘗自言「東陽楚人而燕產」❺，對同鄉子弟之優秀者，如何孟春（一四七四——一五三六），亦特別關照，並形諸言語❻；其文集中〈重建嶽麓書院記〉、〈重建茶陵州學記〉諸文❼，皆可見其對故鄉事務的關切；其自訂詩文集，命名爲「懷麓堂稿」，也是懷念長沙嶽麓山的意思。正德四年（一五〇九年），其族子更描摹茶陵山水，繪圖以呈，慰其思鄉之懷❽。

鄉里對李東陽的成就亦引以爲傲，據《茶陵州志》記載，鄉人凡爲學士者，如劉三吾、李東陽、張治、彭維新，有合祭之祠，惟獨李東陽另有專祠的供奉[9]，其爲人敬重如此，因而李東陽雖未眞正成長於茶陵，但與鄉里之關係仍屬密切，逝世後卽歸葬茶陵，故時人稱他爲「李茶陵」或「李長沙」，後人對其所帶領之文人集團，卽謂之「茶陵派」。

茶陵派形成的因素

茶陵派的形成，與明代的科舉制度、館閣敎習、社會風氣有關，尤其與政治勢力的結合關係密切，再者，李東陽何以獨能成爲一派的領袖，是什麼機緣造成的？均值得探討，以下就數端來作審視：

一、翰林學士與庶吉士

明太祖在洪武三年（一三七〇年）下詔特設科舉，有計畫的從民間擢拔人才，使中外文臣皆由科舉而進用[10]，於是經由科舉考試而躋身朝臣，便成爲有明一代士子的進身之階和人生目標。洪武十八年（一三八五年），爲訓練新進士之從政能力，使熟悉朝廷典章制度，有選進士爲庶吉士，令在翰林、承敕監實習的制度[11]；這種進士的「再敎育」，到永樂年間，特別著重於翰林院，明成祖在永樂三年正月卽詔令選新進士中之材質英敏者爲庶吉士，入文淵閣讀中祕書，以備國家之用[12]；至明英宗天順二年起，非進士不得入翰林，非翰林不得入內閣，南、北禮部尙書、侍郎及吏部右侍郎，非翰林不任。庶吉士在翰林學成，優秀者可出任翰林院編修、檢討，前途似錦，因之庶吉士始進之時，已被視爲「儲相」[13]。

庶吉士在翰林院讀書，由大學士負責敎習，他們講授的內容不再是舉子業，而以博覽羣籍，學爲古文詞爲主，談文論藝，力追古人，如李東陽曾稱讚由庶吉士出任翰林編修的華巒（一四六七——一四九〇）：「遂脫舉子業，得古人蹊徑，詞簡意達，粲然成章。」⑭羅玘（一四四七——一五一九）則是「自少肆力羣經，無所不學，迨遊館閣，益擴其所蘊藏。」⑮，而無論大學士或庶吉士，彼此更以博覽羣籍、下筆老成互相標榜，如王鏊（一四五〇——一五二四）爲翰林修撰吳寬（一四二五——一四八七）撰神道碑即云其早年：「方務舉業，公獨博覽羣籍，爲古文詞，下筆已有老成風格」⑯。李東陽在〈信難〉一文中亦稱讚門生邵寶（一四六〇——一五二七）「其集出入經史，蒐羅傳記」⑰。蓋正統以來，在翰林院讀書者，大都從事詞章，並按月考試，以詩文各一篇比較高下，成績並將影響日後的任官，所以，黃佐（一四九〇——一五六六）《翰林記》即云：「舍大綱而先末藝，以詩文記誦爲學而道德政學則忽棄焉」⑱。認爲與教養庶吉士的原意有違背，由此可見當日翰林庶吉士的敎習，實以文學爲務，翰林院提供了地利之便，大學士與庶吉士師生之間的主要活動就是講文論藝、聯吟唱和，在文學上可謂作了結合。

據楊守阯（一四三六——一五一二）的〈簡命育英唱和詩序〉記載：

> 弘治七年春正月，詹事府少詹事兼翰林侍講學士程公克勤被命敎庶吉士，先是太常寺少卿兼翰林侍講學士李公賓之獨任敎事，至是二公同任焉。⑲

知李東陽曾獨自負責敎習庶吉士，到弘治七年（一四九四）方有程敏政（一四四五——一四九九）與之同任，其與庶吉士之關係可謂極爲密切。此外，在李紹文《皇明世說新語》卷七〈排調〉篇也記載一則李東陽與庶吉士相處實況：

李西涯善謔，庶吉士進見，公曰：「諸公試屬一對」，云：「庭前花始放」，衆哂其易，李曰：「不如對閣下李先生」。⑳

這一則記載可以想見李東陽教習庶吉士的片段，他的「善謔」，一方面是個性使然，另方面無非處身官場之道。

明代的翰林是淸職，除了教習庶吉士，還爲皇帝講學、撰作國史等朝廷大著作，甚至兼爲太子的導師，可謂朝廷中的最高學術機關，後更由於與皇帝的密切關係，演爲「內閣」，大學士雖無宰相之名，而行宰相之權㉑，因此，弘治十八年（一五〇五年），明孝宗臨終之前，卽召戶部尚書謹身殿大學士李東陽、禮部尚書武英殿大學士謝遷（一四四九——一五三一）、吏部尚書華蓋殿大學士劉健（一四三三——一五二六）三人，以太子相託，遺命他們輔政。除了在政治上握有實權，翰林學士更具有操持文柄的力量，如林文俊（一四八七——一五三六）〈送侍講學士席先生試事竣還京序〉卽云：

翰林春坊之臣，優游禁苑，若無所事事者，而上亦未嘗以職事繩之也；……而其所職者，經筵也，史局也，外此則柄文而已。㉒

李東陽亦曾云：「今論者無問可不可，文必歸之翰林」㉓。他們與「人中之選」庶吉士講文弄藝，彼此攀附唱和，天下景從，而由於他們身在館閣的身分和使命，所主倡的詩文有一定的模式和標準，大抵崇尚典則雅正，能爲世用，足爲天下表率者，如黃佐〈瓊臺會稿序〉云：

我聖祖高皇帝崇重儒道，尤慎選翰苑之臣，論文則以明道德、通世務為賢，以華藻怪險為戒，百餘年來，式克欽承。㉔

李東陽爲其師黎淳（一四二三——一四九二）的文集作序，亦云：「館閣之文，舖典章，裨道化，其體蓋典則正大，明而不晦，達而不滯，而惟適於用」㉕。當時卽已號爲「臺閣體」㉖。

李東陽出任大學士，「一時文人才士罔不宗習誦法」，王九思（一四六八——一五五一）且云：「成化以來誰擅場，豪傑爭趨懷麓堂」㉗，甚至以爲係楊士奇之後起衰救弊的第一人，如張愼言（一五七八——一六四六）有〈何文毅公全集序〉卽云：

當代名相之業，莫著於楚石首楊文定（士奇），值締建之初，補天浴日，策勳亡兩，於時文章尚宋盧陵氏，號「臺閣體」，舉世嚮風。其後權散而不收，學士大夫各挾其所長，奔命辭苑，至長沙李文正出，倡明其學，權復歸於臺閣。㉘

是知李東陽以翰林學士居內閣，不但掌握政治實權，且因教習庶吉士之便，得以滙聚天下菁英，談文論藝，操一時之文柄，對於茶陵派之形成與聲勢具有重要影響。

二、座主與門生

不論進士是否獲選庶吉士，凡中科舉者，對於該榜主考官俱以師長視之，尊之爲「座主」，自稱爲「門生」，彼此往來唱和、利益攸關，這是不同於庶吉士與翰林學士的另一種政治勢力的結合。葉廷秀（？——一六四六）在所著《詩譚》卷二曾譏嘲這種師生關係：

> 古有受爵公朝，拜恩私堂者，君子恥言，若闈中較士，暗中摸索，總欲為國家得人，乃一撤闈而儼然私門桃李矣，恐古來君親師三字非是之謂也。㉙

可以想見這種「私門桃李」的嚴重。李東陽曾多次擔任鄉試、會試主考官及廷試讀卷官等㉚，門生滿天下，加上館閣清職，退朝無事，座主、門生聯吟唱和不絕。何良俊《四友齋叢說》即記載：

> 李西涯當國時，其門生滿朝，西涯又喜延納獎拔，故門生或朝罷，或散衙後，即羣集其家，講藝談文，通日徹夜，率歲中以為常。㉛

焦竑（一五四一——一六二〇）的《玉堂叢語》「恬適」條亦言：

其座上常滿，殆無虛日，談文講藝，絕口不及勢利。㉜

如此密集聚會，實已樹立了鮮明的旗幟，成爲朝廷上的強大勢力，而所以「絕口不及勢利」，大抵與明代朝廷對閣臣的控制有關，閣臣聚會避免政治話題，然他們卽使「談文論藝」，在當時仍招致同官的不滿，如同樣位居內閣要津的大學士劉健，卽反脣相譏，謝榛（一四九五——一五七五）《四溟詩話》記載：

李西涯閣老善詩，門下多詞客，劉梅軒閣老忌之，聞人學詩，則叱之曰：「就作到李杜，只是酒徒！」㉝

這面鮮明的旗幟對於茶陵派的形成具有實質意義，李東陽的門生靳貴（一四六四——一五二〇），在正德十三年（一五一八）十二月，爲李東陽的文集作序，卽云：

（李東陽）操文柄四十餘年，出其門者，號有家法。雖在疏遠，亦竊效其詞規字體，以競風韻之末而鳴一時。嗚呼！豈偶然哉？㉞

錢謙益（一五八二——一六六四）《列朝詩集小傳》〈李東陽小傳〉下亦云：「學士大夫出其門牆者，文章學迹，粲然有所成就，必曰：『此西涯先生之門人也。』」也是著眼於當時在李東陽帶領下的文人集團及彼等所特具的派別色彩。

三、同年友執之唱和

除了座主與門生的關係，凡是同榜中舉者，彼此互稱「同年」，他們往往互相援引、聲氣相通，當然利益衝突時，彼此搆陷亦大有人在。李東陽是天順八年（一四六四）進士，同榜者有二百五十人，他爲二甲第一名，並入選庶吉士，由於他少以神童知名，並蒙明景帝親自召見，年少意氣風發，竟比一甲三人更爲風光㉟，同年陸釴（一四四〇——一四八九）在〈瓊林醉歸圖〉詩中卽云：「行過玉河三百騎，少年爭說李東陽」㊱。當時獲選庶吉士者，李東陽之外，另有十七人，李東陽曾在〈送張兵部還南京詩序〉中追憶：

惟我同年舉進士者二百五十人，同入翰林為庶吉士者十八人。所謂二百五十人者，升沉崇骨，莫可得而齊也。方今仕兩京為列卿，不過十三人；而吾十八人省不過四人而止，可謂難矣。然今之所謂列卿，不過數十人。數十人者，而吾得其四焉，又多而至於十有三焉，亦可不謂之盛耶！㊲

提到的「四人」，分別是南兵部尚書張敷華（一四三九——一五〇八）、南戶部尚書劉大夏（一四三六——一五一六）、南禮部尚書傅瀚（一四三五——一五〇二）和南吏部尚書倪岳（一四四四——一五〇一），時爲弘治十年（一四九七），李東陽擔任禮部左侍郎兼翰林院侍講學士，入內閣參預機務，年五十一，距離登第已三十三年，官位爲同儕中之最高者，與諸同年仍有往來。此外，在倪岳的《青谿漫稿》卷十六〈翰林同年會圖記〉中提到，他們有同年會的組織，定期在各同年家中歡聚，詩酒流連，聯吟唱和，在文章中的同年會成員共有十二人，分別爲倪岳、李東陽、羅璟、謝鐸、陳音、傅瀚、吳衍、張泰、焦芳、劉淳、彭教、陸釴。經由這樣的密切往來，不但各人的詩文集中充斥彼此聯吟唱和的作品[38]，更有單獨成集，刊刻流行者，如李東陽與謝鐸的唱和作品，即由陳音（一四三六—一四九四）刊刻爲《同聲集》、《同聲後集》及《同聲續集》。

李東陽與同年的往來，除了數見於各人詩文集中的作品，在其《麓堂詩話》中尤多見彼此論詩評詩的記載，如與張泰、謝鐸之論詩：

> 予嘗作〈漸臺水〉詩，末句曰：「君不還，妾當死。臺高高，水瀰瀰。」張亨父欲易為「君當還」，乃見楚王出游不忍絕望之意。予則以為此意則前已有之，末用兩「不」字，愈見高高瀰瀰無可奈何有餘不盡之意。問質之方石，玩味久之，曰：「二字各有意。」竟亦不能決也。

此外，如陸釴、陳音等均多見《麓堂詩話》的徵引，是知這一羣李東陽的「同年」友執，對其詩論的形成有重要的影響，而對於茶陵派，他們實居於輔翼的地位，足以烘托其聲勢。李東陽本人在中舉後平步青雲，不論才具、地位均爲同儕中之特出者，尤其《麓堂詩話》與諸同年之論詩語，動見記載「同年」對他的推服，如云：

> 方石（謝鐸）嘗謂人曰：「西涯最有功於聯句。」

> 潘南屏時用（?—一五一九）深於詩，亦慎許可。嘗與方石各評予古樂府，如〈明妃曲〉，謂「古人已說盡，更出新意」！予豈敢與古人角哉？但欲求其新者，見意義之無窮耳。

姑不論同官之互相吹捧，以此觀之，李東陽對自己在詩學上的造詣，確是十足的自豪，甚至有以爲高於同儕之意，這對於他所以領袖羣倫，甚至領導茶陵派，是重要的說明。

四、師門兄弟與受業弟子

科舉使得平民可以中式揚名，成爲人生的最高期望，加上商業經濟的發達及物質條件的支持，更加帶動了社會的讀書風氣。當時的父母極重視子女的教育，如果子女極爲穎慧，常可博得「神童」的稱號，而得到有司的舉薦。明代由神童而位居朝廷要津者，明初有宋濂（一三一〇—一三八一）、解縉（一三六九—一四一五）等人；與李東陽同時者，有程敏政，其資稟靈異，能一目數行，在英宗時，以奇童受薦舉，得以同庶吉士一樣，入翰林讀中祕書[39]。李東陽則以神童的稱號獲皇帝召見，《明史・李東陽傳》即記載：景泰元年（一四五〇年），李東陽四歲，以能寫徑尺的大字，獲得景帝召試；景泰五年（一四五四年），八歲，復蒙召見，試講《尚書》大義[40]。由於成名早，李東陽中進士時即倍受矚目，仕途也一帆風順。而程、李二人後來亦結爲好友，《明詩綜》即記載，二人唱和詩作達數千首之多[41]。

在重視教育的社會風氣下，部分父母有使子女引見名師名宦，受業於門下，尋求未來的進身之階者，如天順元年（一四五七）狀元及第的黎淳（一〇一五—一〇九三），既習舉子業又有豐富的古文辭修養，他的門下就有李東陽、劉大夏、楊一清等知名的學生，三人更能青出於藍，在政治、文學上俱有傲人的成績。而他們因爲出於同師門，彼此在政治上能互相汲引，私下則談文論藝不輟，如《麓堂詩話》記載與楊一清的論詩語：

> 予嘗有〈岳陽樓〉詩云：「吳楚乾坤天下句，江湖廊廟古人情。」鏡川楊文懿公亟稱之，有同官者不以爲然，駁之曰：「吳楚乾坤之句，本妙在坼字浮字上，今去此二字，則不見其妙矣。」楊曰：「然則必云『吳楚東南坼，乾坤日夜浮』天下句而後爲足耶？」後以語予，爲之一笑。

在仕途上，劉大夏往軍事方面發展，李東陽和楊一清係文臣，二人後來也都有知名的受業弟子，如張潛（一四七二—一五二六）、楊慎（一四八八—一五六〇）從小拜在李東陽門下；喬宇（一四六四—一五三一）受業於楊一清[42]。這種師生關係，促成了師門觀念的鞏固，間接也爲好結黨社的風氣助燃，以李東陽與楊慎爲例，錢謙益即認爲楊慎之不與李夢陽、何景明同一聲氣，係受到李東陽的影響：

> 用修垂髫賦〈黃葉詩〉，爲茶陵文正公所知，登第又出門下，詩文衣鉢。實出指授，及北地侈言復古，力排茶陵，海內爲之風靡。用修乃沉酣六朝，攬采晚唐，創爲淵博靡麗之詞，其意欲壓倒李、何，爲茶陵別張壁壘，不與角勝口舌間也。[43]

錢謙益以為楊慎取法六朝、晚唐，詩文衣鉢，實出李東陽之指授，其看法應與李東陽論詩反對模某家、效某代，主張廣博的取法有關㊹；而考察楊慎的著作，其著述多稱「先師李文正公」，且數見追記李東陽的言論，自言對詩歌的了解，受其啓發㊺，可見二人師生情份及李東陽所給予的影響，是知錢謙益的說法不無根據。基於李東陽受業弟子在茶陵派中有其重要地位，所以錢謙益在綜觀茶陵派的發展過程，認定「用修（楊慎）歿於嘉靖中年，至是而長沙之門人始盡」㊻。

由以上的討論可知，由於李東陽位居內閣要津，在政治上握有實質的權力，在文學上足以操持文柄，使得他不但在同年友執及師兄弟中出類拔萃，極受推擁，也聚集了一羣優秀的庶吉士及門生，講論詩文，號有「家法」，這些都是茶陵派形成的因素，也是李東陽成為領袖的條件。

但李東陽能主文柄，並非有明一代的第一人，蓋明代文學的趨勢，國初宋濂、劉基，以元末遺賢成為明代朝廷重臣，並為文壇之巨擘；永樂至成化間，文學重心亦隨政權而北移，大學士楊寓(士奇)、楊榮、楊溥起號「臺閣體」，主盟文壇，國朝諸卿並為羽翼；弘治之初，李東陽之茶陵派崛起，極受矚目㊼，而其性質其實延襲臺閣體而來，活動範圍亦在館閣之間㊽，當時雖有陳獻章、莊昶主導的「理氣詩」及沈周、唐寅等代表的南方民間詩人環伺㊾，均敵不過臺閣勢力的一貫優越性，一直要到李夢陽、何景明等崛起，文學的主導力量方才下移，是故茶陵派的興起有其一定的歷史背景，這也是考究茶陵派形成因素時須注意的一點。

茶陵派的「家法」

一個派別的形成，除了具有集團的實質，有其形成的因素之外，尤在於派別成員是否具有共同的特點和信念。茶陵派雖具有政治集團的性質，卻以談文論藝、詩文創作爲主要活動，李東陽的門生靳貴稱其「號有家法」，是知此「家法」尤爲茶陵派形成的重要標幟，以下即略舉數例，以見茶陵派的共同特點和信念。

一、辨明體製

明初對於詩文的觀念，有以爲詩文同原者，如宋濂即主張詩文的分別只在聲韻而已，像《易經》的協韻，無異爲「文之詩」；〈周頌〉的無韻，如同「詩之文」，到後代反而有儒者、詩人之分，仁義道德遂爲詩家大禁，反務爲風花煙鳥的內容，實在可悲[50]。茶陵派論詩文首在辨明詩與文不同體，李東陽認爲，詩「有聲律風韻，能使人反覆諷詠，以暢達情思，感發志氣，取類於鳥獸草木之微，而有益於名教政事之大」，所以《詩經》與其他的經典雖同以「經」爲名，而體製其實不同[51]；其門生陸深（一四七七—一五四四）在〈詩準序〉中也說：「故詩也者，緣情而有聲者也。聲比律而成樂，樂足以感物而聖人錄之於經，故詩可經也，而經非盡詩也」[52]。我們再綜合李東陽的另一段話來看：

夫文者，言之成章，而詩又其成聲者也。章之為用，貴乎記述鋪敘，發揮而藻飾，

> 操縱開闔，惟所欲為，而必有一定之準。若歌吟詠嘆、流通動盪之用則存乎聲而高下長短之節亦截乎不可亂，雖律之與度未始不通，而其規制則判而不合。[53]

可以推知，他們認爲詩歌有以下的特點：

一、形式方面，詩有聲律風韻，能使人反覆諷詠，具流通動盪之用與高下長短之節，與音樂關係密切，亦卽詩具有聲律、音韻及節奏。

二、作法方面，詩取類於鳥獸草木之微；緣情而有聲，由聲加上旋律成爲音樂，進而記錄爲詩。

三、功用方面，詩能暢達情思、感發志氣，且有益於名教政事之大。

而文章的特色則在於能儘情揮灑，有利於記述舖陳，發揮而藻飾，亦卽李東陽的門生林俊（一四五二—一五二七）所言：「宣於心而飾以成章者，文也」[54]。至於「必有一定之準」者，茶陵派認爲文章必得宣示道德，如程敏政在編選《皇明文衡》之時，開宗明義卽揭示「夫文載道之器也」，他博淹羣籍，著作極夥，《皇明文衡》以館閣重臣的身份編選，是明代文學的重要選本，他在茶陵派中居重要輔翼地位；而李東陽的門生顧清在其《東江家藏集》中有〈道德文章不可出於二論〉，通篇陳述文章與道德的密切關係；謝鐸則進而認爲：

> 「文者道德之著，而功業則又文之見於行事者也，伊周孔孟之道德盛矣，千載之下，匪由斯文之傳，曷從而知之，又曷從而傳之耶？」[55]

因此，文章實爲時代氣運的反映，伊周孔孟的功業經由文章而反映而流傳後世，衰世之文必然有不同風貌，羅玘卽謂：「乃知衰世厄運，干戈漁獵，不獨其政之足疵，民之不幸，而文亦因之以萎薾不振也」[56]。茶陵派對文章的看法與宋濂是相同的，他們身在館閣的地位和使命，都必須講究文章的正大典則、有益道德教化，乃至表現太平盛世的風範，其後何宗彥爲萬曆初年掌翰林院的王錫爵（一五三四—一六一〇）文集作序，卽云：「夫館閣文章之府也，其職顯，故其體裁辨；其制嚴，故不敢自放於規矩繩墨之外，以炫其奇」[57]。可知茶陵派對文章的看法和要求，其實卽是館閣諸公的一貫信念。

由於詩歌具有聲律、音韻及節奏，茶陵派在辨明詩與文不同體的同時，他們也就詩歌的上述特性，進一步推求不同體裁的詩有什麼獨特的格律表現？不同時代、地域或個人的詩有什麼各別的風貌？在李東陽的《麓堂詩話》中記錄了「具眼」和「具耳」的方法，由「具眼」觀察詩歌的外在體製、內涵情味，由「具耳」涵泳詩歌的聲調、音韻和節奏，如此不惟識出時代格調，也可以品評作家詩作的風格[58]。

這種論詩的方法，特別是以聲論詩，其淵源可謂始於吳季札的觀樂[59]，而其具體則是溯自元代楊士弘的《唐音》，他以「始音」、「正音」、「遺響」三目來品選唐詩，給予明代詩家極大的影響，尤爲高棅《唐詩品彙》之所本。李東陽的門生喬宇曾經分析楊士弘的區分方法：「唐有天下三百餘年，貞觀永徽之間方亨之會也，其氣完，故其聲平以實；天寶貞元嘉盛之時也，其化洽，故其聲沖以淡；元和開成叔季之世也，其習下，故其聲卑以弱」[60]。說明詩歌亦是時代的反映，可以因聲而推求。到中明，李東陽揭示「具眼」、「具耳」的方法，不但成爲茶陵派重要聚會、文學流動的內容，也成爲該派論詩的特色，後世卽有以「格調派」的先聲目之者。

二、講究學力

茶陵派身在館閣，以學爲古文詞爲己任，而不再專務舉子業，但如何寫作足以力追古人的詩文呢？李東陽在〈桃溪雜稿序〉中說：「夫學有二要，學與識而已矣。學而無識，譬之失道兼程，終老不能至；有識矣而學力弗繼，雖復知道，其與不知者均也」[61]，強調學與識的相輔相成，因此，作者要稱名家，傳後代，必其識與學超乎一代之上。此外，他在詩話中，亦謂詩「非讀書之多，明理之至，則不能作」；而僧詩鮮佳句的原因，就在於未多讀書，所以，不論詩文，學力的蓄積最重要，並要以識見來作引導。

強調學力是茶陵派的共識，如門生輩的張邦奇卽云：「使經書義理，涵蘊醇熟，然後發而爲文，則固儗諸日月星辰之於天，山川海嶽之於地，區區鮑謝之流，又無足齒矣」[62]。大抵強調學力，實卽杜甫「讀書破萬卷，下筆如有神」的一貫思想，而與館閣教習和風氣更有直接關係。學力的深厚，除了下筆如有神，尤能有助於養氣，因此陸深認爲：「大抵深於學，昌其氣，然後法古而定體。」錢福說：「作文須昌其氣，先使一篇機軸完於胸中，然後下筆，當沛然莫禦矣」[63]。

三、追求中庸的修辭原則

楊一清在〈懷麓堂稿序〉中曾說明當時文章的流弊：

且文至今日而盛，而弊亦隨之，故聯篇累帙盈天壤間皆是物也。其能追古名家超然自立於世者，蓋亦不數數見已。自餘作者，各挾所長，非無足取。滙而閱之，樂恣肆者，失之駁而不純；好摹擬者，傷於局而不暢近。或習為瘦辭硬語，使人不復可句，以是為古，所謂以艱深文淺近者，文之弊一至是，可慨也。

楊一清的序作於正德十一年（一五一六），時李東陽重病，其門生熊桂（一四六四－一五二一）刊刻《懷麓堂稿》，請序於楊一清。所言文之流弊，李東陽則力能矯之64，並成爲其教習門下士的準則，如邵寶在〈李文正公麓堂續稿序〉即云：

世固有承迂襲隱，謂之理學，否則荒於釋老，否則雜於稗野，自以為玄，為達，為辯博者，皆公門之棄也。65

文中所提到的「公門之棄」，即楊一清提出的文弊中「樂恣肆者，失之駁而不雜」者。至於故作艱深聱牙的文字，李東陽在〈與錢與謙書〉中，責門生錢福新作詩文「辭旨漫衍，勢難精擇，且中間時作聱牙語，則又失之險怪」，而喻以「夫珠雖善走，要不可令躍出盤外；水雖就下，若止於非所當止，則溢爲橫流」66。說明詩文不可刻意求奇。而在其《麓堂詩話》亦云：「作詩不可以意徇辭，而須以解達意。辭能達意，可歌可詠，則可以傳。」認爲修辭的首要原則就在於將意念完整深刻的表達。因此，陸深在〈北潭稿序〉說，成化、弘治間，李東陽、吳寬、王鏊等主文柄，「淳龐敦厚之氣盡還，而纖麗奇怪之作無有也」67。

東陽門人秉承師說，亦主以辭達意，堅持中庸的修辭原則，他們的信念一方面是位居館閣的地位和使命影響，另則係來自於對傳統詩觀的堅持，如孫承恩（一四八一——一五六一）〈張東海先生詩集序〉云：

夫作詩本無法有之，自後世始專門之論，曰：興欲其遠，故為渺漠汗漫，如醉夢人語；曰：意欲其深，故詭匿如商度隱語，使人讀之，卒不可曉，二者為詩家要旨，流連自放，而於其大旨則忽焉，竭精弊神，卒背孔氏之教。㊳

詩法經錯誤的解釋、應用，而流於飄忽晦澀，這與孔子「詞達而已矣」的訓示相違，是茶陵派所不接受的，他們這種看法，並曾付諸實際行動，藉著典試主考的機會糾正險怪的詩文風氣，如陸深就曾在家書中告訴其子：「時文新變得險怪，今科欲一洗之，此人心之公，亦天理，亦世道，關繫不小」㊴。在當時具有極大的影響。

四、主張廣博的摹擬

楊一清說：「好摹擬者傷於局而不暢近」，有關於摹擬的討論，在茶陵派的談文論藝活動中佔重要比重，他們講究學力、推求時代格調和作者風格等努力，除了資助評品，無疑的是要識出如何正確的取法古人。李東陽對摹擬的討論，一般批評者多側重其反對的一面，如《四庫提要》說：「其論詩主於法度音調，而極論剽竊摹擬之非」㊵。事實上，李東陽並不反對摹擬，詩話中，他以為學陶「須自韋、柳而入，乃為正耳」；學杜，須先得唐調；學李、杜，必先博識，所謂「集大成手」，方能成功[71]，可謂將嚴羽「入門須正，立志須高」的說法落實，指出摹擬是學詩的入門工夫。他本身也身體力行，曾學孟浩然「一杯還一曲，不覺夕陽沈」、杜甫「獨樹花發自分明」等「律間出古」的詩句，感嘆自己「雖極力摹擬，恨不能萬一耳」[72]。

惟摹擬有其先決條件，李東陽在其詩話評林鴻、袁凱的學唐，學杜，以爲雖字面、句法、題目皆酷似，然「求其流出肺腑，卓爾有立者，指不能一再屈也。」而評當時泥古詩之成聲者，「平側短長，句句字字，摹倣而不敢失，非惟格調有限，亦無以發人之情性」[73]，另在〈鏡川先生詩集序〉中提出「豈必模某家，效某代，然後謂之詩哉？」[74]，是知李東陽主張的摹擬並不是在字句平仄音調體製上的拘泥，而以能流出肺腑、發諸情性爲前題，他的摹擬尤在博效諸代、諸家，因此鏡川先生（楊守陳，一四二五—一四八九）能夠「當意所得，雜體及七言古似宋；五、七言律似唐；五言古似漢，然於其時猶當擇以爲對，非苟同時代，稱名字者比。」是值得稱說的。此序作於弘治年間，李、何尚未崛起，但已瀰漫學杜、學唐的風氣，如前引林鴻、袁凱等一脈而來的風習，時楊守陳官吏部侍郎，在翰林已三十餘年，他的廣博取法，應是館閣中有識文人的信念。李東陽的詩亦是超乎時代，個人的摹擬，如錢謙益在《列朝詩集小傳》所云：「西涯之詩，原本少陵、隨州、香山，以迨宋之眉山、元之道園，兼綜而互出之」，而自有其所以爲西涯者。其擬古樂府雖用古事、古體，必「因人命題，緣事立義」、「內取達意，外求合律」，有眞感受才創作，篇幅長短，音調疾徐高下，均隨意所止，不刻意爲之[75]，尤爲具體實踐。

茶陵派論摹擬，以李東陽的討論最多，邵寶秉承師說，主張先以古人的心言行識充實自我，「一字未鍛必鍛之，一句未調必調之，久久成熟，有不爲苟爲之，當前無古人矣！」[76]，以學古入手，久之要達到與古人合一，不刻意求之的境界；而其詩文則是「其謹重精純，蓋得諸宋；其雄渾森嚴，蓋得諸唐；其爾雅深厚，蓋得諸漢；其近古，蓋得諸先秦……。」[77]與其師的路數相同。

茶陵派主張廣博的摹擬，係基於認定各時代的詩「各自爲體，譬之方言，秦晉吳越閩楚之類，分疆畫地，音殊調別，彼此不相入」，唐詩自是本色，若「六朝宋元詩，就其佳者，亦各有興致」[78]，故其取法目標不主某代某家，甚具包容性；而其以發諸肺腑避免流於字句、格律上的求似，也使其摹擬的主張較爲周延。

以上略舉數端，以見茶陵派的「家法」。由於受儒家傳統思想的薰陶以及身在館閣的地位和使命，他們推源六經，說明詩與文不同體；追求「詞達而已矣」的原則，反對尚險怪的文風；要求多讀書，以便下筆如有神。而在詩文的涵泳品評方面，尤能從詩的外在體製、內涵情味及其聲調、節奏上，推求時代格調與作家風格；而詩文爲時代氣運之所繫，自有風貌，學作詩文應摹擬歷代各家，而不可自我局限；摹擬尤必須以發自肺腑、出於性情爲前題，否則只是平仄短長的酷似而已。

茶陵派命名的過程

茶陵派以李東陽爲中心，聚集了友執與門生弟子，以館閣爲活動地點，然其名稱的確立，並非始於當日，如前引何良俊《四友齋叢說》、焦竑《玉堂叢語》，都提及其門第之盛，以及所從事談文論藝的活動，並無稱之爲宗派者，而如何喬遠《名山藏·文苑記》亦只記載在孝廟之時，百官酒食相聚，計訂文史，朋講羣詠的風氣下，李東陽「以先輩白眉，兼任黃扉，汲引英流，究極華貴，李、何二子，遂褒然名一代矣」[79]，說明李東陽引領英才的貢獻。

此外，雷禮（一五〇五—一五八一）《內閣行實》書中引王瓊（一四五九—一五三二）《雙溪雜記》的兩條資料，則值得考索：

> （李東陽）以詩文氣節，援引名流，私植朋黨。
>
> 東陽以神童與程敏政齊名，專以詩名延引後進，海內名士多出其門，往往破常格，不次擢用，寖成黨比之風而不能沮知。[80]

這兩條資料中，前者係出於劉健的看法，與前引《四溟詩話》記載劉健「就作到李杜，只是酒徒！」的譏刺語可以參看。這兩條資料顯示：

一、時人已批評李東陽私植朋黨。

二、此朋黨係因李東陽援引後進而來，多海內名士。

三、此朋黨以詩文氣節互相標榜。

四、此朋黨之形成非有意爲之。

以上證諸前述「茶陵派之形成因素」，可以推知當時的部分實況。此外，《明史·霍韜傳》亦記載了霍韜（一四八七—一五四〇）的一段言論：

> 其年九月，遷詹事兼翰林學士，韜復固辭，言：「自楊榮、楊士奇、楊溥以及李東陽、楊廷和顓權植黨，籠翰林為屬官，中書為門吏……」

霍韜此語出於嘉靖六年（一五二七），距正德十一年（一五一六）李東陽去世已十一年，時李、何七子主文柄，而時人對於李東陽面臨劉瑾弄權而仍虛與委蛇，尤多表不滿，並起而攻擊之，如山東李開先云：「西涯為相，詩文取絮爛者，人才取軟滑者，不惟詩文靡敗，而人才亦從之。」王九思亦為詩云：「進士山東李伯華，相逢亦笑李西涯」[81]，在這種風氣下，霍韜把明代臺閣諸公俱視為朋黨，有其背景因素，政治意味尤其濃厚。而最值得玩味的，陳子龍（一六〇八—一六四七）在所輯選的《明詩選》中說：

> 文正網羅羣彥，導揚風流，如帝釋天人，雖無宗派，實為法門所貴。[82]

「文正」是李東陽的謚號，陳子龍的看法大抵與前引何喬遠之說無異，而「雖無宗派」一語，足見到明末，「茶陵派」一詞仍未見諸文字，但他們具有政治性集團的實質，並以詩文的創作與品論為集團的主要活動，則是可以肯定的。

明、清之交，錢謙益《列朝詩集小傳》有云：

> 吾友程孟陽讀懷麓之詩，為之擿發其指意，洗刷其眉宇，百五十年之後，西涯一派煥然復開生面……。[83]

並比照「蘇門六君子」之選，選列李東陽門生六人：石珤、羅玘、邵寶、顧清、魯鐸、何孟春，爲門下之秀出者；其餘若儲巏、汪俊、汪偉、陸深、錢福、楊愼、喬宇、林俊、張邦奇、孫承恩、吳儼等，均爲門下的名公碩儒。錢謙益的說法可謂爲茶陵派構築了規模。

至於宋犖（一六三四—一七一三）的《漫堂說詩》則云：

> 唐以後詩派，歷宋、元、明至今，略可指數。……明初四家，稱高、楊、張、徐，而高為之冠；成弘間，李東陽雄張壇坫，迨李夢陽出，而詩學大振……。[84]

則首見以「詩派」視之者，這個見解純以文學爲角度，將「茶陵派」的政治意味撇開，而著重其作詩論詩的文學活動。

清乾隆時撰修《四庫全書》，將古今圖書作一整理並撰作提要，其意見及論點深具代表性。對於李東陽與友執、門生間的關係，四庫閣臣是以「羽翼」、「傳承」來予以敍述，如：

> 《家藏集》提要云：「以之（吳寬）羽翼茶陵，實如驂之有靳。」
>
> 《熊峰集》提要云：「珤詩文皆平正通達，具有茶陵之體。」[85]

而在《東江家藏集》提要則云：

> （顧清）在茶陵一派之中，亦挺然翹楚矣。

在《何燕泉詩》提要云：

> 孟春少遊東陽之門，傳其詩派。[86]

直揭「茶陵派」的名目。其後，關於明詩的重要著作——陳田的《明詩紀事》，即承其說，於「邵寶」的紀事中云：

> 文莊（邵寶）詩格平衍，其蘊藉門入古處，則學為之也。在茶陵詩派中，不失為第二流。[87]

至此，茶陵派的名稱可謂確定。民國以後，各文學史、文學批評史、詩歌評論史俱以「茶陵派」稱之[88]。

結論

綜括上述的討論，茶陵派的形成，實以李東陽為中心，所謂「茶陵」即其故鄉，但該派的活動範圍並不在茶陵，而以京師館閣為地點。

茶陵派的形成，與明代科舉制度、館閣習氣等關係密切，而活動內容則以詩文氣節為標榜，談文論藝，不及於勢利。其成員係李東陽的友執和門生弟子，包括他所教習的庶吉士、所拔舉的門生、受業門下的弟子以及他的同年、師兄弟等。

李東陽少以神童知名，中舉後名聲尤高於同儕，其後並能位居內閣，參預機務，在政治上握有實權，柄政達十八年。而其性喜延引後進，與友執、門生退朝後以講論詩文爲樂，而其意見極受推服，成爲擁戴學習的對象，其著作亦夥，號有「家法」，均使之足以領袖羣倫。

茶陵派以身居館閣的地位與使命，詩文創作不脫「臺閣體」的典型。其詩文議論則首在辨明體製，以作爲創作取法的基準及談文論藝的憑藉，尤其論詩，主張以「具眼」、「具耳」辨別時代格調及作家風格，開「格調派」論詩之端。該派並講究學力的蓄積，主張多讀書以作爲詩文創作的基礎；修辭則本孔門「詞達而已矣」的原則，力主中庸之道，以矯正崇尚奇險的文風；該派並主張廣博的摹擬，不拘泥於某代某家，不自限於字句平仄的肖似，而以能發自肺腑、抒發眞性情爲前題。

茶陵派的聚集，時人以爲係李東陽「私植朋黨」，政治意味濃厚，而其好爲詩文議論，亦曾引起同官的反脣相譏；然直到明末，陳子龍仍認爲其並無宗派；明、清之交，錢謙益比照「蘇門六君子」，選列李東陽的門生弟子多人，言其師授傳承，爲茶陵派構築了初步的規模；宋犖則視之爲「唐以後詩派」之一；清乾隆時撰修《四庫全書》，對於李東陽與其友執、門生，以「羽翼」、「傳承」觀點視之，並首揭「茶陵詩派」的名目；其後陳田《明詩紀事》，乃至民國以後之文學史家，卽以「茶陵派」稱之，其名稱於是確立。

附註

❶ 江西詩派的命名始末可參看龔鵬程《江西詩社宗派研究》（文史哲出版社，民國七十二年版）；桐城派的名派可參尤信雄《桐城文派學述》（文津出版社，民國六十四年版）。

❷ 根據清同治九年梁葆頤等重修《茶陵州志》卷三〈沿革〉記載，茶陵在漢武帝元封五年置縣；隋文帝開皇九年廢縣，畫入湘潭縣範圍；唐高祖武德四年起復置縣；宋高宗紹興八年以後，到有清一代，皆爲茶陵州，隸屬長沙府。

❸ 東陽家族由茶陵遷居北京之過程和歷史，詳見《四庫全書》本《懷麓堂文稿》，卷二四，頁四七四，〈高祖戊七府君墓表〉；《文後稿》，卷八，頁七二〇，〈曾祖考少傅府君誥命碑陰記〉；頁七二一，〈祖考少傅府君誥命碑陰記〉；頁七二二，〈先考贈少傅府君誥命碑陰記〉四文。

❹ 李東陽此次回鄉，路途遙遠，歷時七個月，他將沿途見聞，發爲詩文，編爲《南行稿》。

❺ 見《四庫全書》本《懷麓堂文後稿》，卷八，頁七一二，〈蜀山蘇公祠堂記〉。

❻ 焦竑編《國朝獻徵錄》卷五三收錄羅欽順〈何公孟春墓誌銘〉云：「（何孟春）長遊李文正之門，文正每攜公所作以示同官，曰：『此吾楚後來之傑也。』」按，何孟春係湖南郴州人，與李東陽爲「廣義」的同鄉。

❼ 前文見《四庫全書》本《懷麓堂文後稿》，卷五，頁六七九；後文見卷六，頁六九三，另《文稿》卷一三，頁三五三，有〈修復茶陵州學記〉，可參見。

❽ 喬宇〈雲礱風景圖記〉：「茶陵之西北……，寔吾師李文正公先生上世之所居也。成化壬辰，先生爲翰林修撰時，告歸長沙展墓合族，遍閱故鄉山水，邇來三十有八年矣。……正德己巳，族子嘉望乃繪爲圖上京師……。」（隆慶辛未王世貞編刊《喬莊簡公集》，卷七，頁一一）。

⑨ 清同治九年修《茶陵州志》卷一一〈祀典〉記載，學士合祠者，有「四大學士祠」，祀劉三吾、李東陽、張治、彭維新；而「李文正公祠」條，下註曰：「凡爲學士，另伸合祭之儀，獨於先生，又有專祠之奉。」

⑩ 見《明史・選舉志》二，頁四五五，（鼎文書局，民國六十八年）。

⑪ 《明史・選舉志》二，頁四五六：「十八年……，使進士觀政於諸司，其在翰林、承敕監等衙門者，曰庶吉士。進士之爲庶吉士，亦自此始也。」又頁四五七：「庶吉士之選，自洪武乙丑，擇進士爲之，不專屬於翰林也。」

⑫ 見《四庫全書》本林堯俞等纂修、俞汝楫等編撰《禮部志稿》卷二，頁三八，〈育才之訓〉條：「永樂三年正月命翰林院學士兼右春坊大學士解縉等，於新進士中選材質英敏者，俾就文淵閣進其學，縉等選修撰曾棨，編修周述、周孟簡，庶吉士楊相、劉子欽、彭汝器等二十八人入見，上諭勉之曰：……汝等簡拔於千百人中進士，又簡拔於進士中至此，固皆今之英俊……。朕不任爾以事，文淵閣古今載籍所萃，爾各食其祿，日就閣中，恣爾玩索，務實得於己，庶幾國家將來皆得爾用，不可自怠，以孤朕期待之意。」

⑬ 《明史・選舉志》二，頁四五七：「自天順二年，李賢奏定纂修專選進士，由是，非進士不入翰林，非翰林不入內閣，南、北禮部尚書、侍郎及吏部右侍郎，非翰林不任。而庶吉士始進之時，已群目爲儲相。」

⑭ 見《懷麓堂文稿》卷四八，頁五一九，〈華編修伯瞻墓志銘〉。

⑮ 見陳洪謨〈圭峰文集序〉（明嘉靖五年《翰林羅圭峰先生文集》，卷首）。

⑯ 見《國朝獻徵錄》，卷一八，頁三，王鏊〈吳公寬神道碑〉。

⑰ 見錢謙益《列朝詩集小傳》丙集，頁二七一（世界書局民國五十年景印本）。

⑱ 見《四庫全書》本《翰林記》卷四，頁八九一，〈公署教習〉條。

⑲ 見楊守阯《碧川文選》，卷二（明嘉靖乙酉陸釴刊本）。

⑳ 見李紹文《皇明世說新語》，卷七，〈排調〉篇（新興書局景印萬曆三十八年雲間李氏刊本，民國七十四年）。

㉑ 明洪武年間，太祖廢除丞相制度，設立內閣大學士，作爲皇帝顧問諮詢之用；自明仁宗以後，內閣大學士已與漢、唐的丞相相同，只是無丞相之名而已，詳見《明史・宰輔表》，卷一九〇，頁三三〇五。

㉒ 見《四庫全書》本《方齋存稿》，卷四，頁七三九。

㉓ 見《懷麓堂文稿》卷八，頁二九五，〈葉文莊公集序〉。

㉔ 見《瓊臺詩文會稿重編》，卷首（明天啓元年丘爾穀刊本）。

㉕ 見《懷麓堂文稿》，卷九，頁三〇八，〈黎文僖公集序〉。

㉖ 關於臺閣體的討論，簡錦松《明代文學批評研究——成化、嘉靖中期篇》（臺灣學生書局，民國七十八年版），有專章討論，可參看。

㉗ 前者語出張治道〈渼陂先生續集序〉（偉文圖書公司影本，頁六七一）；王九思語見《渼陂集》卷六〈漫興十首〉之四，下二句云：「不有李康持藻鑑，都令後進墮門牆」。按《列朝詩集小傳》云：「敬夫（王九思）館選試端陽賜扇詩，效李西涯體，遂得首選，有名史館中。」知其亦由宗法李東陽起家，以後李夢陽、康海崛起，王九思即相與詆訶臺閣之體，且由於本身仕途不順，怨恨李東陽尤深，曾作「杜甫春游」雜劇，以李林甫暗指之。張治道、王九思之語皆對李東陽有貶斥之意，此處借以證明李東陽任翰林學士時，天下景從的狀況。

㉘ 見《四庫全書》本，黃宗羲編《明文海》，卷二五三，頁七九八。

㉙ 見廣文書局民國六十二年影印版。

㉚ 如成化十六年（一四八〇），李東陽主考應天府鄉試；成化二十年（一四八四），以翰林院侍講學

士充殿試讀卷官；成化二十二年（一四八六），主考順天鄉試；弘治三年（一四九〇），充殿試讀卷官；弘治六年（一四九三），主考會試等，詳見拙著〈茶陵派人物事跡年表〉。

㉛ 見陳田《明詩紀事》丙籤，卷一，頁九五六所引，廣文書局民國六十年版。

㉜ 見《玉堂叢語》，卷七，木鐸出版社，民國七十一年版。

㉝ 見丁福保輯《歷代詩話續編》，《四溟詩話》卷二，頁一一七〇，木鐸出版社，民國七十二年版。

㉞ 見《懷麓堂集》卷末，臺灣學生書局景印明正德徽州刋本，民國六十四年。

㉟ 據《明清進士題名碑錄索引》，當時一甲三名爲彭敎、吳釴(卽陸釴，初冒姓吳，後改姓陸)、羅璟。

㊱ 見朱彝尊《明詩綜》卷二二，頁九，世界書局，民國五十九年版。

㊲ 見《懷麓堂文後稿》卷二，頁六三六，〈送張兵部還南京詩序〉。

㊳ 李東陽與諸同年友執的聚會聯吟，屬於單純的文學雅集，名目卻極多，有送行、賞景、賀生子、祝壽、新居落成等，幾乎無時不聚，無事不和，作品極多。如程敏政〈萬福寺送文明(蕭顯)，與倪舜咨、李賓之二學士；傅曰川、吳原博、謝于喬三諭德；林亭大修撰；陳汝玉給事；李士常侍御聯句〉(《四庫全書》本《篁墩文集》，卷七五，頁五五七)。又如倪岳〈南園別意〉詩註云：「成化壬寅中秋前一夕，銓曹疏請以戶部員外郎邵珪補貴州思南知府，……諸所善厚，若司經羅洗馬明仲、春坊陸諭德鼎儀、翰林焦侍講孟陽、陳侍講師召、李侍講賓之、傅修撰曰川、吳修撰希賢，……醵以爲餞。」(詩見正德乙亥邵天和刋《邵半江詩》附錄)等。

㊴ 見《懷麓堂文後稿》卷四，頁六六六，〈篁墩文集序〉。另見黃佐《翰林記》卷四，頁八九三，〈幼童敎習〉條所引。

㊵ 見徐乾學編《明史列傳》卷五〇及楊一清撰〈李公東陽墓誌銘〉(焦竑《國朝獻徵錄》卷一四)。

㊶ 見朱彝尊《明詩綜》卷二四，頁四。

㊷ 見《國朝獻徵錄》卷九五，王九思〈張公潛墓誌銘〉：「(張潛)甫八九歲，能日記數千言，……

侍郎公送之學士西涯李公所從受，尚書李公奇之甚。」；同書卷二一，陳文燭〈楊升菴太史愼年譜〉，「(楊愼)偶作黃葉詩，李文正公見之曰：『此非尋常子所能，吾小友也。』乃進之門下。」；又，喬宇《喬莊簡公集》卷二〈奉別邃菴先生〉自言受業於楊一淸。

㊸ 見《列朝詩集小傳》丙集〈楊愼小傳〉(世界書局民國七十四年版)。

㊹ 如《懷麓堂文稿》卷八，頁二九八，〈鏡川先生詩集序〉云：「今之爲詩者，能軼宋窺唐已爲極致。兩漢之體已不復講，而或者又曰，必爲唐，必爲宋，規規焉俛首縮步，至不敢易一辭出一語，縱使似之，亦不足貴矣，況未必似矣乎。……必博學以聚乎理，取物以廣夫才，而比之以聲韻，和之以節奏，則其爲辭，高可諷，長可以詠，近可以播，而遠則可以傳矣！豈必模某家，效某代，然後謂之詩哉？」

㊺ 楊愼言必稱「先師李文正公」，可參「四庫全書」本《升菴集》卷二〈六書索隱序〉、卷五一〈司馬溫公墓銘〉等。在《升菴詩話》卷二〈北走〉條則記載與李東陽討論杜詩「北走關山開雨雪」、「胡騎中宵堪北走」句中兩「北走」字的意義，楊愼領悟解詩不可太穿鑿的道理。另，卷七〈胡曾詠史〉條，亦云與李東陽一起論詩，而深服其言。

㊻ 見《列朝詩集小傳》丙集，頁二七四。

㊼ 如胡應麟《詩藪》續編，卷一，頁七二七：「成化以還，詩道旁落，唐人風致，幾於盡隳，獨文正才具宏通，格律嚴整，高步一時，興起何、李，厥功甚偉。」(廣文書局民國六十二年版)。沈德潛《說詩晬語》，卷下，頁六七三：「永樂以還，崇臺閣體，諸大老倡之，衆人應之，相習成風，靡然不覺，李賓之力挽狂瀾，李、何繼之，詩道復歸於正。」(《淸詩話》本，丁福保編，藝文印書館，民國六十六年版)。

㊽ 如《列朝詩集小傳》丙集，〈李東陽小傳〉云：「(李東陽)歷官館閣，四十年不出國門」，他除了在成化八年（一四七二）回湖南茶陵；成化十六年（一四八〇）到南京主考應天府鄉試；弘治十七

年（一五〇四）到曲阜祭孔之外，其餘均在北平度過，因之茶陵派的活動範圍在館閣之間，作品實即臺閣體。

㊾ 陳獻章、莊昶主導的「理氣詩」，效法宋人語錄，言理談性，以口語入詩，而致俚俗不堪，終非詩道之正，當日李夢陽（〈缶音序〉）及楊愼（《楊升菴全集》卷五三，〈文字之衰〉條）曾提出批評；沈周、唐寅等主導南方民間詩壇之情形，詳見吉川幸次郎《元明詩概說》第五章，其勢力不及結合政治與文學雙重力量的茶陵派。

㊿ 見宋濂〈題許先生古詩後〉，《叢書集成新編》本《宋學士文集》，卷一二，頁四三四。

51 見〈滄洲詩集序〉，《懷麓堂文稿》卷五，頁二六八及〈鏡川先生詩集序〉，同註㊹。

52 見《四庫全書》本《儼山集》卷三九，頁二四四。

53 見〈春雨堂稿序〉，《懷麓堂文後稿》卷三，頁六五二。

54 見《四庫全書》本《見素集》卷四，頁三四，〈東白集序〉。

55 見明正德辛巳顧璘刋《桃溪淨稿》卷二九，頁六，〈書遜志先生文集後〉。

56 見《翰林羅圭峰文集》，卷五，頁六二。

57 見《四庫全書》本《明文海》卷二五三，頁七九九，〈王文肅公文草序〉。

58 《麓堂詩話》云：「詩必有具眼，亦必有具耳。眼主格，耳主聲。聞琴斷，知爲第幾絃，此具耳也；月下隔窗辨五色線，此具眼也。費侍郎廷言嘗問作詩，予曰：『試取所未見詩，即能識其時代格調，十不失一，乃爲有得。』費殊不信。一日與喬編修維翰觀新頒中祕書，予適至，費即掩卷問曰：『請問此何代詩也？』予取讀一篇，輒曰：『唐詩也。』又問何人，予曰：『須看兩首。』看畢曰：『非白樂天乎？』於是二人大笑，啓卷視之，蓋《長慶集》，印本不傳久矣。」

59 《史記·吳太伯世家》提及季札聘於魯，請觀周樂，而季札聽之即可辨爲何地之樂曲。

60 見明隆慶辛未刋《喬莊簡公集》，卷六，頁一七，〈重刋唐音序〉。

61 見〈桃溪雜稿序〉,《懷麓堂文稿》,卷八,頁二九九。

62 見明嘉靖刊《張文定公全集·環碧堂集》,卷二,頁九,〈與馮子和〉。

63 陸深語見《儼山集》,卷四三,頁二六五,〈李世卿文集序〉;錢福語則出自喬宇〈翰林修撰錢與謙墓誌銘〉,《喬莊簡公集》,卷一〇,頁一四。

64 楊一清在〈懷麓堂稿序〉中云:「先生高才絕識,獨步一世,而充之以學問,故其詩文深厚渾雄,不爲佪奇可駭之詞,而法度森嚴,思味雋永,盡脫凡近,而古意獨存。每吮毫伸紙,天趣溢發,操縱開闔,隨意所如,而不逾典則。彼句鍛月煉以求工者,力追之而不可及也。譬之大人君子,冠冕佩玉,雍容委蛇于廟堂之上,指麾百執事各任其職,未嘗有叱咤怒罵之威,而望之者起敬,即之者傾心。……」

65 見《四庫全書》本《容春堂後集》,卷三,頁二五〇。

66 見《懷麓堂文後稿》,卷一〇,頁七三七,〈與錢與謙書〉。

67 見《儼山集》,卷四〇,頁二四六。

68 見《四庫全書》本《文簡集》,卷三〇,頁三九四。

69 同67,卷九六,頁六二二,〈江西家書十一首〉。

70 見《四庫提要》詩文評類二,頁四一〇六,「懷麓堂詩話」條,藝文印書館六十八年版。

71 以上見木鐸本《麓堂詩話》頁一三七九、一三七三及一三九七。

72 同71,頁一三六九。

73 同71,頁一三七四、一三七〇。

74 原文見註44。

75 明刊白口十行本《擬古樂府》卷首,東陽〈擬古樂府引〉云:「間取史册所載忠臣義士、幽人貞婦、奇蹤異事,觸之目而感之乎心……,或因人命題,或緣事立義,託諸韻語,各爲篇什,長短豐約，惟其所止，徐疾高下，隨所會而爲之，內取達意，外求合律……。」

76 見《四庫全書》本《容春堂續集》，卷一七，頁六九九，〈答王郡公簡〉。

77 見浦瑾序《容春堂集》。

78 同71，頁一三八三。

79 見成文出版社景印明崇禎十三年刋本，民國六十年。

80 前者見卷六，頁四八三，〈劉健條〉；後者見卷七，頁五三一（臺灣學生書局民國五十九年版）。

81 王九思等的批評，請參看註27。李開先、王九思語出《列朝詩集小傳》丙集，頁二七四，〈何孟春小傳〉：「自李空同倡爲剽擬古學，偭背師門，秦人康、王輩，失職訾毀。嘉靖初，山東李開先趨風附和曰：『西涯爲相，詩文取絮爛者，人才取軟滑者。不惟詩文靡敗，而人才亦從之。』王渼陂爲詩喜曰：『進士山東李伯華，相逢亦笑李西涯。』」

82 見《明詩紀事》，丙籤，卷一，頁九五七，〈李東陽〉條所引。

83 見《列朝詩集小傳》丙集，頁二四五，〈李東陽小傳〉。

84 見《清詩話》本《漫堂說詩》，頁五〇四（藝文印書館，民國六十六年）。

85 前者見《四庫提要》別集類二四，頁三四三二；後者見頁三四三七（藝文印書館民國六十八年版）。

86 《東江家藏集》，同註85，頁三四四一；《何燕泉詩》見別集類存目三，頁三五九四。

87 見《明詩紀事》丙籤，卷八，頁一〇七七。

88 民國以後稱李東陽諸人爲茶陵派者，包括孟瑤（大中國圖書公司六十五年版）、蘇雪林（光啓出版社六十九年版）、劉大杰（華正書局七十一年版）等著之「中國文學史」；張敬文（幼獅書店五十九年版）、梁石（經氏出版社六十五年版）、李曰剛（文津出版社七十六年版）等著之「中國詩歌發展史」；宋佩韋（商務印書館二十三年版）之《明文學史》及郭紹虞（文史哲出版社七十一年版）、劉大杰（文滙堂七十四年版）等之「中國文學批評史」。

明代中期蘇州文人尚趣之研究

邵曼珣

一、前言

歷來對中國傳統文學或傳統文化的研究，大多採用宏觀的論述立場，例如就某一個學派，某一時代的社會思潮或是某些人物的生平、思想、成就等進行研究；或者以其「起源論」和「影響說」作直向的脈絡探討，誠然這是個重要且又運用廣泛的研究方法。但是這樣的研究課題，總是容易受到一個「大傳統」的前置典範影響，就文學而言所謂「大傳統」其實大部分是圍繞當時政權中心下的產物，因此政壇之文宗，往往就是文壇之要將。若僅以「大傳統」下的文學發展做研究對象，總免不了遺珠之憾。

針對區域特性與文學傳統關係研究，正可以彌補此憾缺。「區域文化」的查考，是從空間意識的立場出發，當一個大傳統向下滲透到每個區域時，往往因其區域之特定因素形一成個個「小傳統」，這些「小傳統」在形成過程中對大傳統的吸收或排拒的因素，其實就是受區域特性之影響。因此區域特性在整個文化傳統的研究上可以提供一個新的視角。

詩經採集十五國風，就是針對區域特性做的文學資料的搜集，十五國風正是十五個區域文學特色的反映。春秋時吳公子季子札能從各首樂曲中分辨各地之民情風俗如：

為之歌邶、鄘、衛，曰：「美哉，淵乎！憂而不困者，吾聞衞康叔、武公之德如是，是其衞風乎？」……為之歌齊，曰：「美哉！泱泱乎，大風也哉！表東海者，其太公乎，國未可量也。」（左傳・襄公廿九年）

從各地的詩歌所蘊含的「地域特徵」，是了解十五個地區文化的方法。《漢書・地理志》更明確的提出：

凡民函五常之性，而其剛柔緩急，音聲不同，繫水土之風氣，……好惡取舍，動靜之常，隨君上之情欲。

此處說明了一個地域文化的形成，主要有二個因素：一是自然環境，二是社會結構。以自然環境而言，水土風候的變化可以影響人類的行爲模式。例如：

趙、中山地薄人衆，猶有沙丘紂淫亂餘民，丈夫相聚湖戲，悲歌忼慨，起則椎剽掘

冢，作姦巧，多弄物，為倡優。女子彈弦跕躧，游媚富貴，徧諸侯之後宮。❶

又例如：

故秦地於禹貢時跨雍、梁二州……漢興，……是故五方雜厝，風俗不純。其世家則好禮文，富人則商兆為利，豪桀則游俠通姦。（同上頁一六四二）

從社會結構而言，君王個人的喜好也會形成特殊的民風，但這種情形發生在原始社會較多。例如：

吳越之君皆好勇，故其民至今好用劍，輕死易發。（漢書，頁一六六七）

吳越之地的風俗，左思〈吳都賦〉中云：「士有陷堅之銳，俗有節概之風」。另外如：

初太公治齊，修道術，尊賢智，賞有功，故至今其土多好經術，矜功名，舒緩闊達而足智。其失夸奢朋堂，言與行繆，虛詐不情，急之則離散，緩之則放縱。

所謂社會結構，卽是來自於統治階層的施政措施，這個人爲影響因素，就是來自於權力中心下的「大傳統」。它又受古今沿革影響有了時代性，但是某一文化的形成、演變的過程，又不全然是按照時間排序的。因此我們若爲文化賦予現實意義，那麼這個現實意義中包含了「變」與「不變」的複合體，就其「變」者言爲時間，其「不變」者言爲空間，只有兩相配合才能較完整的窺出全貌。

本文選擇明代中期以前，凡是屬籍於蘇州府的文人集團，或稱爲「蘇州文苑」❷爲研究對象，其成員則以沈、祝、文、唐四人爲主，並旁及前後期的蘇州文人。從區域特性探討蘇州文人的內在理路之形成，並且以蘇州文苑「尚趣」之生活型態爲考察之課題。

二、區域特性

江南城市自十五、六世紀以後迅速逢勃的發展起來，農業生產技術的改良與城市商業活動，促進了整個地區的經濟繁榮，如此得天獨厚的自然環境下，對該地區形成何種區域特性，而這些特性與整個蘇州文苑的文風有什麼關連？以下就此問題進行探討。

㈠ 商業活動與文士的關係

蘇州，春秋時代屬吳越之地❸，即《史記·貨殖列傳》中所謂的「三楚之地」：

> 楚越（東楚）之地，地廣人稀，飯稻羹魚，或火耕而水耨，果隋蠃蛤，不待賈而足。地勢饒食，無饑饉之患。以故呰窳偷生，無積聚而多貧。是故江淮以南，無凍餓之人，亦無千金之家。

雖然有優厚之天然環境，但是因爲地廣人稀，耕作方式仍然落後。漢武帝時，曾以「強宗」的名義將北方大族強制遷到江南，以充實該地人口。三國孫吳由武昌徙於建業，由於他苦心經營才使得江南出現了「穀帛如山，稻田沃野，民無飢歲」❹的繁榮景象。東晉以後，北方胡人以強大武力凌境，中原士族大舉南遷，六朝王室政權亦隨之南移，於是土地資源重新獲得開發，糧食供應充足，江南不再是「夷蠻」之地，而是「以區區吳越，經緯天下十分之九」❺，「一歲或稔，則數郡忘飢」❻，如此優越的經濟條件，使其地位與中原齊驅。值得注意的是，中原人士南遷之際，也有大批文人薈萃江南，帶來了文化的活動。

上述從歷史角度觀察吳地經濟的發展，對區域文化的探討而言，這只是個外緣因素，也就是說蘇州文苑的文風形成原因，經濟繁榮只是其因之一。在一連串的經濟發展過程中，商人集團的文化意識之形成，與商賈地位的轉變，才是影響蘇州文風的內在問題。

江南地區的農業生產上因爲生產技術的改良，同時農業手工業和製造業也相當繁盛❼，於是生產階層與商業結合，使得吳中一帶成爲商業資本的集中區。

> 蘇州拱京師以直隸，據江浙之上游，擅田土之膏腴，饒戶口之富稠，文物萃東南之佳麗，詩書衍鄒魯之源流，實江南之大郡，信天下之無㕣。❽

商業活動改變原有社會經濟結構，帶來富裕的物質生活，社會風氣趨向奢華之尙，在此種種因素下，士人開始重視「治生」的問題❾。透過對此問題的重視與了解後，產生了新的四民關係❿。商人地位也日漸提高，僅次於士之下了⓫。甚至有些地方，如徽州和山西的商人集團產地，認爲從商才是第一要事，其次才是應試科第⑫。

明代中葉以後，尤其英宗時因土木之變，朝廷財物匱乏，於是頒布「令生員納粟入國子監」，因爲「監生」可以補低職官職，如此一來商人子弟可憑藉此徑而爲官了。商人地位的提高使得士商兩個階層，彼此吸引而產生新的士商關係。即商人的地位雖已提高，但在傳統的「萬般皆下品，唯有讀書高」的觀念影響下，商賈仍極力想交游文人，以嚮其身分。另一方面，士子們則因科舉取士人數有限，在競爭人口激烈的情況下，考中功名的機會亦減少了。在屢試不第的情形下，越來越多的人「棄儒從賈」，如蘇州文人唐寅，出身商人家庭，在科考不遂的情形下，亦放棄仕宦一途了。而這些棄儒從賈的士人，在從事商業活動之餘，仍然不忘情於文藝生活的追求。在士商相互影響下，商人對知識的追求水準也越來越高了。

(二) 消費性經濟體制下的文化活動

商業經營的規模越大，對知識的需求越高，所以商人可說是士以下知識水準最高的階層。雖然商人的地位已經提升，但是士人階層的地位仍是最高的，自古以來知識分子一直有著優越的社會地位，讀書士人乃成爲世人宗仰的對象。對於知識分子從事的文藝活動，也是世人所慕求的，一般平民爲提高自己的地位，往往慕求風雅，追效文人的行徑。明代此風尤甚，一方面也是受到商業活動所帶來的富裕經濟影響，富商巨賈往往不惜巨資，搜購書畫珍玩等，以表顯自身之風雅。有些商人還拜師學詩，參加詩社欲躋身文化界。

文人除詩文書畫外，亦嗜收集奇珍古玩。沈德符曾說：

嘉靖末年，海內晏安，士大夫富厚者，以治園亭、教歌舞之隙，間及古玩如吳中吳文恪之孫，溧陽史尚寶之子，皆世藏珍秘，不假外索。……錫安安太學、華戶部輩，不吝重貲收購，名播江南。⓭

收藏本是士大夫閒餘的雅事，無知的富商起而效尤，不惜花費巨資收購名作，以滿足追慕風雅的虛榮。例如《明史・文苑傳》記載王紱云：

於書法動以古人自期，畫不苟作。遊覽之頃，酒酣握筆，長廊素壁，淋漓霑麗。有投金幣購片楮者，輒拂袖起，或閉門不納，雖豪貴人勿顧也。

同傳又記文徵明云：

四方乞詩文書畫者接踵於道，而富貴人不易得片楮，尤不肯與王府及中人。

由前例可知文人的自視甚高，尤其不屑豪勢巨富以財利誘逼作品，越是如此，文人之風雅越爲世人所宗。然而也有一些浮淺的文人，賣文鬻墨以供豪勢玩弄。世人雖以風雅爲貴，但是一般若無文人的精神內涵及修養，收購的文藝作品，只是虛榮的附庸風雅，無法感受、體認文藝之內在精神，這些作品只不過是其眼中特殊的消費品而已。

文藝創作本是文人適性活動，一旦成爲應酬作品，或是炫耀文才的工具時，其作品失去了眞誠的創作動機，終究會出現浮濫、庸俗化的現象。前文提到商人爲了提高自身的社會地位，故極力拉攏文人的關係，他們以收藏名士的詩文書畫、參加詩社等方式，來提高地位，希望能躋身士人階層。然而追慕風雅的結果，卻形成了文藝活動以消費結構爲取向的功利主義風氣，在這種風氣影響下，文壇所呈現的就是虛浮矯飾、毫無生命力的作品。明代中葉以後陸王心學盛行，在文藝創作上要求表現自我，表現眞誠無僞的感情，對於這種庸俗、浮濫的文壇現象，更是強烈的排拒，這也是晚明以後特別強調眞實，反對虛僞的原因之一。

而商人的追慕風雅，究竟如何形成文藝消費結構的現象，我們將在下面做個說明。文藝活動以消費形式爲取向可從兩方面的現象來了解：一是文人爲人撰寫壽序、墓誌銘而收取酬金，或是鬻賣丹青翰墨等，這種現象雖然歷代多有，然而明代尤盛。明人文集中常見到著名文士爲人撰寫壽序、銘文。例如在歸有光〈陸思軒壽序〉中感慨地說：

東吳之俗，號為淫侈，然於養生之禮未能具也，獨隆於壽，人自五十以上，每旬而加，必於其誕之辰，名其鄉里親戚為盛會。又有壽之文，多半至數十首，張之壁間，而來會者飲酒而已，亦少睇其壁間之文，故文不必佳，凡橫目二足之徒皆可為也。予居是邑，亦若列禦寇之在鄭之鄙，衆庭而已。故凡來求文為壽者常不拒，逆其意以與之，並馳于橫目二足之徒之間，亦以見予之潦倒也。⑭

從這段文字中，發現在當時社會貧富懸殊的現象，富者可以隆重慶祝壽辰，而貧者如寒士則須靠鬻文維持生計，這實在是文人的悲哀。不但壽序委請稍有名望之人撰寫，墓誌銘文的情形也相同，張弼〈任處士輓詩序〉：說「今之俗者歿其親者，率欲多得輓詩爲事。」因此常有生前未曾識面，死時未曾訃弔，也爲其作輓詩銘文的情形。而這種壽序和銘誄文多半是讚揚頌德之文，其言多爲酬對，遑論眞情實感。而且一般人認爲，若能得到文壇上有聲望的文士爲他們寫壽序或銘誄文，就能顯示自己的地位，往往以得到這類文章數量的多寡自豪，久之造成壽序、銘文的浮濫現象。這種現象正反映了明代詩文與民衆生活關係，已建立在文學之外⑮。表面上看起來詩文的功能已普及民間，事實上這些作品也同時走向庸俗化。

第二種消費形式的現象是出版業的功利取向。印刷術自五代發明以後，歷經多次改良、到了明代印刷技術已經相當進步，加上廣設學校使得知識階層擴大⑯，對於學問的索求愈高，因此刻書風氣大盛，有官刻、坊刻等，其中坊刻是純粹以營利爲目的。書坊刻書，旣以投資營利爲目的，因此所刊刻的書籍則必須考慮，坊刻書籍的種類一方面應舉士子爲對象，故程文類書佔了出版之絕大部分。同時爲了吸引讀者，增加銷路，書坊刻書又以評點家爲號召，著名的選評家所評之書必然暢銷，因此帶動了評點學之風潮。另外書坊更大量印行曲譜、笑話、小說之類以娛樂消遣爲目的的書籍，而這類書籍反而更能深入民間，爲廣大羣衆所喜愛。

不過在這種文藝消費結構的現象中，雖然讀者羣擴大，但是一般民衆對文學之鑑賞能力及修養，卻未必提昇。一般的讀者對作品的鑑賞和褒貶之標準，多半視該書作者的「名聲」而定。但是聲名之產生，不由作家決定，主要在於讀者、欣賞者。讀者又有層次之別，各層次之讀者皆能製造聲名，故聲名之高下全視支持者量之多寡，與欣賞者本身鑑賞力之良窳無關。因此，具有聲名也不表示作品之品質的高下。作品內容本質與聲名無關，因此「浪得虛名」的情況也不在少數。由於世俗人不知實本而蔽於名聲，遂使的文藝消費市場的作僞風氣大行。僞造古籍、古書畫、古器物，文學作品也假託名家之手，而且僞造技術之精，難以識辨。這種作僞的現象，乃緣於俗人重聲名之弊；而世人重虛名的風氣，與商人追慕風雅亦有關係。

商業活動頻繁，改變傳統的經濟結構，也改變了傳統的四民關係，商人地位提高，加之商人與士人在經濟利益方面的調配，士商關係相當密切。形成了文藝活動的消費形式結構，這種現象導致詩文庸俗化，文壇以聲名爲重的虛僞不實的情況。因爲在消費社會中，往往以商業取向爲價值判斷的基點，如此一來傳統的儒家道德價值判斷受到極大的衝擊，龔師鵬程在《消費社會中的文化問題》一文中說到一個消費社會中所產生的十大文化問題，如慾望的放縱、商業體制的支配性格、存在的虛無感受等[17]的現象，很容易使得知識分子面臨理想與現實情境的抉擇。同樣的，明代的文人面對著內閣與閹黨的政治抗爭，在「勢」與「道」之間抉擇；面對著商業活動頻繁帶來的消費性經濟體制，在功利與道德之間抉擇。來自生存情境的刺激與壓迫，使得知識分子重新反省傳統的體制與思想，於是掀起了反動與突破的思潮。

(三) 人文風潮興起之歷史因素

1. 從尚武到尚文精神之移轉

《漢書》曾批評吳越之人「好用劍、輕死易發」，左思也說吳越之人有「陷堅之銳」和「節概之風」。但是到了清代魏源的《海國圖志》卻說：

選精兵於杭、嘉、蘇、和，是求魚於山，求鹿於原也。⑱

吳越之人由早期的好劍鬪狠之風，到了清代已變成柔弱的民風，何以吳越民風的轉變會有如此懸殊的分別呢？這兩種反差強烈的特徵，正好說明吳越之人性格演變的歷史軌跡中，來自天然環境和社會結構的影響力。

早期吳越人民勇猛驍悍，嗜好鑄劍，《周禮・考工記》云：「吳越之金錫，此材之美者」，吳越是生產鑄劍原料之地，「吳越之劍，遷乎其地弗能良也，地氣然也」，此地人民好鑄劍的風氣原來是與當地環境有關。又如《韓詩外傳》云：

夫越亦周室之列封也，不得處於大國，而處江海之陂，與魭鱣魚鱉為伍，文身翦髮，而後處焉。……

此地地處「江海之陂」，為了生存人民常年與自然環境抗爭，與水搏擊。再加上吳、越、楚三國之君好勇，故戰事連連，形成了當地民風驍悍的性格。後來的楚漢戰爭中項羽、劉邦、樊噲、周勃等人都是吳越人士，在滅秦和楚漢對峙的戰役中，莫不表現出勇猛善戰的精神。

東晉以後北人挾帶著強勢的文化猛烈衝擊吳越之地，雖然促進當地的文化發展，卻也以勝國衣冠的士大夫風範，改變了悍勇的民風，終於使得江南世風由尚武走向尚文。魏晉玄學思潮對江南世風的轉變也不無影響。玄學清談出現了談才性、說名理的「名士」，任性、曠達，後來晚明文人喜號「名士」、「山人」等，可能亦受六朝名士之風的影響。同時六期文人常舉行文人集會，例如東晉的「蘭亭之會」、南齊竟陵王蕭子良在「鷄籠山邸」，招集學士抄寫《五經》百家，或招名僧講佛法，形成了龐大的學術團體，不過當時的文人多半是貴族階級，但是這類活動對當時文風當有潛在性的影響。當然這與明代文人集團的「淸客相」聚會性質懸殊，不過江南地區的民風由尚武走向尚文的轉變，當是在此一時期完成的。以後此地的秀才名士輩出，文弱書生成了江南民風的典型代表。

2. 科舉與文苑結構的關係

江南文風已盛，南宋又在杭州設太學，此地成了文化教育中心。明、淸兩代，江南登科入仕人數已不勝枚舉。據《皇明通紀》統計，自洪武至萬曆年間，南籍人士取得之狀元、榜眼、探花佔人數的百分之八十多。到了淸代蘇州狀元竟占全國狀元數的四分之一。

如此優異的科舉成績，對當地文苑結構必有相當程度的影響，這些科考及第者可分爲兩類文人層次，一是具有臺閣官紳身分的文士；一是具有舉人等功名身分的文人階層。同樣地，科舉錄取率愈高，表示競爭越激烈，落第文人也相對提高，這些非進士出身的文人數量亦不少，均在蘇州地區有唐寅、祝允明、黃省曾、文徵明、蔡羽、王寵等，另有一類隱士才子如沈周、史鑑等，頗俱盛名。而構成蘇州文苑特殊文風的文人，多半是這些非進士出身或是隱士才子的文人階層。由於地緣關係，蘇州文苑的文學觀點較接近臺閣派理論，但卻與後來興起的復古派，及理學思想，均無太大的關係。

3. 文壇、政壇分離

中國傳統士大夫觀念，對文藝創作抱持經世教化的實用論點，故進士在政壇任職，同時也具有文人身分，而這類文士就是具有「學者相」的文人。但是傳統的「文人」形象到了北宋時道學興起主「性命之學」的程學一派，與主「文藝之事」的蘇學產生了分歧。北宋之後文人特質，已顯著有了改變。胡應麟《詩藪》云：

宋以前，詩文書畫人各自名，卽有兼長，不過一二。勝國則文士鮮不能詩，詩流靡不工書，邊時旁及繪事，亦前代所無也。

宋以前文人與從事書畫者各自殊途，但自北宋蘇東坡等人對詩文書畫的重視，漸漸的文人不止限於以文字爲創作媒介之作家，尚須能創作書畫，才不失「文人」之名⑲。而後明代文人類型卽是依此路線發展所至。

元代末年吳中文學創作活動相當繁榮，然而統治者在政治上實行民族歧視政策，而且廢止科舉考試，於是南方有些文人選擇隱居不仕之途。有些文人因家境富裕，不必窮首科考制義，反而能將心思放在從事與個人興趣相關的事業，於是有人從事詩文、戲曲的創作，反而產生了許多民間詩人。當時文化事業集中吳中、浙東、江西、福建、安徽五地；理學研究方面則分布在浙東、江西、福建、安徽等地。元末張士誠起義以吳中爲據點，並且延攬吳中文士，張氏曾築景賢樓，開宏文館，招禮儒士，瞿佑《歸田詩話》卷下記載：

張氏據有浙西富饒地，而好養士，凡不得志于前元者，爭趨附之，美官丰祿，富貴赫然。

文徵明跋〈七姬權厝志〉中也提到：

> 僞周據吳日，開賓賢館，以致天下豪傑，故海內文章技能之士，悉萃于吳。[20]

當時居留吳中的名人，幾乎張氏所延招，然而以朱元璋起兵淮西，當時吳中大夫皆視其爲「妖賊」[21]，後來朱元璋建國後對吳中大夫大肆迫害，他認爲張士城之所以失敗是與這些文人墨客，流連詩酒之故。因此開國之初一切崇尙儉樸，對於吳中世族之奢靡極爲痛惡，吳中文化元氣大傷，直到成化、弘治國間吳中派的創作才由蘇州文人繼承之。因爲宋代以來文人型態的轉變，以及明初太祖對吳中士人的壓迫，使得蘇州文人與政壇關係疏遠，臺閣體的影響也只是因爲有蘇人吳寬、王鏊等人的提領，後來依政壇爲中心的復古運動、反復古運動等文學觀點都很少能影響到蘇州文人的觀點了。

三、文人生活的趣味取向

一般文學史或文學批評史對於明代文學的論述，甚少提及「蘇州文苑」的文人（以唐寅、祝允明、文徵明、沈石田爲主）[22]。主要因爲蘇州一帶雖然經濟富饒，文風鼎盛，但在詩文的創作或理論系統之建立方面，沒有具體的成就。何以在明代文人相互標榜、攻訐的氛圍裏，這個文人集團始終沒有樹立流派學風。郭紹虞《中國文學批評史》曾云：

> 明代學風也是偏於文藝的，可是又不像元代這般頹廢和放縱。這好似由西晉名士的狂放行為，轉變為東晉名士的風流態度。

這段話適足以說明蘇州文苑的特色。郭氏認爲明代文人大都風流自賞，一般的文人生活只是文酒之宴、聲伎之好，或是品評書畫、彼此酬唱，是一種「文藝」砌磋而非重學術研究，只是一種「清客相」非「學者相」。蘇州文人的生活態度確實是文藝的取向，而且多以「趣味」爲其生活態度。

江南地區在商業活動頻繁往來的同時，也帶動城市的興起，而市民階層生活的富裕，使得儉樸的民風走向奢靡，當時蘇州一帶囤集許多地主、富商，根據《明詩紀事》載：

> 元季吳中好客者，稱昆山顧仲瑛、無錫倪元鎮、吳縣徐良夫，鼎峙三百里間，海內賢士大夫聞風景附，一時高人勝流，佚民遺老，遷客寓公，緇衣黃冠與於斯文者，靡不望三家以為歸。

《明史・文苑傳》中說：

> 顧德輝，字仲瑛，昆山人。家世素封，輕財結客。四方文學士，河東張翥、會稽楊維楨、天臺柯九思、永嘉李孝光、方外士張雨等，咸主其家。園池亭榭之盛，圖史之富，暨餼館聲伎，並冠絕一時。

這些富商、地主慕求風雅，欲以招延名流提高社會地位，治園亭、養女優，收集古玩，文士以詩文書畫等藝術造詣博取富商的資助供養；商人以其財貨、藝術收藏及園林建築等吸引士大夫與之交游，其平常生活所流連者卽此藝術而已。士人與商賈專心於文藝的砌磋，事實上是將其欣賞評鑑的「趣」味帶入生活中，「尙趣」成了此地文人在生活中極欲追求的目的了。

根據蘇州文人重「趣」的事情可分爲下列幾類：

1. 文學的主趣：

明初「吳中四傑」之一的高啓，在他的詩歌理論中，早已提出詩應具有格調、情意、趣味三格，他說：

> 詩之要三，曰格曰意曰趣而已。格以辨其體，意以達情，趣以臻其妙。體不辨則入於邪陋，而師古之義乖；情不達則墮於浮虛，而感人之實淺；妙不臻則流入凡近，而超俗之風微。三者旣得，而後典雅沖淡、豪俊穠縟、幽婉奇險之辭，變化不一，隨所宜而賦焉。㉓

吳中派詩大都側重抒發個人的情思，作品題材大都是描寫日常生活如飲酒、作畫、烹茶、遊園、聽曲、賞花等閒情逸致之事，此正是文人生活藝術化的趣味追求。

明中葉以後，蘇州文人仍承襲「尙趣」的生活態度，表現在詩文創作上，就是一種眞情流露，自然而不雕飾的特色。例如沈周以畫聞名，詩非其所專意，然其作品「不雕不琢，自然拔俗」㉔。又如文徵明詩「揮灑淋漓，但自寫天趣」。而唐寅做詩「不計工拙，然才氣爛漫」，祝允明其文「瀟洒自如，不甚倚門傍戶」。

除了詩文創作以「趣」爲貴，吳中詩人認爲讀書也是一種樂趣。「蘇人之趣，尤深於讀書，其以『趣』爲主之讀書法」㉕而且蘇人讀書是爲讀書而讀書，所讀內容廣泛博雜，有時文人也藉抄錄、校對的工作來，體悟其中之趣味所在。

2. 瀹鼎煮茗之樂：

飲茶的嗜好在明中葉以後已融入文人集團的生活中，成爲一種精神生活的象徵。江南地區產茶，又以蘇州一府爲冠冕，境內的無錫惠山、長洲虎丘山等區是產名泉之地。明代畫壇也常「茶事」入丹青，如文徵明〈烹茶圖〉、沈周〈醉茗圖〉、徐禎卿〈煎茶圖〉等。文人之間也常以品茗作爲聯絡情感聚會的媒介。

3. 治園林：

早在春秋時代江南就有了供君王遊樂的行館——館娃宮。江南園林多屬私家園林，大約起源於東晉。到了宋代園林藝術配合中國山水畫境，逐步形成文人園林清新典雅的風格。蘇州的「滄浪亭」是北宋間的園林。明代商賈所造之園，多爲華麗之風格，中國園林建築藝術，亦因商賈們刻意修治，得以長足發展。明代文人好遊亭園，對於亭園的經營等可從《岩棲幽事》、《醉古堂劍掃》中觸處可見。

4. 書畫、古玩

唐、祝、文、周四人既是文人又是畫家，蘇州文人常以詩文酬唱、書畫鑒賞爲其文藝活動的主要內容。在書畫作品的鑒賞方面，仍以得「天趣」爲高境，可見其詩文書畫的主張均是以自然天趣爲其一貫之主張。

蘇州文士平常從事的藝文活動項目雜多，上述只能簡要說明。事實上這種生活內容，一直沿續至晚明文人的生活重點仍不外上述幾項內容，換言之明代中葉蘇州文苑之文人生活型態，已脫離從事嚴謹學術研究的「學究」型文人形象，而走向趣味化，藝術化的文士生活。

四、何謂「趣」

所謂「趣」者，只要能出自眞心、眞情，卽是「趣」。晚明公安派的詩文主張特別強調「趣」，如袁宏道〈敍陳正甫會心集〉云：

> 世人所難得者唯趣，趣如山上之色，水中之味，花中之光，女中之態，雖善說者不能不一語，唯會心者知之。

所謂「唯會心者知之」，簡言之卽是於心有所領略。山上之色、水中之味、花中之光……其實都不是具體的情景呈現，只能憑「感」而「覺」，故善說者不能語之。而這種感受的觸動多使自於一種欣賞的態度，也就是從審美的立場出發，觀看萬物萬事。然而所謂「趣」者又與「美」有所不同，亞里斯多德說過「構成美的基本性質是秩序、對稱與明確性。」在《詩學》中提到：

> 任何美的東西，不管是一個動物還是任何由部分組成的整體，不僅要依某種秩序安

排其部分，而且必須有一定的大小；因為美就在於大小與秩序。

美的事物通常含概著和諧，對稱、秩序這性原則。我們說一個人長得很美，這種美的感覺，可說是其五官呈現最和諧的排列，眼、耳、口、鼻十分對稱，於是給人一種舒服愉悅的快感，如果五官不對稱歪嘴斜眼我們可能會認爲這樣很醜，但是也有人會認爲這種長相有「趣」，一隻狗全身雪白我們覺得可愛、漂亮，但是若雪白的小狗有一隻督睛是黑色的毛，我們會說這隻狗長得有「趣」，故而所謂的「趣」事，大都來自於「意料之外」，在意想不及的情形下發生，而當事者均處旁觀立場欣賞，故覺得有趣。因此「趣」是在和諧，對稱的美的性質之外，另一種快感的滿足。

五、蘇州文人尚趣之內在理路之形成

明代蘇州文人「尚趣」的生活態度也可說是在傳統的追求和諧的內心世界下的另一種突破。因爲中國士大夫的個人生活情趣，是以克制、和諧的方法來追求內心世界的平衡以及精神上的解脫[26]，在外在性格表現上，往往理性多於感情，表現出守恪中和文質彬彬的形象，必須控制個人情緒變化做到「不以物喜、不以己悲」，在面對外界的變化時又必須克制自己。這種人生態度在傳統的社會經濟結構下，也許能相安無事。但是一旦舊有的社會經濟體制崩解，士大夫所面臨的是社會價值觀念的轉變與其本身觀念的衝突。明代中葉文人面對社會結構轉變最劇的莫過於幾個經濟繁榮的城市，例如蘇州一帶的文人，在面臨傳統觀念的衝擊下許多人轉向反傳統的非道德主義，因此文人可以鬻文、鬻畫，科舉作官也非唯一正途，士人竟也「好傅粉墨，從優伶入市」[27]。他們在生活上以「趣味」爲取向完全是從感性態度出發，在和諧的境界追求之外，又以感性的立場接受原來不被讀書人所接受的「生活的琱琢」方式。

蘇州文苑之所以有此轉變除了社會因素外，他們也受到佛家尤其是禪宗思想影響[28]，禪宗重視的是觀世的內心自我解脫特別注意日常生活的細微事物，並從中得到啓示，以及從大自然的欣賞中獲得超悟是一種體察細微的清雅樂趣。蘇州文人或許受到此種生活哲學的啓發，而崇尚生活樂趣的追求。明代蘇州文人所崇向的趣味性取向的生活態度，又成爲他們特別標榜的「文人」或「山人」形象的基礎，流風所及成爲一時士人趨慕的風氣[29]，但是此種以審美態度構成的心靈世界，必須在生活中，確實的體會，才能自然散發文人風流的氣質，而這種氣質正是一般士子所傾慕的。後來的公安文人強調「獨抒性靈」，以及「奇趣」等主張，當與蘇州文苑之風尚有所關連[30]。尤其晚明文人的形態，可謂與蘇州文人尚趣之取向十分相近。

附　註

❶ 見班固《漢書・地理志第八》，頁一六五五。鼎文書局。
❷ 關於「蘇州文苑」一詞之界定，乃依簡錦松《明代文學批評》對蘇州文苑之界說爲據。
❸ 《史記、吳太伯世家》云：太伯讓位文王季歷故「乃奔荊蠻，文身斷髮，示不可用，荊蠻即吳地。張荷《吳越文化》一書云：「句吳即吳，其祖先生活在今蘇南、皖南、浙江北部一帶，與于越在太湖東南一帶錯居，東臨大海，西臨彭蠡以與楚接壤西至新安口上游，北與南淮夷隔長江相鄰。」遼寧教育出版社，一九九一年。
❹ 見《三國志》卷四十七，〈吳主傳〉。
❺ 語出《晉書》卷八十，〈王羲之傳〉。
❻ 語見《宋書》卷五十四，〈孔季恭傳〉。
❼ 關於當時經濟發展的情形，可參見傅衣淩著《明代江南市民經濟試探》，以及《明清時代商人及商業資本》二書，谷風出版社，一九八六年。
❽ 見《蘇州府志》卷二，〈壃域〉。《中國方志叢書・華中地方第五號》，成文出版社。
❾ 「治生」問題參見余英時著〈中國近世宗教倫理與商人精神〉，收錄於《中國思想傳統的現代詮釋》，頁三四〇—三四六，聯經出版公司，一九九〇年。
❿ 所謂新的四民關係，是指自古以來士、農、工、商，四民分業。在「重農抑商」的政策下，士人地位向來最尊，而商人一直居四民之末。但是在商業社會形成後，四民的關係也隨著社會價值觀念的改變，而重新調整。詳參余英時〈中國近世宗教倫理與商人精神〉一文。

⑪ 何心隱《答作主》中說：「商賈大於農工，士大於商賈。」

⑫ 崇禎本二刻《拍案驚奇》卷卅七云：「徽州風俗以商賈爲第一等生業，科第反在次着。」

⑬ 見《萬曆野獲編》卷二十六。

⑭ 歸有光《陸思軒壽序》，收入《歸有光全集》卷十三。

⑮ 參見簡錦松〈論明代文學思潮中的學古與求眞〉，載，《古典文學》第八集。

⑯ 明代朱元璋統一全國後，爲了便於拑制人民思想於是興辦學校，達到「無地而不設學，無人而不納之教」的程度。

⑰ 見龔師鵬程《消費社會中的文化問題》，收入《文化、文學與美學》，時報，一九八八年。

⑱ 魏源《海國圖志，籌海篇二》。

⑲ 見黃明理《晚明文人型態之研究》。

⑳ 見文徵明《甫田集》卷二十一。

㉑ 朱元璋與張士誠集團的消長、糾葛情形，可參見廖可斌〈論元末明初的吳中派〉，載於《蘇州大學學報》，一九九一年第四期。

㉒ 宋佩韋《明文學史》(上海商務印書館，一九三四年）認爲，唐寅、祝允明、文徵明、沈周等人，正值茶陵派、復古派相繼風行之際，但是他們四人未依門傍戶，卓然自立，近於山林隱逸之流，故將其列爲獨立作家。錢基博《明代文學》(臺灣商務，一九八四年）將唐、祝、文三人附於徐禎卿之下。其它如陳鐘凡、郭紹虞、劉大杰等人書中均未論及四人。

㉓ 見高商《大全集・鳧藻集》卷二，〈獨庵集序〉。

㉔ 經見宋佩韋《明文學史》，頁一〇七。

㉕ 見簡錦松《明代文學批評》，頁一六〇，一九八九年。

㉖ 見葛兆光《禪宗與中國文化》，頁一〇三－一〇四、天宇出版社。

㉗ 文徵明曾親自粉墨登場演戲，參見陸容《菽園雜記》，卷十。

㉘ 同注㉕，頁一二八，唐寅自號爲「六如居士」，便可看出他與佛教的淵源。

㉙ 見陳萬益《晚明小品與明季文人生活》，大安，一九八八年。

㉚ 《明史・文苑傳》載袁宏道曾「選吳縣知縣，聽斷敏決，公庭鮮事，與士大夫談說詩文，以風雅自命。」可見袁中郎與蘇州一帶文人交往應該非常密切。

黃遵憲及其有關南洋的詩歌

魏仲佑

序言

黃遵憲（一八四八—一九〇五）在政治上，是清末維新運動的重要成員之一，雖然他在該運動中從未扮演臺面人物，然而在運動初期他是一位新思想的啓廸者，早在光緒五年（一八七九），他已把日本明治維新的成功經驗介紹於中國❶。同時維新時期各項運動中他常爲贊助者，甚至於是媒介者❷。乃至二十五年的「百日維新」也以他的「日本國志」中，日本的政治改革做爲中國政治革新的張本❸。

而文學上，他是晚清最具聲望的詩家之一，更是最能代表這個時代的詩人，因爲他的詩反映了這時代在西方文明衝擊下中國委頓飄搖的國勢，也寫出了時局之下國人生活之苦痛，更表達了一時新學之士對國家現代化的企盼。

黃氏出身舊學，所以他具有傳統學校的深厚根柢，也有傳統詩文良好寫作能力，尤其寫作詩歌，他具有很高的天賦。另外，他活在晚清「同光詩」盛行的時代，此一文學環境，對他也不能沒有影響。關於「同光詩」以曾國藩的「題彭旭初集」可大略瞭解其特色，詩云：

大雅淪正音，箏琵實繁響。杜韓去千年，搖落吾安放。涪翁差可人，風騷通肸蠁，造意追無垠，琢辭辨倔彊。伸文揉作縮，直氣摧為枉。自僕宗涪公，時流頗忻嚮。

（曾文正公集卷一）

這首詩中說明，此種詩體能夠如文章般伸、縮、直、枉；換言之，凡文章能表達的意思，「同光詩」一樣能曲盡而表達。進一步去想，可以瞭解到曾國藩以及此後「同光詩」的作者，在寫作觀念上，已逐漸放棄詩、文分途的想法。亦即文章的內容，也可以當爲詩歌的內容；而不願學清代早期的詩家，專意在修辭上的美感，如講究神韻、格調、肌理、性靈之類。十九世紀末葉是中國五千年社會、文化改變最大的時期，此一鉅變之下，中國知識界逐漸轉移注意於所謂的「今文學」❹，而詩壇也積漸而有了學者與詩家合流之現象❺，而成爲一股沛然莫禦之風氣。由於學者所關心的是政治、社會的實際問題，一旦他們投入詩歌的寫作，必然把他們關心的問題寫入詩中；表達他們的關心也成爲寫詩的主要目的。如此一來，一向詩中風花雪月，生活雅興的內容必相對減少，而寫作上過份注意修辭，乃至於要力追唐、宋風格的心態，也隨之減低。

顯然，黃遵憲受自此一文學環境的影響很大，其「人境廬詩草」十一卷，可以說絕大部份的作品都在反映他生活時代的形形色色，大至於朝廷的施政，小至芸芸衆生的疾苦，所以劉大杰便以爲：黃氏的詩可以做爲甲午戰爭後中國詩歌的代表[6]。他詩中反映事，由弱冠之年，太平軍餘孽作家鄉開始，然後廣州應試途經香港，感懷西方勢力之入侵中國，然後英法聯軍、中法戰爭、中日戰爭、戊戌政變、義和團之亂、八國聯軍均有許多作品。另外在國家敗象紛呈之中許多令他感觸很深的事，都一一呈現他的詩篇，如科舉選才無法讓眞正人才出頭，朝廷處理美洲華工事務之失策，殺害西方敎士之錯誤、洋務運動之不切實際、南洋僑務之受輕忽等等。以至於對當時人物之褒揚或貶斥或哀憐或論定，如關於馮子才、張蔭桓、德宗、李鴻章等等均有詩。此外他有一些非常特別的作品，即是那些以域外生活經驗、見聞及所思所感爲內容的詩篇，由於這部份詩篇爲歷來詩家所未嘗描寫，因此格外引人注意。

由於黃氏爲外交官，生活閱歷特別廣大，加以他抱負特別強烈的使命感，他所瞭解西方進步的情形特多，其反省祖國衰敗之原因也特別深刻，以他如此的涵養，而形之於詩篇，自然會使他的詩成爲一代的代言者，特別是維新運動時期成爲運動人士普遍的心聲。

近來，一般都以爲口語入詩是黃遵憲詩的最大特色，其實這是由於胡適「近五十年來中國之文學」所誤導。關於這一點，筆者在拙作「黃遵憲與淸末詩界革命」一書中，已參酌日本學者曾田涉之意見加以論駁[7]。黃氏詩中口語入詩本不多見，而黃氏自稱爲「新派詩」本不關乎詩之形式、聲律、用口語，其有關係者在詩所描寫新意思及使用新語辭，這就是爲何梁啓超在其「詩界革命」中，揭櫫「新意境、新名詞，而入於舊風格」，而又以黃遵憲詩爲新詩運動的標準[8]，其原因在此。

本文目的在探討黃遵憲任職新嘉坡總領事期間，其詩所描寫當地的奇風異俗，以及所反映當時他所思所感，從而去探討這部份作品在他部作品中的特殊性，乃至於這類作品與中國傳統詩歌相異之處。

一、黃遵憲生平大略及其南洋之經驗

黃遵憲，廣東嘉應州人，屬客族。其家原爲當地富商，後因太平天國亂事波及，家業遭毀，而趨於貧薄。早歲入學，十八歲應院試而成州學生，此後多次應鄉試不第，光緒二年，二十九歲應順天鄉試成擧人，隨卽以捐納爲五品知縣任用。同年應翰林何汝璋之邀，隨使爲駐日本公使館參贊，次年啓程赴日，成爲何使之力助。期間與日本士大夫往返頻繁，而有機會深入彼邦之政治現況。此時日本爲明治維新後十數年，國勢蒸蒸日上，而使他興起考察日本政治革新以爲祖國借鏡之心，兩年時間，完成「日本雜詩」二卷，各詩附詳註，多與政治革新有關。並於任職期間完成「日本國志」史料之收集。光緒八年（一八八二）奉命接任美國舊金山總領事，上任不久，國會通過禁華工律，旋卽引發加州一帶無數排華工事端，身爲總領事他不得不投身於各地事端之處理，所以四年任期，可謂心力焦瘁。光緒十一年（一八八五）任滿，帶一身疲憊返回故里，然後潛心「日本國志」之撰述，二年後完成。十四年攜原稿入京，希望獲得重視，無奈被束之高閣。十六年，四十三歲，奉命隨薛福成出使歐洲，爲駐英國公使館二等參贊，此行由香港啓程，經西貢、新嘉坡、錫蘭（斯力藍卡）、紅海、蘇彝士運河、地中海到達歐洲。這是他初次到南洋，沿途只在西貢、錫蘭略事停留。「錫蘭島臥佛」一詩，卽當時有感而作，詩凡五言四首三十三句，稱號中國傳統詩第一長篇。駐英期間未受俾重，鬱鬱寡歡，十七（一八九一）値新嘉坡領事館升格爲總領事館，又以該地爲英屬，由薛使推薦黃遵憲爲總領事。

南洋自十八世紀西方強權將其勢力伸向東方以來，逐漸淪爲西方的殖民地，由於南洋地處東西海上交通的孔道，控制南洋等於扼守這條東西航道的要害。於是十八世紀以來，南洋便成西方海權國家爭奪的目標，該世紀末麻六甲海峽沿岸各地，包括島嶼便逐漸落入英國——當時海上霸權——的控制中，或直接佔領而爲殖民地，或仰承鼻息而成爲英國的保護國。

華人移居南洋，其時間應可溯及久遠，其移居海外之理由不外乎故鄉生活不易，移居海外謀新生活。這種趨勢，尤其在清代中葉以後國內人口增加，人民生活壓力增大，再加上海禁開放，外來貿易造成傳統經濟結構之丕變，於是一方面國內貧富懸殊，一般人生活更爲不易；一方面海外被視爲追求新生活的希望所在，便促成大量人口的外移[9]。南洋去中國東南沿海最近，便成爲大量外移人口落腳之地。黃氏之任新嘉坡總領事，其業務轄屬，除新嘉坡及附屬小島外，還包括檳榔嶼、麻六甲、海門等島。這一帶新嘉坡、檳榔嶼、麻六甲爲英國所統治，白蠟、石蘭莪、芙蓉、彭享皆受英國之保護，柔佛爲自主國，但也受英國之支配，華僑總人數六十萬人以上[10]。關於他到任之初，所見僑界之狀況，可見於他上書薛福成（按：新嘉坡總領事爲駐英公使之屬）所云：

> 職道到任一月，詳察南洋各島情形，知英屬新嘉坡等處，流寓華人日增，所有落地之產業，沿海之貿易，華人佔十之七八，歐洲阿剌伯巫來由僅居十之二三。其往來

貿易與內地互相關涉者，約有數端：一曰船舶，富商鉅賈，有多至十數艘者，入境則地方有管轄之權，出海則領事有稽查之責；一曰財產，華人產業或在中國，或在外洋，兩地睽隔，彼此轇轕，又有一家公產，一人遺棄，互相併奪，至於傾家蕩產，訴訟未休；一曰逃亡，或在中國作奸犯科而匿外國，或在外國侵呑奸騙而逃歸中國，已得其主名，親見其踪跡，竟以案無根據，莫能指控，仇讐側目，行路飲恨；一曰拐誘，拐匪踪跡詭秘，而中外又兩不相接，故無從緝獲；一曰誣告，有空拳而出，捆輕而歸者，鄉鄰姻族，視為魚肉，每每勒索訛詐，及不遂，則有富商而指販賣豬仔者，以良民而誣為曾犯奸盜者，……………（薛福成「出使公牘」卷七札文）

由以上函札，可以概見此後他任內的工作重點。大略而言，如下數端：一是合理規範商船之交易行爲；二是革除僑民之積弊，從而保障其安居樂業；三是犯罪行爲之抑制，及罪犯之引渡。另外，關於僑民在祖國之法律地位，也是他積極從事的工作，蓋清初之律令，視僑民爲化外之民，（按：以下引文多有提及。）故南洋僑商或有挾鉅資歸里者，往往遭鄉人之勒索、訛詐，或遭督撫惡吏引舊律殺害，而攫奪全部財物。所以他到任次年（光緒十九年）一月即上書薛使，云：

雖居外洋已百餘年，正朔服色，仍守華風，婚喪賓祭，亦沿舊俗。近年各省籌賑籌防，多捐鉅款，競邀封銜鈐（按應作翎）頂，以誌崇章，覩其拳拳本國之心，知聖德之浹洽者深矣。惟籌及歸計，則皆蹙額相告，以為官長之查究，胥吏之侵擾，宗黨鄰里之訛索，種種貽累，不可勝言。凡挾資回國之人，有指為逋逃者，有斥為通番者，有謂為偷運軍火，接濟海盜者，有謂其販賣豬仔，要結洋匪者，有強取其箱篋肆行瓜分者，有拆毀其屋宇，不許建造者，有偽造積年契券，藉索逋欠者。海外羈民，孤行孑立，一遭誣陷，控訴無門，因是不欲回國，間有以商賈至者，不稱英人，則稱荷人，反倚勢挾威，干犯法紀，地方有司，莫敢誰何！

此一上書立刻獲得朝廷之回應，所以同年八月德宗皇帝即下詔書，云：

十九年八月辛亥（按爲初二日），除華僑海禁，自今商民在外洋，無問久暫，概許回國治生置業，其經商出洋亦聽之。

而同一事件朱壽鵬「光緒東華錄」則錄有皇帝之御批云：

……是國初舊禁早已不弛之弛，特當時未及廣布明文，家喻戶曉，吏胥族鄰，因得窺鑄滋擾，訛索誣陷，致累朝深仁厚澤，尚未徧被海隅，如薛福成所奏種種積弊，自係實在情形。華人流寓各國，人數滋多，若概禁其端返故鄉，不無觖望，應請如該大臣所奏，勅下刑部將私出外境之例，酌議刪改。並由沿海各直省督撫出示曉諭州縣鄉村，申明新章既定，舊禁已除，除偽冒洋商，包攬貨物，及別有不法重情者，仍應查究外；其餘良善商民，無論在洋久暫，婚娶生息，一概准由出使大臣或

> 領事，給與護照，任其回國治生置業，與內地人民一律看待，並聽其隨時經商出洋，毋得仍前藉端訛索，違者按律懲治。

顯然，黃遵憲的努力，使新嘉坡僑民受到福祉，所以當地近代學者黃維廉，在其關於黃氏的研究中，極肯定黃氏在新嘉坡的政績，尤其他在爭取僑民在祖國的法律地位一點，認爲是「他（黃遵憲）任內最値得紀念的政績」[11]。

一般而言，黃遵憲是晚淸少數優秀的外交人員之一，他在日本、美國都留下極好的聲譽，在新嘉坡其政績更爲卓著，單前面爭取僑民法律地位，卽可見其用心之勤，由此可想見其他。官方的事務之外，黃氏有感於僑民敎育素質低，社會地位也因此卑微，無法受英國統治當局的看重，自然影響他們在當地的權益，因此在職務之外也從事敎育之提倡[12]。

關於以上所述各項，在他敍述長詩「番客篇」裏都有深刻的反映。但由於工作態度上的積極銳進，也與統治的英國方面產生一些磨擦，尤其是與華人護衞司（protector of Chinese）G. T. Hare之衝突尤烈[13]。而造成嗣後出使德國受阻[14]。此外，期間常染瘧疾，痛苦不堪，但由於各地將養病體，而使他有機會接觸各地風物民情，不失爲意外收獲。

光緒二十年十一月，解任返國，隨卽從事一些對外交涉之事，後出使英德受阻，後被派任湖南長寶鹽法道，參與湖南新政，然後百日維新受德宗殊遇，然後政變遭斥。光緒三十一年，五十八歲，逝世於故里。

二、錫蘭島臥佛的觸發

光緒十六赴歐履任途中，在錫蘭島登岸，當時該島已是英國之屬地，據薛福成當時的日記云：「……開來南廟距岸七英里，余與繙繹隨員等乘馬車往遊焉。廟有如來臥像一尊，長二丈外，僧云百五十年前所塑」⑮。黃氏「錫蘭島臥佛」（全集卷七）一詩，自然是這趟遊廟所觸發。五言古風，凡四百三十三句，爲中國傳統詩第一長篇，限於篇幅全詩無法照錄，全詩分五段落，茲依序節錄各段之首尾如下：

㈠大風西北來，搖天海波黑。茫茫世界塵，點點國土墨。雖曰中國海，無從問禹迹。近溯唐南蠻，遠逮漢西域。自明遣鄭和，使節馳絡繹。凡百馬流種！各各設重譯。……行行重行行，便到獅子國。

㈡浩浩象口水，流到殑伽山。遙望窣堵坡，相約僧躋攀。中有臥佛象，丈六金身堅。右疊重累足，石握光明拳。雖具堅牢相，水田脫淨衣。……就中白毫光，普照世大千。八十種好相，一一功德圓。是誰攝巧匠，上登忉利天。……豈真津梁疲，老矣倦欲眠。如何沈沈睡，竟過三千年。

㈢吁嗟滅佛度，世界眼盡滅。最先王舍城，迦葉與阿難。結集佛所說，爾來一百年。復見大會設，恆河左右流，揵槌聲不絕。其後阿育王，第一信佛法，能役萬鬼神。……漢家通西域，聲教遠相接。金人一入夢，白馬來負笈，繩行復沙度，來往踵相躡。……窮北踰靺鞨，大東渡日本，天皇盡僧牒。……豈知西域賈，手不持寸鐵。舉佛降生地，一旦盡刼奪。

㈣我聞舒五指，化作獅子雄，能令衆象醉，敗竄頭龜束。何不救獸王，俾當敵人衝。我聞……，何不……佛力遂掃地，感嘆摧胸肝。

㈤佛不能庇國，豈不能庇教。奈何五印度，竟不聞佛號。……地降甘露祥，人人仰震旦，誰侮黃種黃。弱供萬國役，治則天下强。明王久不作，四顧心茫茫。

以上五段㈠是寫中國與南洋諸國的關係。㈡是寫佛教之產生到盛大。㈢是佛教東傳而到盛況空前，但隨著西人來貿易，而帶來西方文明，佛教之盛況也隨之結束。㈣是寫雖云佛法無邊，竟不能佑庇信奉佛教之國。㈤是寫佛教不僅無法庇佑國家淪於異教的侵凌，甚至於宗教本身都受不住西方文明的衝擊而日漸式微，全詩歸結到一切文化如不能日進日新，終有覆滅的一天，如希臘、羅馬、埃及之文化均已趨於淪落，而中國五千年文化亦正汲汲不保之中。

作者於光緒八至十一年，四年舊金山總領事任內，看到無數華工的辛酸血淚，也使他深刻體會到做爲黃種人的卑微，這種心情，由他美國歸來途中所作「八月十五夜太平洋舟中望月作歌」(全集卷五)即可明白，云：

……虬髯高歌碧眼醉，異方樂祇增人愁。此外同舟下牀客，夢中暫免供人役。沈沈千蟻趨黑甜，交臂橫肱睡狼藉。魚龍悄悄夜三更，波平如鏡風無聲。一輪懸空一輪轉，徘徊獨作巡檐行。……

眼見同船遣返的華工睡象狼藉，暫忘現實世界的痛苦，作者感到心酸，因爲這四年他身爲總領事，竟無法保護他們，自責之外，也強烈體會到西方世界的弱肉強食。這是他對西方世界的新認識，也是他個人思想的轉捩點⑯。這種思想底下，當此錫蘭島之遊，眼見英人在此統治，在此掠奪，而逐漸摧毀此地人民數千年之人文傳統、宗敎傳統，能不令作者發出「明王久不作，四顧心茫茫。」之嘆息。

此詩，梁啓超收錄在「飲冰室詩話」，並給予極高的評價。梁氏以爲此詩爲一篇社會史、宗教史，並認爲作品可比美英詩人彌兒頓之作，且表示「有詩如此，中國足以豪矣」⑰。梁氏之意，顯然以爲此詩在世界文學標準來看，足以當爲傑作而無愧。此詩就表達之思想而言，確實具有時代之重要意義，全篇條理、層次極好，可惜全篇多用佛敎故實，僻冷難懂，實爲其嚴重缺失。此外，作品雖題爲「錫蘭島臥佛」，而地方之色彩並不明顯，蓋詩人雖由錫蘭島臥佛而引發詩思，而所表達之觀念則在東西種族、文化、宗敎之衝突。

且不管此詩可否當爲世界性之傑出作品，然作者以其世界性之視野，而寫出當時人類種族、文化之重大問題，就中國傳統詩壇而言，可謂空前，此其難能可貴之處。

三、南洋之風土民情

黃遵憲自光緒十七年九月到任以來，由於當時往來各地及島嶼從事業務之考察，加以他居住南洋以來常感染瘧疾，「醫生勸以出遊，遂往檳榔嶼、麻六甲、北蠟等，假居華人山莊。」（全集卷七「養疴雜詩」序）而使他眞正接觸此間之民物風情。因此他也留下一些關於這方面的作品，就他的全集來看，有「新嘉坡雜詩」十二首，（按：集外詩輯尚有「新嘉坡雜詩」四首，可見此套原有十六首）「養痾雜詩」十七首，（以上均見全集卷七）此外，「己亥雜詩」第六十至六十三亦爲有關南洋之作，這些作品均爲近體。

「新嘉坡雜詩」爲五言律詩，十二首成套。起訖有一定先後，詩由新嘉坡重要的地理位置寫起，云：

天到珠崖盡，波濤勢欲奔。地猶中國海，人喚九邊門。
南北天難限，東西帝並尊。萬山排戟險，嗟爾故雄藩。

然後寫此地十八世紀中葉爲英國所強佔，而淪爲殖民地，英官在此覇道横行，並尊英國維多利亞女皇爲國主，詩云：

本爲南道主，翻拜小諸侯。巧奪盟牛耳，横行看馬頭，
黑甜奴善睡，黄教佛能柔。逐剗芒芒跡，難分禹跡州。

華離不成國，黔首尚遺黎。家蓄獠奴段，官尊鴨姓奚。
神差來卻要，天號改撐犂。盆地圖王母，諸蠻盡向西。

以上後一首「官尊鴨姓奚」句，作者自注云：「英官護衞司用華文譯其姓爲奚，最貪穢。」

此人爲G. T. Hare官「華人護衛司」(Protector of Chinese)與黃氏事權多重疊，而時有衝突⑱。而後寫市街景象，云：

五屋沈沈者，羣官劍佩磨。開衙尊鳥了，檢曆籍晏羅。
巢幕紅鷹集，街彈白鷺多。獨無關吏暴，來去莫誰何。

新嘉坡於來往市舶不徵餉稅故云。然後寫當地原住民二首，僅錄一首，云：

裸國原狼種，初生賴豕噓。吒吒通鳥語，梟梟學蟲書，
吉貝張官繖，干蘭當佛盧。人奴甘十等，只願飽朱儒。

然後寫當地華僑二首，僅錄一首，云：

化外成都會，遷流或百年。夫音曉鴂舌，火色雜鳶肩。
馬糞猶餘臭，牛醫亦值錢。奴星翻上座，舐鼎半成仙。

然而寫當地物產二首，錄其一首云：

絕好留連地，留連味細嘗。側生饒荔子，偕老祝檳榔。
紅熟桃花飯，黃封椰酒漿。都縵都典畫，三日口留香。

然後寫此地東西市舶往來之頻繁，一時成爲海上之重鎭，有詩二首云：

會飲黃龍去，馱經白馬來。國旗颺萬舶，海市幻重臺。
寶藏諸天集，關門四扇開。紅髯定何物，驕子復雄才。

遠拓東西極，論功紀十全。如何伸足地，不到盡頭天。
寶蓋縫花網，金函護葉箋。當時圖職貢，重檢帝堯篇。

以上「新嘉坡雜詩」十二首，由地理位置，而英人之統治，而居民，而物產，而成爲東西貿易之重鎭，前後一貫，可說是新嘉坡歷史、人文之整體介紹。其中雖有當地國情之反映，但不明顯。而底下「養痾雜詩」所描繪南洋生活風味、文化特色則更深入，更足得玩味。

「養痾雜詩」前有序，已引於上文，七言絕句，共十七首，不成套。蓋作者養病於檳榔嶼、廡六甲、白蠟等地華人山莊所見所聞，詩中所寫各地風俗、生活情調，興味淋漓，而詩本身亦精瑩可愛。如寫土人馴養猿猴助摘椰實。云：

高高山月一輪秋，夜半椰陰滿畫樓。
分付馴猿攀摘去，渴茶渴酒正枯喉。

又其寫當地位處赤道附近，天文景觀異於中國，云：

鈞天一醉夢模糊，喔喔雞鳴病漸蘇。
南斗起看翻在北，不知仍是注生無。

又其寫不同信仰間之趣事，云：

老妻日據竈觚聽，鄰有神符治病靈。
佛祖不如天使貴；勸余多誦可蘭經。

按當時黃夫人隨往南洋；又其寫當地近赤道之氣候，以及這種氣候下人們的生活云：

單衣白袷帳烏紗，寒暖時時十度差。
冬亦非冬夏非夏，案頭常供四時花。

又其寫當地兒童嬉戲，云：

桃花紅雜柳花飛，水軟波柔碧四圍。
五尺短繩孤棹艇，小兒讙曳鱷魚歸。

又其寫當地奇異風俗，云：

鐙紅月白可憐宵，羯鼓如雷記里遊。
異種名花新合樂，知誰金屋別藏嬌。

此首自注云：「中西流娼所生女，以父母異種，故皆色白髮黑，非常秀美，富商多納爲姬妾，別營屋居之。夜半月高，絃索齊鳴。而擊鼓歌唱均沿用巫來由舊習，往往聲聞數里。」

以上宛然劉禹錫「竹枝詞」之作品，其形式則純然近體詩，況詩充滿異國情風，極其特殊，亦極爲可愛。詩均爲養病期間之作，却無絲毫病中沈鬱之心情，反而流露愉悅悠遊之趣味。十七首均各別描寫南洋點點滴滴之民情風物；整體看則構成南洋地帶生活上，文化上之有趣畫面。黃氏集中絕多數均在爲國家、民族之命運而吶喊，故其表現之心情均爲沈鬱而促迫；而這部份詩則表現開朗而悠遊之心情，亦可見其特殊。其集中類似作品只有「山歌」九首（卷一）。「山歌」寫客家風情，而「養疴雜詩」玩味南洋風情，兩者有異曲同工之妙。不過二者，一爲民歌，一爲近體。

四、僑民關懷之詩

黃遵憲關懷僑民之詩，主要有二，即「蓮、菊、桃雜供一瓶作歌」與「番客篇」（均見全集卷七）。作品雖僅二篇，但篇副極大。前者歌行體，長八十二句；後者五言古風，共四百。九句。作者營構如此鉅篇，亦可見其關懷僑民問題之深。由於篇副大，勢無法全詩照錄，以下只二詩之關鍵處，未錄處則由筆者略述其大意。

以蓮、菊、桃供一瓶作歌

南斗在北海西流，春非我非秋非秋。人言今日是新歲，百花烟熳堆案頭。主人三載蠻夷長，足徧五洲多異想。且將本領管羣花，一瓶海水同供養。蓮花衣白菊衣黃，夭桃側侍添紅粧。雙花並頭一在手，葉葉相對花相當。濃如旃檀和衆香，燦如雲錦紛五色。……如招海客通商船，黃、白、黑種同一國。一花驚喜初相見，四千餘歲甫識面。一花自顧還自猜，千里絕域我能來。一花退立如局縮，人太孤高我慚俗。一花傲倪如居居，了更嫵媚非粗疏。有時背面互猜忌，非我族類心必異。……傳語天下萬萬花，但是同種均一家。古言猗儺花無知，聽人位置無差池。我今安排花願否，拈花笑索花點首。花不能言我饒吞，花神汝莫生分別。……動物植物輪迴作生死，安知人不變花花不變為人。六十四質亦么麼，我身離合無不可。質有時壞神永存，安知不變花花不變為我。千秋萬歲魂有知，此花此我相追隨。待到汝花將我供瓶時，還願花一讀今我詩。

四時之花並時而生，爲南洋地帶特有之景象，也在其詩中再次提及，如云：

冬亦非冬夏非夏，案頭常供四時花。（「養疴雜詩」之十二）

瘦菊消蓮艷桃李，一瓶同供四時花。（「己亥雜詩」之六一）

上面詩歌卽取材於此特異景象，不過詩並非以此異景表達此地特殊的天候；而是用來比喻此地不同種族之雜居。

南洋當時的住民，除統治此地的白種人外，有華人、印度人，巫來由（馬來人，亦當地之土著）及少數阿拉伯人。不同種族共居一地，正如四時之花同供一瓶。然而人之相處，則不能如花之能共處而共榮。蓋人們各挾其特殊之文化性格，相互拒斥，而相互爭奪生活地盤。

這一帶主要之人種，其生活方式、宗敎信仰、經濟地位、政治地位本有極大差異，彼此相忌相斥亦爲自然之事。況英人之佔有此地，本在維護其海上霸權，進而掠奪此之物質，並無心治理此地爲文明樂土，故其凌侮他族以遂其目的，乃屬必然之事。而華人移居此地多由漳州、泉州、潮州、嘉應、惠州、瓊州等地，由於居住此地生命財產之安全不甚受保護，遂往往聚鄉人相互照應，而逐漸形成會黨。會黨一旦形成，不僅對抗異族，且演成會黨間之仇隙，以至從事犯罪勾當。此卽爲第一節所述華僑社會弊端所以發生之原因。

黃氏旣身爲總領事，保護此地僑民，並掃除華僑社會之積弊，自是責無旁貸之事。而此卽在表達他當時之心情，亦卽是不同種族和睦相處之企盼。

梁啓超「飮冰室詩話」登錄此詩，並予極高之評値。唯梁氏著眼處，在於作者以生物學、化學之觀念入詩，而指爲「詩界革命」之理想作品[19]。不過梁氏所謂特色之處，則非詩人作此詩之主要目的。

番客篇

山雞愛舞鏡，海燕貪栖梁。衆鳥各自飛，無處無鴛鴦。今日大富人，新賦新婚行。插門桃柳枝，葉葉何相當。垂紅結綵毬，緋緋數尺長。上書大夫第，照耀門楣光。中庭壽星相，新⿱⺮杭供中央。隱囊斑絲細，坐褥棋局方。兩旁螺鈿椅，有如兩翼張。丹楹綴錦聯，掩映蠣粉牆。某某再拜賀，其語多吉祥。……

此詩由一大富人家之新禮寫起，詩中先寫屋內屋外的佈置，這種佈置是既要顯其高貴，又不覺流露低俗；既要維持華人傳統，又不免雜入南洋之特色。黃氏寫南洋華僑，顯然很注意到此點，如其於「新嘉坡雜詩」之七即云：「馬糞猶餘臭，牛醫亦值錢。奴星翻上座，舐鼎亦成仙。」作者應無看賤僑民之意，而是以玩味之心情看此地華人之種種表現。該詩接後寫華洋樂音並奏，樂聲不同種族之賓客到來，致贈不同習俗之賀禮。然後婚禮進行，又是華洋雜揉。然後寫歡慶，有演戲、雜耍、賭博，致果品食物，亦是華洋參雜。然後在宴席間，由一「蒜髮叟」與作者之對談，而道出許多富翁由白手起家之經歷，其中包括經營船運、魚撈、錫礦、椰子、地產、典當、貿易等等行業。接後又說華僑雖身居域外，却如何不忘其本源。如奉祖國之正溯，飲食日用皆保持故國舊俗，以至於講風水、信命理亦同於祖國。又祖國但有天災地變，僑民均能踴躍輸捐，慷慨解囊，其心繫故國若此，然祖國之待僑民者則令人心寒。蓋清初之律，禁人民外移，其違犯者以通番論處，故南洋僑民有致富歸鄉者，往往遭鄉人之勒索，或遭督撫惡吏引舊律而殺害，而搶奪其財物。最後作者表達其願望，云：

咸道通商來，雖有分明約。流轉四方人，何曾一字著，堂堂天朝語，祇以供戲謔。
譬彼猶太人，無國足安託。鼴鼠苦無能，橐駝苦無角。同族豈異心，頗奈國勢弱，
雖則有家室，一家付飄泊。倉頡鳥獸迹，竟似畏海若，一丁亦不識，況復操筆削。
若論佉盧字，此方實莊嶽，能通左右文，千人僅一鶚。此外回回經，等諸古渾噩，
不如無目人，引手善捫摸。西人習南音，有譜比合樂。孩童亦能識，識則誇學博。
識字亦安用，蕃漢兩棄却，愚公傳子孫，癡絶誰能藥。近來出洋衆，更如水赴壑，
南洋數十島，到處便插脚。他人殖民地，日見版圖廓，華人三百萬，反為叢敺雀。
螟蛉不撫子，犬羊且無鞹，比聞歐澳美，日將黃種虐，向來寄生民，注籍今各各。
周官説保富，番地應設學。誰能招島民，回來就城郭，羣攜妻子歸，共唱太平樂。

清代自開港與外人貿易以來，與各國均訂有明約，以保護其商務行爲，而對華僑則無一字之保護，此作者第一項抱怨。又當時華僑教育水準低，容易造成外人之凌侮，而清政府則任令其自生自滅，而不加保護，所以作者提出「番地應設學」及「招島民回來就城郭」之建議。

此詩，形式上是長篇敍事詩，然僅前面小部份有詩之趣味，至其他部份均爲僑務心得之報告。傳統作詩極重視文字、聲律之美，而黃氏之詩則重視內容。故其在修辭上僅要求符合一般規定，不做進一步之要求，而內容方面則力求其完整，而不免使作品之頭緒紛煩，故近人或指其疏於剪裁[20]，亦屬確實。

黃遵憲是位務實，而又有責任心之官員。而此詩乃由其務實及責任心所發之心聲。又此詩之寫作，其目的不全在抒發感情，或創作一項作品，更重要者，作者有意以詩歌將僑民問

題訴諸大衆，因爲他曾表示羡慕「歐洲詩人出其鼓吹文明之筆，竟有左右世界之力，」㉑而

僑民問題正是當時外交之重要問題，正值得作者奮其筆而鼓吹之。

五、結　論

1.「錫蘭島臥佛」一詩，基本上，與南洋之地物無關。蓋詩與由錫蘭臥佛觸發，而後寫佛教之興衰，而後寫信奉佛教諸國，亦卽黃種人之由興而衰，而歸結於東西之衝突，而囑望黃種人之振作也。

2.「新嘉坡雜詩」目的在介紹新嘉坡，全套十二首，從歷史、地理、人種、物產、統治現況等做有系統之介紹，有地域性色彩，但論作品之生動，則遠不如「養痾雜詩」。「養痾雜詩」十七首，寫出南洋之種種奇風異俗，異國風味極濃厚，況作者出以賞玩悠遊之筆，爲全集中極特殊之作。

3.「蓮菊桃供一瓶作歌」與「番客篇」二篇，基本上與作者之職務有關，蓋作品內容卽職務上關心之事，詩中雖在相當程度上表現地方之風情，而其主要目的則在述事理，或討論問題，「番客篇」尤其如此。此類作品之好壞殊難定論，愛內容者予以高評値；愛修辭之美者則以爲「失於剪裁」，況詩中討論之有關問題，容易因時間之移轉而失其重要，則作品亦隨而減失其價値。故此類作品將來能否傳世，尙待時間之考驗。

4.一般而言，作者在南洋諸作，其異於作者其他品者，僅在取材與當時關心事物之差異，至於創作風格則未變。

附註

❶ 該年他的「日本雜事詩」由同文館出版，出版之理由是該書被認爲有重要的意義，詩集共收一百五十四首，其中大部份都關於維新後之新措施，每首詩後附有詳註。

❷ 光緒二十一年上海強學會黃氏爲發起人之一，又「時務報」他亦創辦者之一，梁啓超由他推薦爲總主筆，二十四年湖南南強學會，他也是發起人之一，又湖南「時務學堂」亦他推薦梁氏充任總監，以上均見年譜。

❸ 見"Reform Ideas of Huang Tsun-hsien's "History of Japan' and Its Influence on The Hundred Day's Reform" I. milner 南洋學報十七輯。

❹ 見梁啓超「清代學術概論」。

❺ 見陳衍「石遺室詩話」卷一。

❻ 見「中國文學發達史」二十九章，第一節。

❼ 見第三章第二節「詩界別創論與我手寫我口」，曾田涉之文刊於「人文研究」一五—六。

❽ 見清議報三十五册，「汗漫錄」一文。

❾ 見黃競初「南洋華僑」第一章、第一節。

❿ 據薛福成「出使日記」卷四，光緒十六年新嘉坡領事左秉隆之報告。左氏爲黃遵憲之前任。

⓫ 見「黃公度就任新嘉坡總領事考」南洋學報十七—一。

⓬ 見「番客篇」（全集卷七）詩中。

⓭ 見"Reform in China" Noriko Kamachi 哈佛大學出版，一八六頁。

⓮ 見年譜光緒二十二年十月。

⓯ 見「出使英、法、義、比四國日記」庚寅正月二十七日。

⓰ 筆者在拙作「黃遵憲與清末詩界革命」（接洽出版中）第二章第三節中，曾參考 Noriko Kamach "Reform of China" 第五章的意見加以分析。

⓱ 見「飲氷室詩話」十二頁。

⓲ 見同註⓭。

⓳ 見「飲氷室詩話」　三一頁。

⓴ 見胡先驌「讀巢經巢詩集」學衡卷七。

㉑ 見「與邱煒萲書」，小說月報八卷一號。

重要參考書目

人境廬詩草　黃遵憲　河洛出版社

黃公度先生傳稿　吳天任　香港中文大學

出使公牘出使日記　薛福成　傳經樓庸盦全集

南洋華僑　黃競出

南洋學報十七卷二輯「黃遵憲研究專刊」

黃遵憲與清末詩界革命　魏仲佑　接洽出版中

飲冰室詩話　梁啓超　中華書局出版

"Reform of China" Noriko Kamachi　哈佛大學出版

其他單篇論文多種見附註。

日據時期臺灣瀛三大詩社

廖一瑾

前言

詩人雅集，古已有之，然而從未像日據時期之臺灣，如火如荼的蓬勃發展，其原因在於甲午之役，清廷割臺，臺灣同胞成爲「無天可籲，無人肯援」之孤兒。滄桑巨變，家國巨痛，無人無之。昔日努力於科舉之遺儒，此時學已無用。失落之情，油然而生，傷古弔今，唯有相率爲詩，或自我解嘲，或抒寫鬱悶，或期望中興。各地詩社，應時而相繼成立，互通聲氣，以期保存國粹。

五十年間，詩社數目之多達於空前，據連橫「臺灣詩社記」所載，民國十三年全省詩社有六十六社❶。廖漢臣「臺灣省通志稿學藝志文學篇」則載民國二十五年，全省著名詩社約有一七八社。據王文顏「臺灣詩社研究」統計，日據時代五十年間，全臺知名詩社約有二百七、八十社。又據本人統計，臺灣詩社從清康熙二十四年（一六八五）明臣遺老沈光文與嘉義縣令季麒光等十四人創「東吟社」開始，到光緒二十一年（一八九五）二一〇年間，臺灣詩社陸續成立的有十二社。光緒二十二年（一八九六）日據第一年到民國七年，二十三年間成立二十一社。民國八年日本頒佈臺灣教育令限制漢文教育後，到民國三十四年光復，短短二十六年間，共成立了一八六社。❷

日據後期，臺灣詩社，突然像雨後春筍般，迅速增加，此乃由於日本對臺教育政策嚴格限制私塾及漢文教育所致。日人在臺五十年之教育政策約可分爲三期：

一、試驗期：採隨機應變，一八九五——一九一九。

二、殖民同化期：限制私熟及漢文教育，一九一九——一九四三。

三、懷柔期：廢除教育差異，期使臺胞效忠日皇，一九四三——一九四五。

日據初期臺灣私塾有一七〇七所，到了民國二十八年只剩十七所，民國三十年頒佈廢止私塾令，臺灣私塾遂成絕響。❸

先賢詩人，鑒於臺灣漢學日趨式微，私塾之設，又遭限制，不數十年，恐無讀書種子。而當時日本政府，對臺灣詩社，採取放任態度，來臺官吏，大都深具漢學基礎，爲達籠絡懷柔目的，時與臺灣詩人吟詠酬唱。在此環境中，先賢爲免漢學廢絕，唯有創立詩社，以維國本。

此時詩人，或平日設帳課徒，或任職於報社，或開業爲醫，或經營實業，……。每逢吟會雅集之時，互爲唱酬，以抒寫積鬱。又因歐風東漸，交通便捷，出門與詩友切磋，亦非難事，以致時有各地詩社會員聯吟活動，以詩會友，蔚爲時尙。

在全省二百八十左右的詩社中，以臺北瀛社、臺中櫟社、臺南南社最著名，形成北、中、南鼎足而立，雄視全臺。然因各社之人文背景不同，所呈現之風格亦殊，茲分別敍述之。

一、瀛社與全省詩人大會

瀛社爲臺灣日日新報（臺灣新生報之前身）記者兼漢文欄主編謝汝銓（雪漁）和林馨蘭（湘元）所倡設，於宣統元年（一九〇九）二月十二日花朝節召開成立大會於萬華平樂遊。[4]共推臺北縉紳洪以南爲社長。當時詠霓詩社（主要成員爲：樹林黃純青、王百祿、王布達、李石鯨，土城王少濤等）及瀛東小社（詠霓詩社之易於聯絡社員所另組）均同時併入瀛社。參加者達一百五十人。社名爲趙一山所取，在會中雖未論及社名之取義，然顧名思義，或以舊文獻有臺灣乃古瀛州之說，取其義而名該社罷？[5]從此詩幟高標，月開吟會一次，且出宿題，年開大會一次。會址設在洪社長宅邸（即今臺大醫學院舊址）。詩作多咏時事，當時歐風東漸，詩人紛紛剪去髮辮。

王人俊有「戲贈友人詩」以描繪之：

大呼世界唱文明，一片隆隆斷髮聲；
真個維新成別調，洋冠胡服盛聯盟。
維新聞唱表同情，種種頭髮忽更改；
宴會莫能操國語，令人空笑大憨生。

面目未非認恍然，俗毛一去無拘牽；
詩壇若忽逢吟侶，好似山僧學坐禪。

黃河淸「電話」詩，正是時人對新科技產品所帶來便捷的反應，詩云：

言聽渾然晤對時，腔音無假貌難窺；
鐵中呼出佳人話，機上傳來故友知。
得藉双方通契濶，憑將一線慰相思；
漫云道似天河隔，訴盡幽情不即離。

由於發起人之一謝汝銓主「臺灣日日新報」（簡稱「臺日報」）漢文欄編務，瀛社社員每有吟詠，大都刊登於臺日報漢文欄。

民國三年，瀛社社員顏雲年（基隆礦業鉅子）之「環鏡樓」落成，柬邀臺北之淡江、瀛社；桃園之桃社；新竹之竹社；臺中之櫟社，臺南之南社社員參加吟筵，騷壇少長咸集，會進士許南英（許地山之父）歸臺，亦蒞會參加，此爲全臺詩人大規模雅集之首次，亦爲全臺詩人聯吟大會之濫觴。所得佳章，編爲「環鏡樓唱和集」。

民國四年六月十九日瀛社又與桃園、新竹之詩社同組「瀛桃竹聯吟」大會，開會於艋舺（萬華）公學校，連雅堂亦與之唱酬。❻

民國八年十月復於顏延年之「陋園」舉行「瀛桃竹聯吟會」，共推顏雲年爲會長。此後，桃社值東，曾在桃園公會堂。竹社值東，曾在鄭氏（進士鄭用錫）祖祠舉行數次聯吟會。其後，經由瀛、櫟、南三社洽議，於民國十年十月二十三日舉行首屆全島詩人大會。從此「詩人大會」由臺北、新竹、臺中、臺南、高雄五州輪值。

由於日本來臺官員皆會漢詩，爲了籠絡臺灣知識份子、地方士紳，常和各地詩人唱酬，各詩社聯吟活動，日人亦紛紛參加，瀛社成立大會之次日，日本第一任文官總督田健治郎，在總督府設宴遍邀所有中日詩人，自己也吟了一首七絕，讓大家次韻唱和，得詩編爲「大雅唱和集」。從此以後，每逢臺北召開詩人大會，當任總督必在官邸邀宴與會者。

民國二十二年謝汝銓有「癸酉花朝後二日瀛社紀念會兼祝社友六秩以上高齡者席上喜賦」，可略見瀛社雅集之一二：

艋津吟社結盟初，問歲多纔三十餘；
佳日春秋開雅會，如雲勝友樂何如。
大典耆賓舉縣州，隨班鄉飲杖扶鳩；
歌筵鬥韻豪情在，尚憶旗亭平樂遊。
安然不動感無通，耳順人來我却聾；
家國那堪聞理亂，逍遙且作一痴翁。
卅年大雅共扶輪，詩派何因有舊新；
硬語昌黎今不作，起衰八代竟無人。❼

民國三十八年，中央政府遷臺，大陸詩人湧至，當時瀛社社長李建興，曾以瀛社名義，獨力主開全臺詩人大會於瑞三大樓，于髯翁院長祝紹周、梁寒操、孔德成等外省詩人亦曾蒞會，兩地人士藉詩以溝通情感，盛極一時。

三、櫟社與臺灣民族運動

光緒二十八年（一九〇二），霧峰林朝崧（痴仙）與彰化賴紹堯（悔之）邀集中部詩人，創櫟社於霧峰林家「萊園」。以莊子人間世「櫟社樹」爲不材之木，因割臺之變，感於昔日所學已無用處，猶如棄才，含意悲壯。

櫟社不以風花雪月之吟唱爲能事，而以淬勵品德，從事漢樂研究爲宗旨，社規極嚴，非眞才實學之士，無以入社。臺灣民族運動之先賢林獻堂（林朝崧之堂弟）於一九一〇年加入櫟社，復於遊日時邂逅梁启超於奈良，痛談竟夕，不勝「本是同根，今成異國」之感，由是訂交，時任公亡命海外，獻堂堅邀梁氏和其女令嫻於宣統三年（一九一一）三月四日來訪，館於萊園，是時萊園正舉辦全省詩人大會，省籍詩人遂有機會與任公唱酬流連，是日雅集以「主稱會面難，一舉累十觴」爲韻，林獻堂分得「稱」字，詩云：

大任天方降，從遊愧未能！
來觀滄海日，如飲玉壺冰。
卽事忘賓主，傷春老廢興，

勞人為世出，先借壽觴稱。

幼春亦有「陪任公先生，分得「面」字韻：

十年讀公書，一旦識公面；
初疑古之人，並世無由見。
及此慰平生，春風座中扇；
但恨少未學，徒作臨淵羨。
高深邈難測，窺管目已眩；
誠願棄素業，從公更研鍊。

可以看出任公在櫟社詩人中是「並世無由見」的師友。

任公有「贈臺灣逸民林獻堂兼其從子幼春」詩云：

林侯嶔奇將門子，今作老農友鹿豕；
窮秋訪我雙濤園，自陳所歷淚如泚。
自從漢家棄珠崖，煢煢視息旣逾紀；
天地無情失覆載，父母義絕疇怙恃。
…………

我聞愴愴不能終，相對濁淚如鉛水；
林侯林侯且莫悲，君看天柱行崩圮！❽

林獻堂受梁任公之啓迪頗深，於日後更熱心民族運動，櫟社亦因而染上濃厚的政治色彩，與臺灣社會運動結上不解之緣，非普通詩社可比。❾

林獻堂亦藉此切磋機會，詩興大發，吟咏頗多，留下「海上唱和集」、「東遊吟草」等詩集，或寄情、或交遊或記事，留下不少史料。梁任公遊臺有詩八十九首、詞十二首；令嫻亦有詩一首。任公「櫟社諸賢見招」詩云：

天涯所致鐃斤斧，可有名山養棄才；
致恐風低雲斷處，十圍遠籟作聲哀。
清時我亦成樗散，分作神州袖手人；
憑語沙邊舊鷗鷺，倘容占席暫相親。

自光緒二十八年（一九〇二）至民國十年（一九二一），二十年間，櫟社會員有三十五人，作品頗多，乃於民國十一年刊行「櫟社第一集」，由陳滄玉、林仲衡、陳槐庭、莊伊若裒集。林幼春綜其成，傅錫祺、連雅堂作序，作者三十二人，詩六百一十七。

民國十一年復立碑於萊園，林幼春曾撰「櫟社二十年間題名碑記」列名者有林朝崧（痴仙）、賴紹堯、傅錫祺（鶴亭）、蔡啓運、蔡惠如莊太岳、、連横、林灌園（獻堂）等三十餘人，濟濟多士。

該社自倡自痴仙，至鶴亭規模大具，而提倡最力，使櫟社蔚然成爲中臺詩文界之重鎭者，則爲林獻堂。二十年間大會三次，小會數十次，時而月課唱和。民國三十年再刊行第二集，因林獻堂「老妓行」一詩，和其他社員抗日作品，觸及日政府忌諱而遭封禁，焚毀，據說陳逢源曾珍藏一册❿。

一九一八年，蔡惠如、林幼春以「櫟社」文人爲中心，創立「臺灣文社」，使文化活動更形活躍。

櫟社社長林獻堂於一九二〇年在東京號召臺灣留學生組成「臺灣青年會」，被推爲會長，副社長爲櫟社社員蔡惠如，並創立「臺灣青年」雜誌創刊號，一九二二年改名「臺灣」，並回臺發行。此一雜誌乃是林氏從事民族運動之有力武器。

一九二一年林獻堂領導請願「設置臺灣議會」運動，至一九三四年，十四年間，請願十五次，屢遭擱置、彈壓、阻撓，櫟社員林幼春、蔡惠如曾爲此一請願運動，於一九二四年遭「禁錮」（獄）之災⓫，林幼春獄中詩十七首，其詩云：

又到埋憂地，俄成出世人；
猶思托妻子，從此謝風塵。
一念生千刼，餘痾待後身；
丈夫腸似鐵，得死是求仁。

此會非常會，端如隔鬼門；
一絲難割愛，半面又銷魂。
志業誰能毀，寒心强自溫；
移山愚計在，傳語望兒孫。

慷慨談時局，長為擧世疑；
一投廷尉獄，便上黨人碑。
顧我中無主，諸君謬見知；
思齊今日始，容有作賢時。

斗室迎初夏，何堪畏日長；
繞床如躁蟹，入甑是羔羊。
難乞仁風扇，姑分酷吏漿；
晚來勤掃地，磚坐小偷涼。

其「出獄」詩有「此心終未死」之句之句，可見越挫越勇，影響更多人響應[12]林培英（幼春子）在南强詩集跋」文中對櫟社詩人，在日據時期之活動與遭遇，敘述甚詳：

先公年少卽以詩名，甲午之役，抱宗國之哀無所憤發，故所作益奇且肆。新會梁任公先生以謂「沈恨江山，才氣横絶漠」者是也。嘗與先叔祖癡仙、灌園及賴悔之、傅鶴亭、連雅棠、莊太岳諸先生為文酒之會，流連景物，憂傷時事，以變風變雅見稱於世，所謂櫟社是也！性耿介，不畏强暴，與邦人士爭立議會，被隷入獄。既獲釋，持之愈堅，識與不識莫不哀其志，體素羸苶，坐是益衰，歲月纏綿，尋至不起。天乎！天乎！此不孝所為抱無涯之寃也！其生平行事，已得高安彭醇士先生為之傳。而詩之高下，蘄水徐復觀先生，鄞縣戴君仁先生言之甚詳。[13]

一九二一年獻堂和蔣渭水創立「臺灣文化協會」以協助議會請願運動。

一九二九年獻堂擔任「臺灣新民報」董事長。鼓吹民族運動，不遺餘力。

臺中今日有「文化城」之美稱，甚至中央政府遷臺後，臺灣省議會設於霧峰，此與林獻堂和櫟社都有著不少因緣際會之關連。

四、南社與南臺宿儒

南社之前身為前清進士許南英所創設之浪吟詩社，光緒十七年（一八九一）許南英中進士南歸，邀集蔡國琳、趙鍾麒、謝石秋等創社，雅集詩友，興高采烈，未幾，日軍侵臺，山河易色，社員雲散，許南英亦內渡大陸，輾轉南洋。

直至光緒三十一年（一九〇五）由於連横在福建創日日新報，鼓吹排滿，同盟會友甚喜，商改組為同盟會機關報，卻為清廷所忌，飭吏向駐厦門日本領事館抗議，乃遭關閉。連橫不得已攜眷歸臺，再度主持「臺南新報」漢文部，於翌年（一九〇六）與趙鍾麒、胡南溟、謝石秋等創立南社。共推前清舉人蔡玉屏爲社長，趙鍾麒爲副會長，楊鵬摶、謝鴻軒爲幹事。由蔡社長爲鼓勵社員寫作，自成立後，每月命題，向社內外徵詩，春秋假日假開元寺、竹溪寺、西華堂、三官堂諸勝地，小集擊缽。謝石秋「斐亭詩鐘歌」可見南社成立宗旨，其詩云：

斐亭有詩鐘，其形如巾箱。
銅鐘牙籤其中藏，左懸鐘兮右錦囊。
道是意匠經營出灌陽。
一叩蒼以茫，再叩悲以涼。
開口問鐘不詳，擧手摩鐘鐘有光。
依稀記得中丞唐，公餘置酒會文章。
鈎心鬥角爭琳琅，一奇一偶諧且莊。
雕金鏤玉成縹緗，先時已沁人心腸。
自將乙未變滄桑，羽換宮移大雅亡。
官舍無人飛羽觴，寂寞騷壇十五霜。
澄臺有客登臨傷，此鐘不知淪何方。
南社嗣響何鏘鏘，峨峨一幟標詞場。
物出有時道有常，喜爇南豐一瓣香。[14]

民國十一年孔誕，在孔廟明倫堂，開南社創立十五週年成立大會，邀請全省詩人蒞會，下午假黃茂笙之「固園」舉行吟會。又於十四年二月輪值主辦詩人大會。光復後，民國三十七年三月二十八、九日，曾與酉山、錦文、留青、鷄林、崁南、珊社等詩社，主辦全省詩人大會，盛極一時。

南社社員有前清舉人蔡玉屏、羅秀惠，廩生趙鍾麒、王文德，生員謝石秋、林馨蘭、楊鵬搏、鄭指陳、盧蘊山、林珠浦、蔡維潛、連城璧等人。而其他成員如創社人之一連雅堂，於光緒三十四年（一九〇八）轉職「臺灣新聞」（臺中）漢文部，開始撰寫「臺灣通史」。秋，赴日遊覽，並於翌年（一九〇九）加入櫟社，和中部文人以道德文章相切磋。

連雅堂有「大陸詩草」、「劍花室外集之一」、「劍花室外集之二」共九一五首詩，其「臺南」詩云：「文物臺南是我鄉，揭來何必問行藏。奇愁縫綣縈江柳，古淚滂沱哭海桑。卅載弟兄猶異宅，一家兒女各他方。夜深細共荆妻語，青史青山尚未忘。」語調悲壯蒼涼。又有「聞南強鐵生芳園出獄，赤筆訊之」詩云：「斗室躭高臥，關心盡地人。忽聞歸里語，已復自由身。風雨沉前夕，江山認舊春。新詩如可甑，檢點寄双麟。」

南社之青年社員後來又紛紛創立新詩社，例如擊缽能手洪坤益與社友王芷香、陳逢源、吳子宏等於民國四年創立「春鶯吟社」。洪坤益於民國二十年又與王開運等創刊「三六九藝文小報」，連雅堂即在該報專欄發表「雅言」。

「桐侶吟社」亦於民國十二年由南社員吳子宏所另創。

南社之成員曁多爲南臺宿儒，復有連雅堂之時相往返，促進交流，又得青年新力軍之發揚光大，使得它在南臺之騷壇居於領袖地位。

五、結論——以文會友共維中華文化於不墜

日據時期，由於文人平日所學已無用武之地，日人又對漢文橫加限制，文人只能轉而寄託於可以「興、觀、羣、怨」之詩，以發抒鬱悶憤慨（怨也）。雅集同好，定期或不定期相聚，作擊缽之吟，或詩鐘、或喝和、或聯句（羣也）。

淪陷五十年，日人對我臺灣同胞大肆推行「皇民化」運動，卻終未得逞，致令光復後來臺之外省籍詩人發現本省詩風鼎盛，能吟詩者比比皆是，大感驚喜。其主要原因即是臺灣詩學發達、詩社林立。臺灣同胞藉詩以表達對祖國傳統文化之眷戀、倫理精神之信仰，於無形中與中國文化維繫著根深蒂固之情感，且於日常生活中力行傳統倫理（觀也）。正如黃純青先生（黃得時教授之先翁）所云：

> 吾臺淪陷五十年間，扶持正氣，維斯文於垂絕者，唯詩。

張其昀博士所言：

> 文學與國運息息相關，其在臺灣省尤為深切著明。

臺灣在日據五十年來未被「皇民化」，詩學之功不可埋沒。

臺北瀛社位居全臺首府，交通便捷，工商日漸發達，乃有全臺詩人大會之提議，全臺詩人無不樂於共襄盛舉，以詩會友，互相切磋、互通聲氣，亦得讀書人攻錯之旨。繼起社員又能著力維護，至今已居八十三載，仍能隔日舉行吟會一次，其創社五十週年（民國四十八年）、六十週年（民國五十八年）、七十週年（民國六十八年）、八十週年（民國七十八年）均曾舉行社慶大會，並出紀念專集，風骨猶在，成爲今日全臺吟社中之大老，頗爲難能可貴。⑮

臺中櫟社，由於歐風東漸，受民族主義思潮之啓迪，發而爲民族運動，事雖未就，然鼓動風潮，沐化民心，影響深遠。惜因社規極嚴，非原始會員或其子孫未能入會，因此櫟社自林獻堂於民國四十五年客死東京之後，未再舉辦吟會，今日會員，碩果僅存兩位，一爲林痴仙之子林陳琅（七十八歲）一爲莊太岳之子莊幼岳（七十七歲，現任瀛社副社長）。

臺南南社，組成社員，多爲前清宿儒，領袖南臺騷壇，維持斯文未墜。後因社員星散，聯絡不易，後起社員乃另起新社，今日延平詩社，即脫胎於南社，延平詩社，亦有詩人大會，詩作教學、詩集、詩刊之出版，向下紮根，文風仍盛。

雖則三社之風格互殊，然其扢揚風雅，維持斯文之功則一也。

附註

❶ 連雅堂「臺灣詩社記」所列六十六社如左：

瀛　社　臺北市　星　社　臺北市　鶴　社　臺北市　鐘　社　臺北市　天籟吟社　臺北市
淡北吟社　臺北市　仰山吟社　宜蘭街　光文社　宜蘭街　桃　社　桃園街　竹　社　新竹街
青蓮吟社　新竹街　篳聲吟社　新竹街　大雅吟社　大雅庄　霧峯吟社　霧峯庄　古月吟社　彰化街
白沙吟社　彰化街　麗澤會　彰化街　梧津吟社　梧棲街　南陔吟社　南投街　南　社　臺南市
春鶯吟社　臺南市　西山吟社　臺南市　桐侶吟社　臺南市　玉山吟社　嘉街義　萃英吟社　臺北市
劍樓吟社　臺北市　潛　社　臺北市　聚奎吟社　臺北市　小鳴吟社　基隆街　平溪吟社　平溪庄
蘭　社　宜蘭街　樸雅吟社　樸雅街　月津吟社　鹽水街　北門吟社　北門庄　白鷗吟社　北門庄
櫟　社　臺中街　鶚　社　臺中街　中州吟社　臺中街　墩山吟社　臺中街　網珊吟社　臺中街
沙鷗吟社　臺中街　豐原吟社　豐原街　蘆溪吟社　佳里庄　敦源吟社　歸仁庄　旗津吟社　高雄街
萃香吟社　高雄街　鰲西吟社　清水街　香草吟社　二林庄　螺溪吟社　北斗街　斗六吟社　斗六街
西螺吟社　西螺街　菱　社　西螺街　大治吟社　鹿港街　鳳岡吟社　鳳山街　屏山吟社　舊城庄
礪　社　屏東街　研　社　東港街　羅山吟社　嘉義街　嘉　社　嘉義街　鴻　社　嘉義街
尋鷗吟社　嘉義街　瀔音吟社　新巷街　笨津吟社　北港街　汾溪吟社　北港街　西瀛吟社　澎湖廳
嘯洋吟社　醫學校

❷ 廖一瑾「臺灣詩史」第二章四節「臺灣詩社繫年」七十八年武陵出版社。

❸ 據廖漢臣「臺灣通志稿」統計。

❹ 瀛社之創社年份有諸多說法，有謂丁未、有謂戊申、有謂庚戌者，但據吳鍾英「己酉祝瀛社成立」賀詩考訂，當在　統元年（一九〇九），歲次己酉，較爲可信。

❺ 參文山遺胤「臺北詩社之概觀」臺北文物四卷四期頁二民國四十五年。

❻ 參連雅堂「臺灣詩社記」臺灣詩薈二號頁九民國十三年。

❼ 見謝汝銓「蓬萊角樓詩存」二〇昭和十年瀛社出版部

❽ 見陳漢光編「臺灣詩錄」（下）頁一之二九民國六十年臺灣省文獻會

❾ 參司馬嘯青「臺灣五大家族」（上）頁一二四民國八十年十月自立晚報出版部

❿ 據廖漢臣「臺灣文學年表」（一九四一年）載僅陳逢源存有一本櫟社第二集。然陳氏已逝。據莊幼岳說陳逢源之書生前被一位黃先生借去，未還，黃先生亦已逝世。

⓫ 同時坐牢者尚有：蔣渭水、蔡培火（以上四個月），陳逢源、林呈祿、石煥長（以上三個月），林幼春、蔡惠如均坐牢三個月。見鍾孝上臺灣先民奮鬥史（下）頁四五〇自立出版。

⓬ 見林幼春「南強詩集」頁四四，民國五十三年臺中林培英發行。

⓭ 同註⓬。

⓮ 斐亭吟會爲光緒十五年廣西灌陽唐景崧創於臺南道署之斐亭。時邀僚屬作文字飲，臺士之能詩者，悉禮敬之。

⓯ 瀛社現任社長杜萬吉，副社長黃得時、莊幼岳（爲櫟社僅存二社員之一）。

日據時期臺灣古典詩的抗議精神與比興諷喻傳統

施懿琳

一種文學現象的產生，必然有著文學本身發展的歷史繼承，並且受到社會條件和時代背景的制約，以及創作者價值取向的影響。因此，在探討區域性的文學特質時，「文學傳統、時代環境、創作意識」是三個必須加以考量的重要因素。若能從這三方面予以掌握，才可能比較客觀地進行文學問題的探討。

考察日據時期的臺灣文壇，可以發現古典詩在殖民政權五十年統治下，一直佔有相當重要的地位。不僅在日據的前三十年握有主導權，甚至在一九二四年由張我軍挑起新舊文學論戰後，依然保有舊詩一定數量的創作人口和穩固的文學園地❶。在此，我們要問：在異族統治下何以古典詩竟能持續不衰？獨擅勝場的前三十年，舊詩是否曾經擔負了反映現實、控訴強權的時代功能？新文學興起後，古典詩在臺灣文學界的主導地位是否重新做了調整？五十年間先後從事古典詩創作而能表現抗議色彩的「作者羣」主要可分爲哪些類型？依日本當局統治方針的不同，古典詩中的抗議精神在日據「初期、中期、晚期」有著什麼樣的階段性發展？古典詩人在充滿困頓的環境中，如何自文學傳統吸取養料，又透過什麼方式將抗議精神表現出來？在日據時期的臺灣，這些具有抗議性質的古典詩，究竟具有什麼樣的現實作用和時代價值？這都是本文所要嘗試討論的問題。

一、日據時期臺灣古典詩蓬勃興起的歷史因緣

甲午戰後，清廷在「臺灣雖重，比之京師則臺灣爲輕。」（四月十九日總理衙門通告）的原則下，同意將臺灣割讓給日本。日本覬覦臺灣主要有兩個目的：其一、爲進行經濟剝削，以臺灣豐富的物產資源，供應本國工業所需。其二、意欲將臺灣作爲未來向中國大陸及南洋地區推進的跳板❷。爲求有效控制素有「三年一小反，五年一大反」之稱，充滿了明鄭以來深植著反抗意識的臺灣島民，日本當局採取了剛柔並濟的統治方式。一方面集中強大的兵力，使用精銳的武器，壓制前仆後繼的武裝反抗勢力。一方面藉由紳章制度的創設、饗老典、揚文會的舉辦❸，以及詩人聯吟活動的推行，以期達到摧毀民族意識，進行思想轉化的目的。

日據之初，執政當局原本對臺灣傳統書房採取放任的態度。後來始逐漸發覺書房在漢人社會中實具有不可忽視的影響力。傳統文化的維繫、民族意識的宣揚、社會精英的培育……都是書房功能所在。因此，從一八九八年（光緒廿四年）頒佈「書房義塾規則」後，日本當局便開始限制，繼而取締書房的活動。除了要求書房加授日語、算術外，又印發日本書籍漢譯本作爲教材，並禁止使用中國出版的教科書。其目的卽在致力斬斷臺灣與中國長久以來緊

密相連的文化臍帶，並強迫灌輸日本本國的歷史文化。因此，用以傳習漢文化的書房義塾，遂由一八九七年（光緒廿三年）的一一二七處，到一九三九年削減爲十七處。一九四三年日本在日暮窮途的窘境下，爲了更快速地將臺灣人民納入本國體系，使之成爲「忠良的日本人」，遂頒發「廢止私塾令」，全面禁止所有書房義塾的講學❹。面對這種文化生機逐漸遭受滅絕的時刻，擔負延續文化重任的臺灣傳統知識份子，勢必要殫精竭慮，從日本統治政策的縫隙中找出一條生路來，傳統詩壇恰足以擔負這個重要的使命。

如前所云，日本當局拉攏文士的方法之一，便是舉行詩人聯吟大會。長久以來受中國文化的濡染，日本上層社會人士多對中國古典詩歌有著無限的景仰❺，而且大部分都具有創作漢詩的素養。爲了表現自己深厚的文學涵養，更重要的是塑造日本長官「禮賢下士」的形象，自第四任（一八九八—一九〇六）總督兒玉源太郎以後的臺灣總督：田健治郎（第八任、一九一九—一九二三）內田嘉吉（第九任、一九二三—一九二四）、上山滿之進（第十一任、一九二六—一九二八）等，對臺灣詩社及詩人活動，多抱著寬容的態度，並時常邀集文人至其官邸舉行聯吟大會，而後將唱和作品編印成詩集以行世❻。寓臺日人中村櫻溪曾在〈玉山吟社宴記〉中說道：「……獻酹交錯，談笑互發，乃晏酣興旺，杯盤狼藉，謳吟琅鏘。或爲僊僊之舞，或成玉山之傾……人人既醉，不復知爲天涯千里之客矣，而斯土人士亦忘其爲新版圖之氓也……」❼，由此可充分看出日本當局意欲藉著臺日人士在漢詩創作上的共同交集，來達成更深徹的控制效果，以化解臺灣文人的抗日意識。對於日本政府這種籠絡策略，臺灣文人又是抱著什麼樣的態度呢？

日據之初，許多具有強烈民族意識的臺灣知識份子，因爲不忍坐視鄉梓淪陷，紛紛起而組織義軍，投入武裝抗日的行列。新竹的姜紹祖、苗栗的丘逢甲、頭份的徐驤、鹿港的洪棄生、臺南的許南英……等皆屬之。及知事卒不可爲，乃由激烈的「武力抗爭」轉爲較溫和的「非武力抗爭」方式[8]。

早期以非武力方式宣揚抗日思想、鼓盪民族氣節、維繫傳統文化的工作，是由書房私塾來負責的。塾師們利用講學的機會，灌輸國家意識、民族情操，以延續一線斯文。及至書房逐年遭禁後，始紛紛將文化傳承的工作轉由日本政府採寬大態度的詩社組織來負責，這是臺灣文人在面對時代困境與文化趿難時所採取的應變措施。就日本統治者而言，他可以時時參與詩人活動，以「雅好文藝」「禮賢下士」之名，行拉攏、監督之實。就有心保有漢文化種苗的臺灣本土文人而言[9]，也願意表面上與日本官方敷衍虛應，而暗中宣揚民族意識、傳佈傳統文化，以接續書房的教化功能，因此，詩社與書房的消長概況恰成逆方向進行（見附圖一）。詩社活動遂在臺日兩方人士「各取其利」的情況下，一直持續不墜。古典詩的吟咏創作之所以特盛於日據時期，主要原因卽在於此。

因爲傳統詩在臺灣一直獲得生存的沃壤，因此，它幾乎可以說是深固地紮根在本土文人的心田。尤其一九二四年以前新文學運動尙未在臺灣引起文學界的震撼之時，以古典詩爲主流的舊文學實然完全擔負了抒發文人內在心靈世界，描寫殖民政權暴虐統治的重大責任。儘管由於日本當局的禁制，舊詩人只能私下和聲氣相投的友伴，藉著吟咏詩歌來共抒山河淪陷之悲、盛衰隆汚之慨，以聯繫起亡國遺民共同的心靈律動。但是，詩人們仍希望這些祕而不宣的詩作同時具有春秋寓褒貶的功能，所謂「史亡而後詩作」，將來詩稿若得以重見天日，則以詩爲斧鉞的作用，終有昭著於後世之時。一九二四年以後，新文學運動似怒浪狂濤，震

本圖取自鍾美芳《日據時代櫟社之研究》

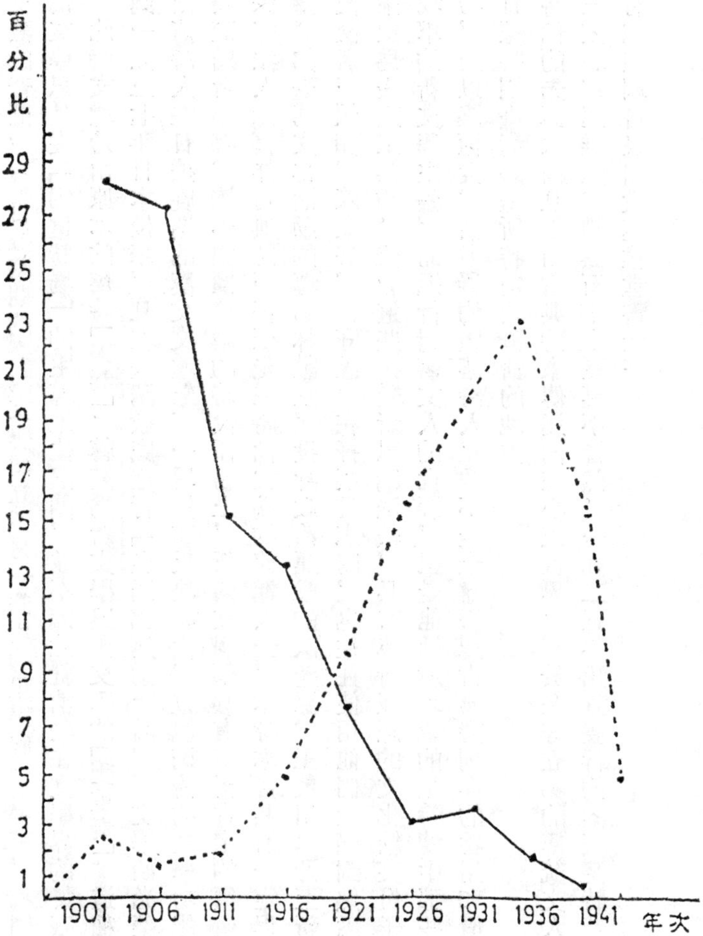

圖一：一八九六～一九四三年詩社興衰趨勢與
一八九八～一九四〇年書房興衰趨勢比較圖
實線代表書房、虛線代表詩社

動了臺灣文壇。一直到一九三七年七七事變前，具有強烈批判性的新文學作品，曾綻放了無數新文藝的奇葩，爲日據時期的臺灣文學樹立了另一個新的里程碑。但是，我們同時要指出，舊文學只是從「獨擅勝場」的主導地位退開，並不因此就消失在文學界的舞臺之上。換言之，此時文壇乃由原本的舊詩「獨奏」，轉變爲新文學與舊文學的「雙重奏」。這種情況一直延續到一九三七年日本侵華，且在臺灣徹底施行「皇民化運動」時，新文學始光榮地隱退，再次由舊詩人在日據晚期的漢文文壇上，一肩挑起反映時代、宣洩民情的文學功能。在擔負抒發被殖民者心聲、控訴強權苛虐的時代任務上，新舊文學都具有值得肯定的價值。此時，不僅保守派人士喜作古典詩；甚至走在時代尖端的前進人士，本身亦皆具有一定程度的古典詩素養。如臺灣文化活動的導師林獻堂，投身政治運動的陳逢源、王敏川，乃至新文學作家中的佼佼者：賴和、陳虛谷、楊守愚，在抒懷言志時，也往往使用他們最感到熟悉、自然的漢詩來做爲表達工具⑩。儘管這些接受新思潮洗禮，具有革新理想的文化精英份子，也曾呼應張我軍的新文學主張，而進行對舊文人的批評，但是他們所攻擊的是詩壇中那些逞技倆、鬥機巧，用以諂權貴、沽名譽的墮落詩人，並不是全盤否認古典詩創作的功用和價值，這是探討日據時期臺灣詩壇所特別要澄清的地方。

時代的先鋒隊尚且習用古典詩來傳達內在心靈世界，屬於保守立場的傳統文人如：洪棄生、王友竹、連雅堂、趙雲石……更莫不皆然。一九二五年元月發行的《臺灣詩薈》第十三號錄有施韻珊自泉州致連雅堂書云：

> 先生主持文壇，提倡風雅，使中華國土淪於異域而國粹不淪於異文化者，誰實為

之？賴有此爾。獨慨中原文字，反忽焉沒焉，舉無足輕重。回首當年，不勝興廢之感。先生獨能於海外振夏聲之盛，為宗邦起文運之衰，殆天之未喪斯文歟？（六五頁）

答謝贈書的信函，雖不無溢美之辭。但是，在大陸白話文運動以排山倒海之勢，壓制了舊文學發展的同時，淪為日本殖民地的臺灣人士，反能因為深心珍惜祖國傳統文化，在特殊的歷史背景下，找尋日本治臺政策中的有利條件，締造了古典詩在日據時期臺灣地區的蓬勃發展。

二、古典詩作者的三種類型及其對日情緒之分析

古典詩作品在日據時期共同的貢獻是：終究能在異族統治下，保有漢文化的種苗，不致因日本「皇民化運動」的推行而喪失對祖國文化的認識和了解。但是，這樣的說明仍是不夠的。為了要更深刻地了解日據時期臺灣古典詩之全貌，吾人仍有必要進一步對當時的「作者羣」做類型分析。

筆者根據日據時期臺灣古典詩作者的生平事蹟、詩作內容及其與統治者的親疏關係，將之分為以下三種類型：

1.徹底反日，拒絕妥協者：日據時期與日本當局判然劃分界線，堅決不受官方威嚇利誘，亦拒絕與其有任何表面上的酬酢往來者，在保守派裏以鹿港的洪棄生為代表；在前衞人士中，則以彰化的賴和為代表。

洪棄生（一八六七—一九二九）乃前清秀才，一八九五年割臺時，曾與同鄉施仁思、許夢青、蔡壽星同倡抗敵，而投入武裝抗日行列，當時被任命為中路籌餉局委員。八卦山兵敗後，知事已無可為，乃閉門讀書，潛心著述，且堅不剪辮，拒著洋服，終身以大清遺民自居。後來，在日吏逼返下，強剪其辮，棄生從此披散長髮，身著寬博大褂，每每手搖蒲扇，從容過市。一般人都以為他狂妄怪誕，殊不知這是亡國遺民最沉痛又無奈的抗議。棄生當時曾有〈痛斷髮〉詩，極強烈地表達斷髮後的悲憤與無奈：「我生踽踽何不辰，垂老乃為斷髮民。披髮欲向中華去，海天水黑波粼粼。天為穹廬海為壑，桃源路絕秦中秦……我生於世一微塵，我頭一髮迴千鈞……在筎可憐斷尾鳳，遯荒須跨無角麟……」斷尾鳳與無角麟的尷尬和憂傷，正是髮辮被強剪，文化被摧殘的臺灣士人共同的心聲。棄生才大學贍，又具有濃厚的民族意識，因此每借詩篇來痛陳時政，直抒性情。在異族統治的時代，敢於以詩為史，毫無保留地揭露日吏的苛暴、窮民的悲苦。如〈洋關行〉的「關吏獰獰如鬼號，背上火槍腰鐵刀；下水挽筏牽上岸，充作公貨饒爾曹」、〈次韵梁壬甫與林家詩〉的「警吏穿房長肆威，催科閫戶且攘臂；籍沒田園不可堪，擾傷市獄更已矣。保甲橫施何足信，毆撻亂加尤莫比；法律神明中外同，獨至臺灣法妄抵。此間言論不自由，口尚須緘況敢指……偶陳一二足心酸，欲說萬千難口使……」都相當大膽而直接地抨擊執政措施之失當。這對日本統治當局而言，無異是批龍逆鱗，必欲去之而後快。後來果然假借事端，將洪氏拘捕入獄，囚禁長達一年之久，出獄後棄生終因悒鬱悲憤而一病不起，卒於一九二九年⑪。

另外一位反抗意識極強的賴和（一八九四—一九四三年），出生年代較洪棄生晚。他少年時期曾在漢學堂學過漢文，深受傳統文化的浸潤薰陶。一九一四年自臺灣醫專畢業，平日行醫之暇，多致力於文學創作。後人尊稱賴和為「臺灣新文學之父」，主要是肯定他對臺灣新文學有開創之功。事實上經歷史學者林瑞明先生的整理，賴和一生中曾做了七、八百首漢詩，其功力之深厚，並不遜於當時漢詩大家⑫。

賴和亦同樣具有極強烈的民族意識，生平有兩大特色，最為人所津津樂道：第一、創作時堅持只用中文，絕對不使用日文；第二、一生只肯穿著「臺灣服」，尤其夏季時總是一襲白百永短衣褲，帶著濃厚的鄉土氣息，使人感到平易可親。但是，當他面對日本當局暴虐專斷的舉措時，卻又敢於諷刺批判，表現了知識份子剛正不阿的性格，如〈偶成〉詩即相當犀利尖銳地譏評欺壓百姓、耀武揚威的巡查捕：「一自揚名後，非同草野身。用刑還及母，執法竟無親……飽飯閒尋事，貪功每陷人。心同鷹隼鷙，性比犬羊馴。以我同胞血，沾他異樣恩。不知民可貴，但畏長官尊。」而〈吾民〉詩則傳達了異族統治下，追求正義人權的渴望：「鬱鬱居常恐負名，祇緣羞作馬牛生。世間未許權存在，勇士當為義鬥爭。一體有情何貴賤，大千皆佛不聞聲。靈苗尚自無均等，又敢依違頌太平。」除了透過文學作品反映時政外，賴和又參加了抗議色彩相當鮮明的「臺灣文化協會」，結合同志，共同為爭取臺灣人的民主自由而努力。因此，遭到日本當局「特別關照」。曾先後在一九二三年及一九四一年兩度入獄，備受身心折磨。尤其第二次入獄時，因極度悲憤絕望，加上身體狀況轉壞，不幸於出獄就醫後不久，便因心臟病發，在一九四三年與世長辭⑬。

2.表面與日政府虛應，而骨子裏卻有堅定的抗日意識者。如：以霧峯林家為領導中心的「臺灣文化協會」會員與「櫟社詩社」社友。前者有：林獻堂、林幼春、蔡惠如、王敏川、陳逢源等；後者有：林痴仙、莊太岳、傅錫祺、林仲衡、賴悔之等。雖然「文協」偏向以新思想啓發民智，喚起民族自覺；而「櫟社」則基本上是一個舊式的詩人組織，以吟咏酬唱，互通聲氣，鼓盪民族氣節爲宗旨。但是，事實上兩組織間關係極爲密切。「文協」會員大抵能作漢詩，其中林獻堂、林幼春、蔡惠如等人同時又是「櫟社」社員。這兩個組織都同樣具有濃厚的本土意識以及強烈的抗議精神。但是，爲了在日本政權下順利地推展他們的意念和理想，仍刻意與日方維持著表面的和諧。如一九二一年文化協會成立時，蔣渭水在大會席上致辭說到：

臺灣人負有做「日華親善」媒介的使命，日華親善是亞細亞民族聯盟的前提。亞細亞聯盟是世界和平的前提，世界和平是人類最大的幸福，又且是全人類最大願望……簡單說來，臺灣人是握著世界和平第一關門的鍵啦！這豈不是很有意義且有很重大的使命嗎？我們一旦猛醒了負著這樣重大的使命，那麼就要去實行這使命才是。本會就是要造就實行這使命的人才而設的……⑭

這段講辭說得冠冕堂皇，事實上「日華親善」只是做爲一個幌子，眞正的目的乃在造就臺灣後起之秀，掃除民衆的惡習陋規，使臺灣人民受到新知識的啓迪而有反帝、反侵略的被殖民地民族解放運動之要求。日本當局何嘗不了解臺灣人眞正的意圖⑮？因此，除了在文協講習會上派員監聽外，亦處處設法羅織這些社會先進者的罪名。一九二三年警務局發動「治警案件」全島大檢舉，文協重要幹部皆被拘押入獄⑯，但這並不能因此而抑止臺灣人的反抗意識。在當時，有許多感人的〈獄中詩〉被吟哦著，甚而與志同道合的友人互相酬唱著：

繫久懸知景物非，強指病眼弔斜暉。九旬化碧將為厲，舉國招魂未忍飛。歷劫尚當甘墜落，幾生修得到芳菲。因風寄謝枝頭鳥，極口催歸何處歸。（林幼春〈獄中感春賦落花詩以自遣〉）

稜稜俠骨與儒香，後起誰能抗雁行。生不逢時仇黨錮，身因歷劫富詞章，才名自昔推公瑾，狀貌何人似子房。今日相逢餘涕淚，楚囚無處話淒涼。（陳逢源〈贈同獄林南強幼春〉）

獄官指點到監門，寢具安排日已昏。莫笑書生罹不測，民權振起義堪尊。此地同來數十人，俱懷才略策維新。相逢轉恨無言說，只把頭顱暗點頻。（王敏川〈獄中雜詠〉）

櫟社社員在舉行吟詩活動時，亦時時有日本官員參與其中。對於這些「不速之客」，櫟社同仁仍保持了表面上的禮敬之意。根據《櫟社沿革志略》的記載，一九〇九年（宣統元年）的聚會有「佐藤臺中廳長，鷹取、山田兩廳屬」前來參與；一九一四年（民國三年）有主編《臺灣日日新報》的「正賓」，東都名士籾山衣洲來訪，另有枝臺中廳長、佐佐木庶務課長兩「陪賓」相伴而來。儘管日本當局千方百計要以與會之名，行拉攏、監控之實，但是，事實上櫟社詩集仍錄有多首抗日意識極濃厚，表達了強烈的滄桑之痛的詩作：

避地四五年，轉徙江湖間；落拓愧書劍，風塵凋玉顏。遊子戀舊國，高堂念家山；進退羝觸藩，去留兩為難。飛蓬尋本根，目前雖苟安，傷哉魚躍淵，將為鳥入樊：

……沈吟復沈吟，五噫歸故關；直將蓬萊島，視作武陵源。軒冕非吾願，世事誓不言；夷叔久絕踪，黃綺猶可攀……（林痴仙〈歸里書懷〉）

蓬萊島上過新年，鄉思千重鬱不宜；繡口儘供談韻事，寒香誰與寫詩篇？一枝健筆扶公理，並世清才讓此賢。太息紅羊經刼後，至今未許望青天。（蔡惠如〈用丘念臺君韻，寄呈伊若社兄〉）

種菜門常閉，誅茅屋未成；野無梁與稻，路有棘兼荊。苦賦哀鴻什，悲歌「猛虎行」。側身天地窄，何處寄餘生！（陳基六〈漫題〉）

櫟社社友入會時，審核手續極嚴，因此會員大多具有深厚的漢詩素養，他們較少從事「平白如話」或「直瀉無隱」的詩作，而比較喜歡使用委宛曲折的諷喻手法，這在下一個部分，將會進行討論。儘管與會者極其愼重地塗抹了保護色彩，苦心地維持詩社延續斯文的重任。但是，他們終究脫離不了日吏的干預、禁制，而在一九四三年十月，有了《櫟社第二集》遭禁的不幸事件[17]。

另外，代表臺灣詩壇保守勢力的連雅堂，亦是屬於這種類型的人物。在他所編的《臺灣詩薈》裏，呈現了一種相當有趣而耐人尋味的現象：連氏在每一期的「餘墨」部分都借著補白的機會來陳述自己的創作觀，對於詩壇一些怪異浮誇的現象，都一一加以指斥，尤肆力批評那些歌功頌德、諂媚權貴的「喪格」文人。他不斷強調寫詩的莊嚴使命，更要求詩人們必須擴眼界、曠胸襟，以眞誠無僞的態度刻鏤時代影痕，並因之喚醒國魂[18]。但是，在《臺灣詩薈》中，卻又收錄若干日本官吏及文人的詩作，在一九二四年第四號《臺灣詩薈》裏又錄有一段相當討好日本當局的記載：

本年春初，臺中開中嘉南聯吟會，北部詩人亦有至者，乃議聯合全臺吟社。歲開大會一次，以孚聲氣。衆皆贊同，於是瀛社遂邀各社，以四月廿五日，假臺北江山樓開會……翌日，內田總督以聯吟會員均聚臺北，遂於午後三時，邀至東門官邸茶會。總督席上賦詩一首……衆接讀時，次韻奉和，總督一一接閱……略謂：「……曩者余宦臺灣，亦曾與本島詩人相唱和。今茲重來，更望列位提倡風雅，並有補於本島之統治……」於是舉杯為來賓壽，次洪以南氏代表答謝，亦舉杯為總督祝福。是日賀來政務長官與各局長周旋其間，意極誠懇，衆皆感激。歡談至五時，始雍容而退。（全國詩社大會記）

如此一幅臺灣文人諂媚權貴圖，何以出現在創作立場極鮮明的連雅堂所編集的刊物中？連氏這種矛盾的態度應當如何解釋呢？翻查《臺灣詩薈》內容，不難發現，其中實收錄有多首抗議意識極濃的臺灣文人詩作，尤其是治警事件繫獄諸人的獄中詩，以及其他友人爲之抱不平的應和之作，都做了大篇幅的刊載。除前面所選錄的林幼春、陳逢源、王敏川三首作品外，又有李漢如的「每看紅樹悲秦贅，獨隔青天繫楚囚。誰省新亭南渡後，久無舊淚哭神州」「列子沈機風可御，秦王鞭石海難填。誰言鬼火陰房閴，各放光芒照大千。」（金臺寄南強、鐵生、呈祿、培火獄中），陳逢源的「高樹東林幟，早知此禍來。冬心原不死，黨錮易成魁。」（獄中寄南社諸友），林幼春的「能食非人食，生機未盡無。強將腸鐵石，來試飯彫胡。貿貿求螬李，頻頻飲苦茶。同牢相勸勉，三咽惜微軀。」（強飯），蔡惠如的「匆匆烏兎去難留，身世何時得自由。飲水曲肱吾亦樂，臥薪嘗膽志無休。幾年提倡新民會，今日翻爲國事囚。老我光陰將半百，勞勞空抱杞人憂。」（獄中有感），都如此鮮明而直截地映現了異族統治下，臺灣知識份子衝決羅網、堅毅不撓的剛強性格。《臺灣詩薈》之所以能順利地登出這些頗具政治敏感性的作品，連雅堂的含藏心事，假意與日人周旋，是一個相當重要的因素。這就如同連氏爲加強臺灣人民本土認同而撰寫的《臺灣通史》在一九一八年付梓時，要請來日本「有力者」爲之題字寫序；這又如同清初沈光文爲保有漢文化，與明遺民共抒懷抱而在一六八五年（康熙廿四年）組織「東吟社」，亦不得不請出諸羅、臺灣兩縣令來「共襄盛舉」⑲，這都是在現實的無奈中，爲避免飛蛾撲火，功虧一簣而不得不做的調整。當然，臺日兩方對於彼此的用意，都是心知肚明的，只要能各取其利，不妨各做退讓。但是，當事情的發展超過了日方所能容忍的尺度時，仍要對具反抗意識者施以懲戒。重則假藉事端拘捕入獄，輕則禁書、抽版，不准發行。《櫟社第二集》之所以遭禁，其因在此。

3. 親日色彩極濃，但作品實不乏抒發滄桑之痛者。臺灣詩社中與日本官員關係最密切，往來最頻繁的，首推臺北瀛社。這可由瀛社詩集的內容及與會活動日吏參加的人數之多、頻率之高，獲得證明。

瀛社成立於一九〇九年春天，當時臺日記者謝汝銓因想到「臺島割讓，文人墨客，風流雲散」，有意延續斯文，重振大雅遺音。於是和鄉友林馨蘭共創瀛社，北臺人士望風歸慕，競趨入會的多達一百五十餘人。是年，舊閏花朝日，在艋舺平樂遊，開創立會，公推洪以南爲社長，謝汝銓爲副社長。此後，每月開一次吟會，並假借《臺灣日日新報》漢文部做爲發表詩作，鼓吹活動的據點，故消息傳佈極快速，一時蔚爲風尚。然而，因該社的核心人物：謝汝銓、洪以南、魏清德……都有極明顯的親日傾向，因此，一般人總易以「御用文人」來稱呼他們。以下根據謝汝銓〈全島詩人大會紬緒〉一文（收在瀛社編印的《瀛州詩集》）列出幾次與日吏大員「共襄盛舉」的大型聯吟會：

(1)一九一五年六月十九日瀛社和桃、竹二社共開聯吟大會於艋舺公學校，當時有總督內田嘉吉蒞會。並於翌夜設筵於「鳥松閣」，招待臺灣詩人。

(2)一九二一年八月瀛、桃、竹三社開聯吟會於顏雲年「陋園」，並決定召開全臺詩人大會於臺北，由瀛社主辦。是年十月果然如期召開大會，與會者約百人。當時總督田健治郎亦蒞臨會場，並於次日設吟樽於「鈴閣」，自吟絕句一章，令席間次韻，以所得詩編為《大雅唱和集》。

(3)一九二四年四月，全島擊鉢吟於臺北召開，內田嘉吉總督再度與會，翌日約集詩人於「鈴閣」賦詩。時逢日本天皇舉行大婚典禮，遂以之為題賀之。所吟誦作品編為《臺疆慶頌錄》。

(4)一九二七年花朝後二日，於臺北召開詩人大會。當時，上山滿之進任總督，以詩會為風雅事，翌日遂邀集詩人至東閣賦詩，作品未付梓。

對於日本總督官員的時時邀約，瀛社大部分社員都感到「深爲光榮」，而有了承蒙長官「寵招」的欣喜（見謝汝銓文）。因此，在一九三二年三月全島詩人二百餘人大會於臺北，觴詠累日後所得的數百首作品，由瀛社林欽賜將之編纂印行，稱之為《瀛州詩集》，並於書前請了中川總督、平塚總務長、幣原大學總長、安武文教局長、小松天籟、尾崎秀眞等日籍人士題字，又請了久保天隨作序，並附上日籍長官或文人的相片，以及其舊時漢詩作品，設想可以說是極盡周到了。日據時期詩集的編纂，大概很少看到像這種挾日本官員以自求尊貴榮寵，到如此程度的吧？那麼，我們要問，會不會這也只是一種保護的煙幕，用以保證該書內容的不致受干預呢？從《瀛州詩集》前半部分，林欽賜所收錄一九三二年聯吟作品來看，似乎除了一、兩首特別恭維日本政府的詩作外⑳，其餘都只是就題發揮，並沒有明顯的讚揚或諷刺當局的作品。但是，值得注意的是，《瀛州詩集》後半篇的〈舊作附錄〉之部分，其中收有自兒玉源太郎、後藤新平以下，至岡本韋庵、赤石定藏共二十首日人的漢詩作品，臺灣詩人方面，則自洪以南、洪玉明至李櫻航、蔡拱祿等百餘位的舊作亦收在其中。詩集裏阿諛媚日的作品並不在少數，茲列舉數首如下：

秋盡黃花色轉饒，漫天雨意日蕭蕭。霓裳一曲欣同詠，獻頌昇平答聖朝。（洪以南〈官邸席上分韻得蕭〉）

蓋世雄聲督帥賢，善行仁政口碑傳。三生有幸逢今日，拜見人間不老仙。幾生修到此奇緣，幸庇光輝載一船。不是劉綱好夫婦，布帆那得慶安然。（莊櫻痴〈安東督憲同夫人渡臺舟中得瞻山斗賦誌奇遇〉）

皇恩浩蕩遍三臺，養老典逢踐祚開。南極壽星輝殿陛，東方旭日麗蓬萊。天廚惠賜先嘗席，帝闕榮頒紀念杯。曠古隆儀傳萬世，須知敎孝〇宸裁。（黃玉階〈養老典恭

賦〉）

與日本當局建立良好的關係，接受官方饗老典、揚文會的封賞，並將榮獲長官青睞的欣喜，抒寫於字裏行間，是這一派詩人的共同特色。但是，以御用文人爲主導的瀛社詩人中實亦不乏具批判精神，矜憫百姓疾苦，憂傷家國淪落的有識之士。他們或許和部分御用士紳一樣，也有和日吏往來酬酢之作，但是，其丹心未泯，貞志猶存，表現在詩作中，自具有憂時情懷和滄桑之慨，對於熱中名利者則予於迎頭痛擊。因此，在《瀛州詩集》後半部附錄的詩人舊作中遂有下列作品：

桃花扇，何由見？才子佳人緣一線。歡時喜共桃花宴，合時笑對桃花面，悲時紅迸桃花濺。離時香碎桃花片，桃花閱盡國興亡，抵死花心終不變。江山破碎不如花，依舊桃花堪作傳。請君莫作尋常看，一字一血肝腸斷。（趙一山〈桃花扇傳奇書後〉）

嗚呼我臺農，年來嘆苦辛。日出而勤作，日入而憂貧。諸翁不能飽，田園責與人。食力竟難食，慘狀向誰陳？況聞米移出，限制唱頻頻。遂令穀益賤，生計彌沈淪。同是一國土，何堪分畛域？同是一赤子，還期視同仁。民以食為本，國以農為珍。莫使農民苦，哀泣淚沾巾。（楊爾材〈農村嘆〉）

流行熱病歎頻頻，易染難醫是縉紳。腦中威風炎炙手，口噓銅臭氣薰人。當時毒發猶傷情，過度焚身便殺身。症狀究原虛火起，金瘡官瘾有前因。（鄭坤五〈名利熱〉）

透過以上「堅決反日、與日虛應、親日色彩濃厚」三種類型的分析，吾人可以較具體的掌握日據時期臺灣詩作者的形象，以及其抗議精神與反日情緒之深淺濃淡。在此要強調的是，爲方便說明，第二類型筆者舉了文協、櫟社、詩薈三方面的古典詩作家及作品爲代表，第三類型，則基本上以瀛社爲主要討論對象。這只是概略性的分別，不表示彼此指涉的內涵是完全相同的，意卽這並不表示第二類完全等於櫟社（或文協）人士，第三類完全等於瀛社人士。異族統治下的臺灣社會，事實上有著相當程度的複雜性，人性的善和惡，光明和黑暗，往往擺盪在難以控馭的歷史時空中。除了極端的反日或親日者，一般人實然各自具有不同的生命向度，或微偏向左，或微偏向右，或不可自主地左右搖幌。以「忠奸是非」判然區別的二分法來評價人物，是極容易產生偏頗的諸斷的。

以上所嘗試分析的三種類型，大致指出了日據時期臺灣古典詩作者不同的價値取向。不管其創作的動機爲何？不管其對現實強權的妥協性如何？他們畢竟都有著被統治者的悲鬱和哀傷，有人將之化爲泣血椎心的控訴；有人將它運轉爲更潛沈的反制力量；有人則因之強彎了項脊，成了俯首垂耳的順民。如前所云，漢詩一直是傳統文人最熟悉、最自然的表達工具。可用以抒情、詠懷、言志、應酬……在那個異族統治的時代，小自個人心靈世界的映現，大至家國天下的憂懷，新理念的提出，新視野的開拓，乃至用以遊戲應酬，幾乎無有不可透過漢詩形式來表達者。就這個層面而言，古典詩實有新文學作品所未能及之處。

三、抗議精神與比興諷喻傳統

(一) 抗議精神在日據時期臺灣傳統詩壇的表現

本文所謂日據時期臺灣文學的「抗議精神」，乃指臺灣淪陷後，本土文人站在關懷臺灣歷史與文化、土地與民衆的立場，透過文學作品對日本殘酷嚴苛的殖民政權，提出強烈的批判或深刻的諷刺。這種貫串在文學作品中的內在特質，即可稱爲「抗議精神」。抗議精神在日據時期的臺灣傳統詩壇有什麼表現呢？茲依時間發展，分爲「初期、中期、晚期」三個階段加以說明[21]：

1.日據初期，由於不甘心未戰即割讓，臺灣人民「搥胸泣血，萬衆一心，誓同死守。」[22]，強烈的反抗意識促使文人士子亦投入武裝抗日的行列。從一八九五年割臺，一直到一九一五年「西來庵事件」抗日義民遭日方慘烈屠殺爲止[23]，臺民共延續了二十年的「武力抗爭」活動。目睹哀鴻流離之慘狀，傳統文人在「義不臣倭」的原則下，往往以犀利雄健的筆力，直抒苦難，痛寫滄桑。反抗事件的彼仆此起。日本當局的殘酷殺戮、治臺政策的苛虐擾民，在在成爲詩人強烈批判的主題。如吳德功的〈乙未之冬合家寄寓甘井外甥林水生家因入城一行爰賦五古十韻〉，極力鋪寫戰後窮民的悲苦無依：

出城已半載，束裝回故里。十室九無人，存者惟婦女。兵燹兼疫癘，輾轉溝壑死。
婦兮哭其夫，母兮哭其子。霜風添悲酸，草木為萎靡。門巷甚蕭條，垣墉多傾圮。
衣冠非舊制，第宅易新主。滿目睹悽然，瘡痍何時起？生者不得歸，死者長已矣。
四野多哀鴻，嗷嗷嘆靡止。

謝頌臣〈有感〉詩，則痛斥日吏的苛稅暴斂，使百姓飽受其苦：

> 嗸嗸百姓嘆年荒，日恐差來迫納糧。從此再加抽局費，病民無肉可醫瘡。

另外，洪棄生有〈聞斗六一帶被燬有感〉記敍一八九六年震撼國際的「雲林大屠殺事件」㉔；而〈大掃除〉一詩，則寫於一九〇二年，暴露了日本當局撲殺棄械歸降的臺灣「順民」之欺騙手段，令人讀之髮指㉕。許夢青的〈苦疫行〉則指控日吏檢疫時㉖，窮兇惡極的態度，致使「病疫之家不敢聲，死疫之家不敢哭。」遂有「不經喪亂苦，不識昇平福；不遇舊恩寬，不知新法酷。」的無限感慨。

日據初期具有濃厚民族意識的文人，大多強烈地眷戀宗國，而對新來的政權則極端地排斥。因此，除了以行動來表現反日情緒，他們更是相當直截而激烈地透過古典詩來突顯抗議精神。這必然極容易觸犯日本當局的忌諱，而遭到百般刁難與折騰。許夢青有〈感事〉詩，言及當時的文字獄云：「文章易賈禍，圭角非所宜；偶然觸忌諱，斧鉞卽隨之。」這是爲什麼洪棄生的作品要交由次子洪炎秋帶往大陸，委託北京大學出版部代印，並化名爲洪棄父著㉗，王松的《滄海遺民賸稿》要遠到上海印行的原因㉘。除了個人反日情緒的抒發外，臺灣文人更利用組織詩社的機會，互相砥礪民族氣節，痛斥時政，在酬唱應答的詩作中，凝聚了更堅固的抗日意識。如一九一一年（宣統三年）受霧峯林獻堂之邀來臺訪問的梁任公，根據來臺見聞而寫了〈秦中吟〉三首，其中〈斗六吏〉描寫該地日警聯合製糖會社以賤價強購百姓土地，致使臺民流離失所，無處伸冤的慘狀。任公當時並未到斗六，何以知道此事？想必是與櫟社諸遺老聚會時，自詩人口中聽聞㉙。當時，梁任公曾對臺灣社會做了觀察，對遺老們藉著詩社組織，互抒滄桑之痛，並希望藉此保存漢文的用心，持著肯定的態度；但是，仍期許臺灣文士，勿以「文人」終其身，而能更積極的投注心力於政治社會改革運動。這個思想上的啓發，對臺灣有識之士，造成極大的震撼和刺激。不僅開拓了文人的視野，引導他們對新思想、新知識的追尋，更重要的是「使父老們的民族意識起了發酵作用」㉚。不再只限於少數幾位反抗性較強的詩人（如洪棄生、許夢青）勇於批判時政；由於梁任公的啓發，使得本土文人能從消極的慨嘆滄桑之情緒裏掙脫而出，本著知識份子的入世熱忱和道德良知，關懷時政，甚至投身政治抗爭活動，遂加深了詩人們詩作的思想內涵，蘊釀了更強烈的抗議精神。

2.以「西來庵事件」做爲日據初期的結束，從一九一六年進入「非武力抗爭時期」，到一九三七年中日戰爭爆發止，這二十二年可視爲「日據中期」。此時，日本的統治政權已漸趨穩固，因應著時局的變遷，執政當局不得不將早期明顯的殖民手段、種族歧視，轉化爲「虛假的所謂一視同仁的同化政策」，苛酷的軍事統治，也不得不轉爲文治主義，事實上殖民政權的本質並未改變㉛。

此時大陸地區也已由國民政府取代了滿清王朝，在一九一七年有白話文革命，一九一九年有五四啓蒙運動，對臺灣地區造成了思想與文學上一定程度的影響㉜。再加上第一次世界大戰後，「民族自決」的主張在全世界引起了極大的浪潮，尤其是被殖民者更充滿了追求自由、民主的渴望，因而對殖民政權的反抗性更加強烈，且逐漸採取了新的抗爭方式。一九二一年臺灣文化協會成立，與會者試圖使用溫和漸進的手段，一方面啓發民智、灌輸民族精神；

一方面向日本當局積極地爭取臺灣人在政治上的參與權㉝。在新思潮蓬勃興起的同時，古典詩的創作並未因此而終止。從「量」上來看，由於書房的逐漸遭禁，日據中期是臺灣詩社數量增加最多的時期（參考附圖二）從「質」上來看，這個時期具有反抗意識的舊詩人，或老、或病、或去世，已逐漸從詩壇逐一退位㉞。但是，在古典詩的創作上，舊儒們仍佔有殘餘的勢力，也仍然延續著過去對日本政府的批判態度。值得注意的是，另一股新生的力量在興起。許多既接受新思潮，本身又不廢漢文的知識份子，如：賴和、陳逢源、葉榮鐘……等，他們在投身政治、文化抗爭的同時，也時時不忘借古典詩來抒發心聲，諷刺時局，而且由於這類文人政治色彩濃厚，因此表現在詩中的抗議性並不遜於日據初期的舊儒（見前面所引作品）。

然而，隨著統治政權的漸趨穩固，日本當局更加細密的佈下文網，甚至假借文人繫獄之由，搜查住宅㉟。對於觸犯禁忌的作品予以銷毀，對於甘冒大不韙的文人則施以百般刁難。面對這種困境，文人只好把充滿了抗議色彩的詩歌作品，用以下三種方式來處理：其一、藏身於與日本維持表面親善關係，或傾向親日派的詩作選集中。前者如一九二四——一九二五年編印的《臺灣詩薈》，後者如一九三一年編印的《瀛州詩集》，都提供了抗議詩相當大的容身之所（詳前）。其二、愼自珍藏，留待他日因緣具足，或可公諸於世。例如民族意識極強的鹿港詩人周定山，曾在日據時期因不滿異族統治，憤而離台，浪跡中原。所著古典詩有《一吼刼前集》、《一吼刼後集》，皆未曾付梓。直到一九八六年春季，經由 先師施人豪先生多次奔波，始自其後人手中借出詩稿影印。周氏在〈大陸吟草〉題首感慨著作命運之難以預卜道：「時如假我，或可公世；天若長酣，希早掩醜。委之泥沙者聽之，投之以灰燼者亦聽

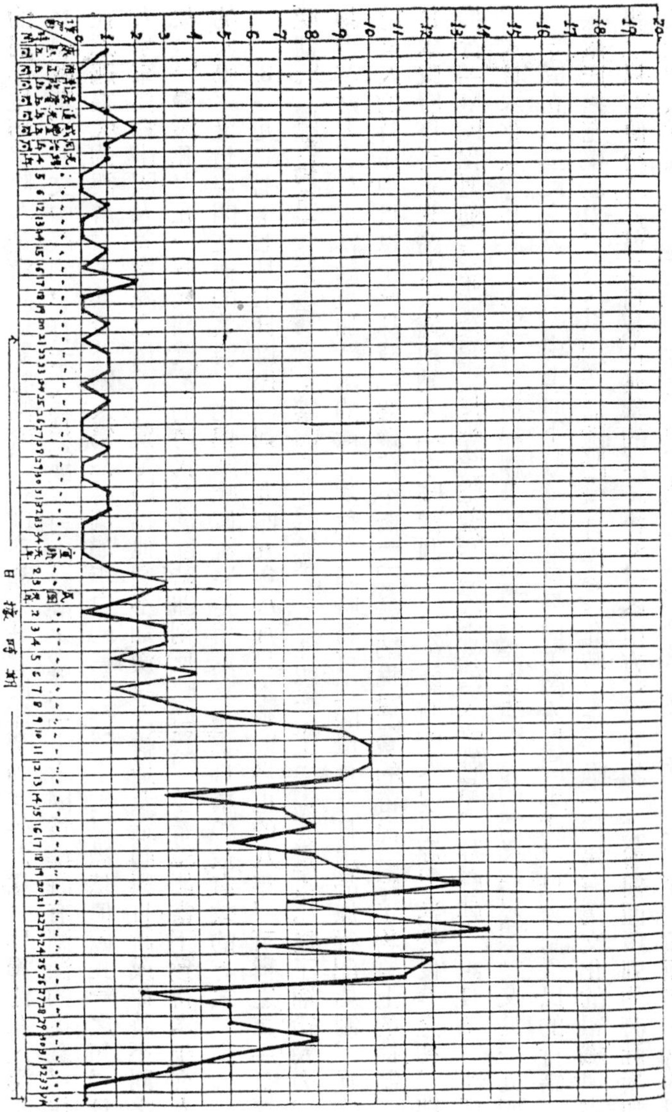

圖二　臺灣詩社增加數量圖

之。」實道盡當時文人的無奈和心酸。其三、使用委宛曲折的比興諷喻手法。這種託意深刻的創作技巧，除非是漢詩造詣特高者，否則不甚容易看出作者的言外之意。吳濁流在〈漢詩必須改革〉一文中談到，日本人普遍缺乏對漢詩的了解：「……因爲漢詩有淵深的奧義，往往惹起很大的誤解，尤其是外國人爲甚。例如李白的『白髮三千丈，緣愁似箇長』之句，日人拿來作爲中國人善撒謊之例證。這是因爲他們不知漢詩之構造及造句與日詩或洋詩不同之故。」㊱因此，在一個異族統治的時代，欲卽時卽刻反映時政，並希望能當下獲得本土文人的共鳴，又想避開文網的禁制，比興諷喻傳統將是用以宣揚抗日精神最有效的方式。

3.一九三七年七月七日以後，到一九四五年八月日本戰敗爲止的八年，可稱之爲「日據晚期」。蘆溝橋事變發生後，日本軍閥開始侵華；一九四一年太平洋戰爭後，爲了補給人力、物力、財力，日本當局更加苛酷的徵收賦稅，同時對百姓的糧食及日用品施行配給制，從當時文人的詩作中可以了解那種「饔飧苦不繼」「囊餘納稅糧」㊲的苦況。除了物質上的控制，日本政府爲要求臺灣人快速地納入「本國體制」，以供戰時的人力資源，遂於侵華之初，卽推行「皇民化運動」，並廢除報刊雜誌漢文欄，要求臺灣人改姓名、拜神社、說日語、生活方式日本化（穿和服、木屐、使用榻榻米），努力剷除臺灣人民的漢民族思想。又於一九四一年成立「皇民奉公會」，由上而下將臺灣六百萬民衆納入這個組織，以箝制臺民的行爲，並徹底擴充生產力，人人以「完成聖戰」爲目標㊳。此時，全臺唯一能保有漢文化的組織與書報，只有傳統詩社以及刊載古典詩的《詩報》、《南方》等刊物。試看前面所列的詩社增加數量圖（附圖二），從一九三七年到一九四三年，仍有新的詩社成立，從這種極不尋常的現象，可以看出當時傳統詩社的擊鉢聯吟活動，必然有極大部分傾向歌功頌德的媚日心態，因此日本當局才可能在那個急欲根除漢文化的「非常時期」，願意給予漢詩創作如此寬廣的空間㊴。但是，這並不意味著日據晚期全臺詩社都有著這種人格腐化的現象，在極度的困境中，仍有許多有識之士，爲臺灣人爭取存在的尊嚴，爲受苦的廣大羣衆抒發內在的苦悶，更希望透過文學作品化爲正義的怒吼，揭露日本殖民政權欺壓弱小民衆的殘酷本質。所謂「松柏後凋於歲寒」，在逆境中堅拒低頭妥協的，方是眞正具有志氣節操的貞士。如一九四三年遭禁的《櫟社第二期》，便因觸犯了日方的忌諱而遭沒收，則詩集中所流露的漢民族意識，或傳達的反日思想，必有執政當局所不能承受之處。在戰事日趨緊張之後，日本政府爲努力配合作戰行動，可能對文字獄的取締不似日據中期時嚴密。櫟社樹大易招風，故成爲日警偵察的重點，彰化應社社員便比較幸運了。楊雲鵬在一九五九年出版的《應社詩薈》中重刊了日據晚期的舊作〈觀鬥鷄〉，而後又在詩題下補上一段序言云：「慨自割臺，日人以殖民地視吾士，施行暴虐；迄無寧歲。嗣後因蘆溝橋之役，中日開始戰爭，對物質精神，更加劇烈壓制，致使有口難言，有憤莫洩。民衆雖有意抗拒，其如處於海島，無能爲力。當時惟藉文字以資警惕暴舉。所幸當局疏忽未加羅致，得遂厥願……」㊵。在抗議色彩濃厚，表達手法更爲平白直接的新文學作品，因日本政府取締漢文而失去創作園地的時候。繼承臺灣文人抗議精神，堅持在「羣魔亂舞」的傳統詩社裏保有一片純淨的藍天，做爲日據晚期臺灣詩壇中流砥柱的漢詩作者，確有足以令人敬佩之處。

㈡ 比興諷喻傳統在日據時期的巧妙運用

「諷喻」一詞兼有「諷刺」和「諫喻」兩方面的意思。從《詩經》開始，傳統文人便有了以詩批評時政、抒發民情的創作觀。〈詩大序〉談到〈國風〉的社會功用時曾云：「上以風化下，下以風刺上，主文而譎諫。言之者無罪，聞之者足以戒。」因此，詩歌具有刺過激失，揭露黑暗，批評時政，傳達民衆心聲的莊嚴使命。執政者亦可藉由采詩的機會，袪除壅蔽，掌握社會脈動，了解百姓疾苦，以爲施政之參考。

用鋪敍的手法直抒其事，使讀者能一目瞭然，固然有著明白曉暢的優點，但是，就文學技巧而言，可能容易流於切直浮淺，缺乏含蓄蘊藉之美。同時在苛暴的政權統治下，也容易因觸犯當局者之忌諱，而遭到文網的羅織。爲求詩歌作品的深婉清遠，餘韻無窮，同時避免以文犯禁，在文網屢興的時代，最好多方使用「環譬寄諷，婉而成章」（文心雕龍·比興）的比興諷喻手法，以求能夠宛轉曲折地達到諷刺批評的效果㊶。近代學者葉嘉瑩曾說道：

> 比興諷喻的作用正是一種感動觸發的作用。這種作用可以分作兩層來看：第一步乃是「氣之動物，物之感人」的詩人的感發作用；第二步乃是「使味之者無極，聞之者動心」的讀者感發作用。而這種感動觸發的作用，也正是詩歌的生命之所在，所以中國的詩論一直有著極為悠久的比興諷喻之說的傳統。（〈鍾嶸詩品評詩之理論標準及其實踐〉）

這種比物連類，有所寄寓的詩歌傳統，在日據時期的臺灣，的確充分達到抒吐鬱懷、聯絡同志，以寄託佗傺不平之氣的目的。割臺之初，反抗意識極強烈的文人，曾以淋漓大筆，直陳心事，痛斥時政，歌頌烈士的英勇事蹟，以及日本當局欺凌百姓的暴虐行爲。如：洪棄生有長篇的〈臺灣淪陷紀哀〉、〈洋兵行〉、〈老婦哀〉，許夢青有〈苦疫行〉、〈大水行〉、〈貴米謠〉，連雅堂有〈八卦山行〉、〈送吳季籛遺骨歸粵東〉……等作品[42]。日據中晚期後，亦有楊爾材〈舌耕嘆〉、黃洪炎〈憫農〉、黃純青〈茶山行〉、黃春潮〈米農行〉、陳虛谷〈警察〉、賴和〈哀聞賣油炙粿者〉……等作品[43]。他們都以類似元白新樂府的手法，反映了當時政治苛酷不合理的現象，並爲廣大被壓迫的民衆傾吐了痛苦的心聲。如前所分析的，在日本充滿防範心態的不平等待遇下，因文字而遭忌，因思想而賈禍，是司空見慣的現象。所以，儘管在心情鬱煩悲憤時，不免有直賦無隱的慷慨激烈詩作，然而，大部分時候，詩人們還是願意謹慎地從事「言之者無罪，聞之者足以戒」的比興諷喻手法，以達宣鬱達情之效。

那麼，詩人究竟透過哪些創作型態來達到託詞微諷，寓意深遠的目的呢？限於篇幅，筆者只就其中較具代表性的「詠物、詠史、遊仙」三種表現方式舉例加以說明：

1. 詠物：詠物筆法肇始於《詩經》[44]，到了六朝，詩人始「以一物命題」。唐人繼之，著作更工；宋元明承之，篇什愈廣（俞琰〈詳註分類詠物詩選序〉）。自此而後，詠物詩的創作深爲詩人所喜愛，且技巧更趨成熟。

錢詠在《履園譚詩》中云：「詠物詩最難工，太切題則黏皮帶骨；不切題則捕風捉影，須在不即不離間。」這話頗能點出詠物手法的難處，不過也說明了詠物詩的特色：它以「物」爲描述對象，因此，作者必須能中肯地把握此物的特質，並以凝鍊之筆勾勒其丰神狀貌；但是，它最好又不只是單純地寫物，而必須有作者生命的投入，使外在物象與詩人內在心靈世界密切地牽繫綰合。否則，筆法再精工，描繪再細緻，終屬下乘之作[45]。

日本殖民統治下的文人，欲透過執政當局持比較寬容態度的古典詩來言志抒情，諷喻時政，使用詠物手法，是最常見的方式。依其功能的不同，又可分爲以下三種類型：

(1)詠物以感時：自乙未割臺，到臺灣光復，這五十年間，臺灣人無時無刻不感受到山河淪喪的悲傷。詩人們往往藉著詠物詩，宛轉地表達了殖民地百姓的哀苦無告與滄桑之痛。如許夢青的〈破畫〉詩，便是以遭蠹魚蛀食的江山圖，來比喻破碎的山河；而陳聯玉的〈飛機〉詩，則又以「瑤池好去朝王母，愼莫重來世網中。」來暗示紅羊刼難後的臺灣之無足眷留。日據初期，爲了鎮壓武裝抗日的民衆，日本當局曾經採取多次的圍勦及誘殺行動，使得一場場血淋淋的慘劇就此展開。當時，臺灣詩人屢以〈哀鴻篇〉爲題，那是戰爭、烽火、流離的象徵，是一篇篇充滿血淚和悽傷的悲歌。其中尤以洪棄生〈哀鴻篇五首〉，最沈痛地呈現了當時人民所受的苦難，玆舉前兩首於下，可略見此類詩作之風貌：

> 蘆塞騰霜威，大地填殺氣；饑鷹摶擊來，征鴻何處避。嗸嗸向南山，復逢矰繳紲；
> 肅肅起秋聲，飄飄灑毛血。援集在中澤，俛仰且偷生；黍稻四野空，飛啄又安營？
> 我作哀鴻詩，未終淚盈把；長距凌雲霄，弱肉風塵下。（其一）
>
> 聞說雲林地，今年遭屠殺㊻；垂翅落機中，破腦不得脫。家室旣摧殘，脂膏亦剝
> 割；造化豈不仁，生物付夭閼。哀哀羣羽毛，振翮難爲活；凌空思奮飛，樊籠終有
> 括。中或失其羣，饑鳴徒嘎嘎；被執啼向人，相視猶胡越。（其二）

(2)詠物以自喩：在異族不平等的待遇下，詩人常借詠物來自況，以抒發壯志未酬的惆

悵或表明堅毅不屈的節操。如許夢青便有長篇的〈鳴劍篇〉，以龍泉寶劍來影射自己，儘管「千年不滅舊鋒芒，知道曾經百鍊霜」，然而不幸的是自從山河淪陷後，寶劍不再出鞘：「從此掛向齋頭壁，夜夜吐氣成金碧。爲人時作不平鳴，聲似龍吟風雨夕。」它夜夜常鳴，爲的是被冷落後的「負負難忍」（龔定盦語）。此時，詩人的鬱懷已然與淒涼寶劍疊合爲一，借以暗喩自己生不逢時，懷才不遇的悲慨。夢青另有〈病馬〉詩兩首，同樣地表達了「雄圖未展，壯志難伸」的憂傷：

買駿千金不可期，相逢無路困頓時；誰能牝牡驪黃外，賞識羸軀骨相奇。（其一）

未逢伯樂九方皋，困頓空生一代豪；上板鹽車經每蹶，西風垂首不悲號。（其二）

自父母國割離而成爲日本帝國主義鐵蹄下的次等國民，就如同辭枝別根的落花與飛蓬，無有著根之地。傅錫祺詠〈絮〉詩的「飄泊天涯別恨深，隋堤消息久沉沉。傷心墜溷沾泥後，無力重飛近柳陰。」林仲衡詠〈燕〉詩的「畫棟雕梁事已非，春來故國夢烏衣；危巢一覆無完卵，風雨飄搖何處歸？」都表現了亡國遺民眷懷故土的惓惓忠誠。

(3)詠物以諷刺：最足以表達本土文人的批判意識與抗議精神的首推這類型的作品。就其內容而言，又可分爲：諷日吏、諷漢奸兩類。

詩人諷刺日吏，最沉痛者乃在於其以經濟剝削爲目的而罔顧民命的暴虐統治，故往往以「猛虎」來譬喩之。如洪棄生的〈猛虎行〉即相當激烈地以搏噬人命，跳踉無饜的貪殘形象來指控日吏的暴行。而施梅樵在〈與陳基六述近況〉詩裏，亦同樣反映了日本吏員的貪婪狠戾：

> 著述在名山，風雨居老屋；偶然入市鎮，路逢虎肆毒。此畜性本兇，見人身便伏；眈眈欲噬人，填滿此枵腹。有時弄狡獪，示威設詐局；我早防未然，胸中有成竹。思欲寢其皮，豈但食其肉；爲我命健兒，荷戈且追逐。

除了以「猛虎」爲喻外，詩人又常以「蚊、蝨、鼠」來暗諷日本官吏剝削人民膏脂，以飽私囊的不肖行爲。如莊幼岳的詠〈蚊〉云：「晝伏昏飛輩，如雷聚小齋；但求飽膏血，未肯憐病骸。長夏妨人睡，中宵惱客懷；狂呼驅白鳥，瘡痏遍天涯。」這和詹作舟的「晝伏宵征亦自豪，驅逐無力首空搔。吸人膏血還遺毒，待看西風掃爾曹。」（獄中苦蚊）都同樣因爲對吮人膏血者的深惡痛絕，而有「去之而後快」的期望。這種心情也同樣表現在林獻堂詠〈鼠〉詩，莊太岳的詠〈蝨〉詩中[47]。

除了嚴肅的抨擊苛政外，詩人有時亦會出之以輕鬆的態度來譏諷日本官吏，胸無點墨，又喜附庸風雅，徒然增人笑柄而已。許夢青的〈罵蠹魚〉逕指之爲「本是人間一蠹蟲，只知穿鑿蠹書叢。偶然偸食神仙字，不解文心敢自雄。」最爲尖銳辛辣；另外周國彬亦有〈蠹魚〉詩，亦暗藏「清風不識字，何必亂翻書」的嘲弄意味，罵盡那些廁身詩人聯吟活動，以吟哦酬唱之名，求得籠絡文士之實的日本官員，其詩云：「託身學海任縱橫，飽盡詩書快此生。畢竟胸中無點墨，咀文嚼字負虛名。」

至於對那些媚日求榮，狐假虎威的投機分子，剛直的詩人更是充滿唾棄與鄙夷，借著詠物手法，極盡諷刺挖苦之能事，如蔡玉屏的〈不倒翁〉：

> 莫笑衰頹一老翁，脚跟無定轉如蓬，任人傾軋終能立，看我傴僂尚自雄。狀縱拘牽如傀儡，性非頑固狎兒童。只求獲免今時禍，那惜當場遍鞠躬。

爲求免禍以圖自保，人的尊嚴可以任意被踐踏，人的背脊可以永遠不再挺直。詹安的〈傀儡〉詩，即嘲諷了那些隨班鵠立，主命莫違，百般受人牽制的日本走狗：「裝來軒冕亦堂皇，歌舞聲中意氣揚。笑爾無能難自主，寅緣一線又登場。」

與霧峯櫟社同樣充滿了批判精神的彰化應社，其前身稱爲「流連思索俱樂部」，早期曾有詠〈紳〉之作，載於一九二五年的《臺灣民報》，相當具象地直指「御用士紳」干名求榮，恬不知恥的可厭可鄙，茲舉二首爲例，可用以和前述詠物詩相比照：

> 寅緣贏得佩紳章，傴僂公門日不惶；齷齪令人羞欲死，反誇臉際有風光。
>
> 紳章佩帶豈尋常，運動曾經走似狂；學得蝦腰橄欖跳，要隨長官去排場。

假如只是寡廉鮮恥，甘媚異族，那也便罷。卻有某些士紳在既得權益後，便倚仗人勢，欺壓善良，嫁禍同胞，令人思之切齒！楊爾材有〈寄生草〉一首，即是諷刺這種狐假虎威者流，縱使一時得勢，將來必然走向頹敗之命運：

鬱鬱偏驚野火燒，生身軟弱作柔條，不才只解工依附，此輩何堪久寂寥。防汝蔓延能嫁禍，藉人勢焰便思驕。喬松尚有摧枯日，早料經霜骨也銷。

黃永武先生曾說：「詠物詩對所詠的物，有一種特別的看法，這看法像是充分自由的，詩人可以無拘無束地任意揮寫。其實每一種看法，無不以龐大的民族文化爲其背景。這文化往往顯出千百年來，此一民族的共通理念。」[48]日據時期的臺灣古典詩，同樣可以感受到中華文化龐大影子的籠罩，詩人亦使用了許用具有傳統默契的物象來達到自況或諷刺之效。隨著時代進步，許多新時代的東西也都入到詩中來，如：「飛機、蓄音機、自轉車……[49]」，儘管題材有異，但是，詩人透過詠物來抒情諷喻的目的卻沒有改變。他們最終的理想，還是希望能藉著外在物象與內在心靈的複疊，含蓄曲折地控訴殖民政權的苛暴，並抒發異族統治下臺灣百姓的苦痛與悲憤。而本土文士激烈的抗議精神與批判意識，也就在幾經壓制收斂後，深刻的隱藏在其中了。

2.詠史：詠史乃以歷史上的人、事、物作爲吟詠對象，並表達作者對這些史實的觀點；甚且，進一步借吟詠史事來自抒懷抱，借古諷今。自東漢班固首先以「詠史」爲題，敍述史事後，便開創了中國古典詩詠史的類型。但是，一直要到東晉左思以後，才以創新的格調，奇偉的造辭，將班固以下客觀敍事、質木無文的寫作特色，轉爲主觀的託詠史以抒懷。此時，敍述史事的目的不過是「以弔古之懷，灑傷今之淚。」（黃文煥《陶詩析義》），作者內在情意的宣吐佔了首位，歷史的人事物反而只是一種憑藉的材料罷了！自此而後，詠史的寓義始深，境界亦隨而大幅開闊。

詠史的目的，既是用來「借古諷今」，那麼詩人對所吟詠的對象，必然要加以揀擇。亦即，詩人必定要在史事與現實之間取得交集，而後衝破時空的阻隔，串聯起今昔共同的心靈律動。例如傅錫祺有〈秦始皇〉詩，即是透過對殘暴政權的批判，來諷刺日本當局的苛虐不仁：

百二雄關擁帝居，恃强恃險究何如？博浪狙擊還留鐵，黃石潛傳尚有書。兩界征塵人逐鹿，十年苛政獺毆魚。三泉地下應知悔，不早施仁一統初。

假如執政者不能為民興利除害，在殘賊百姓之時，又復充滿了防範心態，即使有再堅固的城池堡壘，終究無法安撫民心，化成天下的，請看陳基六的〈築城謠〉：

築城不須大，國帑防傷害；築城不須高，民力防疲勞。城大城高何足恃，古來成城在衆志；欲防胡人不勝防，長城枉築萬里長。君不見，秦始皇。

除了「詠史以諷」之外，詩人又往往藉著對歷史人物的懷思，歷史陳蹟的憑弔，來抒發自己對時局的感傷以及回天乏力的無奈。如洪棄生在〈弔鄭延平〉詩即極沉痛地吟咏道：

……痛哉騎鯨人，一去水汗汗。拓地闢荊榛，繡壤錯經營，志氣無六合，虎視蛟龍爭。千秋鹿耳門，風靜怒濤生……遺志不能伸，海大為不平，輿圖歸一統，廟貌褒忠貞。昔年遊赤崁，春秋禮齊盛；閒登望海臺，興廢幾時更。彷彿厓山麓，孤臣痛哭情。我朝君猶恨，況為外夷幷。古城有遺址，白日穴鼯鼪；陰風撲人面，大廈重見傾。鄭公今不作，當世誰搘撐。神州竟中絕，無復古簪纓，望風長嘆息，頭髮空鬖鬖！

儘管讚頌著延平的功業，事實上洪棄生只是爲了用來作爲「今非昔比」的對照罷了。「我朝君猶恨，況爲外夷幷。」當年滿淸入關，延平尚且因爲痛恨異族（漢族以外的民族）侵犯而矢志復明；何況而今來犯的是中華之外的異邦（日本），延平地下有知，情將何堪？作者使用了「翻疊手法」，在已然痛苦萬分的情緒上再逼進一層，將這種「民族精神的雙重創痛」[50]，突顯得更加強烈。另外賴和有〈定寨〉詩，在登臨舊名爲定軍山的八卦山時，遙想當年卦山之役的慘烈，先民爲保鄉衞土曾有過血戰，而今淪爲被殖民地後多方受壓抑、被阻撓，令人無限悽傷：

卦山一登臨，相逢無相識。回顧舊時伴，杳杳不可得。有懷强自秘，未敢輕太息……
……壘廢蔓草長，興亡剩遺跡。山河歷歷新，世代悠悠易。先民流血處，千載土猶赤。蒼茫俯仰間，禾油漫阡陌。天地自開曠，世間何迫仄。欲作天地遊，共誰借羽翼。墜地生為人，悲傷多惶惑。前途障礙地，努力抱荊棘。

除了上面所舉洪、賴二先生「皆是詠懷，無關論古」（陶澍《陶靖節全集注》）的作品外，詩人亦常常喜歡藉著歌詠歷史人物，做爲自己理想典型的投射，現實中的缺憾，似乎在詩中得到一點心靈的撫慰，請看以下作品：

高帝沉深秦帝雄，羞聞安世語和戎；西南夷靖匈奴服，千古綏邊第一功。（莊太岳〈漢武帝〉）

國亡身死氣猶豪，未肯低頭事漢高；今日齊州幾焦土，可無遺性與兒曹？（林少英〈田橫〉）

蹈海身甘死，平生不帝秦。昏昏爭戰世，扶義賴斯人。（連雅棠〈魯連〉）

國破身囚類楚狂，艱難大局繫綱常；恨逢北虜呼三賊，哭向南人問二王。忠孝貞心同日月，乾坤正氣在文章；妻孥割愛虛榮弟，泉下何顏聚一堂。」（周定山〈文天祥〉）

詠史的表現手法，當然不止上述三種[51]，在此只做簡略地說明。透過歷史人物類型的分析，以及對詩中人物所處時代的了解，吾人始更能以相應的心靈，去掌握日據時期臺灣本土文人所欲抨擊、欲諷刺，或是所欽仰的人物形象，所盼望的理想典範；更藉著史蹟的憑弔、史事的反思，勾起「今非昔比」的愀愴和悽傷，進而藉由「以古諷今」來達到反映時政，控訴不義的文學作品之莊嚴使命。

3.遊仙：遊仙詩描寫現實人生以外的另一個世界，以想像中的靈山聖域和長生不死的仙人爲歌詠對象。朱光潛曾將遊仙詩分爲：楚辭時期、五言時期、七言時期[52]，並且認爲五言時期乃胎息於楚辭，雖主述靈山仙境，但又不只是著眼於浪漫惟美，光怪陸離的景物之描寫，而是試圖由此開拓一個清幽的心靈世界，借以宣洩內在的愁鬱苦悶。黃子雲《野鴻詩的》故云：「遊仙本之離騷，蓋靈均處穢亂之朝，蹈危疑之際，聊爲烏有之詞，以寄興焉耳。」鍾嶸《詩品》評郭璞詩亦云：「遊仙之作，詞多慷慨，乖遠玄宗……乃是坎壈之懷，非列仙之趣。」因此，自屈原到郭璞的遊仙詩，其主要精神皆是一致的。他們都因身處紛亂的黑暗時代，人心的澆薄、政治的汚濁，使他們極度地厭棄人間，故思在精神層面架構一理想的造境，而後將自己滿懷的怨懣憂傷投注到其中，此即阮籍所謂「夸談快憤懣」之意。

日據時期臺灣古典詩中，並不缺乏暗藏抗議精神，唾棄殖民政權的遊仙詩。在形式上，多依循曹唐以下的七言詩型態㊿，但，亦有少數使用五言詩者。而就內在情志而言，則上契屈原「詭託神仙以抒憤懣」的精神，以恍惚迷離的神仙境界來作爲抒發內在苦悶與衝突的寄託。因爲他們同樣地「處穢亂之朝，蹈危疑之際」，在經過日據初期的奮鬪搏擊而終歸失敗後，只好「聊爲烏有之辭，以寄興焉耳。」他們努力舖陳仙境之清淨與絕美，目的是爲了反襯現實的汚濁與醜惡，也就因爲當前的世界這樣令人不堪詩人只好將痛苦的靈魂自有限的形軀中超拔出來，恣意遨遊於太虛幻境，以求得心靈的安頓與解脫。從這點看來，「遁世思想」似乎是遊仙詩的創作基調；其實遊仙詩寫作的意義，並不消極地僅止於此。詩人們畢竟不是眞的只想閉鎖在自我營構的神話世界裏，而後用這個烏托邦來矇騙自己，以療痛止傷。他們更重要的訴求，還是希望透過「天上」與「人間」的強烈對比，向當時乃至後代的人揭露自己所處環境的困頓與汚濁，以含蓄隱微的手法傳達對日本當局的抗議與不滿。如林仲衡有〈遊仙詩〉十九首，開頭兩首便是以極輕淡的筆觸，點出人間的歷刼多磨難：「朝來騎鶴白雲鄉，相約安期遊上方。攜手崑崙山頂坐，看他下界變滄桑。」「碧城十二瑞烟浮，鶴舞鸞歌景色幽。一局殘棋圍未了，何人海屋又添籌。」而許夢青的〈小遊仙〉組詩，亦以相類的筆法，大力地描述仙家虛靈自在的生活，用以映襯人間的坎壈無奈：

大千世界浸玻璃，百尺珊瑚脫舊枝。滄海桑田多變幻，無人參透橘中棋。
天臺劉阮又相逢，世外逍遙骨相鬆。不種桃花種芝草。耕田叱駕有蒼龍。
誰向桃源去問津，洞門一閉絕囂塵。仙家本與凡間隔，忙殺輕舟再訪人。
人間亦自有丹邱，世網何妨任去留。解取天倫真樂事，仙家風物本無愁。
炊爨何勞蠟代薪，偶然涉幻墜紅塵。黃粱未熟華胥夢，浩刼終磨入夢人。
祝融峯頂歷巑岏，不跨蒼龍便跨鸞。曾把梅花和雪咽，仙人赤脚不知寒。

夢青首先以「滄海桑田多變幻，無人參透橘中棋」，點出人世的詭譎相。白雲蒼狗、滄海桑田，所有生命的不可知、不可測，卽是人生最大的無奈。因此，他幻想將詩境投射至不食人間煙火的仙界。那個地方，種的是靈芝，吃的是梅花，騎的是蒼龍鸞鳳，仙人赤脚終不寒……仙家風物本便無愁，塵世間的缺憾，在天上皆得到了圓滿。但是，這種出塵之樂，在異族統治下，歷刼受難的臺灣百姓是無福消受的。因此，在魂牽夢縈之後，詩人仍必須重墮紅塵，去承受人世共同的苦難。他說「仙家本與凡間隔」，他說「浩刼終磨入夢人」，所有的神仙之思，超世之想，終究只能化爲黃粱夢醒後，枕畔的一滴淸淚罷了。

朱光潛說：「遊仙詩人不滿現世，因而起另一世界的希冀，論理本當產生一個莊嚴燦爛的意象世界來。但是，他們的希冀終於流產。民族性的累太重了，讓他們只飛到半天空就落下地來……」54，這話是不錯的！由於詩人們對歷史文化的責任感太重了，使他們時時要眷顧人間。對於塵世的困厄，他們有時因爲厭棄，以致想要任性負氣的離開；但是，當惘時念亂的思慮一轉後，入世的熱腸隨卽掩蓋了「我欲乘風歸去」的想望。

有託寓的遊仙詩通常在表面上偏重於仙境的描寫，而後只蜻蜓點水般地向讀者暗示人世的迥然相異。他們極力地誇讚天界，其實卽是含蓄地在唾棄人間。但是，在日據時期，亦有採取相當特殊手法者，如洪棄生的〈望蓬萊有悼〉、連雅堂的〈蓬萊曲〉卽屬之：

海上有蓬萊，自是神仙闉。瓊瑤削作台，琳琅排作闕。仙人凌雲出，望之心目豁。誰知閱滄桑，仙山亦轇轕。淪汩蒼茫中，滔滔海水闊。殘破不可知，中流賸一髮。日出照深淵，[illegible][illegible]見髣髴。旣作妖蝸居，復變鬼狐窟。人類想無存，岧嶤枯髏骨……可嘆蓬萊峯，年年海底沒。海底何所有，黿鼉來窸窣。海中何所見，鯨鯢弄溟渤。海屋添籌翁，聲噫氣復鬱。日與鬼蜮鄰，頻年無一物。（洪棄生）

蓬萊水隔三千里，金銀宮闕排雲起。羣仙歡笑不知愁，萬樹桃花紅映水。桃花開落自年年，不管人間海作田……誰知天魔還震怒，卻從銀海翻波瀾。樓臺曼衍魚龍戲，蠹蟫食盡神仙字。淮南鷄犬亦猖狂，狐女狐姬更妖媚。王母聞言起嘆嗟，罡風吹落自由花……花影花枝春狼藉，蓬山隔斷春消息。蜀魄於今尚泣紅，楚魂何日能成碧？三教朱英著意修，大羅天上足無愁。莫因貶謫人間去，笑倒仙人太乙舟。（連雅堂）

洪、連二人在詩的開頭，都極力描寫了仙山的絕美幽靜。「蓬萊」在此用的是「雙關語」，在傳統上，指的是海上三座仙山之一；同時，它又指的是素有「蓬萊仙島」美譽的臺灣。臺灣本來物產豐饒，民生富足，宛若仙境。兩位詩人在開頭致力於瓊樓玉宇的刻畫，乃是借著仙物的璀璨，來暗喻寶島的富庶。但是，洪詩從「誰知閱滄桑」，連詩從「誰知天魔還震怒」以下，隨即將絕美的仙境一轉。仙山竟然沈淪了，天界竟然殘破了。只見羣魔亂舞，鬼狐猖狂；慘死的百姓，泣血的冤魂……不僅人類無存，仙家亦無復舊時風貌。這多麼不可能，多麼不合理。但是，也就因爲這詩寫得如此「無理」，更加深了詩作的悲劇色彩。仙山已然如此，何況是人間，更令人感到不堪。

日據時期的臺灣詩人，固然亦有類近曹唐以下所開綺情一路的遊仙詩作；但是，他們並不全然受其所拘限籠罩。那些憂在天下，矜憫生民的有志文人，遙契屈原、郭璞一脈，「託神仙以抒憤懣」的精神，透過對靈山聖域的描寫，懷藏了揭示苦難，控訴暴政的眞正用心，在異族統治的時代，實具有不容忽視的重要性。

四、結論

透過以上長篇的敍述和分析，筆者簡單地就本文的幾個重要觀點再次地加以陳述：

1. 一八九五—一九四五年日本據臺的五十年間，就中國大陸而言，是一個文學劇變的時代。尤其一九一七年白話文運動後，舊文學在中國大陸已逐漸失了去它的據點[55]。然而，臺灣地區卻因日本政府和本土文人在「各取其利」的心態下[56]，提供了古典詩足以紮根滋繁的沃壤。在異族刻意摧殘漢文化的殖民統治期間，綻放了異乎尋常的光采，這是日據時期臺灣文學史上極具特色之處。

2.由於上述的特殊歷史背景，因此，日據之初，抗議殖民政權，抒發亡國遺民之悲的文學功能，幾乎完全由古典詩來承擔。及至一九二四年以後的文學論戰，新文學以強烈的批判性格在臺灣文壇崛起，舊文學始由原先的主導地位逐漸後退。此時，有部分「墮落詩人」以擊鉢吟唱的方式來爭捷鬥巧，甚至藉此干聲名、諂權貴，而失去了文學作品對時代應有的責任和擔當。但是，這並不表示當時的「臺灣舊詩人」可以和「御用文人」畫上等號[57]。當時實不缺乏有識之士，深刻沈痛地對詩壇腐敗墮落的現象，提出強烈的抨擊，努力把即將走偏的古典詩，導入正軌。經過精神的澡雪與更新後，再度遙契詩歌傳統的精神，擔負起「史亡而後詩作」的嚴肅使命。到了日據晚期，在「皇民化運動」推行下，抗議意識較爲直截激烈的新文學完全失去了發表的園地。碩果僅存的古典詩遂在當時，再度獨力擔負起控訴不義，抒發鬱懷的文學重任。

3.具有抗議精神的古典詩「作者羣」約可分爲三類：（甲）徹底反日，堅拒妥協者（乙）表面與日虛應，而暗藏堅強抗日意識者（丙）親日色彩較濃，而在詩中屢抒滄桑之痛者。這些作品爲避開日方密佈的文網，故採取了以下三種方式來處理：（甲）公開發表，卻又藏身於表面與日方維持親善關係的詩刊詩集中，以模糊稽察者的焦點。（乙）私下存藏，或只與志同道合的朋友互通聲氣，兩相觀摩。（丙）善用「環譬寄諷，婉而成章」的比興諷喻傳統，使對漢詩了解有限的日本官吏難以了解其中奧義。

4.日據之初，由於不甘鄉梓淪陷，臺灣有許多舊文人一方面投入武力抗爭活動，一方面透過古典詩沈痛地記錄了戰爭的慘烈，日軍的暴虐。在臺、日兩方皆以武力方式互相對抗的階段，本土文人甘冒大不韙，爲那哀鴻流竄的時代記下血淋淋的史頁，充滿了極端濃厚的控訴色彩和抗議意識。日據中期，隨著時代潮流的趨勢，知識份子改用「非武力」的政治、文化運動來進行與日本當局的抗爭。日本政府也改採文治主義，以較溫和的手段企圖逐步消除臺灣人的民族意識。這個時期，新舊文學作品都同樣呈現出爭取民族自決，追求民主自由的嚮往。這種較緩和卻又絲毫不妥協的抗議文學，在那文網密佈的時代，雖經文人刻意地塗抹保護色彩，依舊難逃被抽版或禁印的命運。而數位包括新文學作家與舊詩人在內的社會精英亦因之遭到牢獄之災。日據晚期，再度主導文壇（專就漢文文壇而言，日文創作者不包括在內）的古典詩人，由於面臨日本當局日暮窮途的困境，批判的重點遂指向當時嚴重影響民生的「苛稅、限糧」等主題，對於日本軍閥黷武好戰，視人命如草芥的作爲，亦做了強烈的抗議。

5.日本當局對傳統詩壇一直抱持著相當寬容，但是，卻又不完全開放的態度。使得當時本土文人遊走在殖民政策的夾縫中，時時有著擔心觸犯文網的驚悸與難以拿捏分寸的無奈。此時，中國古典詩自《詩經》以降所凝聚的傳統智慧，恰足以擔負諷刺苛政、抗議強權的莊嚴使命。本土詩人透過「詠物、詠史、遊仙」等比興諷喩手法，含蓄宛轉地傳達被殖民者憤懣憂傷的心情，並藉由中國文學傳統的共同默契（譬喩、象徵、用典……等），來達到聯絡同志，互通聲氣，共抒懷抱的目的。儘管在現實的作用上，由於日本政府的殖民性格，使得理想中的文學功能「採詩歌聽導人言，言者無罪聞者戒……欲開壅蔽達人情，先向詩歌求諷刺。」（白居易〈采詩官〉）無法達成。對當局施政措施的批評，也不如從事政治文化運動者來得直接有效。但是，誠如漢如在〈與雅堂書〉中所云：「吾曹處人矮戶，能不低頭？滿腔抑鬱，無可展舒。發而爲詩，可以興怨，必有一種不能言，不敢言，不忍言之清長沈痛，可入豪竹哀絲。如白石之詞，遺山之詩，留與後人作史料也。」（《臺灣詩薈》第五號）就「延續一線斯文、鼓盪民族氣節、抒發鬱煩悲憤、留存歷史見證」這四方面而言，日據時期臺灣古典詩確實有值得肯定的歷史意義和時代價值。

附註

❶ 陳少廷在《臺灣新文學運動簡史》中說：「(新舊文學論戰後)舊文學雖然經不起時代洪流的沖擊而崩潰了，但有日本政府的庇護（日政府要用舊詩人來愚化青年，故於舊詩人的活動採取寬大的政策），所以他們還能抱殘守缺，苟延殘喘至臺灣光復前夕。相反地，新文學雖然乘著新時代的潮流，克服種種的險阻，有了相當的成果，但後來卻遭到日本政府的摧殘——在七七抗戰發生不久就被禁止活動，陷入停頓的狀態。」（見該書三四頁，聯經出版社）舊詩作者是否全為御用文人？在本文將做進一步的分析說明。雖然陳先生對傳統詩人不無偏見，但是，他所陳述的傳統詩壇在日據期間一直能夠延續下去，不似新文學遭到禁止發表的命運，確實是當時臺灣文壇的獨特現象。筆者碩士論文《日據時期鹿港民族正氣詩研究》曾繪製有「臺灣詩社增加數量圖」，可提供一個數據上的證明和參考。見該論文（七十五年師大國研所碩士論文）一七頁。

❷ 參考王詩琅《日本殖民體制下的臺灣》三八頁（衆文圖書公司印行）。王先生並引一九二五年版《臺灣年鑑》緒言中的一段，說明日本據臺的用心：「……山有喬木，海有龍鼈，野有穰穰，五穀稔熟，百禾離離。富源無盡滅之期，寶庫任人開發。退而足為子孫謀百年之計，進而可伸南方經略之大志……」

❸ 這都是日本當局用來拉攏遺老及上層社會人士的策略。一八九六年臺灣總督府故示愼重地列出佩戴紳章必具的資格，以及取消佩戴的情況，以強調受頒者，實具無上的光榮。此外，一八九八年又由兒玉總督第一次邀集北部三百多位八十歲以上的男女舉行「饗老典」，刻意表現出執政者敬老尊賢的形象。此後，又陸續在彰化、臺南、鳳山各地舉行。而「揚文會」則是由兒玉總督及其助手後藤

新平爲拉攏舊制科考中廩生以上的文士而舉辦的活動。首次於一八九九年三月十五日假臺北淡水館舉行，徵宿儒文士們平生得意之作以珍藏之，並由兒玉總督出題作成三種策議，任文人們騁其文思，發揮長才，期望借此拉攏前清遺老，成爲日本統治下的御用文人。詳見王詩琅同前書一六一—三三頁。

❹ 根據《臺灣省通志》卷五〈教育志·教育設施篇〉的日據時期臺灣書房增減數量統計資料列表如下：

類 ╲ 年	書房	
	總數	增減數
光緒21年		
〃 22		
〃 23	1127	
〃 24	1707	+580
〃 25	1421	−186
〃 26	1473	+ 52
〃 27	1554	+ 81
〃 28	1623	+ 69
〃 29	1365	−258
〃 30	1080	−285
〃 31	1055	− 25
〃 32	914	−141
〃 33	873	− 41
〃 34	630	−243
宣統元年	655	+ 25
〃 2	567	− 88
〃 3	548	− 19
民國元年	541	− 7
〃 2	576	+ 35
〃 3	638	+ 62
〃 4	599	− 39
〃 5	584	− 15
〃 6	533	− 51
〃 7	385	−148
〃 8	301	− 84
〃 9	225	− 76
〃 10	197	− 28
〃 11	94	−103
〃 12	122	+ 28
〃 13	126	+ 4
〃 14	129	+ 3
〃 15	136	+ 7
〃 16	137	+ 1
〃 17	139	+ 2
〃 18	160	+ 21
〃 19	164	+ 4
〃 20	157	− 7
〃 21	142	− 15
〃 22	129	− 13
〃 23	110	− 19
〃 24	89	− 21
〃 25	62	− 27
〃 26	28	− 34
〃 27	19	− 9
〃 28	17	− 2
〃 29		
〃 30		
〃 31		
〃 32		
〃 33		
〃 34		

⑤ 吳濁流在《濁流詩草》〈漢詩必須改革〉一文中說到：「我有一位日本朋友，上野重雄先生，曩曾來書，要求我選擇幾首有氣魄的漢詩譯成日文，他要以此作詩吟，來鼓舞青年的志氣及振作國民精神。因爲日本的詩詞不像漢詩那樣有氣魄，所以，他們在狂歌劍舞、悲憤、慷慨激昂時，所吟唱的都是漢詩……社會上對漢詩的喜愛不消說，連研究漢詩的學者、專家、漢詩人，也是被人崇拜的。」（臺灣文藝雜誌社　三四一頁）

⑥ 第四任兒玉總督建別業於古亭莊，稱爲「南菜園」。一八九九年六月，園成時曾邀全臺詩人開聯吟大會，自賦詩一首，得和詩八十七首，後編成《南菜園唱和集》。

第八任田健治郎總督，於一九二一年十月四日招待全省詩人於其官邸，席上自賦七絕一首，所得唱和之作集爲《大雅唱和集》。

第九任內田嘉吉總督於一九二四年元月和日本天皇勅題〈新年言志〉七絕一首，將全臺詩人唱和之作集爲《新年言志》。

第十一任上山滿之進總督於一九二六年冬，邀日本詩界名家國分直匡、勝島仙坡二氏來遊，並邀全臺詩人共聚於東門總督府邸，席上唱和之作編爲《東閣唱和集》。以上這些作品集，今中央圖書館臺灣分館均有收藏。

⑦ 見郭嘯舟〈淪陷當時寓北日文士〉一文所引（臺北文物　四卷　一期）中村此文作於一八九九年玉山吟社聚會時。

⑧ 一般談及「非武力抗爭」，多就一九一九年，第一次世界大戰後，世界民族思潮激盪下所產生的民族自覺及文化啓蒙運動來說。筆者認爲只將文化啓蒙看爲非武力抗日的唯一內容，未免失之狹隘。吾人可用更寬廣的角度來定義之，只要是不以刀槍等武器，而改用較溫和、漸進的手法來反抗日本政權的統治，宣揚民族意識的，應該都可納入這個範圍。

⑨ 日本長官施行籠絡政策時，無可否認的，確有許多阿諛諂媚的御用文人，努力藉著詩酒酬唱，以投執

政者所好。本文在此所談乃指表面與日方虛應，實然暗存反抗意識的本土詩人，並不包括所謂「御用文人」在內。

⑩ 一九九二年二月廿九日清大中文系〈日據時期傳統漢詩系列之一——賴和舊詩〉研討會，主講者林瑞明先生卽是認爲漢詩乃日據時期臺灣文人表達心聲，最自然、最熟悉的方式。談到日據時期文學時，不要將新、舊文學判然二分，而要將新、舊文學同時拿來對照，對當時的文壇現象，做全面的觀察。

⑪ 參考《彰化縣志》、連雅堂《臺灣詩乘》、洪炎秋編《洪棄生先生遺書》（成文出版社）、李漁叔《三臺詩傳》（學海書局）、洪炎秋《廢人廢話》（中央書局）

⑫ 同註⑩林瑞明先生在研討會上所持的論點，林先生並引陳虛谷對賴和舊詩的讚詞，認爲與賴和在新文學上的成就比起來，毫不遜色。參考陳逸雄編《陳虛谷選集》（鴻蒙文學出版社）

⑬ 參考李南衡主編《日據下臺灣新文學・明集1・賴和先生全集》（明潭出版社）、《應社詩薈》（彰化應社發行）

⑭ 參考《臺灣民報六十七號》一九二五年八月廿六日。

⑮ 參考葉榮鐘、蔡培火等人所著《臺灣民族運動史》二八七頁，記載了文協於一九二一年成立時，會員的演說辭都錄在《警察沿革誌》裏，日方亦在講者一再強調「日華親善」的講辭後加以批評並分析其用心，如周桃源的講辭記錄之後，日方加案語云：「（周）表面僞裝穩健合法，裏面則暗示新結成的文化協會所隱藏的意圖。」（學海書局）

⑯ 同註⑮二〇一—二八〇頁，對「治警事件」有深入說明，並詳列被捕名單，及所判罪刑。

⑰ 一九四三年十月日方以「該集內容多與現下非常時局不合，應予沒收」爲由，將所有印成的書全部沒收。參考《林獻堂先生年譜》七一頁（編委會編）

⑱ 參考連雅堂編《臺灣詩薈》上册四九、二三五、二九〇、三〇〇、五〇〇、六五六頁　下册三七

四、五〇二、五六〇頁〈餘墨〉之部分（臺北市文獻會印行）

⑲ 參考盛成〈東吟社序〉的註釋，此文收在《沈光文斯菴先生專集》（寧波同鄉會印行）

⑳ 如薛桂友在〈謁臺北文廟感賦〉吟道：「一部春秋濟世艱，海邊鄒魯屬臺灣。欣逢聖域開吟會，暫許騷人禮孔顏。淡水河清瞻泗水，圓山地秀仰尼山。肯教赤化侵東亞，忠恕無遺導野蠻。」（九頁），劉翠岩在〈春寒〉詩中吟道：「……瀟瀟細雨淒涼裏，剪剪疏風寂寞中。願乞東皇頻送暖，莫教凍損到芳叢。」（二三頁）

㉑ 這個部分所談的作品，必先將親日色彩濃厚的御用文人詩排除在討論範圍之外。另外，詩中所抗議的對象，乃專就在臺灣的日本統治者而言，並不包括對大陸地區的滿清王朝乃至於建立民國後的國民政府提出批判者。

㉒ 見一八九五年五月十六日〈全臺紳民致中外文告〉，收在王曉波編《臺胞抗日文獻選編》一七頁（帕米爾書店）

㉓ 一九一五年由余清芳、江定、羅俊共同策畫的革命抗日運動，因消息走漏，引發日軍大舉搜索。在搜索過程中，抗日軍與日方產生多次激戰，尤以是年八月五、六兩日，日軍所展開的「吧哖大屠殺」（或稱「西來庵事件」）之慘烈以及抗日軍被弭平後判死刑者數量之多，均引起中外震驚，日本國會也紛紛對臺灣總督予以強烈的譴責。詳見臺灣文獻會編印的《臺灣史》六七七頁

㉔ 一八九六年六月十三日，臺灣人因痛恨日人，故夜襲斗六支廳旁的日本商店，日方藉口討伐「土匪」派二十名士兵入山搜尋，卻遭抗日軍截殺過半。日方遂再度加強戒備，發動大軍展開四天的搜山，事實上是打著「雲林管下無良民！」的口號，逢人便殺，四天內燒毀民屋三千八百九十九戶，至於被殺的人數則含混地說：「其數目不詳」（警察沿革誌），這次慘無人道的屠殺，引起國際人士的義憤，幾乎使日本政府下不了臺。參考鍾孝上《臺灣先民奮鬥史》三六六、四三二頁（臺灣文藝叢書）

㉕ 洪棄生《瀛海偕亡記》云：「大掃除者，約臺北、臺南、臺中歸順人同一日會飲各地方官各區公所。將戮者予紅花，餘佩白花。未及席，圍而阬之……」四四頁（臺灣文獻叢刊第五九種）

㉖ 日本據臺後，相當重視醫療工作，尤其對當時猖獗的「虎疫」（即霍亂），更是努力預防和撲滅，此之謂「檢疫」。

㉗ 參考方豪撰〈洪炎秋先生訪問記〉收在《近現代臺灣口述歷史》一～一〇頁（臺大歷史系出版）

㉘ 參考王一剛撰〈先族叔友竹公事蹟及詩〉刊在《臺北文物》七卷二期

㉙ 參考鍾美芳《日據時代櫟社之研究》（上）二六八頁《臺北文獻》直字第七八期

㉚ 參考葉榮鐘等所撰《臺灣民族運動史》一一—一四頁（學海書局）

㉛ 參考葉石濤《走向臺灣文學》四五頁（自立報系）

㉜ 參考葉石濤《臺灣文學史綱》二〇—二二頁（文學界雜誌印行）

㉝ 同註㉚一一〇頁

㉞ 如民族意識極強烈的舊詩人林痴仙於一九一五年十月、賴悔之於一九一七年九月、陳滄玉於一九二二年十一月、洪棄生於一九二九年相繼去世。參考傅錫祺編《櫟社沿革志略》（臺灣文獻叢刊一七〇種）、《洪棄生先生遺書》（成文出版社）

㉟ 同註㉚二〇六頁

㊱ 同註❺三四三頁

㊲ 見施梅樵《鹿江集》〈歲晚感作〉（一二頁）、〈漫詠〉（二〇頁）詩（瑞明印書局）

㊳ 同註❷五七—五八頁

㊴ 同註㉙二四三—二四五頁

㊵ 見該書一八八頁，此詩乃借兩雞「展距各刺胸，毛羽血染赤」相鬥的激烈，比喻中日交戰，損失慘重，徒令親痛仇外而已，故云：「同類自相殘，仇外親者惜，既無名利心，抑何不相釋。」作者借

此詩來表達臺灣人民盼望中日停火的期待，尤怨怪日本軍閥的窮兵黷武。

㊶ 傳統上將「比興」視爲詩之作法，同時具有「美刺」之意。《周禮》〈春官・大師〉鄭氏注：「比，見今之失，不敢斥言，取比類以言之；興，見今之美，嫌於媚諛，取善事以喻勸之。」就此而言，似乎「比」多用以刺政之失，「興」多以美政之善。但是，龔鵬程認爲：「比興一辭，或表達二意，或聯結成一關係嚴密之詞組，以傳統意旨相同之內涵，歷來隨使用者之意識而更易。故云比興者，時或與其朔義迥別，不必執一而論。此處（案：指龔著〈清初詩壇比興概說〉）比興云云，殆猶寓意諷喻云爾。」此文收在龔著《讀詩隅記》一九二—二〇四頁（華正書局）。本文所謂「比興諷喻」和龔先生說的寓意諷喻的意旨相同。

㊷ 見洪著《寄鶴齋選集》（臺灣文獻叢刊第三〇四種）、許著《鳴劍齋詩草》（大友書局）、連著《劍花室詩集》（臺灣文獻叢刊第九四種）

㊸ 見《瀛州詩集》一〇三頁、一四九頁、《瀛海詩集》八二頁（臺灣詩人名鑑刊行會）、《臺灣詩醇》二一八頁（蘭記書局）、《應社詩薈》一一頁、二九頁

㊹ 我國詠物筆法，自三百篇肇其始，〈國風・桃夭〉被推爲詠物之先祖。嚴格地說，灼灼桃花只是比興之句，雖有詠物之實，卻「其體猶未全」（俞琰〈詳註分類詠物詩選序〉），一直要到六朝才眞正以一物命題，完備了詠物詩的體制。

㊺ 參考黃永武〈詠物詩的評價標準〉，收在《詩與美》一六六—一八〇頁（洪範書店印行）

㊻ 原詩作：「聞說雲□處，今年遭屠殺。」筆者據此詩寫作時間及史料（《臺灣總督府警察沿革誌》上卷四三六頁）加以印證，此當指一八九六年日軍在雲林地區進行的瘋狂屠殺行動，故逕自在□處塡上「林」字。

㊼ 林獻堂〈鼠〉：「晝伏宵行輩，穿墉賊不殊；野人思啗肉，禿筆欲求鬚。騏驥捕多少，鵷雛嚇有無？祇園僧舍燼，含灶罪堪誅！」（櫟社沿革志略一五四頁）莊太岳〈蝨〉：「安居飽食復何求，

偏向衣中門不休。渺爾微生同蟣蠓，爭知殘命等蜉蝣。須防搔背麻姑爪，莫上還家季子裘。人盡切膚關痛癢，牙攻指撮更誰尤。」（東寧擊鉢吟後集　十一尤　一八四頁）

㊽ 參考黃永武〈古典詩中的桃與柳〉，收在《中國詩學・思想篇》三五頁（巨流圖書公司）。

㊾ 鄭貽林有〈蓄音機〉詩，表達了被殖民者痛苦無奈，欲訴無從的心聲，因此，當他看到新產品時，最想的還是以之叩天閽，伸民冤：「靈機軋軋語輕輕，萬籟喧時四座驚。一樣螺絲循鳥咮，九還象管發龍笙。叩閽好代通天奏，寄遠能傳擲地聲。乞巧課虛今有術，憑將謦欬馭空行。」（東寧擊鉢吟後集　八庚　一五八頁）連雅堂則從雙輪轉動的「自轉車」想到知識分子扶輪大雅的重責大任：「雙輪御電傳歐土，萬里行空擬宛渠。自去自來能自主，何須大雅倩人扶。」（臺灣詩醇後編二八六頁），另外以〈飛機〉為題者，有陳聯玉詩：「雲漢迢遙有路通，鵾鵬變化奪天工，張騫已見馳靈棹，列子何須御遠風。縱意直探兜率界，倦遊小憩廣寒宮。瑤池好去朝王母，愼莫重來世網中。」（櫟社沿革志略　一一八頁）

㊿ 參考蔣君章《民族精神在臺灣》五三頁（中央文物供應社）

(51) 筆者碩士論文《日據時期鹿港民族正氣詩研究》第三章第三節，採取較寬的尺度，將詠史詩的表現方式分為：詠史、懷古、用典三類，並依所歌詠之歷史人物的生平事蹟，精神特質加以考查，而後分為五種人物形象，並逐一加以分析探究。詳見該論文二一七—二五〇頁。

(52) 參考朱光潛《詩論新編》中，〈遊仙詩〉一文，一〇七頁（洪範書局）。

(53) 曹唐乃唐代詩人，為遊仙詩開闢了「豔情」一路。他放棄了楚辭體及五古，改用七言詩型態，以纖麗筆法，寫遊仙故事，卻滲染了濃厚的宮詞色彩。頗具戲劇意識，在寫作技巧上亦能自闢新境。但是，就內在情志而言，卻是浮靡有餘，深刻不足，已然失卻了早期遊仙詩背後所隱存的凝重的人生憂患之感。參考同註(52)一二一—一二三頁

(54) 同註(52)一二八頁

㊺ 一九一七年元月胡適提出「文學改良芻議」，開啓了白話文運動的先聲。爾後，中國文壇幾乎成了新文學運動者的天下，舊文學作家在論戰節節敗退後，似已一蹶不振了。一九二〇年教育部通令中國大陸國民學校在兩年內國文教材改用白話文，新文學遂在當時取得全面性的優勢。參考《臺灣民報》二卷一〇號，蘇維霖〈二十年來的中國古文學及文學革命的略述〉。

㊻ 就日方而言，是爲了以低姿態拉攏文人，並時時參與聯吟結社活動，行監督控制之實，最終目的乃希望舊詩人都能入其彀中。而就本土文人而言，其中不乏希望藉此機會攀附權貴，以爲將來晉身之階者；但，仍有大部分人士只是表面上和日政府虛應，其目的在保存漢文，激勵民族意識，以延續漢族的傳統文化。

㊼ 由於時代背景的複雜性與文人性格的不純粹性，吾人難以透過數據上的統計，來說明日據時期的「御用文人」和「反日文人」究竟各佔有多少比例？筆者只能在此指出，把日據時期的舊詩人全部看成「御用文人」或全部視爲「氣節之士」都是一偏之見。我們只能說這兩種型態的文人都存在，而且都具有不容忽視的影響力。

臺灣民藝與文學

陳啓佑

臺灣早期民藝受到重視，成爲買賣的商品及收藏家青睞的對象，大概是近二十年的事，歷史頗短。數十或上百年前，臺灣匠人製造的日常生活用具，大部分未運用文學，少部分則與文學結合，而使民藝品更加生動，更有內涵。幾十年來，有些學者專家站在美術、民俗的立場探討臺灣民藝，卻未曾有人專門研究附於民藝上的文學作品，本文卽擬從文學的角度探討之。

一、民藝定義

「民藝」一詞，中文大辭典、辭海等工具書並未收錄，此爲一九二五年日人柳宗悅所創之新名詞，其意義與西洋的 folk-art, popular-art, people's-art 不同，指的不是美術品，而是民衆的工藝。七十年代，臺灣先後有數本介紹民藝的專著問世，如席德進「臺灣民間藝術」、施翠峰「臺灣民間藝術」、劉文三「臺灣早期民藝」等書，但均未對「民藝」此一術語下比較周延的定義。席氏曰：

> 民間藝術是鄉民在日常生活中所用的一種通俗藝術。❶

這說法太簡略，以致不能清楚了解席氏所指爲何？施翠峰則表示：

> 所謂「民間藝術」的範疇，自然要包括「民間工藝」、「民間雕塑」、「民間建築」、「民間繪畫」、「民間戲劇」、「民間音樂」、「民間舞蹈」等，它包括靜態的民間藝術與動態的民間藝術。然而時下談論民間藝術者，大多偏重於靜態的工藝、雕塑、繪畫三部門，對於靜態的建築及動態的戲劇、音樂、舞蹈等四方面，談論得甚少，尤其在民間藝術中最富於社會意義的藝術性活動：「民俗遊嬉玩藝」方面，却幾乎被遺忘了。❷

這段話僅道出民藝所包括的項目，並未明白界定民藝。臺灣藝術界前輩顏水龍曾在一次集會中提到民藝的義界：

> 柳宗悅先生，把素樸簡單的手工藝品，稱之為「民藝」，其特色在那裏呢？
>
> 一、沒有落款，由工匠製作出來的作品。街上、鄉下的無名工人所製作的產品，常

民階級平常所用的雜器，就是說，不是美術家有計畫的作品，而是實實在在以「用」為目的，製作者貫注精神，由熟生巧而產生手工製品，它們表現了「手工美」。這些作品當然是無需題名或落款，所以是無名工匠作品。

二、這些器物因以「實用」為其目的，所以沒有過分的裝飾，它們都簡素、樸實、堅固、耐用；作法誠實自然；並為承襲傳統製作他來的器物，絕不偷工減料。

三、不像一般所謂藝術品，而是工匠以熟練的手法製作出來的常民階級所用的實用品，生產較為多量，所以也較便宜。

四、沒有畸形或稀奇的形狀，流露出自然的「健康的美」，具有自然的姿態。

五、是為民衆生活而生產的製品，具有鄉土性和民族性的風格和特徵。

六、以手工製作為主要製作方式。

以上是對「民藝」的簡單解釋。❸

此乃到目前爲止，爲民藝所下的諸多解釋中，比較具體、詳細而又完整的，但仍非圓滿無缺。這義界倘若配合上述施翠峰的說法，想必更完整、更周延；因爲民藝實可分民俗文物及民俗技藝，即施氏所謂「靜態的民間藝術與動態的民間藝術」。顏氏所說的「民藝」其實只是民俗文物，屬於靜態的，爲民藝的一部分而已。

在爲民藝下定義時，我認爲應像柳宗悅一樣避免使用「藝術」一詞。席德進、施翠峰、顏水龍❹、黃永川❺等民藝研究者皆視民藝爲藝術品，準此而言，則常見的粿印、魚盤、飯桶、童帽、肚兜、太師椅、臉盆架、頂下桌、轎、人力車、馬車輪等民藝品均係藝術，未免矮化「藝術」而抬舉「民藝」了。平心而言，固然有些上水準的民藝，精美而富創意，不過絕大多數的民藝則去「藝術」尚差一截，故視爲似「工藝」較妥。

二、民藝與民藝文學分類

席德進將民藝分爲繪畫、雕刻、刺繡及印染，是純就靜態的民俗文物來分類❻。施翠峰則分爲工藝、雕塑、建築、繪畫、戲劇、音樂、舞蹈及民俗嬉戲玩藝等八項❼。劉文三將民藝區分爲食具、衣飾、住居、裝運等四類❽。三位的分類皆有缺失之處。

席、劉二氏之分類，失之過簡。施氏的工藝與雕塑兩類，有重疊者，界限不明❾；而且其靜態文物之分類復嫌簡略，再者，雕塑亦未言及竹雕。如果依照他們的分類方式，有些民藝勢必無法歸類。「臺灣民俗文物專輯(二)」將民藝劃分食具、衣飾、居住用具、遊樂用具、生產工具、宗教禮俗、文房用具、文獻書契及其他、原住民文物等項目❿，考慮周到，值得參考。這種以「用途」來分類的方式，後出轉精，固然不錯，而以「質料」分類，亦頗合理，不失爲良好的方式。顏水龍即循此方式劃分民藝爲七類：木器、金屬、陶器、竹器、染織、植物纖維、常民住宅與庭園⓫。可惜顏氏區分的類別不多，倘增加皮、石、紙、玻璃、骨等類將更理想。

民藝包羅萬象，僅靜態的民藝已不勝枚舉，因此分類不周延一定會產生困擾，以上不憚其煩地討論分類問題，理由在此。無論屬於何類，凡是附於民藝上的文學作品，稱爲「民藝文學」，以下將按照質材的分類逐一介紹「民藝文學」。必須注意的是，並非所有民藝上的文詞皆是文學無疑，如壹團和氣、長命富貴、招財進寶、風調雨順等詞，缺乏文學的基本條件，故非文學也。

三、民藝文學概述

世界各國均有代表其民族性、鄉土性之民藝，本文所論述者，以臺灣民藝爲主，兼及日據時代日人在臺製造之民藝，且僅以靜態的文物爲對象，年代大約在上百或數十年前。以下依金屬、竹、木、石、陶瓷、布、皮、紙、玻璃等順序而言。因骨類筆者並無資料，故從缺。

(一) 金　屬

金屬類民藝的材料包括銅、錫、鐵、銀、金等，其中銅、錫、銀器較常利用文學，如銅水烟筒、銅墨盒、錫酒壺，銀酒壺等民藝品上往往有詩、詞、文點綴，或刻或印，實證甚夥，玆不舉例。銅鏡鏡背亦常鑄有文字，如「螽斯麟趾」銘文，典出詩經，螽斯、麟之趾乃「國風・召南」的兩首詩，主旨都是祝人多子多孫。簡榮聰「臺灣銀器藝術」一書收錄一件「銀製竹塹迎曦門樓」⑫，頗有價值，尤其是鐫刻數副對聯：「青山橫北郭，綠水繞東城」、「雲裡帝城雙鳳闕，雨中春樓萬人家」及「文明同日進，紫氣自東來」，一件民藝小品多處運用文學，實屬罕見，打造者想必愛好文學。筆者收藏一鐵器，圓形，不知是否爲炊具？由上往下俯視，其周邊鑄有「東門之池可以漚麻，彼美淑姬可與唔歌」，亦文學與金屬民藝結合也。

(二) 竹

早期竹雕對聯頗多，南投草屯某林姓收藏家有一對聯：「海爲龍世界，天是鶴家鄉」，沈雕，字均塗上綠色顏料。刻工姓名不詳，書法出自李逸樵手筆。李氏新竹人，光緒十年生，書法學米芾、何紹基。此外，竹製筆筒刻鏤文學作品者亦不少，玆不舉例。竹製枕頭於早期極流行，不過雕刻字句者少之又少，筆者曾見一竹枕上淺刻：「清風明月」、「碧雲玉露」，文意清爽，有益睡眠。

(三) 木

木器民藝上刻、寫文學作品者相當多，幾乎到處可見。特別是被列爲古蹟的古宅，其板壁、門窗、匾聯或樑柱，不難發現詩、詞、文句。筆者收藏古門兩扇，藍底，門面各有一紅色長方形，其上墨書「桃李春風一杯酒，江湖夜雨十年燈」。臺中潭子摘星山莊門廳板壁書一對聯：「有打瞌睡神僊，無不讀書豪傑」，據說山莊祖先乃是武將，爲勉勵子孫勿精於武術，而荒廢文墨，故書此兩句以爲戒。臺南文武廟北極殿懸掛一塊匾額：「辰居星拱」，典出論語：「爲政以德，譬如北辰，居其所，而衆星拱之。」（爲政篇），非但用典，且針對「北極殿」而作，相當貼切。有一頂下橱，上橱正面兩側墨書：「春風大雅能容物，秋水文章不染塵」，對仗工整，且所謂「容物」、「不染塵」均是針對橱子之功用描述，十分恰當。又有一裝香或燭的木香筒，册頁狀，右半面繪一道士，左半面書寫劉禹錫「再遊玄都觀」一詩：

百畝庭中半是苔
桃李淨盡菜花開
種桃道士歸何處
前度劉郎今又來

劉禹錫於元和十年曾撰「自朗州承召至京，戲贈看花諸君子」一詩，語涉譏刺，得罪執政，被貶至朗州十年的劉禹錫又遭流放連州。十幾年後始回京師，重遊玄都觀，有感迺作此詩。道士喻執政者武元衡，桃李喻當年打擊他的朝廷新貴，全詩充滿一股不向惡勢力低頭的勇氣！此香筒製作者或題詩者，也許亦有寃屈，才藉此以洩胸中憤懣吧。

(四) 石

石刻文學多見於古宅、古墓、牌坊，實例甚夥，以下僅舉兩例。金門邱良功母節孝坊石柱上勒一副對聯：

撫週月幼孤麟閣勳名標彤管
垂千秋壼範鸞書褒獎表冰心

彰化文化中心左側十字路口牌坊石柱深雕一對聯：

彰著人文山擁虎巖珠擁嶼
化徵風物泉涵龍井水涵磺

句首嵌「彰化」兩字，內容詠彰化地理環境、人文風物，文氣雄渾。

此外石碑多刻勒文章，偶有佳作；硯臺底部亦常見鏤刻詩文。

(五) 陶　瓷

陶器與瓷器比較，後者似乎較常運用文學，筆者收藏此類瓷器兩件，其一爲日據時代白色小瓷盤，上繪山水，左側空白處寫著：「千山萬水，白雲悠悠，別天地」，意境超凡，有益消化。另外一件乃茶杯，底部四個字依東南西北順序：「高思低處」，以任何一字開頭順時鐘方向讀之，都含深意，既是文學也是哲學。至於陶器運用文學者，筆者亦擁有一件，乃黑陶香筒，正面兩側浮雕：「天意回春呈萬象，人心安樂獲千祥」，中間下方則刻：「萬紫千紅總是春」，此三句皆太通俗。「古樸與傳承——南投陶之美」一書收錄一件磚胎筷籠，褐色釉，正面浮雕一幅圖：一個農夫戴斗笠，雙手握鋤，在太陽下鋤土。此外亦浮雕兩句詩：「鋤禾日當午，汗滴禾下土」⑬，係節錄唐人李紳「憫農」詩。

(六) 布

民藝品中，布料上面亦常出現文學作品，以筆寫者多而以針綉者少，蓋綉字並非易事。「清代臺灣民間刺繡」一書收錄數款眼鏡袋，其一綉「看花當及時」⑭，勉人趁還看得見應及時遊賞風景，意賅言簡。「民俗文物專輯」一書亦刊眼鏡袋數式，其一獨出機杼繡了七個字：「放開眼界空千古」⑮，境界甚高甚大，「空」字尤其巧妙，具多義性。友人有一鴉片烟袋，繡「呑入去味三分醉」七字，描寫鴉片迷人之一斑。「去」爲「氣」之誤，此容後再談。筆者亦曾見一塊布幔繡著孟浩然「春曉」一詩。

(七) 皮

「臺灣鄉土枕具特展」一書⑯收錄皮枕多件，其中四件枕面題詩或對聯，甚佳。其一題：「夜半芬蘭香滿庭，夜深微雨醉初醒」，中宵酒醉，花香撲鼻，亦人生一樂也。另一皮枕枕面題：「長因送客處，憶得別家時」，在與客人分手處，聯想昔日離家時，與親人分手的情景，充滿鄉愁的句子竟題在枕上，或許這是件「旅枕」吧。

「臺灣民俗文物圖錄㈠」刊一件外表漆福州紅漆，浮雕八寶、鳳凰、武器等圖案之皮箱，箱蓋正面浮雕：「冬裘夏葛堪藏裡，開闔任君變換新」⑰。

(八) 紙

如果寫在宣紙上的書法也包括在內，那麼紙類民藝數量倒不鮮。我曾擁有一對字：「相見亦無事，不來忽憶君」，行書，乃早期書法家李讚生的作品。李氏臺北人，號化育、育卿，光緒十六年生，民國十三年獲法學士，任職於臺灣總督府。十五年十月任海山郡郡守，爲本省人首位出任郡守者，善草書。我也曾有葉漢卿的一幅字，以行草寫張繼「楓橋夜泊」一詩。上述兩人的字傳世甚多，臺灣早期書法名家鄭鴻猷的作品亦屢見，功力遠在李、葉之上。

扇面題字，古代文人輒有此習。筆者收藏一把竹扇，看來有數十年歷史，上書杜甫「園人送瓜」一首，杜詩千餘首，膾炙人口者多，此詩則歷來很少被提及，題扇人墨瘦紹弼似乎別具用心。如果書法上水準，這類民藝品未嘗不可以當作美術看待。

(九)　玻　璃

玻璃民藝品上彩繪居多，偶亦書詩文，古床上常見此類藝品。供桌兩旁壁上懸掛的對聯，有不少是以玻璃爲材料，亦屬玻璃民藝。我有一玻璃對聯，句意不俗：「卷裡有詩皆錦綉，人間無價是文章」，以錦綉喻詩，稱文章乃無價之寶，兩句均盛讚文學之美好。

四、民藝文學之特色

民藝文學有幾個共通現象，歸納起來，得下列九點：

(一)　作者不詳

民藝本出自無名工匠之手，其上之文學作品，徵引古詩、文者除外，單就工匠自己創作的文學而言，大多無作者可考。當然，書法除外，以其多落款也。

(二)　對聯居多

自古以來，上自天子下至市井小民，於對聯皆感興趣，斯爲中國文化特色之一。民藝文學中，對聯屢見不鮮，足證對聯之普及與深入人心，前引竹枕、頂下橱、摘星山莊板壁、黑陶香筒、皮箱上之對聯俱爲明證，例子尙多，不遑遍舉。

(三) 自　然

與民藝之特色相同，民藝文學亦呈現自然、樸拙之風貌。上述「有打瞌睡神儒，無不讀書豪傑」、「海爲龍世界，天是鶴家鄉」、「淸風明月，碧雲玉露」、「鋤禾日當午，汗滴禾下土」、「呑入去味三分醉」等例，不事雕琢，正可以管窺早期老百姓的個性、作風，以及他們的文學趨向。

(四) 淺　白

民藝旣然出自匠人之手，適用於民間，不屬於高官或大富人家之物。職是之故，民藝文學之創作者與欣賞者必是一般民衆，其語言及內容宜力求淺白易懂，唯其如此，「文」與「物」才相稱。大致說來，民藝文學泰半能把握這個原則。「臺灣宗敎藝術」一書收錄十殿閻王與十八層地獄畫像，「五殿閻羅天子圖」中書一副對聯：「是是非非地，明明白白天⑱，人間諸種是非，老天莫不看得淸楚，終會有一個公正的裁判。筆者曾在士林某民藝店見一木香筒，朱漆貼金，正面右半浮雕花鳥，左半則浮雕六句詩，字亦貼金：「瓶揷千年柏，爐焚萬壽香，銀臺燈燭燦，金鼎篆烟，坐臥千聲佛，晨昏一炷香」，平易近人。再者，早期讖詩版上的詩，淺易者佔大多數。此外如前引黑陶香筒、竹聯之文句，都明白易解。

當然，難免有深奧者，不過畢竟不多，容後詳談。

（五）流　行

將流傳久遠、人人熟悉的古代文學作品，應用在民藝上，不失爲明智之舉，因對民藝製造者而言較方便，民藝使用者也能輕易接受。從另一角度而言，製造者文學程度往往不高，高深難懂的詩文，當然不會引用。詩則張繼「楓橋夜泊」、孟浩然「春曉」二首，常出現於民藝上。文則劉禹錫「陋室銘」亦司空見慣，僅「臺灣先賢書畫選集」一書，卽有三位書法家抄寫這篇小品[19]。

（六）適　切

無論創作抑是引用，古人似乎都三思後，始遣用文學於民藝品上。何種民藝，具有哪種功能，刻、寫什麼詞句於其上？工匠想必熟慮過。緣於此，所以前面提到的匾額、頂下橱、牌坊、筷籠、眼鏡袋、皮枕等民藝上的文學，不會予人風馬牛不相及之感。甚至下面將提到的福德廟的對聯亦貼切適當。

（七）諧　趣

宜蘭頭城鎮和平街福德廟有一副精彩的對聯：「公道十分無偏無黨，婆心一片愛物愛民」，生動風趣，親切而富人情味。宜蘭土地公廟的對聯亦溫馨可愛，將神明寫得具有人性：「社母社翁鴛鴦福祿，邨夫邨婦雞豕馨香」[20]，鴛鴦一詞眞是巧妙極了，此對聯爲舉人陳維英所撰。彰化城隍廟三川殿大門上有一副：

好大膽　敢來求我
快回頭　莫再害人

站在神明的立場，而以口語表達，幽默之中，深含警世意味，堪稱「神」來之筆也。此外，前引摘星山莊壁板之對子亦頗俏皮。輕鬆浪漫，這才是民間文學的本色。

(八) 教　化

歷來俗文學的重要主題、功用，便是教化，民藝文學不免也以此為目的之一。從前面臚列的例子看來，卽有些句子具有此一作用，或勉人愛惜光陰，或勉人努力讀書、心胸放寬，或勸人改邪去惡，或勸人向善。諸如「有打瞌睡神僊，無不讀書豪傑」、「看花當及時」、「放開眼界空千古」等，又如前引城隍廟、十殿閻王及十八層地獄畫像的對聯，莫不含教化意味。

(九) 書法不佳

民藝上的字體，篆、隸、行、楷、草、行草各體皆備。總的說，落款的，字較可觀；未署名的，字泰半不佳。嚴格說來，雖落款而書藝却不精者亦常見。如早期書法名家羅秀惠的作品水準並不高，因其乃舉人，故書法在現今古董民藝界行情尚稱不惡。其實若論書藝，他的字尙不值得收藏。

五、民藝文學之探討

民藝文學爲俗文學、民間文學之一環，其語言、內容樸拙淺易，與典雅高深之文學大異。所以不能以學術的角度、苛求的眼光評價之，應如同看待「敦煌文學」中的俗文學一樣，寬容多於斥責。殊不知唯其拙、俗、淺，才顯得親切、可愛，才有生命。此爲欣賞民藝文學首應具備的心態。

據筆者所知的資料考察，民藝文學固然多淺俗，典雅不俗者也不少，甚至水準超高的亦有之，顯露古代工匠的文學造詣。從而可知，工匠的文學素養，今不如昔；而將文學應用於工藝品上，現代亦不若古代廣泛。緣於此，早期民藝文學就越發値得吾人去關心、研究。以下試從四個角度來分析民藝文學。

（一）

民藝文學以篇或首爲單位，而頭尾俱全的，並不多見。前引劉禹錫「陋室銘」、「再遊玄都觀」及張繼「楓橋夜泊」、杜甫「園人送瓜」、孟浩然「春曉」等，即皆完整。其他如雲林北港媽祖廟「重修諸羅縣笨港北港天后宮碑記」，潭子摘星山莊門廳左側板壁以行草寫杜甫「秋興八首」第一、二首，以及後面將討論的大將爺符版上的七言絕句，亦均有頭有尾，完整無缺。

而片段的，即不完整的，佔絕大多數，從上述諸多例子可管窺一斑。之所以如此，究其因，起碼有四點原因：除材料爲板壁、石碑、宣紙等大面積之民藝外，民藝品泰半體積小，篇幅容不下完整的詩文，尤其是長篇巨構。此其一。工匠引用文學，本來僅擬取其中二、三句而已，多寫或全錄有時反而無益，甚至產生文不對題的現象。此其二。民藝原以簡素爲特色，附於其上的文學亦儘量簡單扼要，繁複反而與民藝品本身不切合。此其三。工匠文學修養低，也許只記得某篇詩文的一小部分，故僅就記憶所及運用之。此其四。

出現在民藝上的文學，文體以詩最多，文、詞這兩體很少，而詞又比文還少。中國是詩的民族，從民藝文學足可看出詩之影響力。至於曲、駢文，則未之見。

(二)

筆者近幾年所目睹、收集的民藝文學，爲工匠創作者並不少於抄錄者，茲不贅舉例。至於抄錄者，或全篇一字不漏，或節錄，均不屬於俗文學，蓋非民間創作也。不過，無論創作也好，引用也罷，多少可以了解古代匠人的情與思，例如扇面題「園人送瓜」、木香筒題「再遊玄都觀」、摘星山莊板壁對聯、瓷杯杯底的迴文、旅枕上的句子等，在在流露出匠人的心聲。

(三)

或是工匠文學水準不高，或是一時疏忽，任何一個因素都會造成民藝文學的謬誤。其實不光是工匠，滿腹經綸的文人也可能製造謬誤。

民藝文學的謬誤大致可分二種：文字的、文意的謬誤。

前面述及刺綉鴉片烟袋上的「吞入去味三分醉」，「去」顯然是錯別字。筆者曾有一同屬鴉片用具的木製品，上面寫着：「吞入氣味三分醉　吐出雲霞一片香」，這正好可與鴉片烟袋互校而匡謬。羅秀惠早年曾在木板上題李白「宣州謝眺樓餞別校書叔雲」中的兩句。「中間小謝又清發」句，「又」誤作「仳」。羅氏號蕉麓，臺南人，清末中舉，能詩文，嘗執臺日新報筆政，文學根基想必不差，却將讀書人所熟悉的這首詩寫錯了，且錯得離譜，「又清發」與「仳清發」意思適反。又，前引「銀製竹塹迎曦門樓」鐫刻李白「送友人」首兩句，「綠」爲「白」之誤。上述乃文字的謬誤。二種謬誤中，這種謬誤最常見。

前引木香筒浮雕六句詩，「篆烟」下似乎遺漏一個字，導致文句不通。「臺灣民俗文物專輯(二)」收錄一副對聯：「菊花松竹成三徑　琴酒圖書共一尺」㉑，兩句皆與陶潛有關。漢朝蔣詡辭官歸鄉，閉門不出，舍中開三徑，唯與友人求仲、羊仲往來。晉人陶淵「歸去來辭」云：「三徑就荒，松菊猶存」，卽用此典。至於三徑之「三」，應與松竹菊三種植物無關。再者，琴、酒、書如何共一尺？一般對聯上聯末字爲仄聲，下聯末字爲平聲，此聯則違反常規。此爲文意的謬誤。

（四）

民藝文學的水準，約可區分三等：低下、典雅、艱深。

水準低下之作繁多，乃是必然的，亦無可厚非。上述諸例，有些的確粗俗，如「鋤禾日當午，汗滴禾下土」、「海爲龍世界，天是鶴家鄉」、「天意回春呈萬象，人心安樂獲千祥」，又如某版印上的對聯：「忠心招日月，義氣貫乾坤」㉒，某畫像上的對聯：「人惡人怕天不怕，人善人欺天不欺」㉓等，其用語、含意及表達技巧皆平庸。

典雅之作亦數見，這一等級的民藝文學能達到通俗而不低俗，雅俗共賞之境，眞是難能可貴，如「辰居星拱」、「春風大雅能容物 秋水文章不染塵」、「放開眼界空千古」、「卷裏有詩皆錦綉 人間無價是文章」以及前引兩件皮枕上、土地公廟中的文句，皆可圈可點。民間文學有此成績，殊爲不易。

有些民藝文學之主旨、技巧均超乎尋常，非高人無法臻此境，亦非一般讀者所能了悟。有一副木質對聯，字乃匠人刻好後釘在木板上，字字貼金，上聯是：「伊澗瀍流皆入洛」，下聯爲：「楊羅李學本從程」。洛水流經宜陽縣，納澗水；經洛陽縣，納瀍水；經偃師縣，納伊水；至鞏縣，入黃河。上聯敍此事，意指衆多支流皆滙入洛水之中。下聯敍宋朝理學家，洛陽人程頤學問之傳續事。程頤之學傳給楊時，楊時傳羅從彥，羅從彥傳李侗。以洛水喻程頤，伊澗瀍喻楊羅李三人，就地理環境及學派傳承而言，非常貼切，可是民衆看得懂者究有幾人？又有一木質對聯，字非刀彫，而是直接寫於木板上：「木亦戾天鳶有致 車如流水馬無功」，意思是樹木愈高，於高枝飛翔、棲止的鳥更有情致；車輛太多，道路擁擠，馬無法發揮腿勁，不能飛奔。言外之意乃是環境理想舒適，人才得以充分發揮才能，且活得愉快。此對聯眞堪讓人含英咀華。

「臺灣傳統版畫源流特展」刊載一張版印，一名武將——大將爺全副武裝，手執長刀，騎戰馬，右上方刻七絕一首：

翦髮接韁牽戰馬折袍抽線補旌旗

冑中多少英雄淚灑上雲藍紙不知㉔

版面刻工精巧，原版為鹿港威靈廟收藏，此為符版之一種——神符，係供奉用，非一般以符文為主之符籙。該絕句末句用典，冷僻的典故，蓋唐段成式在九江所製之紙名為雲藍紙，鮮為人知也。

民藝既為民衆使用品，民藝文學，當然是供民衆閱讀的，委實不宜太深奧，尤其公共場合的民藝，遣用文學自應考慮大衆化的原則。否則，讓人讀之如入五里霧中，失去文學的效用，毫無意義。

六、民藝文學之功用與價值

民藝文學最基本的功用，卽是增添民藝品之光彩，俾使民藝品更具價值，其次，教化的功用大於提升文學水準。從本文所舉的實例中，可知有些民藝文學默默地提振人民的道德良心，希望民衆知曉做人處事、奮發向上、改過遷善。民藝文學當然在提升民衆的文學、文化水準多少有點貢獻，而另一貢獻則是擴展文學運用的領域，將文學運用在器物上。進一層而言，隸屬創作而非引用的那些民藝文學流傳至今，保留了許多珍貴的文獻資料，值得吾人整理與鑽研。在古蹟陸續遭破壞，民藝品逐漸被廢棄的今日，民藝或民藝文學之探究，實在刻不容緩。

附註

❶ 席德進，《臺灣民間藝術》（雄獅圖書公司，民國七十一年七月第五版），頁一六，此書於民國六十三年十月印行初版，一般皆誤以爲此書係在民國七十年以後出版。

❷ 施翠峰，《臺灣民間藝術》（臺灣省政府新聞處，民國六十六年六月），自序。《中國民間文藝辭典》（甘肅人民出版社，一九八九年三月）一書亦有類似的說法，該書指出「民間藝術」乃是「民間音樂、民間舞蹈、民間美術、民間工藝、民間戲劇、民間曲藝等的統稱。」

❸ 此段話係顏水龍演講記錄，見顏水龍、陳奇祿，〈臺灣民藝及臺灣原始藝術〉（收入《歷史文化與臺灣》，上册，臺灣風物雜誌社，民國七十七年十月），頁五六。有關民藝定義的這段話，顏氏並未明確表示是柳宗悅的說法。不過，筆者另據其他相關資料推知大致是柳氏的意見，請參吉田璋也，《民藝入門》（保育社，昭和六十二年二月一日重版發行），頁九八—一〇〇。

❹ 顏水龍曾說過：「……對『民藝』的意義略作解釋。一般人也稱之爲『民間工藝』又稱之爲『民族工藝』、『民俗藝術』、『民衆藝術』、『鄉土藝術』等等」。見同註❸引文，頁五五。

❺ 見黃永川，〈民間技藝的整理與發揚〉（收入《中華民俗文物特展》，民國六十九年二月），頁二八。

❻ 同註❶引書，頁一七—一八。席氏認爲民藝還包括動態的，在爲靜態的民藝分類後，他接着說：「當然民間藝術還包括民謠，民間戲曲（歌仔戲），因這些不屬於藝術範圍，在此不論。」

❼ 同註❷。

❽ 參劉文三，《臺灣早期民藝》（雄獅圖書公司，民國六十八年十月二版）。

❾ 參同註❷引書。例如施氏所分的「工藝類」包括陶壺、陶瓷雜器、木材家具及銅器、錫器類等，

⑩「雕塑類」包括木雕、塑造等，其中陶瓷雜器與塑造，木材家具與木雕，不知如何區分？進一步言，單是「工藝類」便將陶壺與陶瓷雜器分爲兩項，令人不解。參《臺灣民俗文物專輯(二)》(臺中市立文化中心，民國七十九年四月)。前此該文化中心曾出版《臺灣民俗文物圖錄(一)》(民國十年六月)，在分類上少了幾類。

⑪同註③引文，頁五六—六一。

⑫見簡榮聰，《臺灣銀器藝術》(省文獻委員會，民國七十七年六月)。

⑬《古樸與傳承——南投陶之美》(南投縣立文化中心，民國七十九年九月)，頁六三。

⑭粘碧華，《清代臺灣民間刺繡》(漢藝色研，民國七十八年九月)，頁七一。此書繡品係民藝收藝家陳達明提供。

⑮《民俗文物專輯》(雲林縣立文化中心，民國七十五年五月)，頁一九。

⑯《枕中夢廻——臺灣鄉土枕具特展》(彰化縣立文化中心，民國七十八年九月一日)。

⑰見同註⑩引書，頁一三。

⑱劉文三，《臺灣宗教藝術》(雄獅圖書公司，民國六十八年九月三版)，頁九〇。

⑲參蕭再火編撰，《臺灣先賢書畫選集》(賢思莊養廉齋，民國六十九年十二月六日)。此書頁五二、六六、一三三依序刋李逸樵、林知義、廖隆光等三位早期書法家的作品。

⑳這兩副對聯皆轉引自李豐楙，〈臺灣的寺廟文學〉(《文訊》革新第十三期，頁一二九)。

㉑同註⑩引書，頁八五。此對聯是用木或竹片沾墨水寫成，稱「木書畫」，又稱「飛白板書」。

㉒見《臺灣傳統版畫源流特展》(行政院文化建設委員會，民國七十四年十二月二十四日)，頁七四。「忠心招日月」之「招」字，顯係「昭」之誤。

㉓同註⑱引書，頁八九。

㉔同註㉒引書，頁二一七。

從臺灣地區國臺語融合辭彙談鄉土文學的困境

臧汀生

壹、前言

四十年來，臺灣地區的語言狀況，由於兩岸的隔絕、教育的普及、住民的往來、情感的交流，本地固有的閩南語和官方持續推展的「國語」，在一方居於絕對多數，另一方卻又挾有政治力量推展的特殊時空環境下，兩者已經逐漸融合而產生一些特殊的變化。

就語音而言，閩南語之中的漳、泉、厦語已經混雜而形成不漳不泉，亦漳亦泉，大致只可分爲北中南三種腔調的「臺語」。至於國語也受到臺語的影響，而演變爲捲舌音、兒化音與輕聲日趨退化的所謂「臺北國語」❶。

就詞彙而言，國臺語相互融合的新生語言不斷孳生，活躍於青少年的語言世界；甚至連語言基礎的語法，「國語」也深受臺語的影響，而有日漸臺灣化的趨向。

有關語音與語法的變化，已有專門論著❷，茲不贅述，本文擬僅就詞彙部分，提出個人觀察所得的些許淺見，一者希望能夠抛磚引玉，就教於大方之家；再者希望對於省籍情節的糾葛有所釐清。又，本文使用「融合」一詞的理由，在於以下做爲例證的語言，已非漢語從來吸收包容外來語言的模式所能規範，個人以爲稱做「融合」或許比較恰當。

貳　例　證

傳統上，官話對於外來語或方言的吸收，不外意譯的「轉讀」與音譯的「擬讀」兩種方式。所謂「轉讀」卽是先將該客體語言的意義轉化爲主體語言的同義語，然後再依主體語言的字面發音❸；所謂「擬讀」卽是摹擬該客體語言的實際語音，讀成合於主體語言發音習慣最近似的語音❹；做爲漢語之一員的臺語也是如此。因此以下例證卽依照該詞彙偏重的性質歸類，分成「轉讀」與「擬讀」兩部分敍述，其次第則以筆者個人生活經驗，依「大概」的時代先後排列。國語部分除因擬讀而稍異於正常國語發音者，於標目之下附註「注音符號」外，其餘不另標音；臺語部分則一律附註「長老教會羅馬拼音」，以便與前者區別。又，文字部分若純屬擬音或未能確定用字者，另以〈〉標明之。

一、轉　讀

1. 七仔 (chhit á)

青少年常喜歡婼稱親蜜的女朋友爲「妻子」、「老婆」「婦」（臺語，音bó͘），本省青少年常借用國語「妻子」的同音字「七」，轉讀臺語爲「七仔」，用來稱呼女朋友，或擴張爲泛稱年青的女孩子；也因此相對而稱男朋友或男孩子爲「八仔」，因臺語「八」、「伯」同音，一般都誤以爲「伯仔」。

2. **馬子**

本省青年謔稱男女交媾的動作如騎馬一般，於是通稱女孩子爲「馬仔」，外省青年借來直接轉讀爲「馬子」。

3. **「照」(chiào) 什麼**

外省幫派用語稱眼睛爲「照子」，臺語借用其義轉讀，如「照（chiào）什麼」即「看什麼」。

4. **漏氣**

臺語稱行事失敗爲「漏氣」，猶如車輛輪胎洩氣一般無法繼續行動；外省青少年常借來依字面直接轉讀爲國語，以取代「洩氣」。

5. **菜鳥**

臺灣賽鴿風氣甚盛，飛行或歸巢能力不足的鴿子，常被淘汰做爲菜餚，稱做「菜鳥」，因此「菜鳥」一語常被用來形容能力、經驗不足的人。國語借用轉讀而風行於軍中以稱呼初入伍的新兵。

6. **落翅仔**

雌性鷄鴨發情的時候，翅膀常鬆弛垂地，一來誘引雄性，二來便利雄性踐踏背上進行交尾❺，本省人以其翅膀垂落的形狀加「仔」(á) 構成名詞❻，用以譏刺似若有意勾引男性的女子；外省青年則將之直接吸收轉讀爲國語，或擬讀爲「ㄌㄠˋ ㄒㄧˋ ㄚ」

7. 掠（捉、抓）狂

臺語形容神智昏亂，行爲衝動爲「掠狂」(liah kông)，意謂如同導致「起狂」的筋脈被扣住一般；國語將「掠」轉爲同義的「抓」或「捉」，讀做「抓狂」或「捉狂」。

8. 爽〈歪歪〉

臺語形容非常舒服爲「爽 oai^n oai^n」，其實這是一句非常不雅的話，專指性交而言；國語將「爽」字轉讀，並以「歪歪」擬音，組成「爽歪歪」一詞。

9. 放鴿子

臺灣稱「鴿子」的「粉鳥」（臺南一帶稱爲「紅腳」），平時訓練賽鴿常將鴿子帶到遠方，任意於路邊縱放，然後回家等候鴿子歸巢；於是「放粉鳥」便被拿來形容任意半途捨棄同行的朋友而自行返家的行爲，近日逐漸擴大爲形容一切失信的舉動。國語則借用其意義，轉讀爲「放鴿子」。

10. 齒毛不爽

日語稱心情爲「氣持」(きもち)，其讀音正與臺語的「齒毛 (khí mo·)」接近；國語再將臺語吸收轉讀爲「齒毛」，「齒毛不爽」即心情不舒服。

11. 牽拖

臺語稱推諉過失爲「牽拖」(khan thoa)，國語直接將之借用轉讀，流行於青少年輩。

12. 搖擺

臺語形容得意忘形爲〈hîa pai〉，國語將之轉讀爲音義接近的「搖擺」，取得意洋洋大搖大擺之義。

13. 按怎

臺語稱「怎麼樣」爲「安怎」(an chóa^{n})，本來國語直接轉讀意義可通，但是一般都摹擬「安」前位變調的陽去聲，讀做「按」。

14. 鐵齒

臺語形容固執己見，不肯服輸爲「銅牙槽，鐵嘴齒」簡稱「鐵齒」，國語直接借義轉讀。

15. 雞婆

臺語形容喜歡多管閒事的人爲「管家婆」，後來簡化爲「家婆」，又因臺語南部語音「雞」「家」相同，於是國語便取「雞」字，轉讀爲「雞婆」，一般女孩子有時更戲謔地改爲「雞媽媽的媽媽」。

16. 五四三

骰子賭戲「十八仔」(sip pat à)[7]中「四、五、六」點數最大，「五、四、三」則無點數可言，雖似大而無用，所以「五四三」遂演爲「沒有用」的同義語，而被國語借義轉讀。

17. 頭殼壞去

臺語以「頭殼」泛稱頭腦，形容神智不清或錯誤百出叫做「頭殼壞去」，國語直接借義轉讀而不改爲「頭腦壞去」。

18. 有的沒有的

臺語形容說話不切要點爲「有的沒有的」，其實是有用的和沒有用的混在一起的意思，道地的說法應該是「有孔沒榫」。國語借義轉讀時採用比較簡單的一句。

19. 一元垂垂

臺語稱較大的長形物體單位詞爲〈kho͘〉，用〈kho͘〉稱人，則有輕蔑其大而無當的意思；而反應遲鈍則以擬物的〈錘錘〉（thôi thôi）來形容；合稱「一kho͘錘錘」。又金錢的單位詞也讀做〈kho͘〉❽恰與國語的「元」相當；於是國語便借義轉讀爲「一元垂垂」。

20. 上蓋好

臺語稱極好爲「上界好」，國語借義轉讀時，「界」採擬音，組合而成「上蓋好」。

21. 都馬是你

臺語諉過他人時，常於〈攏〉(ló͘n) 下加語助詞〈mā〉，讀做「攏嘛是你」；國語借義轉讀時，〈mā〉採擬讀，組合而成「都馬是你」。

二、擬　讀

1. 吸仔 (si â)

如前❻所述，臺語常以動詞加「仔」構成名詞，於是借用國語「吸煙」的「吸」存，摹擬其音並加「仔」做爲香煙的同義詞，而其實際讀音則又依臺語「前位變調❾的準則讀爲陽去調。凡臺語擬讀國語後其讀音皆納入變調準則，不保持原來聲調。

2. 〈哈〉草

臺語形容口部輕慢吸吮的動作爲〈哈〉（ha），如「喝茶」一語，近日都說成「飲茶」(lim tê)，然而傳統的說法是〈哈〉茶。又，臺灣昔日稱香煙爲「薰草」。國語擬「哈」的音，和「草」的義，合併而成「哈草」，用來代替「吸煙」。

3. 〈郎〉（ㄌㄤˊ）頭

臺語俗稱爲「人頭」，猶如民初大陸稱袁世凱發行的銀元爲「袁大頭」一般；國語將臺語「人頭」的「人」擬音讀如「郎」，「頭」則轉讀，合稱〈郎〉頭，用來做爲錢的同義詞。

4. 〈雞歪〉

臺灣形容做事不乾脆如女人一般叫做〈chi chi bai bai〉，因爲國語沒有〈bai〉的音，而且修飾原來不雅的字面，所以摹擬讀做〈雞歪〉。

5. 快〈栓〉

臺灣形容逃竄的動作叫做〈Soan〉，國語摹擬讀爲音近的「栓」，「快栓」即快逃的意思。

6. 〈賭爛〉

臺語形容極度反感不快爲「拄卵」（tū lān），國語擬讀爲「賭爛」。

7. 〈ㄏㄚˋ〉死了

臺語形容極度渴望爲〈hah〉，國語借義擬讀爲〈ㄏㄚˋ〉，通常寫作「哈死了」。

8. 有得〈拚〉（ㄆㄧㄚˋ）

臺語稱事情尙未定局，有待拚鬥然後可知，叫做「誠拚哩！」（chiâ^{n} piàⁿ lè）；國語先擬意轉讀爲「有得拚」，然後「拚」字再擬讀。

9. 〈切切〉咧

（chhê）雖然有以「切」（chhiat）稱斬絕關係者，綜觀早期臺灣俗歌歌辭，卻是從來未見讀做「chhé」的，顯然「切」讀「chhê」乃擬讀國語而來。

10. 〈撇〉輪子

臺語形容快速移動爲〈phe〉，簡稱汽車爲「四輪的」或「輪仔」；國語借義轉讀爲「撇輪子」，但是「撇」則取臺語實際變調讀音的陽去調，讀做「ㄆㄧㄝˇ」，用來做爲「搭車子」的同義詞。

11. 眞有〈哥〉

臺語稱男子的精液爲〈ko〉，精力飽足爲「有 ko」；國語則轉讀擬讀混合而成「眞有哥」。

12. 摻一〈腳〉(ㄎㄚ)

臺語稱聚賭者的單位詞爲〈腳〉(kha)，參加聚賭叫做「摻1腳」(chham chít kha)；國語則轉讀變讀混合讀成「摻一ㄎㄚ」。

13. 有够〈衰〉(ㄙㄨㄟ)

臺語稱倒楣爲「衰」(soe)，非常倒霉爲「有夠衰」；國語摹擬「衰」的音，並襲用臺語句式轉讀爲「有夠衰」。

14. 〈憨憨〉(ㄏㄤㄏㄤ)

臺語形容神智不清爲「頭殼烘烘」，意卽如發燒過度一般；後來縮讀爲「烘烘」(hang)；國語擬讀其音，寫作「憨厚」的「憨」、

15. 好〈羌〉

日人治臺時期，罵臺灣人爲「清國奴」(Chhia^{n} kok lo͘)，久而久之，臺灣人不察

其意，簡化為「清仔」(chhang à)，也用來罵自己人，甚至再將之簡化為「清」，做形容詞用，形容卑鄙無恥。國語借義擬讀為同音的「羌」，「好羌」即是好卑鄙無恥的意思。

16. 〈哇賽〉

臺語罵人的粗魯話「我駛你娘」，相當於國語的「我操你媽」，兩者有時都只是表示驚歎語氣，並無惡意；而國語又常在表示驚歎語氣時，縮讀為「我操」。也許嫌其不雅，所以便擬讀臺語同義的「我駛」，卻因為國語沒有「疑」母音(g)，所以讀做「ㄨㄚㄙㄞˋ」。

17. 〈阿達〉(ㄚ ·ㄉㄚ)

日語「頭」的讀音「あたま」(a da ma)，做英語混凝土「concrete」的讀音為「コンケリート」(kon ku le tə)；臺灣人自行擬讀日語將兩者組合用來形容頭腦僵硬，不知變通。國語借取臺語的時候，再將之簡化擬讀為「阿達」，然「達」字讀為與臺語入聲類似的輕聲。

18. 〈禿〉棰

臺灣稱撞球出桿失誤為「脫棰」(tut chhôe)(臺語稱球桿為球棰)，引申而為「失誤」的同義語；國語擬讀轉讀混合而成「禿棰」。

19. 無〈三小〉路用

臺語稱「沒有用」為「無啥路用」，但是粗魯話則在「啥」的下面插入「Sìao」(精液也)；國語借用粗魯話擬讀轉讀混合讀成「無三小路用」。

20. QK

臺語擬讀日語的「休憩」爲「Khiu khê」，做爲到旅社召妓或幽會的同意詞；國語借義擬讀爲「QK」。

21. 〈秀斗〉

英語的「SHORT」另有電器短路的意思，日語借義擬讀後，又再被臺語吸收讀爲「Sío· toh」，國語又吸收臺語擬讀爲「秀斗」，用來形容一時思路障礙，如電器短路一般，意義與「頭殼壞去」同。

22. ATO

臺語形容對過度吹噓的厭惡爲「聽得會吐」，其「會吐」的讀音近似於英語的「ATO」；青少年借義擬讀便直接採用英語字母的單字讀法「A」「T」「O」，以增加趣味。[10]

23. EVERY DAY

臺語發音沒有咬唇的「v」，通常都改讀「b」，所以英語「EVERY DAY」的讀音與臺語的「矮」「肥」「短」三字連讀極爲相近；青少年借義擬讀則採用英語整句讀音，用來嘲諷調謔。

24. DISH

臺語稱容易受騙者或沒有用的人爲「phán á」，國語擬讀爲「盤子」，爲了增加趣味，又再將之翻成英語。如「你眞是個 DISH」，意思便是「你眞沒有用」或者「你眞好騙」。

叁、說明

綜觀以上例證，我們大致可以獲得下述幾個印象：

一、就日常生活用語而言⑪，臺語對國語的吸收，集中在較早的民國四五十年代；而且總量遠不如國語對臺語的吸收。

二、國語對臺語的轉讀，常常不經轉換爲合於其語言習慣同義語的程序，直接依臺語字面轉讀；又每每可以轉讀卻故意採用擬讀，或者將轉讀與擬讀混合而不守兩者分別使用的傳統⑫。

三、國語對臺語的吸收，漸有整句吸收的趨勢。又凡借用英語的詞句，必須同時利用國語與臺語，才能獲得趣味與了解。

以上現象的產生，實爲四十年來臺灣語言政策下，社會發展的必然結果，請試做說明如左：

一、國臺語地位的升沈

爲求「國語」的普及與教育的實施，光復之初即於臺灣設立「國語推行委員會」，統籌一切事務的進行，播遷來臺之後更輔以法律以及技術上的強制力⑬，終於使得戰後出生的本省籍青年幾乎無人不擅國語，然而其臺語能力亦相對萎縮，彼此交談往往使用國語；即使以臺語交談也常需穿插國語做爲意思表達的輔助；也就是說「國語」不但是本省與外省青年的共同語言外，或者也可說是本省青年的新母語。在推行國語初期的四五十年代，臺語尚堪與國語分庭抗禮，兩者乃相互吸收；大約六十年代以後，國語既已取得強勢的地位，當然在語言融合上是以國語做爲接受的主體，而臺語對國語的吸收則因地位的下降而告終止。

二、融合者的身分改換

國語吸收臺語的早期，從事融合的外省青少年，由於語言的隔閡，只能夠是單字或短詞；到了後期，雖然本省青少年使用母語的能力日益低落，尤其文化用語常須借助國語之轉讀，或直接使用國語，但是生活中俚俗母語傳神的表達功能，實在難有適切的國語可以替代，因此大致尚能保存。基於國臺語雙重語言能力的條件，將臺語全句融入國語或轉讀擬讀混合使用，便是輕而易舉理所必然的事。換句話說，後期從事融合臺語於國語之中的乃是本省青年而非外省青年，所以形成融合方式的變化。對外省青年來說，因爲與本省青年長久朝夕共處，理解這一類融合語言當然沒有太大困難，何況它又饒富趣味，令人樂意接受；至於語音、語法有意無意之間日趨臺灣化[14]也不足爲奇了。

三、外國語言的包容

民國五十七年，臺灣實行九年國民義務教育，英語成爲國民教育的一部分；又由於對日貿易的偏重，以及地理與文化的接近，日語也成爲民間最受歡迎的外語。更何況許多日語早就被吸收進入臺語之中，成爲臺語的一分子。在這種情況下，青少年基於追求趣味的心理，在國語、臺語之外再融入英語與日語，正足以說明青少年對語言的態度，純然只是當做溝通意思、聯絡感情的工具來看待，並不像大人們那樣嚴肅的。

肆、鄉土文學的困境與建議

一、鄉土文學的困境

自民國六十六年鄉土文學論戰後，形成一股寫實主義的文學潮流，其寫實的標的除了社會環境外更兼及語言。在內容上有中國普遍的鄉土之情與臺灣本地鄉土之情的爭辯，在文字上也可分爲以國語爲工具以臺灣風土人情爲範圍的「臺灣文學」，以及以臺語創作的「臺語文學」。平心而論，詩文之中使用方言的現象，不分地域，由來已久，通常也只是順其自然求其盡情而已，也就是說，方言只是輔助工具，並非唯一且必要的工具。然而臺灣地區所以獨舉「臺語文學」大纛之故，不能不歸因於臺灣百年以來先後歷經日本語與中原官話的衝擊，而且這兩次衝擊都是伴隨政治形勢的劇變，挾帶政治強制力量而來，當然不免醞釀情緒的反彈所致。其實泛覽近年寫實文學中的人物對話，不論國語文學或臺語文學，極少出現實際活躍於生活之中的融合語言以及國臺語混用的實況，站在「寫實」的立場似乎雙方都有欠忠誠。筆者以爲原因除對抗心理之外，也應有「不能也，非不爲也。」的無奈，其困境或許在：

(一) 漢字的先天限制

漢字具有音義兼備的性質，倘若卽音借字，難脫望文生義之病，再說有的語音並沒有相當的文字可借；若退而借義用字，則未必能使讀者捉摸作者所欲表達的語音，尤其在常用虛詞方面更是如此⑮；更何況國臺語融合的詞彙或國臺語混用的語言，共用缺乏附加指示標記的漢字，枘鑿難入的窘狀，可想而知。

㈡附註的臃腫與自囿

臺語文學利用文字附加註釋音義或借用羅馬拼音的做法⑯，固然有助於刻畫人物性情，卻造成書面的臃腫，同時也限制了未曾接受羅馬拼音訓練者的閱讀與理解。假如臺語文學的訴求對象有意畫地自限，便也無可厚非；設若臺語文學願與臺灣文學融為一體，以臺灣全境讀者為訴求對象，並忠誠顯現臺灣地區中年以下者語言融合的實況，那麼解決表達工具的困境，應為標榜寫實的文學工作者所宜深思的課題。

二、建　議

如果我們承認語言是交通感情的工具，那麼，語言的融合便是感情融合的指標，近日再度成為話題的「省籍情結」其實是政治競技場上刻意被渲染的材料罷了。但是吾人亦不得不指出，以上所述的融合語言固然出於追求趣味的動機，未必全部能夠成為永久性的語言；但是其中確實有一部分已經習焉不察，逐漸進入本地通用的國語系統之中。這樣的語言融合現象，不論是對國語或臺語，都嚴重破壞各該語言自身的規則性；尤其兩者同屬漢語，共用漢字，一旦訴諸字面著作口語文學，往往造成認識的障礙，以及書寫的困難，這種發展應該不是政府所樂見的。

個人以為，大陸也一樣推廣「普通話」，卻沒有發生如臺灣一般的融合現象，原因在於他們並不壓抑方言，因此兩者並行不悖，各遂其生。反觀臺灣壓抑本地方言的結果，譬如兩株比鄰而生的樹木，其中一株的天空被人爲的建物所遮蔽，於是不得不將其枝葉伸向另一株而相互糾纏，語言的生態又何異於自然的生態呢？我們可以理解昔日的語言政策或許有其不得不然的考慮，可是，在國語教育澈底成功的今日，時移事變，似乎有重新檢討的必要，筆者不揣淺陋，謹貢獻芻蕘之見如下：

一、解除禁制

近日間國家認同成爲爭議的焦點，固然分離意識的形成既非一朝一夕之故，也非三言兩語所能窮盡；可是無可諱言的，昔日政治考量之下所實施的語言與文化政策，造成本地居民尊嚴的挫辱，也是其中不可忽視的一項原因。亡羊補牢之計莫切於開放本地各種語言生長的空間，取消種種過時的法令與禁制，對執政當局而言，正是國語健全發展的保障，也是撫平歷史傷痕，消弭分離意識的釜底抽薪之計[17]。再者，臺語與客語保存無數中古語言的事實已成爲普遍的共識，對於古代典籍與文化的探索助益匪淺，這種珍貴而活生生的文化遺產吾人呵護尚且唯恐不及，又何必視若土芥，必欲去之而後快呢？

二、因勢利導

長期的語言禁制激起許多本地居民不明究裡意氣用事的心理反彈，於是主張臺灣人民和語言與中國人民和語言不同者有之；主張臺語書面記錄應全面拼音化以割斷漢字臍帶者有之；這些主張雖然理論薄弱，不堪辯證，但是其心理背景卻是值得諒解的。近日主張臺語文字化者大致較爲持平，就事論事，已獲得「漢字爲主，音標爲輔。」的共識[18]；如果我們排除政治的疑慮，這一項建議不也提供國語在面對新生語言以及外語漢譯時，每每困窘於如何灣話當而且一致的解決之道嗎？如果能夠稍加補充現行的注音符號⑲，將之做為表記包括臺灣方言在內所有漢語方言的輔助工具，甚至如日本的片假名一般，做爲對付外來語的專門系統；如此則既可滿足所有以方言爲母語者的情感與尊嚴，同時也開拓了吸收外來文化的寬廣大道，並且豐富文學創作的內容豈非一舉數得？司馬遷在史記管晏列傳中稱許管仲的「其爲政也，善因禍而爲福，轉敗而爲功。」一語，或許值得在位者三復斯言吧！

附註

❶ 稱「臺北國語」的理由為：㈠與標準國語區別。㈡臺北地區國語的使用最為普及，而且也是全省各地摹倣的標的。

❷ 參見臺灣大學、民國七十年中文研究所魏岫明先生碩士論文《國語演變之研究》。

❸ 轉讀又可分為按字面直譯與規模意義兩種。前者如：回饋(feed back)、蜜月(honey moon)、太空梭(space shuttle)等；後者如：火箭(rocket)、打火機(lighter)、俱樂部(club)、收音機(radio)、呼叫器(pager)。

❹ 擬讀之例如：幫浦（pump）、漢堡（humbuger）、咖啡（coffee）、巴士（bus）、沙龍（saloon）、馬達(motor)等。

案，中文對外語的吸收原則以音義兼備為最善，如：基因（gene）、可樂（cola）、抬頭（title）、引擎（engine）、錦標（champaign）、泡沫(bubble)、領帶(necktie)、休克(shock)、聲納(sonar)。其次則意譯轉讀，不得已方採音譯擬讀。而音譯擬讀之餘則又有以下三種現象：㈠初期採用擬讀，及至後來意義漸被吸收，於是變為轉讀，如：「巴士」改為「公車」、「坦克」改為「戰車」或「裝甲車」、「土司」改為「麵包」、「起司」改為「奶油」等。㈡在擬讀語的末尾加上該事物的類屬字，如：巧克力「糖」、撲克「牌」、沙發「椅」、摩托「車」、來福「槍」、加農「砲」、霓虹「燈」、吉普「車」、「酒」吧。㈢依照形聲原理，為擬讀字加上類屬的偏旁，如：咖啡、瑪瑙、葡萄、饆饠、箜篌、以及大部分化學元素等。

❺ 臺語稱受精成功的卵為「有形」，而家禽交配動作為雄性踐踏於雌性之上，故稱家禽交配之動作

為「踏形」。

❻ 臺語組合名詞的方式有三：㈠動詞接「仔」(à) ㈡形容詞接「仔」(à) ㈢形容詞接「的」(ê)。案，「仔」相當於國語的「子」；接「的」則與國語同，皆為「什麼樣子的人」的縮寫。然而臺語形容詞接「仔」，有時含有輕蔑或微小之意。

❼ 三粒骰子皆為六點，則共計十八點，故稱之（案，「十」「八」讀文音）。今日民間多改為四粒骰子，然名稱不變。

❽ 臺語又稱「圓」為「圈」，如稱人肥胖為「大圈」。以「圈」稱人有不敬之意。

❾ 臺語每一語意單位之中，除最後一字外，其餘各字皆必須讀變調。如「伊是我的老師」除「師」外，各字皆讀變調；但是若強調「伊」，則「伊」自成一句讀本調。又如「做人應該互相幫助」可析為「做人」與「應該互相幫助」二單位，則除「人」「助」外皆讀變調。其變調規則參見鄭良偉先生之＜臺灣福建話的語音結構及標音法＞（學生書局）。

❿ 其他青少年利用英語的趣味詞彙如「啃書」為「K書」、不及格為「被 down（當）」、多嘴為「IBM」(international big mouth)、又臺語同時融合客家語與英語者如「NO食」等，不在本文論述之列，故略之。

⓫ 此處強調「生活語言」，其目的在與「文化語言」相區別，因為文化語言的形成皆以官定語言為主體，各地方言莫不大量直接轉讀吸收，臺語自不例外，縱使強調本地方言的反對黨演說者，也不得不大量使用，故文化語言不在本文論述之列。

⓬ 國語對其他省分的方言有時似乎也有轉讀與擬讀混合使用的現象，如「煞有介（其）事」、「打秋風（抽豐）」等，卻只是一時不知本字不得不然，後來約定俗成罷了；與臺灣地區明知其字而故意製作的現象不能相提並論。

⓭ 例如以廣電法二十條為母法而衍生的廣電法施行細則第十九條規定：

電台對國內廣播應用國語播音之比率，調幅廣播電台不得少於百分之五十五，調頻廣播電台及電視台不得少於百分之七十。使用方言播音逐年遞減，其所佔比率由新聞局視實際需要檢討訂定。

⑭ 以下所引例句爲常用語法，括弧內爲標準國語語法。

㈠他有來過嗎？（他來過嗎？）

㈡你想要怎麼樣？（你想幹嗎？）

㈢廢話少講！（廢話少說）

㈣說做就做，不必再考慮了！（說幹就幹）

㈤我也沒做什麼對不起你的事。（我沒幹過什麼對不起你的事。）

㈥你坐什麼車來的？（你搭什麼車來的？）

㈦你愛去就去啊！（你想去就去啊！）

⑮ 如：「an ne nîa nîa」做「如此而已」，「m̄ ko (ku)」做「不過」，「líah kioh」做「以爲」，「poah chûn」做「如果」，「tī」做「在」，「hâo sîao」做「白賊」，「kan ta^{n}」（或順向同化音變爲kanna）做「只是」，「lîan pi^{n}」（逆向同化音變爲」lîam mi^{n}」）做「隨時」或「馬上」，以「漸漸」代替「tāo tāo á, khōa^{n} khōa^{n} á, ūn ūn á」等等，以上所用漢字皆可直接依字面讀成臺語，而且這些臺語也實際使用於生活之中，只是如此一來人物的背景、性情便因讀者依字面直讀而失其原貌。

⑯ 請見實例二則如次：

⑰ 近日政府對電子媒體的語言管制似有放寬趨向，而民間反映也顯示對於此項做法的歡迎；如華視的「婆媳過招」、「婆媳一家親」等眞實反映實際生活中國臺語混用的節目收視率獨佔鰲頭後，中視立卽推出同類型的「左鄰右舍」，並以強調語言混用爲號召。然以上各劇開播之後皆顯然有方言份量逐漸減少之現象，適足以說明政府當局了解現實卻又無法坦然面對現實的矛盾。

〈例一〉

妝神弄鬼〈e神會現象〉〈下〉

【台語點心擔】■阿仁　台灣語文研究會／策劃

現在佛教，有濫著中國人彼款愛做王、做大，統治者ê身份，抑是統治者做出來ê權威及神秘ê權勢，已經反背著釋迦牟尼ê信念——無我ê精神。現時咱m̄是佛教ê國家，出現ê是道教及「傳說道」，「傳說道」是聽人講會靈就拜，連樹頭、橋頭、石頭、狗頭……啥麼死人骨頭攏ka弄出來拜，這個也拜，彼個也拜，拜這個靈，拜彼個也靈，香點落去就拜，實在真笑詼，也真害，攏是為著家己ê利益及小貪ê心肝。

若是點著香，心肝頭就唸：「保庇我按怎……」向望神明保庇伊趁大錢，起樓仔厝……數想家己beh 愛ê願夢，排tī日日肨漲ê心肝，hō͘ 神明知影伊欠啥麼？別人ê代誌、國家ê代誌……插siáu伊！好、歹分𣍐清，看著ê是家己ê利益，拜神明變做「點香有目的，燒金為利益」。

小貪ê心，肨風ê性，現實ê人，所辦ê鬧熱拜拜，攏是無水準兼𣍐見笑ê脫衣舞、歌舞團，及古早ê意思無全款，全款ê是柴頭尪仔、食客及醉仙。布袋戲、歌仔戲……強強beh hoa 去，佛教ê精神煞變款。統治者有意割捨台灣文化，台灣人私心，攏是結束文化ê兇手。

m̄若鬧熱、喜事才有脫衣舞……連喪事、出山ê死人代誌也全款僥倖。尪子花車、歌舞團、pūn 鼓吹……招甲歸大堆，tī路中央慢慢仔趖，放送機切鑽磅，花車頂ê查某為錢褪褲摺尻川，孝男孝女哮甲那牛吼，歸街仔路交通弄甲亂操操，親像驚人m̄ 知個兜死人，害咱強beh 昏昏死死去，也𣍐想看咱會tūh-lān 𣍐？

妝神弄鬼是比場面、造人情世事、大家攏是彼款輸人m̄ 輸陣，輸陣是lān 鳥面ê肨風性、愛風神、比人緣、比行情……真正是「田地幾仔片，水準無半撇」ê田僑仔、土財主。古早人講：「一分錢，一滴血」，m̄ 通為著彼個無性命ê柴頭尪仔及無魂ê屍體，煞kā像歸年ê艱苦錢拍損掉，實在無彩！

講實在，妝神弄鬼ê做古代，攏是數想權威ê統治者想beh 永遠統治、壓迫人民，才會來起造這款ê做古代，損害台灣本來ê好款代，世間是無神也無鬼，若有來講，神明是tī頭殼頂，鬼tī心肝底。

註

小貪 (siáu-tham)：貪小便宜

插siâu (chhap-siâu)：不理睬

切鑽磅 (chhiat chìn pōng)：開到最大聲

肨風性：好吹牛的個性

田僑仔：指因為有田地而富的人

肨漲 (phòng-tiùⁿ)：不知滿足

tūh-lān：非常厭惡

愛風神：喜歡出風頭

拍損掉 (phah-sńg)：浪費

資料出處：八十一年三月卅日自立晚報

〈例二〉資料出處：「臺灣文藝」創新二號臺語散文「墜馬西門」阿威原作楊允言譯

hit hia tàu tiàm
園迄搭仔，遐有幾欉木棉樹，前幾工仔中晝，我坐站樹仔
kha
跤想代誌，想啊想，煞睏去，做一个惡夢，夢見我佮一个
chiâⁿ sîng
生做誠成卡早迄个男朋友个儂結婚，婚禮个時，伊大聲唸
hō·
歌詩予我聽，我真快樂，燒酒一杯閣一杯灌落去，我个新
chhiⁿ/chheⁿ sueh/seh
娘衫真白真光鮮，我一直共儂說謝，誠儕囡仔塊唱歌，無
huah
外久，有一个儂大大聲喝一聲，走過來共我罵，罵甲足歹
聽，那罵那用墨汁共我潑，我驚甲哭出來，新郎面色攏綠
chhun phah lap
去矣，伸手卜共我扑，我趕緊走，騎一隻鐵馬下性命踏，
kàu uá
洛一个十字路口，雄雄有一个老阿婆牽一隻白馬倚來，叫
我騎起去，一直走，奇怪，走啊走，頭前愈看煞愈親像西
giâ thiāu
門町，夯頭一下看，有一塊看板掛佇電火柱仔，寫『愛錢
tiô
落馬』，我驚一趒，按馬頂摔落來，道親像慢動作仝款，
ûn sėh lìn lòng
我勻勻仔佇半空中踅一輦，頭殼去拼著石頭，精神過來，
一蕊木棉花拄仔好落佇手裡。

我看汝職寡仔錄音帶嘛塊卜用了矣，我个故事大概道
án-ni
是按爾啦。汝一定看過黃春明个小說，有一篇『兒子的大
hit ā/lō/nā
玩偶』，我真愛迄篇小說，家己嘛想過幾偌遍，我感覺我
sîng hit-ê
真成小說內底迄个老父，我靠『儂』上基本个『本頂』來
hit
趁錢，連阮兜个儂嘛攏𣍐認得我『化妝』了後个面容。迄

chām kuân
頂一暫仔，我佇報紙頂峘看著一个消息，講女性婚前失節
kuân hit
个比例真峘，迄當時我心内道感覺淡薄仔安慰，看著『色
chit-hō==>chit-lō che tak
情氾濫』職號消息，亦是按爾。這算啥麼心理？希望逐家
lah-sap kiàn-siàu kah hit-ê
平平垃圾？家己愈想愈見笑。我佮卡早迄个男朋友真純情
hit-hō==>hit-lō khà
，毋捌迄號——毋過賓館若一通電話撽來，我隨過，毋知
卜按怎講起？

kan-ta/na ioh
儂客——我干礁講一个啦。百百款，汝約嘛約會出來
bat tī hit
，我捌佇一本冊頂面看著一句話，意思是講，查甫儂佇迄
tau
个時陣个面容上歹看，我感覺講得真著。舊年年尾兜，我
hit àu
去敦化南路，迄个儂家己講是科長，毋過帶个所在真奥仙
khaⁿ eh
，伊講歸飯坩話，閣講啥麼，呃——有錢毋驚無查某囡仔
tn̄g
陪汝……有个無个，後來有一工，我佇大安分局頭前撞著
伊，伊毋捌我，我捌伊，伊儂生做足怪个，汝敢知影伊是
chit
創啥个？伊是清潔隊个，實在亦好笑亦好哭，職款世間，
chiu pùn-sò
我目睭金金看伊塊清路邊个糞埽，心肝頭真複雜，伊西裝
pān iah/ah kā
穿起來，閣真大扮，益我咧，行佇街仔路，查甫囡仔共我
kho· koh che
呼絲仔，我閣會歹勢——這是啥麼人生？

tuà
阮老父叫我卡緊嫁，我早道毋敢想矣；我帶佇雙城公

⑱ 七十九年六月與八十年九月民間先後舉行兩次本土語言教育學術會議，擬定本土語言、（閩客）文字化之原則爲：「漢字爲主、音標爲輔」，至於音標則「注音符號」與「羅馬音標」二式並行。其實際行動則爲成立「臺灣語文研究會」分別就「文字」與「音標」進行研議。案，此研究會廣納語文學者，態度嚴謹，其未來成果與影響應不難預見。

臺語文學的過去現在與未來

周慶華

一

八〇年代初期，文壇上崛起一支由一批本省籍作家組成的新隊伍。這支隊伍標榜使用臺語（以閩南語爲主）寫作，已經有不少的作品出現❶，大家統稱這些作品爲「臺灣話文」或「臺語文學」。而爲了有別於「現代文學」、「鄉土文學」、「臺灣文學」等名稱，並且可以專指他們所創作的詩、散文、小說、劇本等作品，近來大家都固定使用「臺語文學」一詞，不再有其他的稱呼。

考察臺灣四百年來的歷史，以臺語創作的作品，始終沒有間斷。如早期的南管文獻、歌仔册、諺語，二、三〇年代的詩文，五、六〇年代以來的電影、電視劇本，以及一直在流行的歌仔戲、布袋戲戲文和民謠，數量想必很多。如果再把含有臺語成分的作品算在內，那應該就更加可觀了。然而，以前都沒有人刻意去標明那些是「臺語文學」，也沒有人堅決主張只有「臺語文學」才是臺灣人的文學。直到這批本省籍作家出來倡導「臺語文學」後，臺灣文學才烙上一個新的標記❷。

爲了這個新標記，學界曾有過一些「小規模」的爭議，而其中以廖咸浩一篇〈「臺語文學」的商榷〉❸所引發的爭議，最受人矚目。廖文一方面肯定「臺語文學」和現有文學有「辯證與互補」的關係，一方面指出「臺語文學」建立在「言文合一」和「正統心態」兩大謬誤上。廖文發表後，立刻引起提倡「臺語文學」作家的反擊，他們直斥廖氏對「臺語文學」的實況欠缺了解，並有虛幻的大中國意識心態在作祟❹。一方說「言」（口說語）「文」（書面語）並不是對立的，而排他的純化正統論也不足取。一方說只有臺語才能表現臺灣文化，而臺灣文化自外於中國文化。雙方所論「南轅北轍」，直讓旁觀者「啼笑皆非」！這場爭議，最後也是「不了了之」❺。

其實，「臺語文學」還有許多很「實際」的問題可以討論，如以「臺語文學」表達臺灣人的思想感情、反映臺灣的社會現實如何可能？是不是只有「臺語文學」才能表達臺灣人的思想感情、反映臺灣的社會現實？在面對現有文學的表達方式，「臺語文學」有多大的「生存」空間？憑什麼保證實際的「臺語文學」創作和接受（欣賞）的可能性？……這些問題，提倡「臺語文學」的人都沒有深入去反省，而批評「臺語文學」的人也沒有提出來討論，以至「臺語文學」到現在還是蒙著一層紗，讓人看不透，也不好猜測。

根據我們的觀察，「臺語文學」已經形成「氣候」，將來還會有更多人投入創作的行列，而我們上面所提到的幾個問題，正關係著「臺語文學」未來的發展，很值得有心人優先加以考慮。現在我們就試著來作個探討，看看「臺語文學」將要走到那裏去，以及在當代文學環境中具有什麼意義。

後面我們準備先把「臺語文學」的現況作一番疏理，並推測它所以「存在」的原因以及它未來的走向；然後針對它未來的走向進行批判，而批判的重點要集中在前面我們所提出的幾個問題上。至於論題中所說的「過去」「未來」，只含有我們所推測「臺語文學」所以「存在」的原因和「臺語文學」未來的走向，以及我們對它的批判等義，並無「過去的臺語文學」「未來的臺語文學」那樣的意思。這一點，在以後的論說中，我們就不再另作聲明。

二

從字面來看，「臺語文學」是以臺灣人的母語創作的文學。而臺灣人的母語，包括閩南語、客家話、山地話三種，這一點大家都沒有異議❻。但是到目前爲止，以客家話和山地話創作的文學，還非常少見，所以大家在談「臺語文學」時，幾乎都把它等同於「閩南語文學」。現在我們所要描述的對象，也是限定在這一部分。

就我們所知道的，當前使用閩南語創作的作家，在詩歌方面有林宗源、宋澤萊、向陽、柯旗化、林央敏、黃勁連、黃樹根等人，在小說、散文方面有宋澤萊、林雙不、向陽、林宗源、洪惟仁、鄭良偉等人，在電影劇本方面有楊靑矗、黃春明、陳淸風、王禎和等人，在論文方面有洪惟仁、鄭良偉等人，他們不是全部使用閩南語寫作，就是大量使用閩南語寫作。其中以全部使用閩南語寫作的部分最被「看好」，也是提倡「臺語文學」的人大力「推崇」的對象。而有心推動這類文學的刊物有《臺灣文藝》、《文學界》（已停刊）、《臺灣新文化》（已停刊）、《自立晚報》副刊、《臺語文摘》，以及民進黨的一些政論刊物等。

參與「臺語文學」創作的人，不但積極在實踐而迭有作品出現，並且還試圖建立規範而不斷著文討論。但是當中存在著不少觀念上和作法上的歧異，如鄭良偉主張漢字、羅馬字雙用❼，洪惟仁主張漢字、拼音字並用❽，林央敏主張脫離漢字而改用拼音字❾；而在實際創作上，有的純用漢字（如宋澤萊、向陽、黃勁連），有的兼用羅馬字（如林宗源、鄭良偉），有的兼用拼音字（如洪惟仁、林央敏）。後面這一點，還只是涉及文字運用的問題，如果論起文字的風格，那就更千差萬別了❿。

此外，我們還發現倡導「臺語文學」的人，雖然也打著「文學」的旗號，但是還無暇談到文學的問題（他們討論最多的是「臺語文字化」的問題）。在他們的計畫中，「臺語文字化」位在首要目標，而「臺語文學」不過是他們的「試驗品」罷了。換句話說，他們是利用「臺語文學」來證明「臺語文字化」的可能性，並且為「臺語文字化」確立用字的範例。由於「臺語文字化」對漢字的需求最大，而大家在使用漢字時又多不一致，因此有一部分人就投入字辭典的編纂工作，來「因應」這種情況。目前看得到的有吳守禮《綜合閩南臺灣字典初稿》、陳成福《國臺音彙音寶典》、徐金松《中國閩南厦門音字典》、許成章《臺灣漢語詞典》、楊青矗《國臺雙語辭典》、林央敏《簡明臺語字典》、陳修《臺灣語大辭典》等書。這些書繁簡不一，所採字辭音義也不盡相同，但在解決「臺語文字化」的問題上，多少會有一些正面的「功能」（可以作為選字辭的參考）。

隨著「臺語文學」的發展，有關臺語的研究著作和臺語的推廣機構，也紛紛出現了。前者如鄭良偉《從國語看臺語的發音》《走向標準化的臺灣話文》《演變中的臺灣社會語文

——多語社會及雙語教育》《現代臺灣話研究論文集》（後一書與黃宣範合編）、洪惟仁《臺灣河佬語聲調研究》《臺灣禮俗語典》、許極燉《臺灣話流浪記》、鄭穗影《臺灣語言的思想基礎》等，後者如自立報社「成人臺語班」、成功大學「臺語教學班」、輔大語言中心「臺語教學班」、臺大史丹福語言中心「臺語教學班」、美國在臺協會「臺語教學班」，部分大學（如臺大、師大、政大、清大、交大、東吳、淡江、輔大、文化）「臺灣語文研究社」、臺電公司「臺語班」、中華航空公司「臺語班」、民主基金會「臺語班」、謝長廷服務處「臺語班」、賁馨儀服務處「臺語班」等（以上這些臺語教學機構都是解嚴以後設立）。另外，宜蘭、高雄兩縣編纂鄉土教材，「礦溪文化學會」、「臺灣語文學會」、「鹽份地帶營」等團體致力於臺語研究和創作，也很邁力在鼓吹臺語。雖然各人（各機構、各團體）研究推廣臺語大多爲了現實情勢的需要（不一定在「呼應」這裏所說的「臺語文學」），但對「臺語文學」的推動來說，無疑是越來越有利了。

三

如果把臺灣有史以來，以臺語創作的南管文獻、歌仔册、諺語、詩文、電影電視劇本、歌仔戲布袋戲戲文、民謠排列開來，我們會發現「臺語文字化」不但可能，而且早已「卓有成效」了。但是今天倡導「臺語文學」的人，卻認爲「臺語文字化」才剛起步，必須藉助他們所倡導的「臺語文學」來「催生」，這就很耐人尋味了。

依照各種迹象顯示，想藉「臺語文學」促進「臺語文字化」的人，他們所以很少提及前面這一既成的事實而要「從頭」來過，主要牽涉到一個「階段性」的策略，就是要撇清臺灣文化和中國文化（或其他文化）的關係。這有幾段話可以作證：

> 詩必須用母語創造，因為母語是精神與感情的結晶體，無用母語，臺灣的文學永遠是具有奴性的殖民地文學[11]。
>
> 一個語言如果沒有書面語，它的地位不能跟有書面語的語言競爭。臺語已經逐漸走向滅種的路途，臺語文學是很大的強心劑，有利於促進社會的認同、尊重、和諧[12]。
>
> 要保留或更新臺灣本土文化，捨臺灣本土語言便無法完全做到。因此，在臺灣，必須發展臺語的書寫文。……近四十年來的事實，已讓我們看到要振興臺灣文化，必須發展臺語書寫文，而臺語文學就是淬煉臺文最好的途徑[13]。

他們認為只有臺語才能保存或發展臺灣文化，而「臺語文學」是達到這個目的的一大「助力」。顯然他們所說的臺灣文化，有別於中國文化或其他文化[14]。為了強調這個區分，他們不僅以實際行動（創作「臺語文學」）來「展示」，還透過多方的論述去求得「依據」。這就凸顯了「臺語文字化」在劃分文化「疆界」上的功能，以及「臺語文學」在「臺語文字化」上的「擔綱」意義。而過去那「源遠流長」的臺語創作，在實現「臺語文字化」的「理想」上，已經不如他們現在所推行的「臺語文學」那麼有「效力」，所以他們就只大談「臺語文學」，而很少再提過去那些臺語作品了[15]。

不論「臺語文學」在實現「臺語文字化」上，是不是像他們所料想那麼有功效，我們都可以肯定「臺語文學」是他們所能找到最「貼切」的名稱了。因爲這個名稱是他們從「鄉土文學」和「臺灣文學」等名稱上，「提煉」再「提煉」的結果。本來「臺語文學」在三〇年代「臺灣話文論戰」時，就被提出來了[16]。由於中日戰爭爆發，日本人下令臺灣廢止漢文，再也沒有人倡導「臺語文學」。戰爭結束後，國民政府接收臺灣，實施新的語文政策，「臺語文學」一方面沒有生存的空間，一方面也失去反抗異族（日本人）統治的意義，所以就不再興起而跟別的文學「一較長短」了。然而，隨著政治、經濟、社會環境的演變，一種類似過去和「殖民意識」相抗衡的「臺灣意識」又出現了。這次所要對抗的不是「殖民意識」，而是「中國意識」。這一對抗，終於造成了七〇年代大規模的「鄉土文學論戰」。「鄉土文學論戰」表面上是「寫實主義」和「現代主義」的抗爭，實際上是「臺灣意識」和「中國意識」的抗爭。只是論戰到最後，「臺灣意識」已逐漸「消融」在「中國意識」裏，變成「中國意識」的一部分，而「鄉土文學」也變成「民族文學」了[17]。使原先以「臺灣意識」相號召的人士，大感「困惑」，不得不「另起爐竈」，而抬出二、三〇年代臺灣新文學運動所使用的「臺灣文學」一名，來取代「鄉土文學」[18]。這勉強可以保住一點「自主性」（不像「鄉土文學」容易被混淆爲「中國的鄉土文學」），而不必再「擔心」所要實現的「臺灣意識」會被「強佔」了[19]。雖然如此，「臺灣文學」還得使用中文，依然免不了對中國文化的「依賴」，而離它所要建立的「自主性」仍有一段距離。因此，只有「乞求」於「臺語文學」了。我們把下面幾段話「連」起來看，就會了解他們眞是「用心良苦」：

> 後來美麗島事件發生了，鄉土派作家悲憤起來，就用起「臺灣文學」來稱呼自己的文學了[20]。
>
> 鄉土文學為什麼會誕生，正是因為現代中文無法真切表達臺灣人語言的細膩，更無法反映臺灣人的文化、思想。現代臺語文學的誕生，則進一步不滿於鄉土文學所使用的文字無法真切表達臺灣人語言的細膩、更無法深刻反映臺灣人的文化、思想[21]。
>
> 不管是三〇年代或八〇年代的臺語文學運動，都不是為發揚中國文化而努力的，那些主張用臺語白話文寫作並積極參與耕耘的人，絕大部分（自注：甚至全部）都不把臺語文學放在中華文化的旗幟下。不僅如此，還進一步要為建立非中國文化體系的臺灣文化而努力[22]。

他們也只有這麼做，才能「擺脫」跟中國文化的糾纏，而建立起獨特的臺灣文化。過去批評「臺語文學」犯有「排他性」謬誤的人，都不明瞭他們的這份「苦心」。如果不是爲了跟中國文化徹底「決裂」，又何必要提倡「臺語文學」？這點「道理」，再明白也不過了。

但是，在他們的計畫裏，並沒有爲「臺語文學」如何可能（如何稱得上「文學」）作過任何「保證」，只是「孤芳自賞」的認定自己的創作是「文學」；同時又把這些創作視爲「臺語文字化」的「試驗」，以至「臺語文學」變成一種「工具」，而很難放到「文學」範疇來討論了。換句話說，他們使用臺語創作的目的，是爲了實現「臺語文字化」，而不是爲了「文學」[23]，這就不便把他們的創作當作「文學」來處理了。而實際上，利用「臺語文學」來實現

「臺語文字化」，還不是他們最後的目的，他們最後的目的在於「臺灣人治理臺灣」。也就是說，「臺語文字化」後，臺灣人都使用同一種語文，就可以「逼迫」現有政權「退位」，而建立臺灣人「夢寐以求」的「獨立自主國家」。也因此他們才會那麼積極的投入推廣臺語、創作「臺語文學」、研究「臺語文字化」的活動。這一點在目前言論「尺度」仍有限制的情況下，固然還不行「表現」得太過明顯，但是可以預期「臺語文學」在未來的政治抗爭中，必定會扮演相當重要的「角色」。

由於「臺語文學」才剛「起步」，還不夠「普遍化」（或「平民化」），必須靠教育、傳播來「推行」，因此，爭取臺語（或「臺語文學」）的「教育權」和「傳播權」，就成了倡導「臺語文學」的人在創作外，所要努力的兩項工作。而這兩項工作也會列入「抗爭」的行程，直到大家可以毫無「忌諱」的使用臺語文爲止。至於將來果眞擁有臺語的「教育權」和「傳播權」，是不是就能使「臺語文學」普及於大衆，他們是「顧不了」那麼多了[24]。

四

從「臺語文學」未來發展的方向，我們可以看出幾點「訊息」：第一，提倡「臺語文學」的人，對於「臺語文學」可以表達臺灣人的思想感情、反映臺灣的社會現實，從而締造特殊的臺灣文化，有很堅定的「信念」；第二，提倡「臺語文學」的人，對於「臺語文學」可以在現有文學中脫穎而出，變成臺灣人的「最愛」，也有很樂觀的「期待」；第三，提倡「臺語文學」的人，對於「臺語文學」可以獨自成爲一個領域，而不必在意時下爭議不已的創作和接受等問題，似乎也有很大膽的「假設」。然而，「臺語文學」是不是眞的能表達臺灣人的思想感情，反映臺灣的社會現實，從而締造特殊的臺灣文化？而在現有的文學中，「臺語文學」這種表達方式，到底能獲得多少人的共鳴？而要怎樣保證「臺語文學」的創作和接受確是可能的？這些問題，對提倡「臺語文學」的人來說，也許不需要什麼「後設」的反省（只當它是一種「宣傳」或「宣示」），但是對一個關心文學的人來說（我們對「臺語文學」的關心和對其他文學的關心並無不同），卻不能不詳加檢討，好讓「臺語文學」成爲可觀察、可理解的對象。現在我們就逐次加以討論：

「臺語文學」最基本的原則是口說語和書面語的合一。不論學理上對這兩種語言的認定如何，我們都相信它們是「可以」合一的，而事實上提倡「臺語文學」的人也做到了（只是用字無從取得一致）。但是從口說語到書面語，只顯示一種「語言文字化」的現象，並不一定就能代表臺灣人的思想感情。根據一般的經驗，人的思想感情極端複雜，不是語言所能充分表達，這也就是古人常說的「言不盡意」。除了「言不盡意」，人對於語言的駕馭能力，也會影響表達的效果（很多拙手不達文辭或滿篇夢囈，就是緣於缺乏駕馭語言的能力）。因此，盛稱使用臺語創作就能表達臺灣人思想感情的人，顯然高估了語言的功能和臺灣人的能力。即使有人誇口他已經作了完滿的表達，也無法避免他所表達的思想感情流於「支離破碎」（以至不能辨認「眞相」）的命運。因爲語言都具有「衍生性」，每一個「意指」同時又是一個「意符」，每一個「概念」同時指向其他的「概念」，而造成不斷的「自我解構」[25]。至於「臺語文學」可以反映臺灣的社會現實，這更是「痴人說夢」了。因爲語言只是一個「象徵系統」，無法像鏡子那般映現臺灣的社會現實；而各人在實際觀察時，又受限於他的觀察角度（或刻意取捨），所見永遠不得全面（沒有人能聲稱他看到了事實的眞面目）。在這種情況下，要締造一個有別於其他文化的臺灣文化，就非常困難了。這一方面由於沒有堅強的理由可以說明用語習慣的改變，也會促使文化體質的改變；一方面也由於沒有辦法在文化廣泛的範疇裏㉖，區別出臺灣文化跟其他文化（特別是中國文化）的不同。

再說提倡「臺語文學」的人，對於臺語所作的種種功能的認定，也沒有什麼理論根據。我們可以運用中文來保存或發展臺灣文化，也可以運用日文、英文等語文來保存或發展臺灣文化，不一定只有運用臺語才能達到這個目的。原因是保存或發展臺灣文化的關鍵在語文使用者，而不在語文本身。今天略去語文使用者而強調語文本身，不但違反「常理」，也會造成一種「誤會」（就是「語言決定論」）。當年倡導白話文學的人，認爲文言文（死文學）不能「化民成俗」，只有白話文（活文學）才能「化民成俗」，也是基於同樣的「錯謬」。這就會誤導有心保存或發展臺灣文化的人，放棄他所熟悉的語文或疏於估量他所面對的讀者（凡是創作，多有「預期的讀者」），而一逕使用臺語創作，這將會出現什麼「景象」？恐怕沒有人能預料得到。何況這只是「響應」閩南語「族羣」的主張，如果客家話「族羣」和山地話「族羣」也要求相同的「待遇」，而他們也勉強「照辦」，那豈不是「巴貝爾塔」故事的「重演」？這對保存或發展臺灣文化，又有什麼「實質」的助益？

我們再看「臺語文學」的表達方式，對許多人來說不是「完全陌生」，就是「很不習慣」。這不一定是長期受到「壓抑」而得不到普遍發展的緣故，而可能是各人的口說語差異頗大，不利於「溝通」，必須仰賴同一種書面語（中文）來表達。這裏有一個例子，可以讓我們「意會」一二：以前有一陣子，中國文壇均鬧「大衆語」的問題（有些雜誌還刊載純用「土話」

的文章），魯迅「公布」了一段他讀《海上花列傳》的「苦」經驗：「其實，只要下一番工夫，是無論用什麼土話寫都可以懂得的。據我個人的經驗，我們那裏的土話，和蘇州不同，但一部《海上花列傳》卻教我『足不出戶』懂得了蘇白，先是不懂，硬著頭皮看下去，參照記事，比較對話，後來就都懂了。自然，很困難。這困難的根，我以爲就在漢字，每一個方塊漢字，都有它的意義的，現在用它來照樣寫土話，有些仍用本義的，有些卻不過借音，於是我們看下去的時候，就得分析它那幾個用義，那幾個借音，懂了不打緊，開手卻非常吃力了。」㉗像魯迅這樣有文學底子又懂蘇州話的人，讀起《海上花列傳》都那麼費力，何況是一般人？所有用「母語」創作的文學，「壽命」都不長，就在這種「乖異」的表達方式，使讀者難以「消受」，自動「棄而不顧」，而跟外在的「壓力」絲毫沒有什麼關聯。不然，當年沒有人禁止蘇州話，應該會有第二部「吳語文學」出現，爲什麼從《海上花列傳》後就絕響了，而大家也不再有所「期待」？今天提倡「臺語文學」的人，以爲擁有「教育權」和「傳播權」（事實上他們已經擁有「部分」的「教育權」和「傳播權」），就能改變大家不習慣使用臺語的情況，這不免錯估了當前的「語文環境」㉘。因此，「臺語文學」在現有文學中，恐怕不會有太大的「生存」空間。

從倡導「臺語文學」的衆多論述裏，我們經常發現論者把「臺語文學」的創作和接受，比作外國文學（如日本文學、英國文學）的創作和接受，只要經由學習，就可以達到「目的」。暫且不說這種想法是不是也有忽略學習者能力的嫌疑（如某些人學了外語，卻不會閱讀，更不會創作），就說學習外國文學是爲了吸收別人的經驗、知識（或其他目的），而學習「臺語文學」又爲了什麼？如果學習「臺語文學」（「臺語文學」跟現有文學只有表達方式的

「不同」）只是爲了多「知道」一種語言，而這種語言在使用上又不如文言或白話方便，大家又何必「浪費」心力在這上面？這樣看來，提倡「臺語文學」的人，對於「臺語文學」的創作和接受的「假設」，已經很難取得「現實」的印證，更何況大家仍在爲文學的創作和接受等問題搞得「焦頭爛額」，還要多「攪進」一個語言的問題來傷神？這要教人如何相信「臺語文學」的創作和接受，可以「普及化」？

五

其實，「臺語文學」一名的提出，已經「不倫不類」了（我們可以用國名、地名、年代或「性質」來標界文學或「劃分」文學，但不能用語言來「界定」文學，否則「日本文學」和「日文文學」或「英國文學」和「英文文學」又將如何區分）；加上有關「臺語文學」的種種說辭，都未經嚴格的論證（只是像某些「愚弄」觀衆的標語），更使人無從對「臺語文學」產生「向心力」。

我們所以要這樣批判「臺語文學」，不是準備抹煞「臺語文學」（任何一種文學都有存在的價值），也不是駭怕「臺語文學」被用來作爲「抗爭」的工具會破壞社會的和諧（文學在政治「抗爭」中所能發揮的功效有限），而是擔心提倡「臺語文學」的人的「誤導」越來越深，使不明究裏的人陷入其中，造成文學「價值觀」的錯亂，而「妨礙」了文學的發展。

如果不牽扯一些「乏味」而無甚益處的「意氣之爭」，「臺語文學」還頗有討論的餘地（如主題的安排、題材的選擇、形式的設計等，都可以集中氣力去討論），而不止是目前大家所談論的「言文合一」一個項目罷了。同時，我們也期待更多優秀的作品出現，來豐富我們的文壇。如果這些作品禁得起「考驗」，很可能會促成文壇的「新生」(也就是大家都放棄現有文學的表達方式，而改用「臺語文學」的表達方式)。這時就不是「個別」(提倡「臺語文學」的人)願望的達成，而是文壇的一種「自然演變」了。

附註

❶這些作品，包含詩、散文、小說、劇本等類型（甚至也有以臺語寫作的學術論文）。參見宋澤萊，〈臺語文字化時代的來臨——寫在〈抗暴个打貓市〉發表前〉，胡民祥編，《臺灣文學入門文選》（臺北，前衛，一九八九年十月），頁一〇〇；李瑞騰，〈閩南方言在臺灣文學作品中的運用——以現代新詩爲例〉，《臺灣文學觀察雜誌》第一期，一九九〇年六月，頁九八。

❷比起過去的「鄉土文學」或「臺灣文學」，這次「臺語文學」較少發生定義上的歧異。除了少數仍然堅持要含有「臺灣意識」，大多傾向於「以臺語寫作的文學就是『臺語文學』」這樣的說法。見林央敏，〈不可扭曲臺語文學運動——駁正廖咸浩先生〉，《臺灣文藝》第一一八期，一九八九年七～八月，頁一一六～一一八；鄭良偉，〈更廣闊的文學空間——臺語文學的一些基本認識〉，《自立晚報》副刊，一九八九年七月十四～十六日。

❸廖文宣讀於一九八九年六月十七日淡江大學所舉辦「文學與美學學術研討會」。在前一日（十六日），此文經刪節，改題爲〈需要更多養分的革命——臺語文學運動理論的盲點與囿限〉，發表於《自立晚報》副刊。全文又刊於《臺大評論》一九八九年夏季號。

❹詳見下列諸文：宋澤萊，〈何必悲觀——評廖咸浩的臺語文學觀〉，《新文化》第六期，一九八九年七月號；洪惟仁，〈令人感動的純化主義——評廖文：「臺語文學」運動理論的盲點與囿限〉，《自立晚報》副刊，一九八九年七月六～七日；注❷所引林央敏文。

❺稍後廖咸浩有一篇看似「回應」的文章，說出一段不知是欣慰還是憂慮的話：「長遠來看，這個運動除了在本土文化的保存與更新方面，必將扮演一定的角色以外，它更可能成爲南方方言及其文化

全面覺醒的催化劑。」（廖咸浩，〈南方文化的覺醒——光復以來臺灣方言的文字化與文學化〉，《中國論壇》第三三八期，一九八九年十月）所謂「南方方言及其文化全面覺醒」，是指南方各語系都會仿效臺語文字化和文學化，而各自尋求「自主性」。這可能造成更多的「分離意識」，也可能轉而豐富中華文化的內涵。從表面看來，廖氏對後者有所「期待」，但從他不忘對前者「施加一筆」推測，不如說他在發出一種「警訊」。只是他這次的批判，不再像上次那樣犀利而直接了。這是不是跟他也已經看出「多辯無益」有關，我們並不清楚。我們只知道這次的論辯，仍然是以往白話／文言或鄉土／現代論爭時「各說各話」的翻版。

❻ 廖咸浩曾經質疑林宗源「惟有閩南語寫的作品才是臺灣文學」的說法（見注❸所引廖咸浩文）。後來遭到洪惟仁的駁斥，他說：「林宗源的眞意是，只有用臺灣人母語寫成的文學，才是貨眞價實的『臺灣文學』。」（見注❹所引洪惟仁文）我們查證廖咸浩所引書（《林宗源臺語詩選》），並沒有看到林宗源有那樣的說法。倒是洪惟仁的推測，確是符合林宗源的意思。不過，這是談「臺灣文學」，跟我們所說的「臺語文學」，有名稱上的不同。如果採用「臺語文學」一詞，所指的「臺語」，就是閩南語、客家話、山地話等臺灣人的母語，這是沒有異議的。

❼ 見鄭良偉，《演變中的臺灣社會語文——多語社會及雙語教育》（臺北，自立報系，一九九〇年一月），頁二三九～二四七。

❽ 見洪惟仁，〈臺語文字化个理論建設者——評介鄭著「走向標準化的臺灣話文」〉，《自立晚報》副刊，一九八九年八月一～四日。按：洪惟仁相當反對鄭良偉兼用羅馬字的主張。他在文中分析羅馬字有許多不適用的因素（如羅馬字不便運用、羅馬字不是我們的文字、羅馬字不好看），這也顯示他是不會採用羅馬字的。

❾ 見林央敏，〈臺語文字化的道路〉，《新文化》第六期，一九八九年七月號，頁一八。

❿ 李瑞騰曾經評論林宗源、向陽、宋澤萊、黃勁連等人詩中的文字說：「以閱讀難度來說，林宗源第

一，向陽其次，宋澤萊、黃勁連非常淺白易懂。宋說他是在寫『頌詩』，黃則擺明是作『歌詩』，當然適合歌、誦；林、向二人有別，主要是前者古語多，向則出入古今，意在使之可讀。」（見注❶所引李瑞騰文，頁九八）短篇的詩歌都有這樣的差異，那長篇的小說、劇本更不必說了。

⑪ 見林宗源，〈一點堅持，一點希望〉，鄭良偉編著，《林宗源臺語詩選》（臺北，自立報系，一九八八年八月），頁一三引。

⑫ 見注❷所引鄭良偉文。

⑬ 見注❷所引林央敏文，頁一二二。

⑭ 這一點是他們整個論說的首要前提。見胡民祥，〈臺灣新文學運動時期「臺灣話」文學化發展的探討〉，臺灣文學研究會主編，《先人之血‧土地之花——臺灣文學研究論文精選集》（臺北，前衞，一九八九年八月），頁二二九～二三○；洪惟仁，《臺灣河佬語聲調研究》（臺北，自立報系，一九八七年元月），頁一五九～一六三；注❷所引林央敏文，頁一一七～一一八。

⑮ 過去使用臺語創作的人，對於追求臺語「標準化」的願力不够強烈，而作品也不能突破文類的限制（只集中在習見的幾類），這是倡導「臺語文學」的人少提及那些作品的主要原因。另外，倡導「臺語文學」的人所說的「臺語」，包含閩南語、客家話、山地話，而過去那些作品只限於閩南語，自然也不再受他們的「重視」了。

⑯ 參見陳少廷，《臺灣新文學運動簡史》（臺北，聯經，一九八一年十一月），頁六○～七二。

⑰ 這段過程，從尉天驄所編《鄉土文學討論集》（臺北，遠景，一九七八年四月）一書，可以明顯的看出來。

⑱ 他們這麼做，主要是「鄉土文學」被劃歸在「民族文學」裏，失去了抗爭的「理由」（更有趣的是他們原先所採用的「鄉土文學」一名，竟是源自德國的「舶來品」（見侯立朝，〈七○年代鄉土文學的新理解〉，尉天驄編，《鄉土文學討論集》，頁四三一），只好「改弦更張」，重新祭起

「臺灣文學」的旗幟。參見宋冬陽，〈現階段臺灣文學本土化的問題〉，施敏輝編，《臺灣意識論戰選集——臺灣結與中國結的總決算》（臺北，前衞，一九八九年二月），頁二○九～二三○。

⑲ 這裏所說的「臺灣意識」，還是葉石濤在一篇文章說過的「以臺灣爲中心」的意識（見葉石濤，〈臺灣鄉土文學史導論〉，尉天驄編，《鄉土文學討論集》，頁七二）。把它跟「臺灣文學」結合在一起，就不怕會遭人混淆，而再莫名其妙的被「奪走」了。

⑳ 見注❹所引宋澤萊文，頁一九。

㉑ 見注❹所引洪惟仁文。

㉒ 見注❷所引林央敏文，頁一一七。

㉓ 古來被討論過無數次有關文學創作和文學批評（包含理論批評和實際批評）的問題，在他們看來好像都是「不證自明」，始終沒有見到有人「預爲」考慮。

㉔ 洪惟仁說：「臺語文學確實不是一條康莊大道。它缺乏完整的記述工具，缺乏傳授的教育體制，缺乏寬闊的發表園地，這些才是它眞正的發展瓶頸。而這些瓶頸完全因爲政治環境無法開展，一旦我們爭取到母語文教育權、母語文傳播權、母語文使用權，這些瓶頸立刻可以突破。」（見注❹所引洪惟仁文）但是突破了瓶頸，又怎麼樣？是不是也能一併化解其他的阻力（如大衆本身對「臺語文學」的抗拒）？這些在他們都無暇顧及，只是「一廂情願」的發發議論罷了。

㉕ 參見蔡源煌，《從浪漫主義到後現代主義》（臺北，雅典，一九八八年八月），頁二五七～二六一。

㉖ 在「文化」這個大共名底下，又可以區分「終極信仰」、「觀念系統」、「規範系統」、「表現系統」、「行動系統」等範疇，而每一個範疇又都極度龐雜。參見沈清松，《解除世界魔咒》（臺北，時報，一九八六年十月），頁二一～二八。

㉗ 見徐訏，《現代中國文學過眼錄》（臺北，時報，一九九一年九月），頁二三○～二三一引。

㉘ 所有「語文環境」，幾乎都是自然形成的，沒有那個人或那個團體能「強迫」它改變。當年胡適、陳獨秀等人倡導白話文學運動，使白話文學大爲流行。論者大多以爲胡適他們成功的改造了文言的表達方式。其實不然，就白話和文言來看，並沒有本質上（語音、語構、語意）的差異；如果有區別，也僅在於語用層次，也就是語言使用者對語音、語構、語意的認知、認定和認同問題（見張漢良，《比較文學理論與實踐》（臺北，東大，一九八六年二月），頁一二二），而胡適他們不過推動白話這種語用習慣（白話早已存在）有功而已，並不是眞的改變了文言的本質。照理臺語也跟文言、白話一樣，沒有本質上的不同。只是臺語在「獨自」發展過程中，語音和語構有「少許」的變化，以至讓人誤以爲臺語可以獨立於文言或白話之外。雖然如此，大家在學習使用臺語創作，還是會有困難，因爲臺語和文言或白話那些微的差距，就足以傷人腦筋（正如今人苦於決定取「同義字」或「諧音字」（或「羅馬字」或「拚音字」））。幾經權衡，多數人仍會捨難就易，重新使用文言或白話來表達。

論「俗文學」的時間性與地域性

——以俗傳「牛女戀情」與「孟姜女」爲例

薛順雄

「俗文學」是一個學術名詞，在我國，最早提出這個名詞的人是鄭振鐸，他在其所撰「中國俗文學史」一書中，有很明確的界定，他說：

> 何謂『俗文學』？『俗文學』就是通俗的文學，就是民間的文學，也就是大衆的文學。換一句話，所謂俗文學，就是不登大雅之堂，不為學士大夫所重視，而流行於民間，成為大衆所嗜好，所喜悅的東西。❶

以後，在王文寶、盛廣智、李英健合編的「中國俗文學辭典」一書，對於鄭氏所說的話又略加詮釋，而認爲「俗文學」是具備有以下的幾種特徵，那就是：

它具有從內容到形式通俗易懂的通俗性，擁有廣大聽衆、讀者，雅俗共賞的羣衆性，主要表現人民大衆思想感情的民主性，富有民族風格的民族性等幾個主要特徵。❷

然而，要想較爲深入的瞭解這些話，却不是一件很容易的事，必須要把流傳於民間的「俗文學」作品，放在時空的變易脈絡中，去透視其內容與形式的變異，才能眞切的感知「俗文學」所顯示的眞正意義及其價值，也唯有透過「俗文學」的時間性（時代性）與地域性（空間性）的探索，才能使人更瞭解「俗文學」，確實是如鄭振鐸所說：

是大衆的。她是出生於民間，為民衆所寫作，且為民衆而生存的。她是民衆所嗜好，所喜悦的；她是投合了最大多數的民衆之口味的……是民衆所喜聽的故事，是民間的大多數人的心情所寄托的。❸

據於此，本論文的寫作，就是以時間（時代）與空間（地域）作爲研討的經緯座標，爲不使論文過於龐大，故只以流傳於我國民間較爲久遠的所謂「四大傳說」中的「牛郎織女」與「孟姜女」二個故事，作爲論文探索的主要對象，來觀察辨析其變易的種種因素，以加深認識「俗文學」的特殊意義——那就是在廣大羣衆身上所體現出來的各種心態，以及所反映的各式各樣的社會現象。

爲了扣緊論文的主題，對於引證民間傳說，不完全做單一而直線式的引述，而是隨論文所須加以靈活的運用，全就呈顯論文的主題為首要的考慮，期使讀者能較容易掌握全篇論文的要旨。

「牛女戀情」的探索

「牛郎織女」神話的形成，在其出現的時間與內容的演變上，是值得我們注意的。若就天文學上的星座觀察實情而言，「牛郎」與「織女」二星，根本沒有眞正的相會。所以，盛唐大詩人杜甫，在其「牽牛織女」一詩中，便很疑惑的指出說：

> 牽女出河西，織女處其東。萬古永相望，七夕誰見同？神光意難候，此事終朦朧。
> 颯然精靈舍，何必秋遂通。

事實上，從早期所遺留下來有關「牽牛」與「織女」二星的文獻來看，這二星發生「戀情」的故事，在時代上是較晚的。因為在最初見諸文字的二星相關作品，是「詩三百篇」、「小雅」、「大東」篇，原文是這樣的：

> 維天有漢，監亦有光。
> 跂彼織女，終日七襄。
> 雖則七襄，不成報章。

睆彼牽牛，不以服箱。

這篇作品，基本上只是想借用「牽牛」與「織女」二星是空有其名，而無實質的行爲表現——因爲祂們既不會拉車，更不會織布，來諷譏當時的統治者，也是如同二星一樣，雖身居權要高位，却無任何體恤人民的實質行爲表現。這是運用聯想的手法，借二星以隱喻政治的失當，沒有顯示出二星相互間具有任何戀情的意味。到了西漢時期，在班固「西都賦」中所出現的句子，如云：「臨乎昆明之池，左牽牛而右織女，似雲漢之無涯。」也依然是指明這二星座是沒有任何的戀情，儘管祂們已被造成爲兩座擬人化的石頭神像④，彼此依然還是毫無情感的面面相對而已。可是，隨着「時間」因素的推移，這無情的石頭神人像，已漸被人們編織而成爲一對深具「眷戀」的情人，在「古詩十九首」中便出現有敍述如此景象的一篇，那就是「迢迢牽牛星」的詩章，詩云：

迢迢牽牛星，皎皎河漢女。纖纖濯素手，札札弄機杼；終日不成章，泣涕零如雨。
河漢清且淺，相去復幾許？盈盈一水間，脈脈不得語。

在這裏，我們很清楚地看出這二星已經變成了一對「戀情」極深的男女，雖然在此詩中，我們無法確定這二星是否已結成爲夫婦，但我們可以得知他們確實是被一水所「阻隔」，而無法會合。不過，據「文選」曹植「洛神賦」，李善所引注曹植「九詠注」所云：「牽牛爲夫，織女爲婦。織女牽牛之星，各處河鼓之旁，七月七日乃得一會。」的話語。在東漢時，毫無疑問地牽牛織女已被編織而成爲一對恩愛的夫妻，只是受着隔絕的痛苦煎熬，而演爲一幕愛情的悲劇。至於詳情則未能得知。因此，才出現有漢末曹丕「燕歌行」所云：「牽牛織女遙相望，爾獨何辜限河梁」，以及蔡邕「青衣賦」中：「悲彼牛女，隔於河維」的文人感嘆！儘管詩人文士所偏愛歌詠的只是他們的被阻隔，但是在漢代當時的民間傳說中，人們却賦給他們予極大的同情，讓他們有「相會」的機會，雖然只有「七夕」的一夜而已，但却顯示了誠如鄭振鐸所謂的：「（俗文學）是民間大多數人的心情所寄托」的實質意義，在東漢末應劭所編撰的「風俗通義」中，便出現有如此的記述，所謂：

> 織女七夕當渡河，使鵲為橋。相傳七日，鵲首無故髡，因為梁以渡織女故也。❺

就文學理論上講，「神話」並不是自然的眞實反映，「人」的社會生活與思想，才是塑造神話的眞正原創者。所以說，牛女故事的形成，爲何不出現在於「詩三百篇」的時代？而出現在較晚的漢代，這是値得我們去探討的。當然，就現存有限的少數有關文獻中，我們很難做出確解。然而，從歷史文化與社會生活的演進過程來加以推論，也許我們可以這樣說，這可能是跟自周至漢代長期定型的農業經濟型態與過度強調男女有別的社會文化有着密切的關係。當時以「男耕女織」爲主的農村羣衆，對於人際的關係是較爲保守的，男女的交往關係也較受禮教的約束，因而把一般社會羣衆長期所盼望求得的「愛情」自由，投射在於「牛女」的身上，這是一種羣衆心理的共同反映，也是造成「俗文學」中民間「愛情」傳說的主因。「牛女」二星，在人們「愛情主題」的注入後，終於產生了具有「人性」化的新生命，使得本來不相干的兩顆星座，成爲體現人間深具戀情的一對夫婦，並由此而生成出一個具有獨立藝術生命的文學原素。決定「牛女戀情」傳說的基本情節（文學生命的原型），必須有具備以下的三項要素，那就是：

㈠牛女情愛關係的建立

㈡承擔苦難的考驗——天河阻隔

㈢戀情的最後結局——七夕相會

這三項，可以說是構成整個「牛女」傳說的文學生命的核心要素。基本上，「天河阻隔」的約束安排，只是作爲天體中自然現象的眞實反映所產生的一種合理聯想而已，眞正的關鍵，還是在於二星「戀情」的確定，這是一種羣衆感情需求積蓄所產生的主體意識的注入，而這個注入，正是整個「牛女」傳說的生命所在——「愛情」主題。有了「愛情」主題，所以才能突破天體自然現象的「天河」阻隔，而安排使二星在「七夕」相會，以滿足羣衆的意願。然而，爲了不違背天體永恆的自然眞實現象，所以不能讓「牛女」一會而不離，必須使他們再分開而受阻在於「天河」的二旁，才能符合天象，而不違背天理。

至於說，在一年的四季中，有那麼多的日子，爲何偏偏要安排牛女在「七夕」（七月七日的夜晚）相會？那是因爲「七月七日」在古人的心目中，是一個極不尋常的「良日」。「太平御覽」卷卅一云：「七月黍熟，七日爲陽數，故以糜爲珍。」據此可知，「七月七日」這一天，在黃河流域一帶，正好是作爲秋收慶賀的好日子。所以，「漢武故事」中所記敍漢武帝跟西王母的前後五次會面，以及「列仙傳」中記載王子喬與家人在緱氏山頭的見面，仙人王方平到吳蔡經家的相會，都是安排在「七月七日」。可見，牛女「七夕」相會的時間設定，是具有其時代性與地域性的社會文化意識，這是符合當時羣衆「美好」憧憬的一種習俗反映。而「烏鵲」的搭橋以使牛女相會，也有其傳統民間文化的社會意義的，由於古代人們「悲彼牛女，隔於河漢」，因而興起使他們相會的同情心，所以構築了「烏鵲塡河」的傳說，也許這是跟民間認爲烏鵲是篤於情愛，善於造巢的想法有關，所以由「烏鵲」來爲牛女搭建一座愛情的橋，無疑是適合羣衆的願望。民間傳說的組成每一部份，基本上都是要符合羣衆的共同意願才得以建立的，「牛女戀情」的傳說，當然也不例外。整個「牛女戀情」傳說的文學生命核心，事實上在漢代已大體構築完成。至於此後在漢族文化體系發展過程中，所演化形成的各種情節，內容，人物等的畸變，恐怕還是深受個別「地域性」特殊條件的影響，藉以顯示各種不同的社會文化意識。因爲在民間傳說的接受與傳承時，人們往往喜歡把「自我」的社會文化觀念（習俗）帶進去，把它們說成爲自己地區，自己民族，自己想要說出的情愫。所以，不同民族，不同地域的羣衆，在同一原型的傳說過程中，由於地理環境，歷史文化，羣衆意識，社會條件等因素差異，因而形成出各具特色的傳說「畸變」。也由於如此，才能使「俗文學」產生「富有民族風格的民族性」的特徵❻。

除漢族外，「牛女戀情」的傳說，在苗族、瑤族、壯族、傣族、布依族等民族地區皆有流傳，而情節卻跟漢族的傳說大異其趣。以布依族的傳說爲例，故事大略是這樣的：

> 山上有九個清悠悠的水井，它們整整齊齊排成一排。這裏水清爽涼快，一口井是供人食用的，一口井是澆灌農田的，另外七口井，每天下午王母娘娘的七個女兒，就到那兒來洗澡。放牛娃『重然』（名字），聽了由黃牛變成的老公公的指點，拿到了

小仙女的衣衫，與她成親。成親後，仙女按該民族的習俗，三天後就『坐家』（回娘家生活，不與丈夫共居）去了。以後，只是逢節和農忙才與丈夫重聚，所以王母一直沒察覺她到人間與凡人結婚的事。王母因為發現仙女身體發生變化，有了身孕。於是，王母便利用當地『不落夫家』（成親後，女方回娘家居住，只是逢年過節和農忙才回丈夫處住幾夫）的習俗，進行挑撥，使他們產生誤會，互不理睬，不相往來。後來，重然由於再次得到黃牛變成的老公公的幫助，不僅了解了內情，而且獲知了上天的辦法和道路，追到天上找到了妻子。這裏增添了重然上天後，與王母鬥智鬥勇的精彩情節。王母不斷出各種難題刁難重然，甚至想把他害死，而重然均在妻子的幫助下取勝。雖然難題的內容僅是砍樹、烘樹、燒樹、撒種等一般性的勞動，但王母給予的時間極少，因而要求的數量極多。例如，要求一天內砍倒一山坡的大樹，一天內烘乾這些樹，一天內把樹燒成灰當肥施；同時，又每次作法，製造許多新的困難，這樣在完成過程中，就出現了許多瑰麗神奇的幻想情節。比如：有一天，當重然正準備設法烘乾砍下的一山坡大樹時，王母突然施法，下起瓢潑大雨，淋得樹幹柴草濕漉漉，大都點不着。這時，仙女悄悄前來幫助，她先設法讓重然睡着，然後，取下手上的王石手鐲，吹了幾口仙氣，向着宏兒星官祈禱起來，請它放出十二個太陽，把南坡照得熱氣騰騰的，只半天就把滿地的樹木曬得過開裂透心，終於戰勝了王母。❼

這一些內容，正符合布依族人民生活的習俗，更跟他們的社會經濟活動相契應，所以才會被當地羣衆所樂予接受。這種故事內容的變易，是完全合乎民間傳說地域性的特色，就像布依族在其流傳的「梁山伯與祝英台」說唱中，說祝英台是個山村姑娘，有一天在挑水時，遇到了「梁山伯」❽。一樣，是要配合其地方的生活方式才能存在的。要是把布依族的「牛女」傳說，拿來跟漢族最早較完整記錄此事的文獻，梁朝宗懔「荆楚歲時記」「佚文」所記述：

> 天河之東有織女，天帝之子也。年年機杼勞役，織成雲錦天衣。天帝憐其獨處，許嫁河西牽牛郎。嫁後遂廢織絍。天帝怒，責令歸河東，唯每年七月七日夜，渡河一會。❾

加以比較，我們可以發現二者故事的變易是很大的。大陸學者姜彬在其所撰「區域文化與民間文藝學」一書中，對這種現象曾有所詮釋說：

> 故事變遷的根本原因，還要到當時的社會經濟和人民生活中去找。由於故事所包含的意義符合因一定時期的經濟狀況而產生的人民的意識和願望，故事才會被人民所接受並流行起來，並在流傳中得到豐富和發展。❿

姜氏的這種說法，是可以成立的。不但在「牛女戀情」的各地傳說是如此，甚至於在其他的民間傳說上，亦可以獲得見證。

「孟姜女」故事變易的省察

「孟姜女」傳說的形成及演變，是很能凸顯其時代的意義與地域的因素，所以值得我們更探入的省察。從現存日本天平十九年（西元七四七年，唐玄宗天寶六年）所抄錄的「琱玉集」卷十二「感應篇」中，所收「同賢記」一書的記述，「孟姜女」這個故事當時流傳是這樣的：

> 杞良，秦始皇時北築長城，避苦逃走，因入孟超後園樹上。超女仲姿，浴於池中，仰見杞良而喚之，問曰：『君是何人？因何在此？』。對曰：『吾姓杞名良，是燕人也。但以從役而築長城，不堪辛苦，遂逃於此。』。仲姿曰：『請為君妻！』。良曰：『娘子生於長者，處在深宮，容貌艷麗，焉得為役人之匹？』仲姿曰：『女人之體不得再見丈夫，君勿辭也！』。遂以狀陳父，而父許之。夫婦禮畢，良往作所，主典怒其逃走，乃打煞之，並築城內。超不知死，遣僕欲往代之。聞良已死，並築城中。仲姿既知，悲咽而往，向城號哭，其城當面一時崩倒。死人白骨交橫，莫知孰是。仲姿乃刺指血以滴白骨，云：『若是杞良骨者，血可流入。』即瀝血。果至良骸，血徑流入，使將歸葬之地。

在「同賢記」中，除了登載「孟姜女」（當時叫孟仲姿）的故事外，又登載了「杞梁妻」的故事。可見，在「同賢記」記述的當時，這二個故事應是分別流傳在於民間。事實上，就早期文獻上所記載的「杞梁妻」故事本身來看⑪，這應該是二個獨立的故事才對，因爲二故事除男主角「杞梁」與「杞良」的聲音相近之外，我們實在找不到再有任何其他的證據，足以使人相信「孟姜女」故事是由「杞梁妻」的故事演變而來的，何況，在「左傳」中名字相近或相同者，亦有所見，所以很難以二人的名字相近，就認定是同一來源，因爲這兩個故事有太多的差異處，今略述如下：

㈠在主題表現上：「杞梁妻」所強調的是其妻的「貞（殉節）而知禮」；而「孟姜女」所顯示的則是秦始皇築長城的暴政。二者的寫作動機，完全不一樣，所以在「主題」的表現上自必有所相異。

㈡在時空背景上：杞梁是春秋時代的齊國戰將；而杞良則是秦始皇時代的燕國平民，被徵爲築城的役卒。

㈢在人物身份上：「杞梁妻」故事中，沒有出現其妻的名字，可見其妻在被寫時，作者並不認爲其個人的名字是很重要，因爲作者想表現的只是作爲貴族（杞梁）妻子的美德典範——貞（殉節）而知禮；而「孟姜女」故事，則是着重在於平民身份的女主角孟仲姿（卽後世所稱的「孟姜女」）的「哭倒長城」，以凸顯「死人白骨交橫」的秦始皇暴政，重點放在女主角個人的特殊行爲上，所以特地道出其名，以證明此事的眞實性。

㈣在哭城行爲上：寫杞梁妻的哭倒城，作者只是想表現其「善哭」的一種文學寫作的誇張手法而已，所以並沒有寫出其所哭倒的城名來，因爲這不重要，甚至還有哭倒山的說法⑫，其用意是相同的；而孟仲姿所哭倒的則是明指「長城」（暴政的象徵），所以特意要指出城名，並且藉哭倒長城以暴露「死人白骨交橫」的慘狀，加深人民對於暴政的抗訴。可見，雖然同是「哭倒城」，但在用意上却是絕然相異。

㈤在情節安排上：「杞梁妻」整個故事情節組成是由㈠杞梁襲莒戰死㈡齊侯使於郊弔之㈢杞梁妻却郊祭（知禮的表現）㈣枕其夫之屍於城而哀哭㈤城爲之阤，而隅爲之崩㈥赴淄水而死（貞節的表現）；而「孟姜女」的故事情節組成，則是由㈠杞良逃築城苦役（寫暴政之一）㈡躲於孟超家後園樹上㈢㈣超女仲姿浴於池中，仰見杞良㈤因女體爲杞良所見，故仲姿自動表明以身相許㈥婚後，良往住所，被打殺，並築城內（寫暴政之二）㈦仲姿尋夫哭弔㈧長城崩倒，死人白骨交橫（寫暴政之三）㈨滴血認夫骨㈩歸葬。

從這五項明顯而重大的歧異，使得我們很難說安心說「孟姜女」的故事，是由「杞梁妻」故事演變而來的。莫怪，清初學者錢曾會說：「世傳孟姜女爲范杞梁妻，予暇日考之，蓋所謂俗語不實，流爲丹青者，此類是也……杞梁去秦築城時，已三百四十餘年，安得以牽合耶？考『孟子正義』，亦有『或云其妻孟姜之說』。譌以傳譌，知其來已久。」⑬，誠有卓識。然而，就文獻顯示，把孟仲姿的故事跟杞梁妻的事件混合在一起，當是見之於晚唐詩僧貫休「杞梁妻」一詩，該詩云：

秦之無道兮四海枯，築長城兮遮北胡。
築人築土一萬里，杞梁貞婦啼嗚嗚。

上無父兮中無夫，下無子兮孤復孤。
一號城崩塞色苦，再號杞梁骨出土。
疲魂飢魄相逐歸，陌上少年莫相非。

在這裏，我們很清楚可以看出此詩已把劉向「列女傳」中寫杞梁妻所說的話：「今吾上則無父，中則無夫，下則無子」，放進詩中，並且稱杞梁妻為「貞婦」。同時，又把孟仲姿故事中的「哭倒長城」其夫白骨出土的事件寫入，而其主題則依然是放在對秦始皇築長城而罔顧人道的暴政加以嚴重的控訴上，所謂：「秦之無道兮四海枯，築長城兮遮北胡」。也許我們會追問貫休寫此詩時，何以會糅合兩個故事而為一事？是貫休所自創，或採取當時民間流傳的說法？當然，就文獻上講，我們實難以作出確解，然而就民間文學的流傳組合現象而言，我們寧可相信是當時的民間說法，因為老百姓並不是學者，所以「說故事」時並不須要先經過一番正確的歷史考證，只要老百姓認為能加強表現他們所想要顯示的「主題」，任何的材料皆可以拿來靈活運用。把杞梁妻的「貞」拿來顯示「孟姜女」長城，「尋夫」、「崩城」的感人行為，誰說不宜！反正，「杞梁」跟「杞良」聲音相近，老百姓懶得去辨認他們是否確為二個人，直接看成一個人，倒也省事，何況杞梁妻還是個傳說有據的「貞婦」，豈不更好，既能加強主題的表現，又言之有據，所以民間羣衆便樂以這樣說。處處講究合乎史實，這是文人的習性，民間文學是不時與這一套的。能合於史實，當然是好，萬一不合，也無所謂，要緊的是否能表達出大多數人們的思想與情感，說出他們共同的「心聲」，才是最為重要的事。所以，貫休的詩正是表靈了唐代民間對於此故事流傳的眞相，以後顧炎武評他說：「似並『左傳』『孟子』而未讀者矣。」[14]，錢曾指責他說：「仰何不考左氏劉向二傳！」[15]，都不是站在「俗文學」的觀點去說的，雖然說得有理，但却不切合民間文學「變異性」的形成實情。至於說，「孟姜女」一語的出現，恐怕是要在唐以後的事了，最遲應不超過宋初，因爲在巴黎國家圖書館所藏的燉煌寫本中，尚保存有一首唐宋間的相關小唱，歌詞中已出現有「孟姜女」三個字[16]，以後，「孟姜女」一語便取代了「孟仲姿」與「杞梁妻」而爲民間羣衆所習用。至於說，何以民間會稱此女爲「孟姜女」，詳情則難以確知[17]。

對於整個「孟姜女」的故事，最令人感到興味的是，何以反映秦代築長城暴政的故事，不在秦代出現？而在於後世。據「同賢記」中所述「瀝血認親骨」的事實來看，此故事的完整形成可能是在漢末或南北朝時期，而其被寫出最遲應是在於初唐。因爲「琱玉集」是天寶六年抄錄的本子，而收在此集中的「同賢記」，當然是應早於此集，至於確實的時間則難以推定。不過，依據三國謝承著「會稽先賢傳」所云：「骨肉消爛，不可辨別……因割臂流血，以瀝骨上，應時歃血，餘皆流去。」[18]，以及「梁書」「豫章王綜傳」中所謂：「聞俗說以生者血，瀝死者骨。」等話語，可知，自漢末至南北朝時，民間確實是流傳有「瀝血認親骨」的習俗，這跟「同賢記」中所述的「孟姜女」故事情節是相符合的，所以我們可以做如此的推斷。

民間流傳故事的形成及被寫定，絕非突變而來的，其產生過程必有其合理性，那就是必須經過：孕育（社會條件）→醞釀（羣衆意識）→成型（口語流傳）→寫定（見諸文字）等步驟。而「孕育」則必須要有眞正的社會事實作爲條件，絕對無法僞造。秦代王朝的存在雖然只有十餘年，但秦始皇想建立一個永久政權的心態與作爲，却對人民帶來極大的傷害，使得民不聊生。單就「修築長城」一事而言，就曾徵役卒三十餘萬人，所以班固「漢書」「食貨志」中便曾批評說：「至於始皇，遂幷天下，內興功作，外攘夷狄，收泰半之賦，發閭左之戍。男子力耕不足糧饟，女子紡績不足衣服。竭天下之資財以奉其政，猶未足以澹其欲也。海內愁怨，遂用潰畔。」這種秦人苦役長城的寃痛事情，在當時的民歌中已有所反映，所謂：「生男愼勿舉，生女哺用脯。不見長城下，屍骸相支柱。」[19]，魏初陳琳的『飲馬長城窟行」一詩亦云：「……邊城多健少，內舍多寡婦。……生男愼莫舉，生女哺用脯。君獨不見長城下，死人骸骨相撐拄……」。在如此民情怨恨的社會條件下，「孕育」出長城役卒不堪其苦而避逃的事，依常理而言，在民間必時有所聞，惜不見諸於今存的文獻（不知是不被文人所重視？或今存文獻有闕？）所以杞良避役逃躲在於孟超後園樹上，應合情理。因而杞良跟孟仲姿發生關係，亦不違常情。至於說，「瀝血認親骨」的情節，恐怕是較遲才加進去的，因爲它必須在整個社會流行有這種的習俗風氣下，才有可能出現在於故事的情節中，而跟整個故事緊密結爲一體。問題是，儘管這個反映秦築長城苦役人民的暴政故事雛型，依情理言，有可能出現在於秦代的當時，因爲有其孕育的社會因素，但其間若無使其繼續存在與發展的條件在，這個反映長城暴政的民間流傳故事，極有可能會萎縮以至於消失。要是羣衆意識對它不加重視時，它便無法再醞釀下去，自然會因而消失於民間。「孟姜女」的故事能由孕育，再繼醞釀茁壯而成型，那是因爲整個社會自漢末起，便出現了長期的戰亂，人民飽受了殘殺的苦痛。到了北齊朝時，修築長城的規模，比秦時更大，發卒一百八十萬人。隋朝時，亦曾發卒修築長城約一百餘萬人。在這種修城苦役現象繼續存在的條件下，隱藏於羣衆心中的怨憤意識，必然會隨之而積累、強化，最後在羣衆情緒難以抑制的情況下，隨着愛情因素的催化而一起迸發出來，「孟姜女」的故事便不能不隨着羣衆的熱愛而傳開下去，因爲這正是他們「心聲」的寫照，更是他們深沉的控訴。然後，隨着時間（時代）與空間（地域）的因素，故事情節不斷的擴大延伸，因爲民間文學本來就是一種具有「開放式」的活性文學，可隨時隨地接受羣衆的增減。不像文人的作品，一旦被寫定之後他人便無權加以更動。怪不得，宋代學者鄭樵會說：「稗官之流，其理只在唇舌間，而其事亦有記載。虞舜之父，杞梁之妻，于紀傳所言者，不過數十言耳，彼則演成萬千言。」[20]能夠把一個本是簡單「主題」的事件，隨時地衍變而成爲「萬千言」的故事，這就是民間文學的一大特色。同一來源的事件，可依不同的社會背景，自然環境，生活方式，風俗習慣，宗教因素，個人狀況等條件的不同，而產生出不同意味的故事。整個情節既可增減，故事主題亦可變易，是一種「活性」很強的文學。但有一項重要的前提，那就是要爲社會羣衆「所喜悅的東西」，「是民間的大多數人的心情所寄托的。」（鄭振鐸語）

儘管「孟姜女」的造廟，從北宋仁宗嘉祐年間便出現在於陝西同官縣[21]，但眞正爲「孟姜女」立祠或造廟較爲流行的時期，則是在於明代。而此故事的流傳，在明代，江浙一帶又較之其他各地更爲盛行，這眞是個令人深思的問題，因爲「孟姜女」是黃河流域發生的故事，如今却在長江流域廣傳，並且增添了新的情節，那就是：秦始皇要納孟姜女爲昭陽[22]。這種時間性（時代）與空間性（地域）的大轉變，因而帶動了情節上的突破（由哭泣歸葬夫骨，發展出跟秦始皇的冲突），這到底隱涵了些什麼樣的社會羣衆意識和願望，是很值得我們去尋找答案的，因爲民間故事情節的轉變與流行，都必須要具備有其社會的條件，否則是無法發展出來的。從底下的一些文獻記述，也許我們可以看出一些端倪：

(1) 明・邱濬「大學衍義補」云：「蘇州之田，約居天下八十八分之一弱，而賦約天下十分之一弱。」

(2) 明・黃廷鵠「役法原疏」云：「國家財賦，專倚三吳，而蘇、松獨甲於天下，則其劬勞疾痛之狀，亦獨倍於天下。第今民窮財匱，十室九空，無處不苦，而蘇、松爲甚。」（「皇朝經世文編」卷五〇三）

(3) 明・范濂「雲間據目抄」卷四云：「松賦正額，民已不堪。而額外又有均徭、練兵、開河、織造、加耗，種種不經，難以枚舉。」

(4) 明・顧炎武「天下郡國利病書」原編第九册云：「民當農時，方將舉趾，朝爲轎夫矣，日中爲扛夫矣，暮爲燈夫矣。肩方逃而提隨之。稍或失御，長鞭至焉。如此而民奔走之不暇，何暇耕乎…」㉓。

江南地區如蘇州、松江等府，賦稅徭役的繁重倍於他地，明朝政府如此敲吸人民的骨髓，豈能不引起民怨！然而，在長期皇權專制的統治下，人民就算是對統治者有極大的不滿，也不敢作直接的表露，因爲專制下的「酷刑」使人民畏懼而不敢言，可是，累積民怨的羣衆心聲，總該有個地方發洩！於是在當時此地區的民衆，便找到了自北方民間流傳下來，而以反暴政，反徭役爲主題的「孟姜女」故事，因爲這正符合他們的心聲表露，於是便把孟姜女故意說成是「松江」人，而萬喜良則是「蘇州」人，再增添上秦始皇的好色，孟姜女殉節等新的情節，更使得此故事更具有時代的意義與地域的色彩，也更能表靈出羣衆的心聲，因此能在江南流傳開來。

結　語

總之，民間文學是一種很富有時代性與地域性特色的「活性」文學，其形式、內容、語言運用、人物塑造等安排，都可以依時，依地，依社會條件，依羣衆需求而加以變動，所以，我國流傳久遠的民間「四大傳說」（牛女戀情、孟姜女、梁祝哀史、白蛇傳），要是能夠把它們依據時空的因素，採取「個案」的方式重新加以深入研討，必更能掌握其特殊的社會意義，如「孟姜女」故事，幾乎是傳遍於全國各地，其形式有民歌，說唱，戲劇，口說故事等，人物與地點，都能隨民情習俗而緊密聯繫，使古老的傳說，永遠具有新生命，而恆存於人民的心中。本論文的撰述，只是擷取其中的二個故事作爲「個案」而加以研察，目的不在對故事作全面的查證與詳述，用意只是在於借此二個範例來看其在時空變易下，所顯示的社會意義，以加深人們對民間文學的認識。論文的一切資源皆取之於前賢遺留下來的文獻，以及當代學者的論著，個人只是加以重新擇取組合而提出一己之見而已，是否得當，有待於方家的指正。

附　註

❶ 見鄭振鐸：「中國俗文學史」上册第一章何謂「俗文學」，民國廿七年八月商務印書館第一版。

❷ 見王文寶、盛廣智、李英健：「中國俗文學辭典」「總類」「俗文學」條，一九九〇年六月一版，吉林教育出版社。

❸ 見同註❶。

❹ 唐・李善注引「漢宮闕疏」云：「昆明池有二石人，牽牛織女像。」

❺ 此爲「風俗通義」之逸文，見唐・韓鄂「歲華紀麗」所引。

❻ 請參看洪淑苓：「牛郎織女研究」，民國七十七年十月初版，臺灣學生書局出版。

❼ 此據大陸學者賀學君：「中國四大傳說」一書第五八、五九、六十頁所述。一九八九年六月第一版，浙江教育出版社出版。

❽ 見同上第六十一頁，轉引「貴州民間文學資料集」第四十六集。

❾ 見「佩文韻府」「尤韻」「牽牛」條，今本「荊楚歲時記」不載，當是佚文。

❿ 姜彬：「區域文化與民間文藝學——區域民間文藝學發凡」，一九九〇年十二月第一版，北京，中國民間文藝出版社出版。

⓫ 「左傳」襄公廿三年：「杞梁襲莒戰死，齊侯自晉歸，遇杞梁之妻於郊，使吊之。辭曰：『殖之有罪，何辱命焉！若免於罪，猶有先人之敝廬在，下妾不得與郊吊！』齊侯吊諸其室。」

「檀弓」：「其妻迎其柩於路而哭之哀。」

「孟子」「告子」下：「華周杞梁之妻善哭其夫，而變國俗。」

西漢・劉向「說苑」：「其妻聞之而哭，城爲之阤，而隅爲之崩。」
西漢・劉向「列女傳」：「杞梁之妻無子，內外無五屬之親，旣無所歸，乃就其夫之屍於城下而哭之。內誠感人，道路過者，莫不爲之揮涕，十日而城爲之崩。……遂赴淄水而死。君子謂：『杞梁之妻，貞而知禮。』」
「韓詩外傳」：「杞梁妻悲哭，而人稱咏。」
王褒「洞簫賦」：「杞梁之妻不能爲其氣」（此借以形容洞簫吹奏時聲音之美妙）
「玉台新詠」「枚乘」詩：「誰能爲此曲，無乃杞梁妻。」

⑫ 曹植「精微篇」：「杞妻哭死夫，梁山爲之傾。」
李白「東海有勇婦篇」：「梁山感杞妻，慟哭爲之傾。」

⑬ 見其「讀書敏求記」「孟姜女集」條評語。

⑭ 見「日知錄集釋」卷廿五「杞梁妻」條。

⑮ 見其「讀書敏求記」「孟姜女集」條評語。

⑯ 見顧頡剛編著：「孟姜女故事研究集」第一八五頁，民國七十四年十一月初版，臺灣，漢京文化事業有限公司出版。

⑰ (1)錢曾「讀書敏求記」「孟姜女集」條云：「考『孟子正義』，亦有『或云其妻孟姜之說』。譌以傳譌，知其來已久。然謂『或云』者，正疑而未必之辭，斷不得卽以范姓加之杞梁也。今此集云：女姓姜，楚地澧人。行一，故曰孟姜。」
(2)顧頡剛「孟姜女故事研究」（一九二七年一月「現代評論二周年增刊」）云：「『文選集注』殘卷（日本寫本，羅振玉影印，題爲『唐題』，其中引及李善及五臣注，最早亦在中唐以後）曹植『求通親親表』的注中，孟姿居近長城，正在後園池中游戲，梁避役到此，她反顧見之，請爲夫妻。……稱孟仲姿爲『孟姿』，和孟姜一名更接近了。」

(3)大陸學者賀學君「中國四大傳說」第一〇五頁云：「有一則傳說這樣寫道：『孟家在院墻脚栽了棵葫蘆，藤都伸到姜家去，葫蘆只結一個，該歸誰？兩家一合計，一家一半。兩家合在一起分葫蘆。誰知一刀切下去，紅光四閃，從裏面滾出個小姑娘，正好，兩家都無兒女，就合伙撫養，讓她複姓孟姜，叫孟姜女。』以上三種說法，莫衷一是。不過，却可看出文人、學者，及民間群衆的解說，是大爲不同的。文人學者要言之有據，而民間群衆却要言之有趣。

⑱ 見「太平廣記」卷一六一。

⑲ 晉・楊泉「物理論」云：「秦築長城，死者相屬。民歌曰：『生男愼勿舉，生女哺用脯。不見長城下，屍骸相支拄』，其寃痛如此。

⑳ 見其「通志」「樂略」「詩辨妄」條。

㉑ 見「耀州志」，轉引「中國四大傳說」第一九六頁。

㉒ 見姜彬：「區域文化與民間文藝學」第一一七頁云：「在路工編的『孟姜女萬里尋夫集』一書中，有一個附錄『佛說貞烈孝孟姜女長城寶卷』敍錄，是淸康熙間（一六八〇年前後）金陵榮盛堂刻本，他認爲從內容和形式看，完全可以肯定是明代的作品。在這個作品裏，也有秦始皇要納孟姜女爲昭陽的情節。」

㉓ 以上原文，皆轉引自「區域文化與民間文藝學」第一一九頁。

杭州地區元代曲家研究

黃敬欽

一、杭州提供元曲家如何的客觀環境

(一) 特殊的歷史背景

關漢卿杭州景曲文中所云：「大元朝新附國，亡宋家舊華夷。」❶一語道出杭州特殊的歷史背景。蒙元滅宋統一天下之後，漢民族面臨國土淪滅的悲慘命運，漢人的民族情操也因爲國土淪滅，喪失了地理上的凝聚點。他們的精神不能無所寄託，南宋的都城四周杭州地區自然成爲宋遺民心理上的歸宿，成爲他們的精神堡壘，具有民族情操的文士以及曲家自然緬懷舊華夷之地，希望流連舊城廢池之際，能捕捉到先朝先民的生活點滴，藉以慰藉在新附國中，受到不平等待遇的苦痛心靈。

在民族大交融的時代裏，元曲作家背景非常的複雜，蒙古人以征服者的姿態出現，處處表現民族地位的優越性，邊疆民族以生活方式之接近地位又次之，而漢民族的地位最爲卑下，漢人身份作家的作品，必然有相當的苦悶傾瀉，而蒙古人西域人的作家則表現一股爽朗快活的心境，即使以漢人作家而論，前期作家與後期作家的民族情懷也有很大的差距。前期作家親睹國土淪滅，身處激盪不安的時代，有苦悶與憤懣亟待傾瀉。後期作家在幾十年統治下苦悶心態已能作適度調整。而杭州這個具有特殊歷史意義的所在，更能激發各種不同背景的作家，以敏感的觸鬚去探討嚴肅的人生課題。

(二) 南北文化的薈萃

宋人南渡建都杭州，大量的北人南來，杭州立即成爲南北文化薈萃之地，皇室帶領大批的軍隊隨從、高級知識份子南下，對杭州而言，突然躍升爲首善之都，是一種極大的光榮。因此並沒有產生南北文化交融的困難，此與宋朝貿易活動熱絡、海運交通發達有密切的關連，南北的距離縮短，加上一統政體之下，在政治制度上，甚至社會型態、生活方式，都沒有極大的差距，地域的隔閡所產生的衝突不十分明朗。

蒙元滅宋，則是事關民族存亡繼絕的生死戰爭，不論生活方式、社會型態都發生極大的轉變，短時間實難有水乳交融的和諧成效。而蒙古人雖爲勝利者，接觸到高層文化的帝國，亦深深仰慕中原文化內涵之宏博偉大。一時間卻又沒有足夠的能力吹收乃至發揚光大。因此文化傳承仍以舊華夷的前朝遺民爲主導，他們努力壓抑住心中的窒悶以面對高壓的政治空氣，藉雜劇這種不爲人重視的文學體裁作爲宣洩之途。而另一方面北方民族亦深受宏博文化之感染努力學習漢文化，用北方民族的狂野生命力注入漢文化中。而杭州地區則成爲南北文化滙萃最適合的場所。

元朝南北文化交滙現象，大致上可以從下列諸端見之：

1. 北方充斥著江南女樂

元人滅宋之後酷愛江南伎藝之人，時有徙江南女樂進入京師之舉。至元二十二年（西元一二八五）即曾經「徙江南樂工八百家于京師」。也許過於高層次的文化一時難以吸收，但是供娛樂之樂工及民俗伎藝人才，對征服者而言，是一種立即可以享受的資財，因此女樂由南入北的現象極爲頻繁❷。據蒙韃備錄記載，蒙軍凡破城守，大肆虜掠，所得尙須分與「朔漠不臨戎」的宰相，所以需將所得携以北歸用以分潤。乃至舒岳祥、戴表元的詩中也都有俘婦沉痛的心聲。

2. 南戲戲文與北雜劇互相影響

「元刊雜劇三十種」爲現存元代雜劇的唯一當代刊本，是研究元代戲劇的珍貴資料。三十種之中註明大都新編或新刊的有四種，註明古杭新刊的有八種，其中「張鼎智勘魔合羅」劇本，「古杭新刊」四字列於卷尾❸。北雜劇而由「古杭」刊行的，卻超過大都所刊一倍，可見北雜劇的流行在南方已相當的興盛。事實上南宋王室南渡，已有大量路歧人南移，直接促進南戲的繁榮❹。而透過雜劇與戲文劇目的對照，也可以明顯地看出南北戲劇文學交互影響的現象❺。這是從戲劇內容上觀察南北文化的薈萃現象。

3. 北人南來的現象

隨着滅宋戰爭的進行，一大批軍中幕僚人員南下。滅宋以後又爲了有效地統治新附的降國，北方軍事強人必須帶領爲數不少的軍隊駐紮杭州地區，以防範亡宋死灰復燃。一方面北方知識份子到了亡宋都城後，深深爲此地的文化與山光湖色所吸引，因而定居此地的也不少。檢視元曲家家酬詠對象如張小山之梅友元帥席間，崔閑齋元帥席上，次必庵趙萬戶韻，喬吉之陪雅齋萬戶遊仙都洞天，劉時中之邸萬戶席上，盧摯之廣帥餞別席上贈歌者江雲，徐再思的呂侯席上等曲，皆可見到曲家陪宴，或與軍事強人交遊之現象，他們之中有的係以軍中幕僚的身份陪宴。吉川幸次郎之元雜劇研究，即曾考證白樸隨軍事強人到處流寓之情形❻。由於南方都城之繁勝，北方知識份子十分羨慕，南來定居者亦不在少數。如盧疏齋晚年卜居宣城，貫酸齋稱疾辭還江南，賣藥於錢塘市中。白珽居西湖。喬吉寓居杭州太乙宮前甚久。馬昂夫晚年大致在三衢附近，薩都剌晚年寓居武林。曾瑞「喜江浙人才之多，羨錢塘景物之盛，因而家焉。」，相信如曾瑞一般，深愛南方文化氣息而逗留南方的知識份子當不在少數。這是從作家觀察南北文化的交流現象。

4. 南北調合腔的文化交流現象

鍾嗣成錄鬼簿卷下沈和甫條下云：「兼明音律，以南北調合腔，自和甫始」。蕭德祥條下云：「凡古文俱檃括為南曲，街市盛行，又有南曲戲文等」❼。青樓集龍樓景、丹墀秀二人專工南戲，後有芙蓉秀者戲曲小令不在二美之下，且能雜劇，婺州女樂兼擅雜劇，南戲，亦見南北文化交換之一斑❽。這是透過作家與娼妓對南戲與北雜劇的融合了解，說明南北文化交流現象。事實上從前文所提南北戲劇劇目的相似，以及對南戲成熟過程的理解，此雜劇與南戲應該是各自發展自己的劇種，而且很早就有密切的聯繫❾。

南北文化在杭州城的薈萃撞擊，激引起杭州地區新興文學的創作熱潮，曲家在此也最容易得到心靈上的撫慰，得到湖光山色的享受，與寄託矛盾複雜的悲愁情懷。

(三) 繁榮熱鬧的富庶城市

從「都城紀勝」、「夢粱錄」、「西湖老人繁勝錄」、「武林舊事」諸書之記載，已然可以看出南宋時代杭州地區之繁榮熱鬧。長期的繁榮當地人民之文化水準也相對的提高。杭州城有數也數不盡的橋樑，縱橫交錯，據馬可波羅所言大小橋樑達一萬二千座，雖未必可信，而航運交通之複雜便利，亦可從中揣摹而得。杭州地區不僅在彼時爲交通輻輳之地；經濟方面亦因交通之便利，而顯得極爲熱絡，杭城人口一向極爲密集。馬可波羅所言房屋一百六十萬所，此數是否可靠雖未可知，然人口數極多，卻是事實。以其所目睹之「道上往來行人之衆，無人能信有如許食糧可供彼等之食，除非在市集之日，見買賣之人充滿於中，車船運貨絡繹不絕，運來之貨無不售者，始能信也。」[10]觀之，至少說明了元朝杭州城人民的數目非常多，這些人每天需要的食糧必須仰賴商業活動，而他所看到的商業活動之頻仍，恰又可以使之相信足以養活全城。凡此客觀的條件，都足以說明因富庶而適合文化條件之成長。加上每年爲防範亡宋降民常置戍兵三萬，這些軍人休假日的娛樂，與新興的廣泛的手工業商人，流寓大都城的從事大買賣的商人，都必須有供給彼等紓解身心的娛樂。已經在宋末成熟的戲劇，正好可以在此時充分的發展。一方面藉突梯滑稽的喜怒笑罵、玩世不恭的態度，避世遁俗，痲痺一生。一方面透過歷史劇緬懷前朝繁華如夢的景象，濬抒憂傷悲泣的心境，一方面透過公案劇的清官形象，懲處黑暗社會中的頑徒，傾吐整個時代鬱悶的情懷[11]。繁榮富庶的城市，提供了雜劇文學的供需市場。也提供了雜劇作家傾吐悶懷的充分空間。而一些位居高位的名公，或地位優越的北人，他們則選擇了杭州這塊湖山勝景、縱情逸樂、陶寫性情於其中。

二、書會組織

南宋時杭州萬商雲集，百貨輻輳，爲全國的商業中心。各種性質不同的商販，常有嚴密的同業組合型態。以都、市、團、行的形式出現⑫。整個社會結構，也因組織型態之日趨嚴密，各行各業欣欣向榮。

以娛樂圈爲例，各種民俗雜藝團體皆蓬勃發展，遇有節慶，各展所能，尤其人口密集的杭州城，更是百戲雜陳，周密武林舊事卷二載：

二月八日為相川張王生辰，霍王行宮朝拜極盛，百戲競集，如緋綠社（雜劇）、齊雲社（蹴毬）、遏雲社（唱賺）、同文社（耍詞）、角觝社（相撲）、清音社（清樂）、錦標社（射弩）、錦體社（花繡）、英略社（使棒）、雄辯社（小說）、翠錦社（行院）、繪革社（影戲）、淨髮社（梳剃）、律華社（吟叫）、雲機社（撮弄），而七寶、馬二會為最。⑬

這些同業所組合而成的民俗技藝集團——社，都必須有專業的條件方可加入。吳自牧夢粱錄卷十九：

武士有射弓踏弩社，若能攀弓射弩，武藝精熟，射放嫺習，方可入此社耳。更有蹴踘、打毬、射水弩社，則非仕宦者為之，蓋一等富室郎君，風流子弟，與閒人所習也。⑭

因爲每社都有專業條件者始得加入，各社之間亦必因俱有相同技藝人士之互相切磋、推展，而使藝術水準更臻成熟。

同樣的文人也有文人的集團，文士有西湖詩社，依夢粱錄所載：「此乃行都縉紳之士及四方流寓儒人，寄興適情賦詠，膾炙人口，流傳四方，非其他社集之比。」⑮文人會集賦詠，結爲詩社，在南宋時已然定型，不但參加文士極多，流佈亦廣。他們自外於民俗技藝之社團，自鳴清高。入元以後，文士會集賦詠風氣仍然流行不輟，彼時杭州地區至少有白雲社、月泉吟社、越中吟社、山陰詩社、杭清吟社、孤山社、武林社、武林九友會等，儒雅雲集，分曹比偶，相親切磋，盛況空前⑯。正如金華黃先生文集卷十六所云，宋元之際，作家有個很大的特點，就是經常進行一些集體活動，他們歸隱後，于殘山剩水之間，往往握手歔欷，低回而不忍去，許多人還自發地成立詩社來進行活動，這是此一時期的一個獨特現象。這些詩社雖以詩之創作爲主要活動，但是在散曲盛行的時代，詩人而兼擅詞曲者甚夥，因此散曲作家藉相互酬詠之際，拓展流行的速度亦相當的快速。

然而專事散曲創作文學的集團，似乎與兼涉雜劇創作的集團有些差異，雜劇作家地位較爲卑下。正如王國維在錄曲餘談中所云：「元初名公喜作小令套數，如劉仲晦秉忠、杜善夫仁傑、楊正卿果、姚牧庵燧、盧疏齋摯、馮海粟子振、貫酸齋小雲石海涯等，皆稱擅長，然不作雜劇，士大夫之作雜劇者，唯白蘭谷樸耳。此外雜劇大家如關、王、馬、鄭皆名位不著，在士人與倡優之間。故其文字誠有獨絕千古者，然學問之弇陋，與胸襟之卑鄙，亦獨絕千古，戲曲之所以不得與于文學之末者，未始不由於此。」[17]吉川幸次郎先生爲雜劇作家「學問弇陋，胸襟卑鄙」極力辯駁。但也只能說明元雜劇作者具有高尚學養的人也不少，至於散曲作家地位之普遍高於雜劇作家的現象，仍然存在[18]。

雜劇的創作不比散曲，純粹抒情吟詠之作。它必須了解舞臺表演形式，必須結合倡優演出。因此必須長久逗留勾欄之中，認識觀衆品好，領略演出的氣氛效果。倡優地位本來就不高，與負責編劇的才人長期合作，自然成爲同一族類，雜劇大師關漢卿在不伏老套數中，宣言自己是「普天下郎君領袖，蓋世界浪子班頭」，是「錦陣花營都帥頭」，除是「閻王親自喚，神鬼自來勾，三魂歸地府，七魄喪冥幽，天哪，那其間纔不向烟花路兒上走。」[19]看似遊戲之言，遊戲中自可看出編劇才人與倡優樂妓的密切關連。夏庭芝的青樓集，旨在描述青樓女子的技藝及記事，而涉及之曲家至少有趙松雪、商正叔、姚牧庵、閻靜軒、鮮于伯機、盧疏齋、胡紫山、馮海粟、楊立齋、劉時中、王元鼎、阿魯溫、元遺山、滕玉霄、亢文苑、白仁甫、李溉之、貫酸齋、衞山齋、班彥功、鍾嗣成、倪元鎮、劉庭信等達二十餘人之多[20]，而與集中女子交往者見諸曲集中者至少尚有名家喬吉、關漢卿、張小山等人。倡優與曲家的接觸，絕非偶然，蓋曲必譜之聲，必付之歌唱，方得其全美。戲劇必付之演出，始能發揮最大效用。

劇作家爲了深入了解演員，也可能有編劇才人隨着劇班，到處沿村轉疃的現象。在山西省右玉縣寶寧寺的壁畫中第五十七「往古九流百家諸士藝術衆」中[21]，可以作非常清楚的說明。在圖象中頭裹皂巾，身著圓領皂袍，腰束帶，右手持毛筆，左手掠去筆尖浮毛者非掌記卽所謂編劇才人。

宋元時代書會是才人們自發性的結合組織。他們編撰範圍不限於劇本，有的作賺，有的兼作「隱語」、「砌話」、「薄伎小藝」等㉒。書會成員的層次與前文所言白雲社、孤山社、武林社不同，參加書會者多數爲編劇才人，參加詩社者大多爲文士、散曲作家。彼時有名的書會有「九山詩會」、「玉京書會」、「永嘉書會」、「古杭書會」、「武林書會」、「元貞書會」。賈仲明增補本錄鬼簿序文中之書錄鬼簿後云：「(錄鬼簿)載其前輩玉京書會燕趙才人，四方名公士夫，編撰當代時行傳奇、樂章、隱語、比詞源諸公卿大夫士，自金之解元董先生，並元初漢卿關已齋叟以下，前後凡百五十一人。」㉓記載當時的「玉京書會」成化本白兎記云：「這本傳奇虧了誰，虧了永嘉書會才人，在此燈窓之下，磨得墨濃，斬得筆飽，編成此一本上等孝義故事」㉔足見成化本白兎記是由永嘉書會編寫的。而張協狀元一開頭卽說明是「狀元張叶傳，前回曾演，汝輩搬成。這番書會，要奪魁名。占斷東甌盛事，諸宮調唱出來因。」題下爲九山書會編撰。據張大復的寒山堂曲譜載：九山書會捷譏史九敬仙寫了一本董秀英花月東墻記。列爲雍熙樂府第二種的荊釵記寒山譜題下云「吳門學究敬仙書會柯丹丘」，敬仙書會與九山書會似乎有某種密切之關聯性，九山或爲史九敬仙之縮寫。又顧德潤字九山由是取名亦有可能，觀之諸書會名稱除「元貞書會」以年號名之外，均以地名作爲名稱(玉京疑卽御京)，則九山應是指溫州附近的地名。另外寒山譜在南戲西池宴王母蟠桃會題下注，前明官抄本也，原題敬仙書會合呈㉕。

小孫屠與宦門子弟錯立身爲古杭才人所編，古杭才人應是出自古杭書會，小孫屠題下卽標明「古杭書會」㉖。錄鬼簿下蕭德祥爲武林書會人㉗，武林爲杭州異稱，武林書會當卽古杭書會，錄鬼簿所載蕭德祥劇目下卽有「小孫屠」。以資料所見書會組織大致以南方爲中心。

玉京疑爲御京係大都的書會組織㉘，元貞書會以成宗年號爲書會名稱，馬致遠約在元貞大德年間加入此書會㉙，他曾任江浙行省務官，任職時間在武宗至元四年（西元一三一一）以前㉚。究竟元貞書會地點在大都，抑或蘇杭，不得而知。永嘉書會屬溫州，雖爲入明之後書會，亦有可能前有所承。九山亦屬溫州。武林、古杭書會俱屬杭州。因此整個書會組織，以南方爲中心涵蓋杭州、溫州、蘇州一帶，還有一點需要說明的是南宋以來杭州書肆林立，爲全國最重要的印書中心，對於劇本的推廣，民間文化的拓展，產生極大的助力。

元刊雜劇三十種之中題爲大都新編者有三本，大都新刊者一本。古杭新刊有八本，其餘未列刊編地點。從永樂大典僅存的三種戲文中，「宦門子弟錯立身」題目下標示古杭才人新編，「小孫屠」題目下標示古杭書會編撰。三本中有兩本出自杭州，乃至元刊雜劇三十種「古杭新刊」所佔比率最多觀之。杭州地區的雜劇作家一定有相當的數量。他們在書會之中互相切磋觀摩，提出自己作品，立即搬演於繁華都城中，有時書會之間也有競演的現象。而他們的創作極重視故事結構，因此相關的詞話、小說之編撰也涵蓋於其中。

三、一本紀錄元曲作家的作品——錄鬼簿

淸尤貞起手抄錄鬼簿時，友人一旁觀看，大惑不解的說：「子何錄無益書乎？」㉛。如果對元曲作家缺乏研究興趣的人觀之，確是「無益」之書。有興趣的人卻視爲珍品，這是一部惟一較爲完整的有系統的介紹元曲作家的作品，儘管小傳簡略，但是他「使已死未鬼之鬼，作不死之鬼」的用心，多少保存了一些時人所不關心的戲曲史資料。

尤其值得注意的是作者鍾嗣成爲杭州人，近人劉世珩校輯暖紅室彙刻傳奇第一種之錄鬼簿，後有跋文提到：「繼先序其所交游，幾盡爲杭人。」[32]說明了錄鬼簿一書實是以杭州地區爲本位的曲家生平、作品錄。錄鬼簿對於散曲戲曲作家時代的先後，劃分爲「前輩已死名公有樂府行於世者」、「方今名公」、「前輩已死名公才人有所編傳奇行於世者」、「方今已亡名公才人余相知者」、「已死才人不相知者」、「方今才人相知者」、「方今才人聞名而不相知者」七類。從鍾嗣成的分類可以對元代的曲家生平有大致上的認識。「前輩」與「方今」是一種分類方式，既云前輩，與鍾嗣成的年代當有一段距離，習慣上我們將這些作家歸納爲前期作家。「名公有樂府行於世」與「名公才人有所編傳奇行於世」是另一種區分方式，將散曲作家與戲曲作家作一區分。而「名公」「才人」多少也暗示地位的差異。在「方今」的範疇下，還有兩種區分方式，一種以「死亡」與否作基準，一種以「相知」與否作基準。「方今」自然與鍾嗣成年歲較接近，「已死」在接近中又拉出一段距離，但沒有必然性，有些死亡時年歲並不大。「相知」與否則透露另一個訊息，只要是相知的多多少少與杭州地區有關。因此以錄鬼簿爲出發點，便很容易尋覓到杭州地區元代曲家的蹤跡。另外還有一點需要補充的是錄鬼簿作於至順元年（西元一三三〇），至至正五年（西元一三四五）至少增補過兩次，鍾嗣成非但及見元貞、大德時代元曲之盛，亦得耳聞開國初期前輩作家之遺範，加上錄鬼簿簡續編之補苴，整箇元代曲家實皆涵括其中，實是涵蓋性極廣，而區域性甚濃的極具研究價値的作品。

錄鬼簿錄有一百五十二位曲家，續編再增加七十一位。鍾嗣成所謂相知者，咸信是最爲可靠的部份。其中已亡名公才人共有十九位，金仁傑、范康、沈和、鮑天佑、陳以仁、范居中、施惠、黃天澤、沈拱、吳本世、周文質等十一人爲杭州人。鄭光祖「以儒補杭州路吏」、

「病卒、火葬於西湖之靈芝寺」。曾瑞「喜江浙人才之多、羨錢塘景物之盛，因而家焉。」趙良弼「補嘉興路吏、遷調杭州」。喬吉甫「居杭州太乙宮前、有題西湖梧葉兒百篇」。睢景臣於大德七年「自維揚來杭州」。陳無妄「浙東憲使」，曾與鍾嗣成、趙君卿、顏君常至施惠家中、施惠家於吳山城隍廟前屬平江路。又曾與鍾嗣成、趙君卿「同舍」。是否同舍於杭州？極有可能，陳無妄卽使沒有到過杭州，至少也常在杭州路附近江浙行省所屬區域內活動。廖毅則爲建康人。建康亦屬江浙行省。宮天挺則卒於江浙行省所屬常州路之常州，五人經歷與杭州發生密切之關係，三人活動區域至少亦在江浙行省之內。

「方今才人相知者」有二十一位，黃公望隱於西湖之筲箕泉，吳仁卿有「西湖宴飲」、「西湖泛舟」散曲。秦簡夫「近歲來杭回」，趙善慶有「西湖」、「天竺寺」曲作。徐再思有「西湖」、「西湖尋春」、「西湖夏宴」、「惠山泉」曲作，顧德潤「以杭州路吏遷平江」。曹明善有「西湖早春」曲。蕭德祥、王曄、王仲元杭州人，陸登善「其父以典掾來杭、因而家焉。」張鳴善先人則以北宋末南渡[33]。十二位鍾嗣成所相知的才人中，不是杭州人，就是遺留下杭州的記遊之作，或是有家居杭州的經歷。而最值得一提的是張可久小山，他對於杭州尤其是西湖情有獨鍾，光是有關杭州西湖的散曲作品，卽有九十餘首之多，留存資料之宏富可以想見。其餘八位錢霖、汪勉之，屈子敬、高克禮、王庸、朱凱[34]、吳朴、孫子羽，由於名位不彰、資料欠缺，未能判定是否曾在杭州地區活動。要言之，鍾嗣成相知之名公、才人共四十位，有二十九位可以確定在杭州地區活動。

元曲雜劇鼎盛時期，可以說是由前輩名公才人所締造的，它們發展的中心是在北方。因此遍索錄鬼簿中「前輩」名册，北人居多，但並不意味他們與杭州沒有關係。以下諸人雖列名「前輩已死名公」名册，都可以在杭州地區尋覓到踪跡：

1. 張九元帥：即蔡國公柔第九子張弘範，爲滅宋戰爭大將軍。「從中書左丞董文炳由海道會丞相伯顏，進次近郊，宋主上表降。」因爲戰爭的因素，張弘範來過杭州。

2. 白無咎學士：白珽長子，「珽之曾祖顯始居錢塘。」所居西湖，有泉自天竺來。

3. 馮海粟待制：有「憶西湖」、「錢塘初夏」曲作。

4. 盧疎齋學士：有「和則明韻」、「錢塘懷古」、「六月望西湖夜歸」、「西湖」諸曲。

5. 趙子昂承旨：有「岳鄂王墓」、「錢塘懷古」、「次韻鮮于伯機所寄詩」諸詩。輟耕錄載，大德戊戌二年二十日，張漢臣尚書，趙松雪學士、費北山漕侯，同在杭州，泛舟遊西湖至毛家步。

6. 滕玉霄應奉：有「感寓九首」曲作。

7. 貫酸齋學士：「稱疾辭還江南，賣藥於錢塘市中」有雙調蟾宮曲云：「問胸中誰有西湖」，憶別「出郡城愁臨浙水，寓錢塘悶度朝夕」等語。

8. 姚牧庵參政：劉時中有「侍牧庵先生西湖夜飲」小令。牧庵普天樂有「浙江秋、吳山夜」語。

9. 揚西庵參政：「越調小桃紅」曲，有「錦城何處是西湖」之語。

「方今名公」條中，亦有數位與杭州有關：

1. 薩天錫照磨：「晚年寓居武林」，有「西湖十景詞」。

2. 馬昂夫總管：有「西湖雜詠」(七首)，雙調殿前歡春、夏、秋、冬四首。

3. 曹以齋尚書：以齋字克明，鍾嗣成爲其受業弟子。

4. 李溉之學士：張小山有「偕李溉之泛湖」曲作。

5. 班恕齋知州：至元間陞浙江儒學提舉。寓杭州。

6. 劉時中待制：有「西湖六月天」、「與邸明谷孤山遊飲」、「西湖醉歌次歌郭振卿韻」、「題和靖墓」、「雙調水仙操並引」(四時漁歌)、「侍牧庵先生西湖夜飲。」

7. 王繼學中丞：贈維揚名妓李芝儀詩中有「錢塘江邊、燕子銜將春色去。」之語。

「前輩已死名公才人，有所編傳奇行於世者」條下亦有：

1. 關漢卿：「杭州景」套數。

2. 白仁甫：天籟集永遇樂小序云：「至元辛卯春二月三日，同李景安提舉遊杭州西湖。」

3. 庾吉甫：有「商角調黃鶯兒」。

4. 馬致遠：爲江浙行省務官，有「和盧疎齋西湖」、與雙調新水令「題西湖」等曲。

5. 趙天錫：有「題金山寺」曲，爲鎭江府判。浙江行省照磨。

6. 尚仲賢：江浙行省務官。

7. 戴善甫：江浙行省務官。

8. 張壽卿：浙江省掾吏。

「已死才人不相知者」條下有：

1. 胡正臣：杭州人。

2. 李顯卿：以父爲浙省掾、因居抗焉。

3. 俞仁夫：杭州人。

總計錄鬼簿所載與杭州有密切關聯者，即有五十六位之多[35]。其中尚不包括居杭州，但因地位不重要，資料有所欠缺者，如屈子敬、李齊賢、劉宣子與鍾嗣成同窗，即有可能是在杭州地區求學的同窗，又有浙東帥府令史之汪勉之，亦有可能在杭州地區活動。舉凡湖州路、嘉興路、松江府、平江路、常州路、集慶路、太平路、寧國路、廣德路、徽州路、建德路、婺州路、紹興路、慶元路等，在貿易頻繁、水陸交通發達的元代，均有可能向經濟文化的中心杭州路輻輳，因此在杭州活動的曲家應不只此數。

還有一些有名的曲家爲鍾嗣成所不知，而未列入簿册內者，而他們卻很明顯的有在杭州活動的跡象，如：

1. 鮮于樞：曾與張公可與李公仲方，胥會于杭。復曾墜吸子於西湖中。任浙東宣慰司經歷，改江浙行省都事、居錢塘。
2. 王惲：有「遊金山寺并序」散曲以及西湖詩。
3. 奥敦周卿：白樸天籟集中有「覃懷北賞梅同參政西庵楊丈和奥敦周卿府判韻」詞，寫作地點在西湖。
4. 張養浩：有「携美姬湖上」、「過金山寺」曲作，並有「過杭州伯顏丞相廟」、「過錢塘」、「遊西湖」、「遊靈隱寺」等詩。
5. 任昱：有「湖上」、「錢塘懷古」、「湖上九日」、「和靖墓」、「湖上分韻得玉字」等曲作。
6. 呂止庵：「仙呂後庭花」曲有「六橋烟柳鞶」之語，並有「冷泉亭」曲。
7. 吳西逸：有「憶西湖」曲。

8. 王舉之：有「秋日湖上」、「懷錢塘」曲。

9. 錢惟善：錢塘人。延祐、至治間與貫酸齋遊。

10. 白珽：錢塘人、致仕、結廬西湖之金沙灘。有「淨慈禪寺」、「湖邊玩雪」、「遊天竺寺」、「冷泉亭」、「同陳太傅諸公同登六和塔」詩。

11. 宋方壺：至正初，客錢塘。

除此之外，明無名氏的「錄鬼簿續編」亦錄列一些鍾嗣成未及刊入之元末明初曲家，其中還包括鍾嗣成本人，這些曲家如：

1. 丁埜夫：「羨錢塘山水之勝，因而家焉」有「賞西湖」曲作。
2. 邾仲誼：僑居吳山之下。日相遊覽湖光山色於蘇堤林墓間。
3. 陸進之：續編作者云：「與余在武林，會于酒邊花下」。
4. 李士英：錢塘人。
5. 須子壽：杭州人、錢塘縣吏。
6. 湯舜民：有「送王姬往錢塘」、「送景賢回武林」、「贈錢塘鑷者」、「西湖感舊」、「題金山寺」、「武林感舊二首」、「錢塘懷古」等曲作。
7. 楊景賢：湯舜民有「送景賢回武林」曲。
8. 賽景初：老於錢塘西湖之賓。
9. 虎伯恭：續編作者云：「當時錢塘風流人物，咸以君之昆仲爲首稱云。」
10. 王彥中：武林人。
11. 徐景祥：錢塘人。

12. 沈士廉：錢塘縣學生[36]。

從元代前期、中期、後期作家細加考索，可以發現杭州地區是曲風鼎盛的都城，不僅有湖光山色之誘因，亦有愛其民風古樸者。前前後後在杭州地區活動者近八十人，在時代極短、極爲有限的曲家數目中，「八十」應該是箇大數，杭州應該可以算是曲家薈萃的中心。

四、元代曲家在杭州的交往活動

由於元曲作家在杭州的活動非常頻繁，卻又缺乏完整之資料藉爲考索，殊雖勾繪出曲家全體的活動形貌。因此本文擬透過幾位曲壇上交遊較爲廣闊之核心人物，以及享譽盛名之曲家，在杭活動情形，略見一斑

一、白仁甫

王博文、天籟集序：「甫七歲，遭壬辰之難（西元一二三二），寓齋以事遠適，明年春京城變，遺山遂挈以北渡。」

天籟集垂楊小序云：「壬子冬（西元一二五二），薄遊順天。」（白樸時年二十七。）

又垂楊小序云：「中統建元（西元一二六〇），在壽春榷場中。」

沁園春小序：「至元丙子（西元一二七六），予識道山於九江。」

滿江紅小序：「用前韻留別巴陵諸公，時年至元十四年冬（西元一二七六）。」

奪錦標小序：「庚辰（西元一二八〇）、卜居建康。」

永遇樂小序：「至元辛卯春（西元一二九一），二月三日，同李景安提舉遊杭州西湖。」（時年六十六）

又永遇樂小序：「丙午秋（西元一三〇六），到維揚，途中遇雨，甚快然。」㊲

以上爲白樸的重要行迹。白樸與元遺山有通家之好，白家遭難，遺山曾挈以北渡，因此白樸幼年卽受文學大家元遺山之薰陶，當白氏父子卜築滹陽時，「遺山每過之，必問爲學次第。」隨後因爲受史天澤庇護，以南宋遠征軍幕僚身份，到處游走，最後到達江南。他有一首木蘭慢詞題爲：「覃懷北賞梅，同參政楊丈西庵和奧敦周卿府判韻。」㊳大約作於至元六年，楊西庵出爲懷孟路（延祐後改懷慶路）總管時。楊西庵卽曲家楊果，奧敦周卿亦曲家。他們兩位都曾經到過杭州。楊果越調小桃紅有「錦城何處是西湖」之語，奧敦周卿雙調蟾宮曲二首皆爲描寫西湖之作，並在曲中有「眞乃上有天堂，下有蘇杭」之讚㊴。二位何時至杭州已無資料足資考索，大約在滅宋之後。

白樸在杭州活動的時間則十分清晰，永遇樂小序中提到他在至元辛卯春二月三日，與李景安提舉同遊杭州西湖，此時白樸已六十六歲，從庚辰卜居建康，至丙午秋到維揚，其間二十餘年，大致上白樸活動範圍不出江南。

同時白樸與曲家盧摯關係也很密切，據袁桷神道碑銘，盧摯的妹妹是仁甫弟弟敬甫之天人㊵。白樸有一首水龍吟題爲：「送張大經御使，就用公九日韻，兼簡盧處道副使，使寧國置按察司時。」寧國路在杭州路左鄰。盧處道爲江東廉訪副使時間約在至元二十四年左右（西元一二八七），此時白樸已卜居建康。水龍吟詞寫作時間與辛卯春遊西湖時間不超過五年。也就是白樸在杭州附近是否與盧摯有密切的交往，實是一箇可以深思追索的問題，可惜資料不足。

白樸還有一個曲家朋友侯克中，他在艮齋詩集中有一首「答白仁甫」：

別後人空老，書來慰所思、溪塘連轡日，風雨對床時，我愛香山曲，君奇石鼎詩。
何當湖上路，同賦鷓鴣詞。㊶

顯然侯克中與白樸有在西湖交遊的跡象。香山指的應是白香山，在西湖築白隄的香山。侯克中在杭州的線索十分明朗，有「與諸相宴西湖」、「錢唐春日」、「錢唐卽事」、「錢唐客懷」、「杭州火後連雨」「西湖晚興」）諸詩曲㊷。並且在自笑詩中云：「一笑蘇杭十二年」可見侯克中不僅在杭州活動，還有相當長的活動期。

侯克中除了與白樸交遊外，亦有詩寄其弟敬甫（白敬甫經歷有閩中之行），與胡祗遹、姚燧、王惲、徐子方諸曲家也多有唱和之作。事實上諸曲家彼此之間寄詩遺興的活動，十分頻仍，以下將同一時期重要曲家的酬贈詩，條列一二首重要者，以說明之：

侯克中：「答白仁甫」、「白敬甫經歷有閩之行」、「悼闞彥舉」、「胡紹闓提刑浙西以疾求去」、「徐廉訪寄西湖雜詩因答之」、「寄徐中丞子方」、「姚翰林端甫過姑蘇訪予，出馮提刑壽卿所寄詩，中間言及太常博士李鵬舉，時鵬舉已不祿，而壽卿閒居襄陽尚未知，同賡其韻以寄」㊸。

王惲：「寄胡紫山提刑」、「寄紫山憲史」、「參政楊公挽章」、「挽杜止軒」、「餞參政楊公出鎮覃懷」、「商左山哀辭」、「九公子畫像贊」、「謝徐容齋贈梅」、「題珠簾秀序後」㊹。

姚　燧：「寄徐中丞容齋」、「武昌寄劉時中」、「大都寄盧處道」、「次劉時中和牧之齊山詩韻」、「贈疏齋三絕句」㊺。

胡祇遹：「寄子方郎中書」、「寄答王仲謀」、「楊參政生朝」、「送參政西庵公總管覃懷」、「贈杜紫軒」。「寄王提刑仲謀」㊻。

侯克中、胡祇遹、姚燧、徐子方、王惲諸人彼此間交往最爲密切，而兼及闞彥舉、杜仁傑、楊西庵、史九散仙、劉時中、盧疏齋諸曲家。前述侯克中在杭州曾經有相當長的時間居杭，胡祇遹、姚燧、徐子方、王惲也都有在杭的跡象。白樸木蘭慢詞提到「胡紹開、王仲謀兩按察」、又有「己丑送胡紹開、王仲謀兩按察赴浙右閫中任」己丑爲至元二十六年（西元一二八九）、與白樸遊西湖時相隔僅兩年。而徐琰（子方、容齋）於至元二十八年（西元一二九一）遷江南浙西肅政廉訪使，曾到過西湖，有西湖雜詩贈侯克中，時間與白樸遊西湖正好相同，據劉時中所撰牧庵年譜，姚燧除至大四年辛亥（西元一三一一）閏七月至杭外，至元二十七年（西元一二九〇）自漢浮江，東遊會稽過江州。至元二十六年則有送馮壽卿副憲遼西序㊼，與侯克中所言「姚翰林過姑蘇訪予，出馮提刑壽卿所寄詩」事正相吻合，亦即此時姚燧與侯克中在杭州地區附近有交遊活動。

總合以上情況看來，若以至元二十八年白樸遊西湖事上推姚燧過姑蘇訪侯克中。胡祇遹與王惲的赴浙右閫中任與白樸有所交往。以及徐容齋至元二十八年遷浙西時，可能以西湖雜詩贈侯克中，觀之。從至元二十六年至二十八年，三年之間前期的幾位重要曲家在杭州地區確有明顯的交往活動。

二、盧疏齋

至元五年（西元一二六八）中進士。

至元二十二年（西元一二八五）爲江東廉訪副使。

至元二十五年（西元一二八八）爲陝西提刑按察副使。

至元二十九年（西元一二九二）爲河南府路總管。

元貞二年（西元一二九六）召拜集賢學士。

大德二年春至大德三年（西元一二九八—一二九九）代祀南嶽至衡，再由衡經江西行省返京城。

大德三年（西元一二九九）任嶺北湖南道廉訪使。

大德七年（西元一三〇三）移病歸潁，舟次武昌，旋卽流寓江南。

大德八年（西元一三〇四）還朝爲翰林學士。

大德十一年（西元一三〇七年）卜居宣城[48]。

盧疏齋與杭州地區有地緣關係的年代，大抵是至元二十二—二十五年爲江東廉訪副使時，大德三年返京城途經此地，大德七年流寓江南，大德十一年卜居宣城。

疏齋與姚牧庵在至元二十四年時卽有交往，大德二年在長沙，三年在武昌亦曾會面。二位曲家如果在杭州有交遊活動，只有在至大四年（西元一三一一）姚燧閏七月至杭時，才有可能。曲家劉時中追隨在姚燧身邊甚久，其「侍牧庵先生西湖夜飲」曲[49]，應是此時之作，此時疏齋卜居宣城，離杭州甚近。而劉時中爲湖南憲府吏時，疎齋爲湘南憲史，時中屬晚輩。疏齋與牧庵交往過程，他十分明瞭，劉時中所編寫的牧庵年譜，可以尋得交往的蛛絲馬跡，而他們三人之間亦皆有詩曲酬和。

劉時中：「疎齋同賦木犀」50。「侍牧庵先生西湖夜飲」。

姚燧：「寄盧處道詩」，「贈疎齋三絕句」，「武昌寄劉時中」51。

盧摯：「以時中概止善義者，吳友夾谷尙書士常昔者之神也，撫卷感喟，因擴充之。」

52大德三年在武昌，三人分題賦平章劉公三堂，牧庵得「淸風」，疎齋得「垂伸」，時中得「益壯」53。

疎齋有西湖湘妃怨四首小令。馬致遠作和盧疏齋西湖。而劉時中之雙調水仙操前引云：

若把西湖比西子，淡粧濃抹總相宜，玉局翁詩也，填詞者竊其意。演作世所傳唱水仙子四首，仍以西施二字為斷意。戚行歌樓樂肆間，每恨其不能佳也，且意西湖西子，有秦無人之感。崧麓有樵者，聞而是之，即以春夏秋冬賦四章，命之曰西湖四時漁歌，其約，首句韻以兒字，時字為之次、西施二字為句絕，然後一洗而空之，邀同賦，謹如約。54

劉時中是邀同賦者，則疎齋應是東道主，馬致遠也是應邀參加者。他們三人在西湖上的文學聚會，是以「兒」、「時」爲韻，「西施」爲句絕，各自創作小令數首。這一次聚會的時間，瞿鈞認爲應是在西元一二八五年至一三〇〇年之間55。一二八五年爲至元二十二年疎齋爲江東廉訪副使56，一三〇〇年爲大德四年。按「元代曲家馬致遠交游考」中，疎齋生年作者訂爲（一二三五—一三〇〇）。因此將此次聚會的下限時間訂於西元一三〇〇年。其實疎齋出現於史籍中最晚是元史揭傒斯傳所云「延祐初鉅夫擊列薦於朝」。卒年至少尚須往下移至一三一四年以後。因此此次西湖聚會的時間亦須下延。劉時中於大德二年（西元一二九〇）爲姚燧所薦，任湖南憲府吏時，與疎齋交往開始較爲密切，因此西湖聚會宜於大德七年（西元一三〇三）以後最爲恰當，而又以該年最合適57，蓋吳文正公年譜中大德七年云：

> 七月至眞州，淮東宣慰使珊竹公玠、工部侍郎賈公鈞、湖廣廉訪使盧公摯、淮東僉事趙公瑛，南營御史詹公士龍，及元文敏公、諸寓公具疏致幣率子弟至揚州講學。58

此時張小山也有散曲小令「疎齋學士自長沙歸」、「紅梅次疎齋學士韻」、「湖上懷古次疎齋韻」、「和疎齋學士韻」、「憶疎齋學士郊行」、「次馬致遠先輩韻九篇」，「湖上和劉時中二首」59，與盧疎齋、馬致遠、劉時中俱有酬和。尤其「疎齋學士自長沙歸」一首，明顯的是疎齋湖南憲使任滿不久之作。而張小山稱之「疎齋學士」與稱爲「疎翁」時期略有不同，但亦不能絕對以此作爲分野60。

天下同文集卷二十九載盧摯之滕玉霄贊，滕玉霄於至大間任翰林，延祐時爲江西儒學提舉，後棄家入天臺山爲道士。其感寓九首中有曾至西湖的跡象。

從盧摯與白樸的姻親關係，以及與姚燧、劉時中、馬致遠、張小山、滕玉霄等的交往情形，以及與趙孟頫、劉因、揭傒斯等都有往來的情形觀之。盧疎齋在前後期的曲家中扮演著極爲重要的角色，許多前期作家與之交往，亦有許多後期作家以之爲學習楷模。

三、張小山

生於宋度宗咸淳四年至六年左右（西元一二六八—一二七〇）。

至元三十一年（西元一二九四）以前已有文名，且三度結婚。

至正四年（西元一三四四）李祁任江浙儒學提舉，小山時年七十餘，任崑山幕僚[61]。

張小山在杭州西湖詠作，至少達九十餘首，可見有一段相當長的時間流連於西湖一帶，同時在他的曲作之中共遊西湖曲家數量亦最繁富，其中最有名者爲盧疏齋、貫酸齋、馬昂夫、劉時中、馬致遠、馮子振、趙孟頫等，另外馬謙齋、胡存善、吳仁卿、李溉之、張雨、倪瓚、高栻等有名散曲家，亦皆有所交往，玆將小山交遊曲作略列於次。

馬致遠：次馬致遠先輩韻九篇。

盧疏齋：湖上懷古次疏齋學士韻，疏齋學士自長沙歸，紅梅次疏齋學士韻，憶疎齋學士郊行，茅山疎齋索賦，懷古疏翁索題，懷古疏翁命賦，和疏齋學士韻，投閑卽事[62]。

貫酸齋：湖上酸齋索賦，次酸齋韻二首，酸齋學士席上，酸齋席上聽胡琴，爲酸齋解嘲，楊駒兒墓園，次酸齋韻，和貫酸齋，秋思酸齋索賦。

馬昂夫：訪九皐使君，題馬昂夫扣舫餘韻卷首，湖上[63]。

劉時中：江上次劉時中韻、嘆世和劉時中，湖上和劉時中二首。

馮子振：爲樂府焦元美賦用馮海粟韻，別高沙諸友用鸚鵡曲韻。

趙孟頫：子昂學士小景。

吳仁卿：秋思和吳克齋。

馬謙齋：馬謙齋園亭一首。

李溉之：偕李溉之泛湖64。

前文提到盧疏齋與張小山西湖交遊約在大德七年（西元一三〇三年）之際。從小山所作散曲小令觀之，他們交往應有一段時間。亦即大德十一年卜居宣城之後，疏齋可能與小山還有往來，小山散曲稱疏「翁」之處頗多，可見交往時疏齋已近晚年。

貫雲石元史中有傳，年輕時膂力過人，行動矯健，馬技絕倫。稍長，折節讀書，北從姚燧學，後選爲英宗潛邸說書秀才，仁宗卽位，拜翰林侍讀學士中奉大夫知制誥同脩國史，後稱疾還江南，賣藥於錢塘市中，泰定元年（西元一三二四）卒，年三十九65。貫雲石稱疾還江南時間在仁宗卽位（西元一三一二）之後，與張小山的交往應在延祐至治年間，交往時間可能稍晚於疏齋，從疏齋與酸齊兩位大曲家彼此沒有曲作酬和觀之，可以說明交遊的時間錯開，酸齋最後老死於杭州，葬棲雲菴66。曲家王舉之有棲雲弔酸齋散曲小令。又雜劇作家楊梓，以杭州路總管致仕與貫雲石交善67，他們交遊的範圍也是在杭州地區。他的作品與好吃甜品的甜齋合刊，稱酸甜樂府。甜齋名徐再思有「惠山泉」、「西湖夏宴」、「西湖尋春」「西湖」諸作，留下其杭州地區之足跡，甜齋爲嘉興路吏，其「楊總管」曲，疑卽雜劇作家楊梓。又曾經流寓杭州多年、居太乙宮前，作「梧葉兒」百首之喬吉，與甜齋亦有往來之跡象，惟喬吉卒於至正五年，與甜齋之交往時間當更晚68。而以張小山長年流連西湖與喬吉寓居杭州時間極久，當應有所接觸。

劉時中除了在大德七年與疏齋、牧庵有和作之外，侍牧庵西湖夜飲的時間，可能在至大四年（西元一三三一）時，劉時中與張小山的湖上吟詠之作，大抵亦此時之作。

馬昂夫約生於至元十年（西元一二七三）左右，至正五年（西元一三四五）仍在世。虞集有「寄三衢守馬九臯」、楊載有「呈馬昂夫簽院」、薩天錫有「寄馬昂夫總管」、「和馬昂夫雜詠賞心亭懷古」、「三衢守馬昂夫索題爛柯山石橋」詩，曹明善有「侍馬昂夫相公遊柯山」、張雨有「和馬九臯」木蘭詞慢，加上張小山的唱和。馬昂夫也算後期極爲重要之曲家[69]。與馬昂夫頗多唱和之作的薩天錫，登泰定丁卯進士第。晚年寓居武林有西湖十景詞。馬昂夫成名頗早，三十一歲時「薛昂夫詩集」已結集，並有趙孟頫爲之作序。他的曲作多在晚年，任三衢路達魯花赤時的作品，三衢路在浙江衢縣一帶。虞集詩中有「鶴髮明春雪」句可以作爲馬昂夫爲三衢守時年歲已高的證明，此詩作於至順二年（西元一三三一）以後[70]，與薩都剌晚年寓居武林一事參看，至順二年至至正五年（西元一三四五）十餘年間應是馬昂夫在杭州附近活動的時期。

趙孟頫除與張小山交往外，有次韻端父鮮于伯機所寄詩[71]，地點在西湖。輟耕錄載大德戊戌二年趙孟頫曾與張漢臣尚書，費北山漕侯同在杭州，泛舟遊西湖，鮮于伯機遊西湖之故事輟耕錄載之尤詳[72]。從牧庵年譜中觀之大德二年端父有寄趙子昂之作，至大四年閏七月至杭時亦有與趙子昂交往之痕跡。幾位曲家交遊時間互相貫串，當以至大四年左右（西元一三一一）杭州地區活動最爲合理。趙孟頫於延祐六年（西元一三一九）曾和馮海粟在蘇州雁蕩村爲中峰禪師修建草堂[73]。二年後卽逝世，因此趙孟頫與伯機的西湖交往亦不能晚於至治二年（西元一三二二）。而馮海粟不僅有「憶西湖」、「錢塘初夏」等西湖之作，在武林梵志中亦記載馮海粟之中峰淨土百八偈贊[74]。而「題小山蘇隄漁唱」則是與張小山西湖交遊的作品，張小山的「別高沙諸友用鸚鵡曲韻」的鸚鵡曲更是馮海粟的特色，鸚鵡曲是大德六年（一三〇二）冬天，馮海粟從應昌回大都時的力作，共四十二首[75]。因此小山此曲的創作時代亦不能早於大德六年，馮海粟江南活動時間約在延祐六年（西元一三一九）至至正八年（西元一三四八）左右。至元三年（西元一三三七）與曲家班惟志交往。另外與張小山泛舟遊西湖的李溉之、姚燧曾力薦於朝。

由於張小山在西湖活動的時間極長，因此武宗、仁宗、泰定帝甚至延伸至文宗、寧宗、惠宗時代曲家在杭州地區活動，幾乎都與小山有所交往。此一時期錄鬼簿作者鍾嗣成在杭州地區亦有不少之文士才人爲相知者，可惜他們吟詠唱和之作未能留傳下來。我們深信除張小山所交往的對象與鍾嗣成相知的對象外，必有更多的曲家曾經流連於這塊繁榮的地區，張養浩於延祐三年（西元一三一六）爲禮部侍郎征舶泉時，即曾經路過杭州，留下西湖上泛遊的曲作[76]。而雜劇大家關漢卿在宋亡之後，也到過杭州，留下有名的「杭州景」套數。

王國維先生在錄曲餘談中云：「曲家多限於一地，元初製雜劇者不出燕、齊、晉、豫四省，而燕人又占十之八九，中業以後，則江浙人代興，而浙人又占十之七八。即北人如鄭德輝、喬夢符、曾瑞卿、秦簡夫、鍾醜齋輩皆吾浙寓公也，至南曲則爲溫州人所擅，宋末之主魁、元末之琵琶，皆永嘉人作也。又葉文莊菉竹堂書目有永嘉韞玉傳奇，亦元末明初人作，至明中葉以後，製傳奇者以江浙人居十之七八，而江浙人中又以江之蘇州，浙之紹興，居十之七八，此皆風習使然，不足異也。」[77]王國維早就發現曲家多限一地的現象，而江浙地區又獨領風騷，曲家所佔人數比率最多，這種現象決非偶然。蓋曲之發展，深受經濟條件與文化條件影響，杭州地區自南宋以來繁榮富庶的經濟條件，以及密集的人口，與成熟的文化背景，皆是最有利於曲的發展。

僅管杭州地區有許多曲家流連駐足，爲戲曲文學貢獻心力。但是我們深感遺憾的是戲曲作家背景資料的零碎，由於他們地位普遍不受重視，除非作家本身在散曲方面亦有可觀的作品、甚或有詩文垂世，否則很難掌握到他們的生活行跡。因此本文探索的方向，無乃有偏重散曲之趨勢，有關戲劇作家的部份，只能以概略性一般性的南戲與北雜劇的微妙關聯，想像劇作家勢必在杭州地區有相當大的生存空間。同時透過北雜劇作家南來經驗，也讓我們產生一些疑點，究竟所謂燕趙人士創作的雜劇，究竟有多少產於大都？有多少在京師附近搬演？有多少屬於燕趙人士南來的創作？有多少屬於南戲之改作？至少有一些戲必須俱有杭州經驗才寫得出來，如月明和尚度柳翠，故事發生地點在杭州，更重要的是柳翠居住在「抱鑒營街積妓牆」下[78]，這個地點顯然是營妓積聚之處，吳自牧夢粱錄中即可尋得，如非到過杭州，當難以寫得如是明細。還有一點値得翫味的問題，元雜劇中以汴梁爲故事背景的比率極多，南宋將「汴梁經驗」帶到杭州，杭州城展現許多汴梁風貌，究竟元代劇作家是眞正居處其地，以之敷演故事，抑或處於歷史僞形中，以汴州爲杭州，已很難釐清，但是從戲曲發展史上江浙地區地位之躍升。可以說明南宋應該是戲劇發展的起始點，元初應該不會有斷層現象，杭州以前朝京城的特殊地位，自然在文化傳承轉變上扮演重要的角色，也可以說杭州不只是百貨輻輳之地，也是戲劇輻輳之地。

附註

❶ 全元散曲。隋樹森輯、平平。民六十二、十一初版。頁一七一。

❷ 戲曲與浙江。洛地、浙江人民。一九九一、二初版。頁一〇二，洛地先生舉七例作爲南戲樂北上之例證，可參證。

❸ 新校元刋雜劇三十種、徐沁君校、中華。一九八〇、十二初版。參見目次及頁四三二「張鼎智勘魔合羅」。

❹ 說劇。董每戡。人民文學。一九八三、一初版。頁二一〇。

❺ 戲曲與浙江、洛地，浙江人民。一九九一、二初版。頁九六。元曲雜劇、金元院本、宋元（南）戲文對照表可參看。

❻ 元雜劇研究、吉川幸次郎、藝文。民四十九、一初版。頁八三。吉川氏說明白樸因做南宋遠征軍幕僚而往南方、進而在江南購買田宅作爲久居的打算。

❼ 歷代詩史長編二輯、錄鬼簿、鍾嗣成。鼎文。民六十三、二初版。頁一二一、一三五。

❽ 歷代詩史長編二輯、青樓集、夏庭芝。鼎文。民六十三、二初版。頁三二。

❾ 參見說劇、董每戡、人民文學。一九八三，一初版。「說戲文」一文。頁一九三—二一三。

❿ 馬可波羅行紀、馮承鈞譯、商務。民四十九、二初版，頁五八一。

⓫ 參見中國戲劇文化史述、余秋雨、湖南人民：一九八五、一〇一版，元劇在精神上的兩大主調，頁一五三—二六二。

⓬ 宋元經濟史稿、李劍農、華世。民七十、十二臺初版。頁一二九—一四三。

⑬ 東京夢華錄外四種，武林舊事、周密。大立。民六十九、十。頁三七七。

⑭ 東京夢華錄外四種，夢梁錄、吳自牧。大立。民六十九、十。頁二九九。

⑮ 同前註⑭。

⑯ 西湖遊覽志册六、四庫全書珍本五集、田汝成、商務。頁二三。

⑰ 論曲五種、錄曲餘談。王國維。藝文。民五十三、一再版。頁一五〇。

⑱ 元雜劇研究、吉川幸次郎、藝文。民四十九、一初版。頁七五。

⑲ 全元散曲、隋樹森輯、平平。民六十二、十一初版。頁一七三。

⑳ 歷代詩史長編二輯。青樓集、夏庭芝。鼎文。民六十三、二初版。頁一七—四〇。

㉑ 宋元戲曲文物與民俗，廖奔，文化藝術。一九八九、二初版。頁二三二、二三三。

㉒ 中國古典戲劇研究，古劇四考、馮沅君、學藝。頁三〇—三一。

㉓ 歷代詩史長編二輯、錄鬼簿、鍾嗣成。鼎文、民六十三、二初版。頁九七。

㉔ 明成化說唱詞話叢刊—新編劉知遠還鄉白免記　鼎文。頁八—七。

㉕ 民族戲曲散論　唐湜　上海古籍　一九八七、五初版。頁五—七。

㉖ 永樂大典戲文三種校注　錢南揚校注　華正。民六十九、九初版。頁二五七、二一九。

㉗ 中國古典戲曲研究，古劇四考跋、馮沅君　學藝　頁一一〇。天一閣本錄鬼簿蕭德祥下賈仲明弔詞有：「武林書會展雄才」句。並見錄鬼簿（鼎文）頁二五二。

㉘ 中國古典戲曲研究、古劇四考　馮沅君　學藝　頁三一—三二。

㉙ 歷代詩史長編二輯　錄鬼簿　鍾嗣成　鼎文　民六十三、二初版。頁二〇四。天一閣本於李時中略傳後有賈仲明補挽詞云：「元貞書會李時中、馬致遠、花李郎、紅字公，四高賢合捻黃粱夢。

㉚ 參見東籬樂府全集　瞿鈞編注　天津古籍　一九九〇、三初版。頁一七三。附錄元代曲家馬致遠鄉里考辨。

㉛ 歷代詩史長編二輯　錄鬼簿　鍾嗣成　鼎文　民六十三、二初版。頁九〇。

㉜ 歷代詩史長編二輯　錄鬼簿　鍾嗣成　鼎文　民六十三、二初版。頁九三。

㉝ 元曲家考略、孫楷第　長安　民六十三、元初版。頁九二。張翥稱鳴善爲宗人。翥之父爲吏、從元軍征江南，爲杭州鈔庫副使、始家杭州。鳴善先人以北宋末南渡。

㉞ 朱凱與杭州人王曄合寫雙漸小卿問答。

㉟ 歷代詩史長編二輯　錄鬼簿　鍾嗣成　鼎文　民六十三、二初版。頁一〇三—一三七。

㊱ 歷代詩史長編二輯　錄鬼簿　鍾嗣成　鼎文　民六十三、二初版。兄錄鬼簿續編、頁二八一—二九六。

㊲ 元雜劇研究、吉川幸次郎、藝文。民四九、一初版。頁七七—八四。

㊳ 全金元詞　唐圭璋編　洪氏　民六十九、十一初版。頁六三〇。

㊴ 全元散曲　隋樹森輯　平平　民六十二、十一初版。頁七・一五二。

㊵ 盧疏齋集輯存・李修生輯箋　北京師大　一九八四、初版。盧摯年譜、頁一。

㊶ 艮齋詩集　侯克中　四庫全書珍本初集。商務。卷九頁六。

㊷ 艮齋詩集　侯克中　四庫全書珍本初集。商務。卷六頁一。卷一二頁七。卷一三頁七、頁一一。卷一四頁五。卷一〇頁一〇。卷一三頁五。

㊸ 艮齋詩集、侯克中　四庫全書珍本初集。商務。卷九頁六。卷五頁六、卷六頁七，卷五頁七。卷五頁八，卷六頁一。

㊹ 秋澗先生大全集　王惲　四庫全書珍本一二〇〇册、商務。卷二〇頁二五一。二四六。卷一七頁二〇三。二〇七。卷一六頁一九九。卷一九，頁二三六。卷六六，頁一六。卷二一頁二五八。及元詩選二集頁三四。

㊺ 牧庵集　四庫全書珍本一二〇一册　商務。卷二三頁七三六，卷三一頁七四四。卷三四頁七五二，

卷三四頁七五六，卷三六頁三三一。

㊻ 紫山先生大全集　四庫全書珍本　商務。卷一二頁二〇。卷三頁一一。卷六頁二九、頁二八。卷七頁六四。

㊼ 牧庵集　四庫全書珍本一二〇一册　商務　牧庵年譜　頁三二九—頁三三四。

㊽ 盧疏齋集輯存　李修生輯箋　北京師大　一九八四，初版。盧摯年譜。頁一—一一。

㊾ 全元散曲　隋樹森輯　平平　民六十二、十一初版，頁六五九。

㊿ 全元散曲　隋樹森輯　平平　民六十二、十一初版，頁六六二。

51 牧庵集　四庫全書珍本一二〇一册　商務。卷三四頁七五二。附錄牧庵年譜頁三三一。卷三二頁七四四。

52 盧疏齋集輯存　李修生輯箋　北京師大　一九八四、八初版。頁六九。

53 牧庵集　四庫全書珍本一二〇一册　商務　附錄牧庵年譜　頁三三一。

54 全元散曲　隋樹森輯　平平　民六十二、十一初版，頁六六四。

55 東籬樂府全集　瞿鈞編注　天津古籍　一九九〇、三初版。頁一〇。

56 盧摯及其散曲研究　黃敬欽　逢甲學報二四期　民八十、十一。頁一二六。

57 盧疏齋集輯存　李修生輯箋　北京師大　一九八四、八初版。頁七七。鵲橋仙下云：「浙省李參政燕予杭之白塔寺、南廡樂府賜春宴者引喉赴節於樽俎之間，遂醺然而歸，翌日載酒西湖、春宴已伺於舟中矣，大參公謂予不可無詞、飲後賦長短句。詞中云：「便怎似貞元舊譜」知應爲大德年間最爲恰當，李修生先生以爲詞作於一二九九年(大德三年)。

58 盧疏齋集輯存　李修生輯箋　北京師大　一九八四、八初版。頁九。

59 全元散曲、隋樹森輯　平平　民六十二、十一初版，頁七六七、七六九、七六八、八六一、七九二、八〇六、九二九。

60 疏齋學士自長沙歸曲中有「相伴疏翁」句。憶疎齋學士郊行有「相逢不滿疏翁笑」句分見全元散曲頁七六七—七九二。

61 參見兩小山齋論文集　羅忼烈著　中華　一九八二、七初版。元曲家張可久。頁二四〇—二四三。

62 「投閑卽事」曲中有「疎翁樵唱新刋」句。

63 湖上有「和昂夫」句。

64 俱見全元散曲　隋樹森輯　平平　民六十二、十一初版。頁七五五—九九七。

65 參見兩小山齋論文集　羅忼烈著　中華　一九八二、七初版。維吾爾兄弟民族的兩位元曲家。頁二〇九—二一五。

66 武林梵志　吳之鯨　四庫珍本四集　商務　卷二頁六。

67 方志著錄元明清曲家傳略　趙景深　中華　一九八七、二初版。頁七。

68 參見喬吉的萬頃玻璃世界　黃敬欽　中興中文學報第三期　民七十九、一　頁一三九—一五三。

69 參見兩小山齋論文集　羅忼烈　中華　一九八二、七初版，維吾爾兄弟民族的兩位元曲家。頁二一九—二二三。

70 同註69　頁二二三。

71 元詩選丙集　趙孟頫　世界。民七十一、四、三版，頁二一一。

72 分見輟耕錄　陶宗儀　世界　民五十二、四初版。頁三二四、一五四、三四五、二八〇。

73 海粟集輯存　王毅編　岳麓書社　一九九〇、十一初版。頁一四二。

74 武林梵志　吳之鯨　四庫珍本四集　商務　卷八頁四五。

75 海粟集輯存　王毅編岳麓書社　一九九〇、十一初版。頁一四〇。

76 張養浩學行考述　黃敬欽　攀龍　民七十一、三初版。

77 論曲五種　王國維　藝文　民五十三、一再版，頁一五二。

78 元曲選　臧晉叔　啓明　民五十、四初版，頁一三三五。

79 東京夢華錄外四種　孟元老等　大立　民六十九、十，夢粱錄卷七，頁一九〇。夢粱錄及武林舊事中有上下抱劍營路，抱鑒營當卽抱劍營。而抱劍營在平康坊，爲群花所聚之地，而「積妓牆」與平康諸坊中列於上下抱劍營下之「漆器牆」音亦相仿，或係二而一歟？

包龍圖在北方鼓書中的文學意義

周純一

一、前　言

包公的故事從宋朝以來，一直是中國民間深受鍾愛的傳說。有關「包公傳說」的考證，胡適之先生在《三俠五義》序一文中，有詳細的推敲。❶他認爲包公是「箭垜式的人物」從古而今許多精巧的折獄故事都推在他身上。包龍圖就成爲中國的福爾摩斯。孫楷第先生在《滄州後集》卷二〈包公案與包公案故事〉❷將今所傳《包公案》百回本之內容詳加考覈，斷定：「全書百則，除極少數」外，幾乎全由他書抄襲而來，不但在史實上與包公無關係，（內中只有七八則是有關係的，不及全書十分之一）。這眞是意外之事，其書文字極簡拙，在小說史上沒有地位，似乎不值得一說。不過在我們研究小說的人看來，對於此書也應當刷洗一下。」❸對包公故事之來歷及流變進行探討。馬幼垣先生《中國小說史集稿》〈明代公案小說的版本傳統——「龍圖公案」考〉❹以《龍圖公案》爲研究對象，將明代公案小說中《廉明公案》、《律條公案》、《詳刑公案》、《明鏡公案》、《詳情公案》和《百家公案》間互相抄襲的情形做系統式的分析，並與《龍圖公案》的故事間形成兩個可能的系譜關係。❺說明《龍圖公案》的編者雖缺乏創造性，卻是公案文學類型範例的代表者。他將明代任何虛構公案，很輕易地用「創出的包公」取代原來故事的判官，馬先生認爲新包公的塑造，使後人瞭解到明公案小說的版本傳統本身，性質是特殊的。❻以上三篇論文詳細地說明包公如何從正史的形象轉變成晚明「箭垛式人物」，由於考證繁瑣，包公形象在小說中之完成大致依馬先生所歸納之結論，是在晚明後「佔盡了威風」。個人今撰此文，不再重覆包公源流與公案因襲諸問題，試圖以北方民間鼓書之角度，來觀察包公在口傳藝術之環境中，如何觀摩增益，如何記錄成可閱讀的小說。尤其是《七俠五義》的問世，造成包公故事文學性的大增，其間歷程頗值深入探討。另造成包公故事從公案小說走向俠義小說的關鍵性人物——石玉崑，在整個文體演變過程中，究竟應如何定位？由於《龍圖公案》的流行、《龍圖耳錄》的寫定，《三俠五義》的改編出版到《七俠五義》的文人寫定，對北方鼓曲究竟有何文學意義？這是用一個較爲微觀的角度，從北方流布的鼓書中去探討包公故事的文學性質，由於這一條脈胳十分清楚，足以說明中國小說寫定的一個很典型傳統——「出人，出書，走正路」的說唱藝術發展規律，故撰此文以說明之。

二、包龍圖故事在北方的傳遞

包拯在《宋史》卷三一六是有一篇短傳的❼。他的爲人「個性剛直、不苟人合」也是史有記載的❽。包拯的斷獄在宋史中只有短短的一則，描述他巧判盜割牛舌者❾。胡適先生認爲「大概包公斷獄的種種故事，起於北宋，傳於南宋，初盛於元人的雜劇，再盛於明清人的小說。」❿孫楷第《滄州後集》卷二〈包公案與包公案故事〉則進一步說明「說公案」在宋代的情形與意義。⓫孫氏在卷二〈包公故事的產生與元明以來包公故事研究資料〉一節中，進一步說明包拯故事在南渡以後，名氣仍然很大，並不因爲易世而減其身價。更可注意的是極可能在南宋包公開始「神話化」⓬。在當時民間對包拯的傳說必定很多，孫氏認爲「說話人之說公案一派以及散樂衆伎一定有許多關於「龍圖公案」的演唱。但沒有實際話本傳下，不能武斷地說宋代已有包公的公案小說。現今蒐考包公案的史料，最早自元起，因爲宋人小說〈三現身〉⓭金人院本〈刁包待制〉一本⓮只有名目，內容不可考。元雜劇有包待制的戲，在數量比重而言，並不算少，有十六種之多⓯。足見元代對包拯已是神話化的看待，且其官職以「待制」呼之，沒有異稱。另有小說三種：㈠羅貫中《彈子僧變化惱龍圖》（舊本《平妖傳》）；㈡無名氏《三現身包龍圖斷寃》（《警世通言》，疑本宋《三現身》小說）；㈢無名氏《合同文字記》（《清平山堂話本》）。從以上之戲曲小說，可以說明元代包拯是極受歡迎的人物，大家愛看他斷獄的戲，愛聽他的判案的話本小說，這些戲曲和小說已是很成熟的文學作品，包拯已被塑造成「包待制」、「包龍圖」的青天形象。就比例而言，約佔元雜劇的十分之一，足見在北方受歡迎之程度。

在宋元南戲，則比例明顯的陣低許多，劉念玆先生《南戲新證》輯宋元南戲目二四四個，卻僅有四本與包拯有關：㈠《王月英月下留鞋》（《南詞敍錄》著錄。㈡《包待制判斷盆兒鬼》（《永樂大典目錄》著錄）。㈢《包待制陳州糶米》（《宦門子弟錯立身》徵引。）㈣《包待制捉旋風》（《傳奇滙考標目》著錄）。從南戲演包公之情形判斷，以上四齣戲，應是從北方傳來，在南方重新調整，但就題材顯著偏低而言，包公戲在南方並未受到重視。尤其是在宋元時代的南戲。

至於明清的包公戲曲有二十四種之多⑱顯示包公故事有逐漸南移的趨勢。明代傳奇中除沈璟《桃符記》和謝天瑞《劍丹記》是有劇作家的作品外，其餘包公戲大抵屬於無名氏作品，此現象可說明在明代的包公故事並未被文人普遍認同或採用，因此劇本大致出於民間文人之手。至於明代小說有關包公的有二：㈠明凌濛初《包龍圖智賺合同文》（初刻拍案驚奇）。㈡《包龍圖判百家公案》⑲皆屬於北京刊本之包公小說。最値得注意的是一九六七年明成化刊本「說唱詞話」的出現，使得研究者可以清礎瞭解到十五世紀包公故事的唱本情形⑳。這墓中發現的詞話，原本是一個宣姓婦人的陪葬品，她的丈夫在陝西做官，吾人推測她生前一定是極喜歡這些唱本，死後，家人才將這些唱本放在她的棺木中。從這整個表面現象來推測，這些明代成化年間北京永順堂刊印的唱本，透露出北京書肆，在當時必定是有極大的商業賣點，否則不會一次出版這麼多的唱本；同時亦說明成化年間「詞話」的表演，必定十分興盛，且已發展到了使婦女強烈喜愛的地步。就其內容言，有花關索、薛仁貴、石勒駙馬、包待制、張文貴、小鶯歌等。其中包公故事比例顯得偏重，亦足說明包公詞話在民間流佈之情形，是十分受歡迎的。宣姓婦人所藏之唱本，印自北京，極可能傳至陝西一帶，或甚至傳至江南，在文化傳遞的觀點上可以隱約看出由北而南的趨勢。或可說明成化朝在上海的包公故事已是盛極。

清初的公案小說，有關包公的是《龍圖公案》（又名《龍圖神斷公案》、《包公七十二件無頭失案》）㉑這個公案有繁、簡兩系統之別，吾人從較早的單行本可現各本均題有「江左陶乃斌父題于虎丘之悟石軒」字樣，表示此本之刊行極可能以江南爲中心，虎丘位處蘇州。從「龍圖公案」在江南的刊刻流布，意味著包拯故事已全面性的傳入南方，在長江流域造成極大的影響。個人推測這一時期的說公案藝人必定很多，購買公案小說閱讀之人亦必定不少，從《龍圖公案》版本的複雜，可以想見銷路必定不差，因此書肆不斷推陳出新。但此系統所顯示的包公，基本上是一個「箭垛式的人物」。包拯這個宋朝的官在九百年流傳的歲月中，將古來若干精巧的折獄故事或不知來歷的斷案都推到包拯身上，而且是民間傳播得愈久，人格越神奇，編書者不但把許多奇案送給他，並且把他造成「日斷陽事，夜斷陰事」的神話人物。後世的佛道混合宗教更進一步請他擔任第五殿的閻王。胡適先生認爲中國人「愛人若將加諸膝，惡人若將墜諸淵」包公腦後的光環是民衆愛心累積的結果，但用較嚴格的文學觀點，衡量這些公案小說作品，實際上很難側身優秀作品之林。包公故事的深入人心，雖在明代已奠下基礎，然而包公之小說要成爲高級文學作品，竟然要靠一位天津說唱家石玉崑的出現，才使描寫包公的作品邁進文學之林，這段過程可說是中國小說結集過程中，十分特殊的例子，有必要詳細闡明。

三、石玉崑及包公故事的小說結集

李家瑞《從石玉崑的龍圖公案說到三俠五義》㉒對石玉崑生平事蹟有詳細介紹。主要指石玉崑是天津人，在咸豐、同治年間以唱「單弦」轟動一時。石玉崑以巧腔妙句爲著稱，大約死在同治末年。至光緒初，假託他名字的書就先後出現了。他的再傳弟子潘誠立、文誠玉等，改石玉崑的唱書爲說書，在光緒末年大享名聲。[23]阿英《關於石玉崑》[24]一文則證實石玉崑是「道光時說書人」且是一位職業說話人。他以道光二十三年（一八四三）至二十五年（一八四五）的金梯雲抄本子弟書——「嘆石玉崑」[25]說明石玉崑在當時說書的盛況，及羣衆聽書的反應。這段子弟書是了解石玉崑最重要的資料。對於石玉崑研究較有心得者，要推于盛庭的《石玉崑及其著述成書》[26]一文。他對石玉崑的評價是：「石玉崑顯然是文化水準較高的演員。他的《包公案》取材範圍非常廣泛，熔鑄了正史、筆記、元曲及明代小說中的大量素材，沒有相當的文化水平要做到這一點是很困難的。」關於石玉崑的著述，只有子弟書《石玉崑》的作者說他編過《包公案》。後來的《龍圖公案》石派書、《三俠五義》、《七俠五義》等雖掛他名字，但沒有資料證明石玉崑曾把自己說唱的包公故事，據以寫定、整理成稿本。由於石玉崑的書藝驚人，這部書的內容便受到愛好者的關心。因此有好之者便每天去書場聽記，這也證明了石玉崑的《包公傳》是沒有底本的。依《石玉崑及其著述成書》一文的解釋：「若有底本又何必聽記？二、記錄本有贊語而今本無。三、記錄者中有祥樂亭、文治庵二人。」那麼帶唱的石派書《龍圖公案》又是如何寫定的呢？根據樂善堂抄賣唱本《書目序》說：「本堂抄賣……石派帶贊新書，授自名人校正，……本堂數年來精工採訪，遂得數紙，幸與石書相合。」我個人認爲目前藏在中央研究院傅斯年圖書館的石派書，極可能是抄賣書商派人蒐集或現場採集的成品。這自然不能說是石玉崑寫定的唱本。至於孫楷第先生見到的《龍圖耳錄》傳抄本全是白文無唱詞，極可能是樂善堂、百本堂、別埜堂等抄賣的唱本，經過「名家校正」，這些名家大致是指祥樂亭和文治庵。祥氏生平事蹟不可考，而文治庵就是文良。是寫《兒女英雄傳》文康的兄弟行，他對唱本和小說有興趣是很自然的事。在名家校正後，極可能爲了「方便閱讀」將唱詞和贊語一併刪去，在既有的白文基礎再進行若干加工而成的。據李家瑞先生的比較〈龍圖公案〉之改成〈龍圖耳錄〉一節㉘認爲「拿《龍圖耳錄》和石氏唱本所有事蹟之外，毫無增添，不過把許多廢話，斟酌刪除就是了。」這說明說書的唱詞在表演者巧腔表演下，唱詞的存在是佔主角的地位。但說書人往往爲了延長說唱時間，經常添些枝節的話，當被人用文字寫定時，由於看不到表演，聽不見唱腔，僅憑著閱讀板腔體的上下句文字，是得不到認知的快感的。唱詞的刪除就成了出書過程中很重要的一道手續。因此《龍圖耳錄》的刊行，是不足爲奇的現象。吾人可以從《道咸以來朝野雜記》的一條記載：「隆福寺街東口路南聚珍堂書肆，活字版印之《包公案》即《三俠五義》最有名。此書無底本，當年故舊數友每日聽評書，有祥樂亭、文治庵二公在內，歸而彼此互記，因湊成此書。人物各有贊語，今本無。多趣語，諧而雅。此道光間石玉崑所傳也。」姑不論《龍圖公案》石派書的作者是誰，吾人應將焦點集中在石玉崑身上，他以一北方人將包公故事表演得如此傳神，使得民衆欲求一閱其表演文字而後快，這已是十分難得的技巧了。魯迅曾言：「這書的起源本是茶館的說書，後來能文的人把它寫出來，就通行於社會。」沈彭年《評書包公案的疑案與釋疑》（曲藝研究集刊第九輯）認爲清初《龍圖公案》的故事能演爲大部，大概始於西韻子弟書藝人石玉崑。由於子弟書漸失聽客，他結合『硬書』的聲腔革新了子弟書的唱腔，創出了石韻，又稱詩韻。並改變了只唱不說的形式，成爲又說又唱的『石派書』。」個人觀察現今留下的石韻曲藝《水莽草》選段㉙發現石派書極可能是受到南方彈詞的影響，「唱時不彈，彈時不唱」的早期彈詞表演法則，引入北方鼓曲中，自然在死氣沈沈的子弟書市場裏有了革命性的表現。由於石玉崑的影響力，《包公案》由口頭文學變成案頭文學的過程中，文良等人整理出《龍圖耳錄》是關鍵性的環節，從《龍圖耳錄》被入迷道人等改編成《三俠五義》刊印行世後，使包公故事揚名天下。《三俠五義》廣泛流佈，俞樾才能在蘇州透過潘鄭盦尚書的引介，能一讀包公著作，進而提筆修改，將第一回敍述狸猫換太子一事重新改寫。在文字上也經過了文人的修訂，以新的面貌將包公故事推向社會。光緒十五年印行了俞曲園的《七俠五義》，盛行江浙以後，又再度回傳北京。這是從石玉崑說唱文字的探定，到《七俠五義》回傳北方，僅是短短七十年間的事，包公故事得到藝文界的肯定，《三俠五義》、《龍圖耳錄》遂逐漸失寵，終瀕湮滅。而各地之說唱鼓書乃在民間普遍風行《七俠五義》的趨勢下，以包公和俠義人士爲主角編寫鼓曲，造成了：原始鼓曲影響章回小說的寫定。而章回小說經屢次修改及名人品題後，遂風行全國，反過來影響各地的鼓曲，這是很有意思的傳播歷程。以中國說唱藝術發展的規律言：「出人、出書，走正路」正可套用在石玉崑身上：以一介說書藝人，導致說書內容的結集，再經文學家在缺陷上予以修訂彌補，成就出動人的文學作品。就地域而言，以政治中心的北方，從一人身上散發的媚力，到傳布南下經江南細緻文化的融整，再以新面貌回傳政治中心的北京。這是一條脈絡鮮明的評書結集流程，也是許多中國名著小說可能走的路子，值得小說研究者深入探索。

四、包公故事在各地曲藝之反映

包公故事在北方可以說更革最大，從淸初的《龍圖公案》到石派書《龍圖公案》、《龍圖耳錄》小說、《三俠五義》、《七俠五義》，在各個時代都造成不同性質的影響，以中研院史語所藏俗曲「北平鼓曲」[30]可以看出內容並非單一源頭，有的取自《龍圖公案》，有的以《三俠五義》爲主。其他子弟書、單弦、鼓書等皆各取所需，很淸楚的反映公包故事結集的流程。小說《七俠五義》廣泛流傳之後，又有續書《小五義》出現，而《七俠五義》有續至二十集者，跟著《小五義》又續至四集，足見此系列小說影響之鉅大。

至於江南則以彈詞系統爲曲藝之大流，主要演唱包公故事的有兩大系統：㈠《包公傳》最初叫《五虎平西》，後改爲《狸猫換太子》，最後才改爲《包公》。《五虎平西》的說唱始於咸豐年間的張樹庭，後全如青作了很多加工，深受人歡迎。全的學生楊蓮青收很多徒弟，其中顧宏伯、金聲伯都是現今說包公的頂尖好手。㈡《七俠五義》。說《包公》的藝人，大多兼說《七俠五義》。楊蓮青的傳人吳佩青《七俠五義》說得很好，另有一系脈賈嘯峰原非光裕社評彈藝人，習慣上人稱「外道」七俠五義。他的學生陳浩然書藝更強，惜成名不久卽逝世，技藝未曾傳下。金聲伯亦向徐劍衡補學《七俠五義》，十分出色。其師系流程圖如下：

《公　包》

- 張樹庭—朱浩泉
  - 華士良
    - 華雄伯（子）
      - 華幗英（女）
      - 華渭伯（子）
  - 黃鶴峰
    - 浦景伯
      - 景雲飛
        - 石雄林
        - 鄒才良
    - 毛韵青
      - 毛學良（子）
    - 陳震良
    - 吳佩青
    - 王一青
    - 虞震峰
  - 全如青
    - 顧效青
    - 楊蓮青
      - 許文伯
      - 陳晉伯
        - 祝逸伯
        - 沈鴻良
        - 翁文伯
      - 周文伯
      - 高孟伯
      - 高儂伯
      - 顧宏伯
        - 范良伯
        - 韓君達
        - 許君鳴
        - 吳君玉
      - 徐庠伯
      - 陳衛伯
      - 裘少伯
        - 裘均天（子）
      - 蘇雲祥
      - 金聲伯
        - 姚震伯
        - 趙月伯
      - 于見明
    - 全九皋（子）

注　陳衛伯從師楊蓮青後，楊已病重，因而復拜顧宏伯爲師。

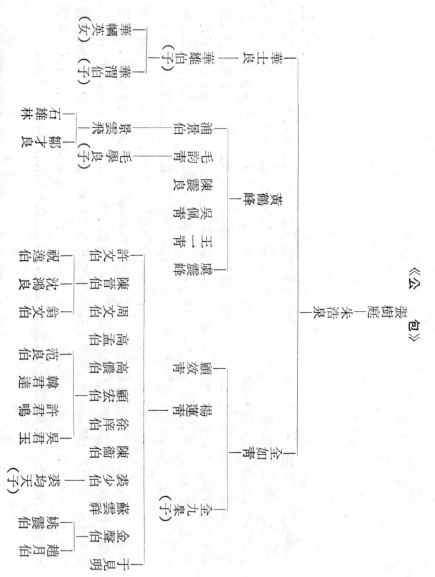

《七俠五義》

- 賈嘯峰
  - 陳浩然
    - 葉浩然
- 韓風祥
  - 田怡良
  - 韓士良(子)
    - 周天涯
    - 姚君祥
  - 沈儒章
- 朱振揚
  - 陶錦章
    - 陶幗英(女)
      - 陶季英(女)
  - 王鵬飛
    - 徐鳴鵬
  - 朱幼揚(子)
    - 徐劍衡
      - 吳君玉
      - 金聲伯
      - 徐小衡(子)
      - 徐劍青(弟)
    - 金再揚
  - 馮翼飛
  - 夏志飛
  - 朱耀良
    - 李翼如
    - 陳繼良
    - 胡天如
    - 查復如
  - 錢達飛
- 張樹庭
  - 朱浩泉
    - 黃鶴峰
      - 吳佩青
    - 全如青
      - 楊蓮青

注：1.賈嘯峰屬潤余社。後陳浩然入光裕社，問業于張震伯。2.吳君玉原說《包公》，爲顧宏伯弟子，爲了擴大書目，於一九六二年在蘇州擧行了拜師儀式。

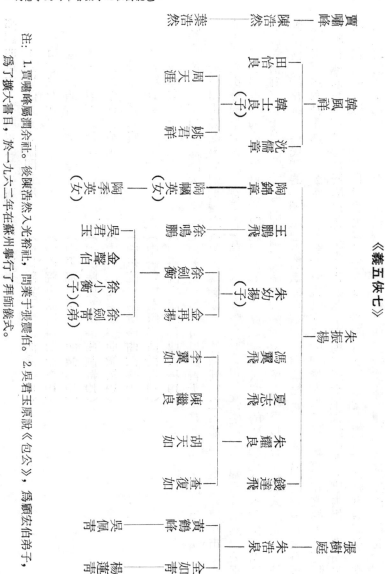

彈詞曲詞中，有關包公故事者，有以下數項：

①五鼠鬧東京大鬧開封府　（中研院史語所俗曲微捲19）
②包文正出世　（中研院史語所俗曲微捲19）
③包公遇后仁宗認母　（中研院史語所俗曲微捲19）
④包公親審烏盆記　（中研院史語所俗曲微捲19）
⑤包公斷奇文荷包記　（中研院史語所俗曲微捲19）
⑥大宗包斷八寶山　（中研院史語所俗曲微捲19）
⑦包斷劉金狗　（中研院史語所俗曲微捲19）
⑧包斷嚴差傘　（中研院史語所俗曲微捲19）

綜觀其內容，不出《龍圖公案》《七俠五義》等，可以斷言大抵是北方傳來之故事。

至於福州市益聞書局總批發之《包公審春太》、桂林刊刻之《龍圖公案》、廣州市以文堂太平新街分局第七甫之《包公審郭槐》、臺灣《最新包公審尿湖》、福州評話《包公捉妖》、子弟書《御拷》等包公的曲詞，皆是尋著以《龍圖公案》的斷獄模式和《七俠五義》的俠義精神，去塑造民間地方性的鼓詞，重塑包公的形象。個人認爲包公是箭垛式的人物，是斷獄清官的化身，給民間的影響是智慧斷獄的良吏，乃宣導勸善、報應有門的象徵。至石玉崑一出，逐漸轉化爲俠義公案，而包公遂變成判官式的背景人物。這種轉變在文學上，可以用時代風尚來解釋。至於民國以後二十年代的北平書場、三十年代的山西太原書場、廣州書場，包公故事皆是重頭書目，然說書仍是說書，能像石玉崑般受人歡迎，經好事者記錄，文人改寫的例子卻是少之又少。這是一條民間文藝通往正統文學的捷徑，特地提出以供討論，相信類似此條規律之文學作品應當不少，值得深入說唱文學世界去發掘。

五、結 論

包龍圖故事本是一民間斷獄箭垛式人物，經石玉崑的鼓書形式，產生一連串的話本結集，這些話本的流傳由北而南傳播，經文人之手後，更爲精緻，結撰成文學作品後，再流佈全國，反而影響民間各項曲藝，造成逆影響現象。從此箭垛性人物逐漸轉型爲背景人物，而其他角色的性格逐漸突顯出來，這或許是中國小說一種新的創造模式，包公故事在這模式中也許是脈絡最清楚的樣板，故提出以供參考。

附註

❶ 見《中國章回小說考證》〈三俠五義序〉頁三九三—頁四三五。民國六十五年二月「雲風書局」出版。

❷ 孫楷第著《滄州後集》。中華書局一九八五年第一版。〈包公案與包公案故事〉見卷二頁六七—一五〇。

❸ 見《滄州後集》頁六八。該篇論文有「今本一百條的包公案篇目考」、「包公故事的產生與元明以來包公故事研究資料」、「故事繙作演進至於今盛傳者」將百則繁本及六十六則簡本之《包公案》故事內容，將其出處一一注出，並闡述包公故事之流變。

❹ 馬幼垣著《中國小說史集稿》。一九八〇年六月二十日時報文化出版企業有限公司第一版。〈明代公案小說的版本傳統——「龍圖公案」考〉見該書頁一四七—一八二。

❺ 見《中國小說史集稿》頁一六八—一七二。

❻ 見《中國小說史集稿》頁一八一，注⓳「龍圖公案」的重要性。在於因此產生一自此幾乎定型不易的新包公傳。此書尚未見有任何明版，更使我們有必要追究他的成書年代。它的抄襲「百家公案」使它的前限期不能早過一五九四年，後限期則不易確立，因其他相關的集子都沒有出版日期，雖然版本的證據顯示那比較可能是萬曆後期。

❼ 宋史卷三一六「立朝剛毅，貴戚宦官爲之歛手，聞之者皆憚之。人以包拯笑比黃河清。童稚婦女亦知其名，呼曰包待制。京師爲之語曰：『關節不到，有閻羅包老。』舊制，凡訟訴不得徑造庭下。拯開正門使得至前陳曲直吏不敢欺。」

❽ 宋史：「性峭直，惡吏苛刻，務敦厚；雖甚嫉惡，而未嘗不推以忠恕也。與人不苟合，不僞辭色悅

人。平居無私書，故人親黨皆絕之。雖貴，衣服器用飲食如布衣時。嘗曰：『後世子孫仕宦有犯贓者，不得放歸本家；死，不得葬大塋中。不從吾志，非無子若孫也。

❾ 宋史：「知天長縣，有盜割人牛舌者，主來訴，拯曰：『第歸，殺而鬻之。』尋復有來告私殺牛者。拯曰：『何爲割牛舌而又告之？』盜驚服。」

❿ 《中國章回小說考證》〈三俠五義序〉頁三九五第十一行。

⓫ 見《滄州後集》卷二〈包公案與包公案故事〉頁六七。「宋朝灌園耐得翁的《都城紀勝》和吳自牧的《夢梁錄》記說話人的色目；於小說下均有「說公案」一門，釋云：「皆是朴刀桿棒發跡變泰之事」。語意不甚明。以常語譯之，蓋謂殺人放火之事、摹繪草澤英雄行爲而歸於招安發跡者也。準是而言，則所說者皆是盜案。然民間訴訟，當亦在說公案範圍之內。……然則說話所說公案，當包括一切案件，凡理刑緝捕諸事皆屬之，不必限於盜案。這種說法在理論上是可以說得通的。」

⓬ 見《滄州後集》頁七七。「到了南渡以後，他的名氣仍然很大，並不因爲易世而減其聲價。如呂祖謙的《呂氏家塾讀書記》上說：「公爲京尹，令行禁止，至今天下皆呼「包待制」。元遺山的《續夷堅志》又說：世俗傳包希文以正直主東獄速報司，山野小民無不知者。(卷一「包女得嫁」條)。可見包公在那時不但著名於南朝，而且盛傳於北方，並且益發將包公神話化了。」

⓭ 見《醉翁談錄》〈小說開闢〉篇。

⓮ 見陶宗儀《南村輟耕錄》

⓯ 元雜劇十六種

關漢卿　《包待制三勘蝴蝶夢》(元曲選本)

關漢卿　《包待制智斬魯齋郎》(元曲選本)

鄭庭玉　《包待制智勘後庭花》(元曲選本)

武漢臣　《包待制智勘生金閣》(元曲選本)

李行道《包待制智勘灰闌記》（元曲選本）

江澤民《糊突包待制》（《錄鬼簿著錄》）

曾　瑞《王月英元夜留鞋記》（元曲選本）

蕭德祥《包待制三勘蝴蝶夢》（《錄鬼簿著錄》）

張鳴善《包待制判斷煙花鬼》（《錄鬼簿著錄》）

無名氏《包待制陳州糶米》（元曲選本）

無名氏《包待制智賺合同文字》（元曲選本）

無名氏《神奴兒大鬧開封府》（（元曲選本）

無名氏《玎玎璫璫盆兒鬼》）元曲選本）

無名氏《包待制雙勘丁》（太和正音譜著錄）

無名氏《金水橋陳琳抱粧盒》（元曲選本）

無名氏《包待制智賺三件寶》（晁瑮「寶文堂目」〈樂府類〉著錄。疑是元劇。

⑯ 待制——官職名稱。唐代開始設置待制之官，由六品以上之文官擔任。宋代殿閣下面都設待制。包拯是龍圖閣待制直學士。

⑰ 劉念玆著《南戲新證》。北京中華書局，一九六六年初版。

⑱ 明清戲曲有廿四種之多：

明無名氏　袁文正還魂記（文林閣本）

明無名氏　高文擧珍珠記（文林閣本）

明無名氏　觀音魚籃記（文林閣本）

明沈　璟　桃符記（有抄本，未見。曲海總目提要十三著錄）

明謝天瑞　劍丹記（曲海總目提要三十六著錄）

明無名氏　金丸記（曲海總目提要三十九著錄）
明清無名氏　正朝陽（曲海總目提要二十九著錄）
明清無名氏　雪香園（曲海總目提要三十二著錄）
明清無名氏　斷烏盆（曲海總目提要三十六著錄）
明清無名氏　長生像（曲海總目提要二十七著錄）
清朱朝佐　瑞霓羅（曲總海目提要二十七《曲錄》五均著錄）
清朱朝佐　四奇觀（曲海總目提要二十五、《曲錄》五均著錄）
清唐　英　雙釘案（原名釣金龜，古柏堂本）
清無名氏　瓊林宴（曲海總目提要三十五著錄）
清無名氏　雙蝴蝶（曲海總目提要四十六、《曲錄》五均著錄）
京劇釣金龜
京劇烏盆計
京劇斷后龍袍
京劇瓊林宴
京劇鍘美案
京劇打鑾駕
京劇雙包案
京劇五花洞
京劇鍘包勉

⑲ 《包龍圖判百家公案》（一名《包公傳》）十卷一百回。題「錢塘散人安遇時編集」明萬曆二十二年（一五九四年）朱氏與耕堂刊本。無序跋，首「新刊京本通俗演義增象包龍圖判百家公案目錄」。

正文卷端題「新刊京本通俗演義全象百家公案」。第一回之前附《國史本傳》、《包待制出身源流》。《包待制出身源流》是短篇小說，敍包拯出身至做縣令間事。上圖下文。半葉十三行，行二十四字，版心鐫「包公傳」。藏日本蓬佐文庫。

⑳ 明成化刊本「說唱詞話」的發現，是一九六七年上海嘉定縣東公社社員在整理土地的時候，發現一明代宣姓的墓。墓中發現一批明代中葉成化七年到十四年（一四七一年至一四七八年）北京永順堂用竹紙刊印的十一種「說唱詞話」和一種南戲《新編劉智遠還鄉白兔記》。目前藏在上海博物館。其中有十種完好的「說唱詞話」，中有①《新刊全相說唱包待制出身傳》十三頁，刻在一起的還有《新刊內相說唱包龍圖陳州糶米記》十八頁和《新刊全相說唱足本仁宗認母傳》十九頁。第二種是《新刊說唱包龍圖斷曹國舅公案傳》四十三頁。損壞了的成化年間另一種詞話《包龍圖趙皇親孫文儀案傳》也是寫皇親做案的事。第三種《新編說唱包龍圖斷烏盆傳》三〇頁。第四種是《新編說唱包龍圖斷白虎精傳》僅十四頁。

㉑ 《龍圖公案》版本分繁簡兩系統。繁本十卷一百則，主要有：淸初刊大本，每則后附聽玉齋評，插圖。〔藏北京大學圖書館〕四美堂刊本，版心題「種樹堂」有圖，半頁十行，行二十二字。題李卓吾評，實無評語，〔藏大連市圖書館〕乾隆丙申（一七一六）重刊本。雨餘堂刊本，八卷。〔藏天津人民圖書館〕。簡本系統主要有：乾隆乙未（一七七五）書業堂刊本，有圖，半頁九行，行二十字，間附聽玉齋評，亦題李卓吾評，形式與四美堂本同。〔藏遼寧省圖書館〕嘉慶七年刊本，圖十幅，正文卷端題「新評龍圖神斷公案」半頁九行，行二十字。〔藏日本天理圖書館〕道光癸卯（一八四三）黎照樓重刻本。道光己酉（一八四九）三社堂刻本。光緒庚子（一九〇〇）上海書局石印本，改題《包公七十二件無頭案》。嘉慶間刻《龍圖剛峰公案合編》，其中《龍圖公案》凡六卷八十九則。〔藏復旦大學圖書館〕簡本系統系由繁本刪去一些故事而成。文字並無大異。無論繁本簡本，較早的單行本均有「江左陶乃斌父題於虎丘之悟石軒」《包龍圖公案序》。〔取自中國通俗小說總目

提要頁一一二「龍圖公案」條）

㉒《從石玉崑的龍圖公案說到三俠五義》見王秋桂編《李家瑞先生通俗文學論集》頁一七—二三。學生書局一九八二年四月初版。（原刊於《文學季刊》第四期，一九三四年）

㉓見《從石玉崑的龍圖公案到三俠五義》頁十八。

㉔見《小說閒談四種》〈小說二談〉之「關於石玉崑」見頁八九。上海古籍出版社一九八五年八月初版。

㉕《嘆石玉崑》乃《子弟書平崑論》之又一名，又叫做《石玉崑》。個人手上有別埜堂本《石玉崑》又題《評崑論》內容如下：

「高抬聲價本超群，壓倒江湖無業民，
驚動公卿誇絕調，流傳市井效眉顰。
編來宋代包公案，成就當時石玉崑。
是誰拜贈先生號？直比談經絳帳人。
可笑我陋巷埋頭如居井底，焉知井外好大乾坤？
久仰高明得一見，便覺眼界闊十分。
曾到過關閉多年雜耍館，紅牌斜挑破園門，
多人出入如蜂擁，我暗猜疑聽書何故往來頻？
進園門一望院中車卸滿，到棚內遍觀茶坐過千人。
挨場面周圍書桌多大老，靠墻根遠居末座少年人。
似我這布衣寒士自慚不類，雖慕愛清骨雅調無處安身。
正著急既入寶山焉肯空返？幸遇位相熟屈座把凳頭兒勻。
才知道紛紛出入因無座，忽聽說先生來了立刻就關門。

本館中另有一間歇息所，銀花雪洞點綴成文。
見幾個好虛討臉攀高客，先備周美酒香茶細點心。
但求先生一領受，便從眉目傲他人。
卻也是先生口福修積厚，諸公供奉自傾心。
不多時有信開書先通知暗號，拿過把銅底錫壺亮似銀
九江瓷官窰脫胎茶缸兒一個，十樣錦烟碟兒預備敬烟的人。
順圍桌一溜兒擺開排著秩序，論品級打頭跟二按著碟兒聞。
橫桌心退光磨漆三弦一擔，先令人支起弦馬兒撣去灰塵。
安場已畢先生才上，好些個闊家恭維如見大賓。
他不過流水腰兒一咧嘴，這光輝巴結不上是幾層兒人。
恨不能進身承受先生寵，意欣欣替他得意自己也提神。
只見他款定三弦如施號令，滿堂中萬籟寂寞鴉雀無聞。
但顯他指法玲瓏嗓音嘹亮，形容瀟灑定句清新。
令諸公一句一誇一字一讚，衆心同悅衆口同音。
但聽得陪著書聲成群咂嘴，我暗笑那裏有塔大的葫蘆裝些人。
奈因我不慣拘束失檢點，才抬出滿堂厭氣一片磕磣。
誰知道但有聲音全犯惡，我偏又鼻子一酸打了個噴嚏。
惹得諸公齊驚看，神情怪我亂清音。
瞪的我討愧搭訕望房上看，忽見那一事不平心內自云。
暗想道人愛聽書不足怪，卻怎麼無情土木也知音？
破罩棚木戧繩拴眼睄著落架，裂山墻內空外鼓實在的揪心

想因爲先生一是光臨此，他也會自覺骨立不敢頭沉。
可見得一人有福壓百禍，仰賴那先生法重不砸人。
正思量先生交待一回節目，下場來諸公拱手道勞音。
石先生無心應酬推托歇息，調元氣不離紹泡人蔘。
接他的場自稱賤號車前子，走膀胱專與諸公利水門。
可憐他以辱爲榮原爲利，替先生歇歇氣力演演書文，
眞也怪人有同心如約會，頃刻間尿池溺桶擁擠成群。
我得便逃出將到的岸場下，暗追求人情好惡有偏心。
據我聽先生豈有眞學問？諸公未免過推尊。
也無非風流討吃托人的福分，幸逢那銅山貴客肉體財神。
抬擧他居然自負先生號，恐將來茶資各色改變修金。
論諸公自從聞教得通野史，想必有三節送禮報德恩。
或者他書通高明非吾解，自慚有辱對驢琴。
設使他所遇之人皆似我，早向那首陽山下泣孤魂。

㉖《石玉崑及其著述成書》于盛庭著。見《明淸小說研究》一九八八年第二期，江蘇省社會科學院編。頁一四五—一五七。

㉗「石派書」在形式上是石玉崑自己創造的一種唱腔流派，以唱爲主，間挿說白，帶說帶唱猶存宋元詞話遺風。風格近於木皮鼓詞。白鳳鳴等在《京韻大鼓的源流和鼓詞的創作》（一九五六工人出版社）一文說：「子弟書到淸末已漸衰微失傳，傳流到現在的一種西韻，據說是職業演員石玉崑根據子弟書腔調改革而成的，後來叫做石韻。」

㉘見《從石玉崑的龍圖公案說到三俠五義》頁二十。

㉙見《單弦牌子曲選集》一九五六年北京音樂出版社。頁四〇—四二。

㉚北平鼓曲中有包公內容之鼓詞：

①包公審春太二集（中硏院史語所俗曲微捲26）

②開封府上集（中硏院史語所俗曲微捲27）

③雙釘判下集（中硏院史語所俗曲微捲27）

④北俠大破霸王莊下集（中硏院史語所俗曲微捲27）

⑤包公捉妖（中硏院史語所俗曲微捲27）

⑥北俠除奸（中硏院史語所俗曲微捲27）

⑦白玉堂上下（中硏院史語所俗曲微捲28）

⑧五鼠鬧東京（中硏院史語所俗曲微捲28）

⑨審郭槐（中硏院史語所俗曲微捲28）

古典文學 目錄

第一集

第二集

文學創作與批評的哲學考察 曾昭旭

第三集

第四集

第五集

第六集

第七集

上册

下　册

第八集

第九集

第十集

第十一集

中國古典文學研究會主編

文心雕龍綜論

目錄

文學與社會　目錄

二十世紀中國文學

目錄

國立中央圖書館出版品預行編目資料

古典文學　第十二集／中國古典文學研究會主編
.--初版.--臺北市：臺灣學生，民81
面；　公分
ISBN 957-15-0445-9（精裝）.--ISBN 957-15-0446-7（平裝）

1.中國文學-論文，講詞等

820.7　　81004903

古典文學 第十二集（全一册）

主編者：中國古典文學研究會
出版者：臺灣學生書局
本書局登記證字號：行政院新聞局局版臺業字第一一〇〇號
發行人：丁文治
發行所：臺灣學生書局
台北市和平東路一段一九八號
郵政劃撥帳號〇〇〇二四六六八號
電話：三六三四一五六・三六三一〇九七
FAX：(〇二)三六三六三三四
印刷所：淵明印刷廠
地址：永和市成功路一段43巷五號
電話：九二八七一四五
香港總經銷：藝文圖書公司
地址：九龍偉業街九十九號連順大厦五字樓及七字樓
電話：七九五九五九五
定價 精裝新臺幣四四〇元 平裝新臺幣三八〇元
中華民國八十一年十月初版

82009-12

ISBN 957-15-0445-9（精裝）
ISBN 957-15-0446-7（平裝）